KB078806

사랑하는 나의 가족에게

Event-Study Methodology

——

한국증권시장에서의
사건연구방법론

정형찬 부경대학교

좋은땅

머리말

1963년 11월 22일(금), 미국 케네디 대통령의 암살 소식이 뉴욕증권거래소(New York Stock Exchange: NYSE)에 알려지다 팔자 주문이 쏟아져 어쩔 수 없이 규정보다 이른 시간에 폐장할 수밖에 없었다. 대통령 암살 소식이 전해진 시점에서 폐장 시각까지의 약 27분간 다우존스 산업지수(Dow Jones Industrial Average: DJIA)가 24.5포인트 하락했다. 당시 종가 기준 DJIA 지수가 711.49인 점을 감안할 때 케네디 대통령의 암살 소식이 이날 지수의 약 3.4%를 끌어내린 결과를 가져온 것이다(Francis, 1980, pp. 355-356). 그리고, 2008년 9월 16일(화)에는 비우량 주택담보대출(subprime mortgage)에 기초한 파생금융상품에 투자하였다가 엄청난 손실을 입은 당시 미국 제4위의 투자은행이며 158년의 역사를 가진 리먼 브러더스(Lehman Brothers)가 파산보호 신청을 하고, 제3위의 투자은행인 메릴린치가 BOA(Bank of America)에 인수되었다는 월스트리트부터의 뉴스가 한국증권시장을 비롯한 전 세계 증권시장을 큰 혼란에 빠뜨렸다. 이 악재로 인해 그날 KOSPI는 전주의 종가인 1,468.41에서 1,381.24로 약 90.17포인트(-6.10%) 폭락하였으며, 우리나라 대표적인 금융주의 하나인 미래에셋증권의 주가는 105,500원에서 거의 하한가 수준인 90,000원(-14.69%)으로 급락하였다. 최근 2020년 3월 12일(금)에는 WHO가 Covid-19의 세계적 대유행(pandemic)을 선언하자, 뉴욕 3대 주요 증시는 일제히 4-5%대 폭락했다. 충격은 전세계 증권시장으로 파급되어 이날 KOSPI는 3.9% 떨어진 1,834.33에 거래를 마쳤다. 장중 한때는 KOSPI 낙폭이 5%를 넘으면서 1,800선이 위태롭자 한국거래소는 오후 1시 4분에 사이드카를 발동하기도 했다.

이와 같이, 현대 자본시장은 정보 효율성이 매우 뛰어난 효율적 시장(efficient market)이기 때문에 증권시장에 상장된 개별주식의 주가 혹은 시장 전체 지수에 영향을 줄 수 있는 새로운 정보가 시장에 유입되면 그 정보는 해당 기업의 주가나 혹은 시장지수에 정확하고 신속하게 반영되고 있다. 따라서, 효율적 자본시장 체제하에서 특정 사건(event)이 주가에 어떠한 영향을 미치는지에 대한 연구는 자본시장이론과 기업재무이론을 이해하는 데 필수적이다. 특히, 기업경영의 목표를 주주 부의 극대화 혹은 주식 가격의 극대화로 정의하고 있는 현대 기업재무론에서는 기업의 특정 의사결정이나 재무정책이 주가에 미치는 영향에 대한 연구는 더욱 중요할 수밖에 없다. 다행히, 현대 재무학(modern finance)에서는 오래 전부터 사건연구방법론(event-study methodology)이라는 매우 독특한 연구방법론이 개발되어 이를 이용하여 특정 사건이나 기업의 의사결정이 해당 기업의 주가에 미치는 효과를 과학적으로 측정하고 있다. 예를 들어, 2015년 5월 26일 당시 삼성그룹 계열사인 제일모직과 삼성물산이 이사회를 열어 합병을 결의했다. 이 합병 소식이 알려지자 한국거래소 유가증권시장에서 두 계열사의 주가는 나란히 가격제한폭까지 폭등하였다. 제일모직은 전날 종가보다 24,500원(14.98%) 오른 188,000원에, 삼성물산은 8,200원(14.83%) 오른 63,500원에 상승 마감했다(《매일경제》, 2015년 5월 26일 자). 이러한 제일모직과 삼성물산의 합병 결의가 양사의 주주들에게 정확히 얼마의 가치 혹은 부의 상승효과를 가져다주었는지를 과학적으로 분석하기 위해서는 사건연구만이 유일하게 이에 대한 해답을 제시할 수 있다.

이 책은 바로 이러한 사건연구방법론에 대한 이론적 배경과 실제 적용되고 있는 연구방법 및 방법론적 문제점 등을 심도 있게 논의하고, 궁극적으로는 한국증권시장에 적합한 사건연구방법을 제시하기 위해 집필하였다. 또한, 이 책은 사건연구를 활용한 논문을 이해하고자 하는 혹은 사건연구방법을 적용하여 재무 이론을 검정하고자 하는 대학원생, 교수 및 연구원, 경제 및 법무 관료 등에게 실질적인 도움을 줄 수 있도록 집필하였다. 한국과 미국의 증권시장은 기본적으로 시장의 미시구조와 투자자들의 투자행태가 서로 다르기 때문에 미국시장에서 효과적인 사건연구방법이 우리나라 시장에서도 반드시 그럴 것이라고 가정하는 것은 타당하지 않다. 따라서, 한국증권시장에 적합한 사건연구방법을 개발하는 것은 우리 학계에 주어진 주요한 과제일 수밖에 없다. 이 책은 이러한 노력의 일환으로 저자가 사건연구를 한국증권시장에 어떻게 효과적으로 적용할 것인지에 대해 지금까지 오랜 기간 한국의 대표적인 재무금융관련 학회지인 한국증권학회지, 재무관리연구 등에 발표한 기존 논문들을 보다 이해하기 쉽게 체계적으로 정리하고 보완한 것이다(정형찬, 1997, 2006, 2007, 2008, 2014).

이 책에서는 사건연구를 주식수익률을 이용하여 특정 사건에 대한 주가 반응을 측정하는 전통적인 사건연구와 총자본영업이익률(ROA; return on assets)과 같은 회계 척도를 사용하여 초과영업성과를 측정하는 회계정보 기반 사건연구로 크게 구분한다. 그리고, 주식수익률을 이용한 전통적인 사건연구는 다시 단기성과를 측정하는 사건연구와 장기성과를 측정하는 사건연구로 구분한다. 저자는 이 책에서 연구자들이 실제로 활용 가능한 다양한 사건연구방법 중에서 각각의 사건연구가 갖는 통계적 오류를 최소화하고 검정력을 최대로 높일 수 있는 성과측정 모형과 유의성 검정방법을 제시하는 데 초점을 두고 있다. 이를 위해, 제1장 서론에서는 사건연구의 의의와 목적, 발달사 등을 다루고 있으며, 사건연구에서 비정상적인 주가의 움직임을 측정하는 초과수익률의 기초 개념을 정의하고 있다. 제2장에서는 사건연구의 수행 절차를 순서대로 제시하고 있다. 즉 사건연구를 수행하는 절차로서 사건의 정의, 시간 변수의 확정, 표본의 선정, 기대수익률과 초과수익률의 추정, 초과수익률의 통계적 검정, 초과수익률 결정 요인에 관한 횡단면 회귀분석, 분석 결과의 해석 및 결론 등의 제 과정을 설명하고 있다. 제3장은 사건연구방법이 갖는 통계학적 특성을 설명한다. 여기서는 사건연구의 수행 과정에서 요구되는 귀무가설의 설정, 통계적 가설 검정이 수반하는 오류의 유형과 검정력의 의미 등을 다룬다.

이 책의 핵심은 단기성과 측정을 위한 사건연구를 다루는 제4장과 장기성과 측정을 위한 사건연구를 설명하고 있는 제5장이다. 먼저, 제4장에서는 단기성과 측정모형의 선택, 유의성 검정방법의 선택, 시장지수의 선택 등이 사건연구의 설정오류와 검정력에 어떠한 영향을 미치는지를 시뮬레이션 실험 결과를 중심으로 설명하며, 관심 있는 독자들을 위해 사건일 집중효과, 비동시거래와 대체적 β 추정법, 표본의 크기와 검정력 등과 같은 특별 이슈도 심도 있게 다루고 있다. 또한, 한국증권시장에 적합한 단기성과 사건연구방법을 제시하기 위해 이와 관련된 연구 설계 문제를 사건연구의 절차별로 구체적으로 논의한다. 마지막으로 사건연구를 처음 접하는 초보 연구자들이 쉽게 사건연구를 적용하는 실용적 방안으로 DataGuide와 KisValue가 각각 제공하는 사건연구 정보서비스를 활용하는 방법을 상세히 설명하고 있다. 그리고, 제5장에서는 장기성과 측정모형의 선택, 유의성 검정방법의 선택, 장기성과 측정과 관련한 특별 이슈 등을 중점적으로 다룬다. 이와 함께, 한국증권시장에 적합한 장기성과 사건연구의 설계와 관련된 문제를 논의한다.

제6장에서는 사건연구가 증권거래와 관련된 손해배상 소송이나 환경정책 분야에서 실제로 어떻게 활용되고 있는지를 미국의 사례를 중심으로 간략하게 소개한다. 마지막 제7장에서는 주식수익률을 이용하여 경영성과를 측정하는 전통적인 사건연구와는 달리 ROA나 ROE와 같은 회계 척도를 사용하여 특정 재무의사결정이 기업의 경영성과에 미치는 영향을 판단하는 회계정보 기반 사건연구를 다룬다.

사건연구는 재무학에서 창안된 연구방법론이기 때문에 이 책의 내용을 충분히 이해하고 스스로 이를 본인의 연구 프로젝트에 적용하고자 하는 독자는 무엇보다도 기업재무이론과 자본시장이론에 대한 기초 개념을 이해할 필요가 있다. 또한, 사건연구의 통계적 특성을 이해하는 데에는 통계학적 지식이 도움을 줄 수 있을 것으로 생각된다. 수학은 기본적인 대수학을 알고 있으면 어렵지 않게 이 책의 핵심 내용을 이해할 수 있도록 쉽게 설명하고 있다. 따라서, 재무학 분야에서 기업과 규제 기관의 특정 의사결정이나 정책이 관련 기업의 주가에 미치는 영향에 관한 논문을 읽고 이해하며 더 나아가 이를 직접 작성하고자 하는 MBA 과정 혹은 대학원 박사과정에서는 이 책을 교재로 채택할 수 있을 것이다. 그리고, 재무금융 및 환경정책 관련 연구기관의 연구원과 교수들은 이 책을 잘 활용할 경우 본인들의 연구에 가장 적합한 사건연구방법을 설계하는 데 실질적인 도움을 얻을 수 있을 것으로 생각한다.

마지막으로 이 책의 그림 작성과 편집에 많은 도움을 준 정형철 조교와 대학원생 이광민 박사에게 감사드린다. 그리고, 이 책은 저자가 이제까지 사건연구에 대해 발표한 논문들을 기초로 집필한 것이기 때문에 한국증권학회와 한국재무관리학회 등에서 저자의 논문에 귀중한 코멘트를 아끼지 않았던 많은 동료 교수들에게도 이 자리를 빌려 감사드린다. 이미 고인이 되었지만 생전에 이 책의 집필을 독려해 주었던 죽마고우 유일성 교수에게도 마음 깊이 감사드린다.

2021년 3월
해운대에서 저자 씀

목차

3 사건연구의 통계적 오류와 검정력

4 단기성과 측정을 위한 사건연구

5 장기성과 측정을 위한 사건연구

6 사건연구의 응용 분야

7 회계정보를 활용한 사건연구

부록

1
사건연구의 정의와 발달사

사건연구의 정의와 목적

기업 재무관리의 주요 기능은 자금의 조달과 운용과 관련된 의사결정을 수행하는 것이다. 이러한 의사결정은 단순히 진공 상태에서 이루어지는 것이 아니라, 어떤 목적을 염두에 두고 이루어진다. 현대 기업재무론에서는 기업경영의 목표를 크게 "주주 부의 극대화(shareholders' wealth maximization)" 목표와 "이해관계자 부의 극대화(stakeholders' wealth maximization)" 목표 등 두 유형으로 구분하고 있다.

"주주 부의 극대화" 목표는 영국과 미국을 중심으로 한 Anglo-American 문화권에서 Friedman(1970)을 비롯한 전통적 경제학자들이 주장해 오고 있는 기업 목표이다. Milton Friedman 은 The New York Times Magazine에 게재한 기고문에서 기업의 사회적 책임은 기업 이익을 증가시키는 데 있다고 주장하였다. 이러한 견해가 전통적인 주주 중심의 지배구조하의 주주 부의 극대화 목표에 실질적으로 반영되어 있다. "주주 부의 극대화" 목표의 이론적 근거는, 기업의 다양한 이해관계자들 중에서도 주주는 기업의 법적 소유주로서 기업이익에 대한 잔여청구권을 가지며 따라서 이해관계자 중 가장 큰 기업위험을 부담하는 집단이므로 경영자는 주주 이익의 극대화를 기업의 목표로 삼아야 한다는 것이다.

주주 중심의 지배구조는 아직도 재무학 분야에서 기본적인 지배구조 유형으로 인식되고 있지만, 이를 대체할 수 있는 새로운 지배구조 유형도 발전하고 있다. 주주 중심의 지배구조를 대체할 수 있는 대표적인 지배구조 모형으로는 이해관계자 지배구조(stakeholder governance) 모형을 들 수 있다. Aguilera et al. (2015)은 효과적인 기업지배구조란 기업의 모든 이해관계자의 권리를 보호하고, 모든 이해관계자의 이해관계와 요구를 조정하고, 투명한 정보 공개와 기업의 전략적, 윤리적인 지침을 제공할 수 있어야 한다고 제안하고 있다. 이처럼, 이해관계자 지배구조 모형에서는 기업과 경영자의 목표는 주주만의 이익보다는 주주외의 종업원, 채권자, 고객, 지역사회 및 정부 등 다양한 이해관계자들의 이익 극대화를 추구하는 것이다. 또한, 이해관계자 지배구조 모형에서는 기업은 사회적 복리에 관해서도 대단히 중요한 책임 의식을 가져야 한다는 점을 강조하고 있다.

이처럼, 최근 재무학 분야에서 다양한 기업지배구조 모형과 기업목표에 대한 논의가 이루어지고 있지만, 이 주제는 이 책이 지향하는 논의의 초점이 아니기 때문에 여기서는 기업의 목표를 현재 기업재무론 분야에서 여전히 기본적인 기업의 목표로 인식되고 있는 "주주 부의 극대화"에 두고 사건연구방법론을 논의하도록 한다. 기업의 재무관리자가 수행하는 다양한 재무의사결정, 즉 투자에 관한 의사결정(investment decision)과 자금조달에 관한 의사결정(financing decision) 등이 과연 기업의 목표인 주주 부의 극대화에 기여하는지를 알기 위해서는 무엇보다도 그러한 주요 재무의사결정이 최종적으로 해당 기업의 주가에 어떠한 영향을 미치는지를 평가할 수 있어야 한다. 현재까지 이 과제를 해결하는 데 가장 적합한 사회과학 연구방법론은 사건연구(event study)로 알려져 있으며, 이를 가장 활발하게 사용하고 있는 분야가 기업재무 분야인 것은 바로 이러한 이유 때문이다.

이와 같이, 사건연구는 주식분할, 증권 발행, 자사주 취득, 인수합병, 이익 공시 등과 같은 기업 고유의 사건(firm-specific events)이나 중앙은행의 금리 인상 혹은 인하, 조세나 환경 관련 법규의 개정 등과 같은 정부의 정책 결정 등이 관련 기업의 주식가격에 미치는 영향을 계량적으로 평가하는 연구방법이다. 사건연구는 기본적으로 자본시장의 정보 효율성(information efficiency)을 전제로 개별기업의 주가에 영향을 줄 수 있는 사건이 발생하면 이 사건의 가치 효과가 사건의 공시일(announcement date)을 중심으로 주가에 신속하게 반영된다는 사실에 이론적 기반을 두고 있다. 결국, 사건연구는 어떤 사건의 공시일을 중심으로 관련 기업의 실제 주가 반응을 관찰하고 그 사건으로 인한 비정상적인 주가 변화를 계량적 모형을 통해 분석함으로써 해당 사건의 가치효과(wealth effect)를 측정하는 연구방법이다.

현재 학계에서 일반적으로 가장 널리 사용하고 있는 형태의 사건연구는 Fama, Fisher, Jensen and Roll(이하 FFJR로 칭함)(1969)이 주식분할의 가치효과에 대한 분석을 통해 준강형 효율시장가설(semi-strong form efficient market hypothesis)을 증명하는 데 처음으로 사용하였다. 그 이후, 사건연구는 개별기업의 특정 의사결정과 관련된 사건의 가치효과를 밝혀낼 수 있게 됨에 따라 기업재무 정책에 관한 의사결정의 성격을 이해하는 데 매우 중요한 기여를 하게 되었다. 예를 들어, Charest(1978), Ahrony and Swary(1980), Asquith and Mullins(1983) 등은 사건연구를 이용한 실증 연구에서 예상하지 못한 배당의 증가가 주가의 상승을 가져온다는 사실을 발견하였다. 이들의 연구 결과는 당시에 상당히 놀라운 발견이었다. 왜냐하면, 그 당시 Miller and Modigliani(1961)와 Miller and Scholes(1978) 등이 배당정책은 주가에 영향을 미치지 않거나 혹은 (검정 기간 중) 자본이득세보다 높은 배당소득세로 인해 배당이 악재일 수 있음을 예측하고 있었기 때문이다. 그러나, 사건연구를 통해 밝혀진 예상하지 못한 배당의 증가가 주가를 상승시킨다는 연구 결과는 Miller and Rock(1985) 등의 신호이론(signaling theory)과 Easterbrook(1984)과 Jensen(1986) 등의 잉여현금흐름(free cash flow) 이론을 탄생시키는 계기가 되었다.

기업재무 분야에서 사건연구를 통해 밝혀진 또 하나의 놀라운 결과는 보통주의 발행이 주가에 부정적인 영향을 미치는 악재인 반면에, 주식공개매수(tender offer)나 공개시장 매수 등에 의한 자사주 매입은 호재라는 것이다(Asquith and Mullins, 1986; Masulis and Korwar, 1986; Dann, 1981; Vermaelen, 1981). 이러한 실증분석 결과는 연구자들이 예측하고 있었던 것과는 반대의 결과일 수도 있었다. 즉, 보통주 발행은 해당 기업의 투자 전망이 매우 좋다는 신호일 수 있기 때문에 호재라고 예측할 수도 있을 것이다. 그러나, 보통주 발행과 자사주 매입에 관해 사건연구를 통해 밝혀진 실증분석 결과는 이 현상을 (1) 비대칭정보하에서 재무관리자는 보통주의 시장가격이 과대평가 되었을 때 보통주를 발행한다는 관점에서(Myers and Majluf, 1984), (2) 보통주의 발행은 미래의 현금흐름이 저조할 것이라는 정보를 내포하고 있다는 관점에서(Miller and Rock, 1985), (3) 잉여현금흐름을 자사주 매입에 사용할 경우 대리비용이 낮아지게 될 것이라는 관점(Jensen, 1986)에서 각각 설명하려는 이론적 모형을 개발하는 데 좋은 자극이 되었다(Fama, 1991, p. 1600).

사건연구는 기업재무 분야뿐만 아니라 자본시장론(capital market theory) 분야에서도 효율시장가설을 검정하는 연구방법으로서 매우 중요한 역할을 수행하고 있다. 만약 어떤 특정 사건이 발생한 이후에 지속적으로 통계적으로 유의한 양 혹은 음의 초과수익률이 존재한다면 이것은 효율시장가설에 반하는 이상현상(anomaly)으로 볼 수 있다. 따라서, 최근 많은 연구자들이 수행하고 있는 장기성과에 대한 사건연구는 특정 사건의 장기적인 경영성과뿐만 아니라 시장효율성에 대한 주요한 실증분석 결과를 제공해 줄 수 있다(Agrawal et al., 1992; Iken-berry et al., 1995; Spiess and Affleck-Graves, 1999; Dichev and Piotroski, 2001; Boehme and Sorescu, 2002; Byun and Rozeff, 2003; Eberhart et al., 2004; Dutta and Jog, 2009; Yook, 2010; Phan and Hegde, 2012; Chen, et al., 2019).

이처럼, 재무학 분야에 있어서 사건연구는 사건일의 장단에 따라 크게 단기성과에 관한 사건연구와 장기성과에 관한 사건연구로 구분할 수 있다. 전자의 단기성과 사건연구는 특정 사건이 발생한 사건일을 전후한 단기간의 공시효과(announcement effect)를 측정함으로써 기업의 특정 의사결정이 주주 부에 미치는 가치효과를 파악할 수 있는 증거를 제시하는 데 그 목적을 두고 있다. 이에 반해, 후자의 장기성과 사건연구는 특정 사건 이후 장기간에 걸친 주가변화를 측정함으로써 특정 사건의 장기 성과뿐만 아니라 효율시장가설을 검정하는 데에도 활용되고 있다. 사건기간의 장단에 따른 이 두 유형의 사건연구는 연구의 목적과 연구방법의 측면에서 그 차이점이 확연하기 때문에 사건연구를 적용할 때 이들 중 어느 것이 연구자의 연구목적에 적합한 것인지를 사전에 미리 결정해야 한다.

지금까지 설명한 바와 같이, 주주 부의 극대화를 기업 목표로 설정하는 주주 중심의 지배구조하에서 장단기 경영성과를 주식수익률에 의해 측정하는 것에 대해서는 이론의 여지가 없다. 그러나, 개별기업의 주식수익률은 2007년 글로벌 금융위기나 최근의 COVID-19에 의한 팬데믹 위기 등 개별기업의 경영자가 통제할 수 없는 비경제적 외부 요인들에 의해서도 크게 변동한다. 따라서, 주식수익률만으로 기업의 경영성과를 측정하는 것은 연구방법론상의 한계를 극복하기가 쉽지 않다. 이러한 주식수익률의 단점을 보완할 수 있는 대체적인 경영성과 측정 방법으로는 회계 정보를 이용하는 것이다. 그러므로, 개별기업의 주요 재무적 의사결정이 경영성과에 미치는 영향을 효과적으로 측정하는 방법으로서 주식수익률을 활용한 사건연구에만 그치지 말고, 그것이 갖는 결함을 보완할 수 있는 회계 척도, 즉 총자산영업이익률(ROA)이나 자기자본순이익률(ROE) 등을 이용한 사건연구도 병행해서 사용할 필요가 있다.

사건연구는 이제 재무학 연구 분야를 넘어 다양한 학문 영역에서 매우 유용하게 활용되는 사회과학 연구방법으로 성장하고 있다. 예를 들어, 회계학 분야에서는 사건연구를 이용한 이익 공시나 회계 기준의 변경 등의 가치 효과에 대한 실증 연구가 오래 동안 연구자들의 관심의 대상이 되어 왔다. 또한, 경제학과 법학, 환경 분야에서는 사건연구가 규제의 경제적 효과와 손해배상 소송에서 손해의 정도를 평가하는 데 각각 사용되고 있다.

이와 같이, 사건연구가 재무학을 포함한 다양한 학문 영역에서 매우 중요한 연구방법으로 자리 잡게 된 배경에는 컴퓨터와 정보 산업의 발전을 들 수 있다. 사건연구에서 필수적인 기초 자료라고 볼 수 있는 주가와 주식수익률, 재무제표 등의 회계 자료 등을 연구자가 쉽게 활용할 수 있도록 공급하는 정보산업의 발전과 이들을 신속히 처리할 수 있는 대규모 용량과 빠른 속도를 가진 컴퓨터의 발달은 사건연구를 한 단계 끌어올리는 중요한 하부구조 (infrastructure) 역할을 하고 있다.

1.2 기대수익률과 초과수익률의 추정

사건연구에서 어떤 특정 사건이 갖는 가치효과를 측정하는 분석 수단으로서 비정상수익률(abnormal return) 혹은 초과수익률(excess return) 개념을 사용한다.[1] 비정상수익률 혹은 초과수익률은, 다음 식 (1.1)에서 정의한 바와 같이, 어떤 사건이 발생한 이후의 실제 수익률 (actual ex post return)에서 사건이 발생하지 않은 정상적인 상황에서 예상되는 기대수익률 (expected return) 혹은 정상수익률(normal return)을 차감한 것이다(Campbell, et al., 1997, p. 151).

---

1) 연구자에 따라서는 이를 예측오차(prediction error)라고 정의하기도 한다.

$$AR_{jt} = R_{jt} - E[R_{jt} | X_t] \tag{1.1}$$

여기서, AR_{jt} = 사건일 t에서의 기업 j의 초과수익률

R_{jt} = 사건일 t에서의 기업 j의 실제 사후 수익률

$E[R_{jt}|X_t]$ = X_t라는 정보 조건하에서 기업 j의 기대수익률

X_t = 사건일 t에서의 기대수익률 추정 모형의 조건부 정보

사건연구에서 사건이 발생하지 않은 정상적인 시장 상황에서 예상되는 기대수익률을 추정하는 모형은 매우 다양하다. 예를 들어, 단기성과를 측정하는 사건연구에서 사용되는 대표적인 기대수익률 추정모형으로는 시장모형(market model)을 들 수 있다. 만약 시장모형을 기대수익률 추정모형으로 사용할 경우 모형의 조건부 정보(conditioning information) X_t는 시장지수 수익률을 의미한다. 다음 〈그림 1.1〉은 비정상수익률 혹은 초과수익률의 개념을 시간과 수익률을 각각 X축과 Y축으로 표시한 2차원 평면 그래프로 나타낸 것이다.

〈그림 1.1〉 공시일에서 초과수익률의 추정

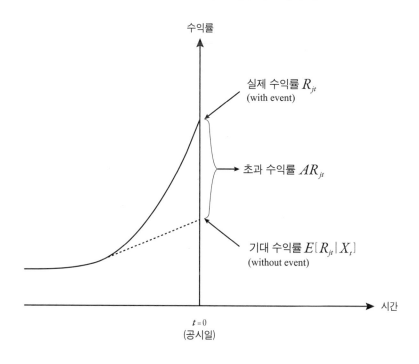

사건연구에서 어떤 특정 사건에 대한 정보가 일반 투자자에게 공개적으로 발표되는 시점을 공시일(announcement date) 혹은 사건일(event date)이라고 정의하며, 〈그림 1.1〉에서 "$t=0$" 로 표시되는 시점이 공시일 혹은 사건일을 의미한다. 만약 어떤 특정 사건의 공시일에서 식 (1.1)에 의해 측정한 초과수익률 혹은 비정상수익률이 통계적으로 0과 다른 유의한 값을 가지게 되면, 해당 사건은 초과수익률의 방향에 따라 양 혹은 음의 가치효과를 가진다는 결론을 내릴 수 있게 된다. 이처럼, 사건연구에서 특정 사건이 과연 가치효과를 가지는지에 대한 여부를 판단하기 위해서는 무엇보다도 초과수익률을 정확히 측정할 수 있어야 하며, 다음으로는 이 초과수익률이 0과는 다른 유의한 값인지에 대한 통계적 가설 검정이 이루어져야 한다. 이처럼 사건연구 절차의 핵심 요소는 초과수익률의 추정(estimation)과 이에 대한 통계적 유의성 검정(inference)이다.

1.3 사건연구의 발달사와 활용 실태

1.3.1 미국증권시장에서의 사건연구 발달사와 활용 실태

사건연구는 오랜 역사를 가지고 있다. 사건연구의 기본 개념은 이미 1930년대에 이루어진 Dolly(1933)의 연구에서 찾아볼 수 있다. Dolly(1933)는 주식분할의 특성과 절차에 대한 연구에서 주식분할이라는 재무적 사건이 갖는 가치효과에 대한 분석을 시도하였다. 그는 1921년에서부터 1930년에 이르는 10년 동안에 이루어진 약 174건의 주식분할을 대상으로 연도별 주식분할 건수와 경기지수, 주가지수 등과의 상관관계를 분석하였다. Dolly(1933)는 이 실증 분석을 통해 주식분할은 경기 호황기와 주가지수 상승기에, 반대로 주식병합은 경기 침체기와 주가지수 하락기에 주로 이루어진다는 사실을 발견하였다(Dolly, 1933, pp. 320-321). 그 이후에도 Myers and Bakay(1948), Barker(1956, 1957, 1958), Ashley(1962) 등이 사건연구방법의 수준을 향상시켰다. 이 기간 동안 사건연구가 이전에 비해 개선된 점은 증권시장의 전체적인 동향을 제거하는 방법과 복합적인 사건들을 분리하는 방법을 고안한 점을 들 수 있다

(MacKinlay, 1997, pp. 13-14).

현재 학계에서 사용하고 있는 형태의 사건연구는 FFJR(1969)이 주식분할의 가치효과에 대한 분석을 통해 효율시장가설을 증명하는 데 처음으로 사용하였다. FFJR이 창안한 이 사건연구방법은 전혀 예상치 못했던 상황에서 뜻밖에 발견한 좋은 사례 중의 하나라고 볼 수 있다. 애초에 이 논문은 Lorie의 제안에 따라 수행되었다. 논문을 작성한 목적은 당시 막 개발된 CRSP(Center for Research in Security Prices at the University of Chicago) 월별 NYSE 파일을 폭넓게 사용한 논문을 작성하여 CRSP 파일의 유용성을 보여 줌으로써 이 파일을 개발하는 데 필요한 지속적인 자금 지원을 정당화하기 위한 것이었다. 그때만 하더라도 FFJR은 본인들이 개발한 사건연구가 재무학 연구방법론의 큰 흐름을 형성하리라고는 전혀 생각하지 못했다 (Fama, 1991, p. 1599). 하지만 사건연구방법론은 FFJR(1969) 이후 기업의 공시나 특정 사건에 대한 시장에서의 주가반응을 측정하는 표준적인 연구방법으로 자리 잡게 되었다.

FFJR(1969)의 선구적인 연구 이후에도 Jaffe(1974), Mandelker(1974), Patell(1976), Scholes and Williams(1977), Dimson(1979), Collins and Dent(1984) 등에 의해 초과수익률의 측정과 통계적 검정 등과 관련하여 다양한 사건연구방법이 제시되었다. 그러나, 사건연구가 재무학뿐만 아니라 회계학, 경제학 분야의 많은 연구자들로부터 과학적인 연구방법론으로서의 신뢰를 확보하게 된 것은 무엇보다도 Brown and Warner(1980, 1985)의 체계적인 연구가 공헌한 바가 크다. Brown and Warner는 사건연구의 설계 시에 선택 가능한 다양한 형태의 연구방법 중 어느 것이 통계적 오류를 최소화하고 검정력을 최대로 높일 수 있을 것인지를 미국 증권시장의 실제 월별 및 일별 주식수익률 자료를 이용한 시뮬레이션 실험을 통해 밝히고자 하였다. 특히, Brown and Warner(1980, 1985)는 성과측정 모형의 선택(choice of models), 시장지수의 선택(choice of market index), 유의성 검정방법의 선택(choice of significance tests) 등이 사건연구의 통계적 오류와 검정력에 어떠한 영향을 미치는지를 실제 월별 및 일별 주식수익률 자료를 이용한 시뮬레이션 실험을 통해 분석하였다. 이 논문들에서 제시된 시뮬레이션 분석 결과는, 단기성과에 대한 사건연구에서 연구자들이 자신들의 표본 환경에 가장 적합한 사건연구방법을 설계할 때 반드시 참고해야 할 교과서 역할을 하고 있다. 심지어, 공식적인 표준 방법론이 존재하지 않음에도 불구하고 많은 연구자들이 논문에서 Brown and

Warner(1980, 1985)가 권고하고 있는 방법론을 사용할 경우 이것을 표준 사건연구방법론 (standard event study methodology)을 사용하고 있는 것으로 언급하고 있다.

지금까지 발표된 실제 주식수익률 자료를 이용한 시뮬레이션(data-based simulation) 연구들의 분석 결과에 의하면, 단기성과에 대한 사건연구에서는 Brown and Warner(1985)가 권고하고 있는 방법론을 사용할 경우 통계적 신뢰성을 확보하면서 검정력도 상당히 높일 수 있는 것으로 보고되고 있다. 예를 들어, 초과수익률을 측정하는 성과측정 모형으로 시장모형(market model)을 사용하고, 실제 사건일(event date)에서 발생한 초과수익률의 크기가 2%이며 유의성 검정방법으로는 t-검정을 사용할 경우, 초과수익률의 존재를 정확히 찾아낼 수 있는 검정력은 약 99.6%에 달한다. 또한, 실제로 초과수익률이 전혀 발생하지 않았음에도 불구하고 초과수익률이 존재하는 것으로 잘못 판단할 통계적 오류는 약 4.4%에 불과해 유의수준 5%에 미치지 못하는 것으로 보고되고 있다(Brown and Warner, 1985, p. 13의 Table 3). 따라서, 사건일을 중심으로 단기성과를 측정하는 사건연구에서는 연구방법론과 연구 결과의 통계적 신뢰성에 대해 논쟁을 불러일으킬 만한 이론적 문제점은 거의 없는 것으로 알려져 있다. Brown and Warner(1980, 1985) 이외에도 Bernard(1987), Malatesta and Thompson(1985), Sefcik and Thompson(1986), Malatesta(1986) 등이 사건연구방법론의 발전에 크게 기여한 논문으로 평가되고 있다.

그런데, 단기성과에 대한 사건연구와는 달리 사건기간이 1년, 3년 혹은 5년간에 이르는 장기성과를 측정하는 사건연구에서는 아직까지 해결하지 못한 방법론상의 문제점이 산재해 있으며, 이의 해결 방안을 둘러싼 논쟁이 학자들 간에 치열하게 전개되고 있다. 장기성과에 대한 사건연구도 FFJR(1969)에서 시작된 이래로 오랜 역사를 가지고 있다. 1970년대 말부터 1980년대 초반까지 인수합병과 증권발행 등과 같은 특정 사건 이후의 장기성과의 존재와 시장 비효율성에 대한 관심이 고조되기 시작했다. 그 이후 지금까지 많은 연구자들에 의해 장기성과에 대한 실증적 연구가 다양한 사건을 중심으로 활발하게 이루어지고 있다. 이러한 장기성과 연구들은 공통적으로 개별기업의 특정 의사결정 이후 수년간(예를 들어, 3년 혹은 5년)의 기간 동안 통계적으로 매우 유의한 장기성과가 존재한다는 실증분석 결과를 제시하고 있다. 이는 증권시장이 특정 사건의 가치효과를 개별기업의 주가에 신속하고 정확하게 반영하지 못하고 있음을 의미한다. 따라서, 이것은 궁극적으로 효율시장가설에 반하는 이상현상으로 해석되기도 한다.

장기성과의 존재에 대한 이러한 실증분석 결과는 많은 연구자들로 하여금 투자자들이 정보 처리과정에서 가지는 편의와 차익거래의 한계 등에서 기인한 시장 비효율성을 설명하는 가설을 개발하게 만드는 계기가 되었다(DeBondt and Thaler, 1985, 1987; De Long et al., 1990; Shleifer and Vishny, 1997). 이러한 이상현상에 관한 연구와 시장 비효율성으로서의 이상현상을 이론적으로 설명하고자 하는 시도가 행동재무론(behavioral finance)으로 알려진 새로운 연구 분야를 탄생시킨 계기가 되기도 했다. 이 분야에서의 연구는 주로 투자자들이 정보 처리 과정에서 가지는 편의가 증권 가격을 결정하는 데 어떤 의미를 가지는지를 이론화하고 이를 검정하는 것이다. 증권시장에서 투자자들의 투자행위에서 발생하는 편의가 상당 기간 일관되게 나타나고 여기서 초래된 가격결정 오류를 수정하는 차익거래는 오랜 시간이 소요되기 때문에(Shleifer and Vishny, 1997), 수많은 연구들이 최초공모(initial public offering), 인수합병, 이익 공시 등과 같은 주요 사건 이후 1년 혹은 길게는 5년간의 장기 초과수익률의 존재를 설명할 수 있는 가설을 개발하고 이를 검정하는 데 초점을 두고 있다(Kothari and Warner, 2007, pp. 20-21).

그러나, Kothari and Warner(1997)와 Barber and Lyon(1997) 등은 특정 사건 이후에도 장기적인 시장성과가 수년간 지속된다는 기존의 연구결과들이 시장의 가격결정 오류(mispricing)에서 기인한 것이라기보다는 오히려 장기성과 측정모형의 설정오류(misspecification)에서 발생하였을 가능성을 제기하였다. 예를 들어, Kothari and Warner(1997)는 Fama-French(1993)의 3-요인 모형(three-factor model)을 이용하여 장기성과를 측정하였는데, 사건월(event month) 이후 36개월간 초과수익률이 실제로는 전혀 발생하지 않았음에도 불구하고 5% 유의 수준하에서의 검정 결과, 전체 250개 표본 중 약 34.8%에 이르는 표본에서 통계적으로 유의한 장기성과가 존재하는 것으로 나타났다. 이러한 분석 결과는 미국증권시장에서 장기성과 측정 모형의 통계적 오류가 얼마나 심각한 수준인지를 잘 보여 주고 있다(p. 302).

한편, Fama(1998)는 특정 사건 이후 장기성과가 존재한다고 보고하고 있는 많은 실증연구 결과들이 결코 효율시장가설을 부정하는 증거가 될 수 없다고 주장하고 있다. 그 이유는 장기성과 이상현상(long-term return anomaly)이 연구방법론에 매우 민감하기 때문이다. 장기성 과 연구에서 초과수익률을 추정하기 위해 사용하는 기대수익률 예측 모형을 달리 적용하거나, 혹은 초과수익률을 계산하는 통계적 접근방법을 변경할 경우 장기성과 이상현상이 사라지거나 혹은 통계적으로 유의하지 않은 수준으로 대폭 감소하는 사례를 자주 볼 수 있다. 그래서, Fama(1998)는 대부분의 장기성과 이상현상은 단순히 방법론적 환상(methodological illusion)에 지나지 않는다고 주장하고 있다. 특히, 장기성과 연구에서 초과수익률 측정을 위해서는 기대수익률을 예측하는 자산가격결정모형이 반드시 필요하므로, 시장 효율성 검정은 결국 자산가격결정모형의 검정과 연계된 결합가설 검정(joint hypothesis test) 문제에 직면할 수밖에 없다. 그러나, 아직까지 기대수익률을 완벽하게 예측할 수 있는 자산가격결정모형은 존재하지 않고 있다. 그는 이러한 부적절한 모형으로 인한 문제(bad model problem)는 재무학 연구의 모든 분야에서 부딪치는 일반적인 문제일 수 있으나, 장기성과에 관한 연구에서는 더 심각한 방법론적 문제를 가져오게 된다고 주장하고 있다.

미국 학계에서는 오랜 기간 장기성과의 존재 여부와 연구방법론을 둘러싸고 관련 연구자들 간에 논쟁이 지속되어 왔다. 이러한 논쟁 속에서 Lyon et al. (1999), Brav(2000), Mitchell and Stafford(2000), Cowan and Sergeant(2001), Ang and Zhang(2004), Jegadeesh and Karceski(2009) 등은 장기성과에 관한 사건연구의 통계적 오류를 유의수준 이내로 줄이고 검정력을 최대로 높일 수 있는 보다 세밀하고 개선된 장기성과 측정모형과 검정방법을 개발하는 데 기여하고 있다.

그런데, Kothari and Warner(2007)는 미국의 재무학 연구에서 사건연구가 얼마나 광범위하게 사용되고 있는지를 알아보기 위해 Journal of Business(JB), Journal of Finance(JF), Journal of Financial Economics(JFE), Journal of Financial and Quantitative Analysis(JFQA), Review of Financial Studies(RFS) 등 5개의 저명 학술지에 발표된 사건연구 관련 논문에 대한 센서스를 실시하였다. 조사 기간은 JFE가 창간된 1974년부터 2000년까지로 한정하였다. Kothari and Warner(2007)의 조사 결과에 의하면, 이 기간 동안 사건연구를 사용하여 특정 사건의 가치효과를 측정한 논문의 수가 565편에 이르는 것으로 밝혀졌다. 그러나, 이 숫자는 어디까지나 5개의 저명 학술지에 발표된 논문만을 대상으로 조사한 결과이기 때문에, 만약 다른 학술지나 실무 중심의 학술지에 게재된 논문들을 모두 포함할 경우 이 숫자는 하한선에 불과하다.

사건연구를 활용한 게재 논문의 수를 연도별로 살펴보면, 1980년대에는 논문 수가 증가하는 경향을 보였으나 그 이후에는 점차 안정되었다. 가장 많은 논문이 발표된 시기는 1983년(38편), 1990(37편), 2000년(37편)으로 나타났으며, 학술지별로 살펴보면 JF(212편), JFE(207편) 등이 각각 200편 이상의 사건연구 논문을 게재한 것으로 나타났다. Kothari and Warner(2007)는 이 조사에서 단기성과와 장기성과에 대한 연구를 구별하지 않았다. 그러나, 만약 사건기간의 윈도우가 1년을 초과하는 사건연구를 장기성과에 대한 연구로 구분한다면, 전체 565편 가운데 약 200편의 논문이 장기성과 측정에 관한 논문인 것으로 추정되며 이들의 연도별 비중은 어떤 명확한 경향을 보이지는 않고 있다(Kothari and Warner, 2007, pp. 6-7). 특히, 이 통계는 조사 기간을 2000년까지로 한정한 것이기 때문에 만약 조사 기간을 2000년 이후로 확대 실시할 경우 논문의 수는 더욱 늘어날 것이다.

1.3.2 한국증권시장에서의 사건연구 발달사와 활용 실태

한국증권시장을 대상으로 한 사건연구는 심병구 외(1980)가 주식분할에 대한 시장 반응을 분석하여 한국증권시장이 준강형 효율시장이라는 가설을 증명하는 데 처음으로 사용하였다. 심병구 외(1980)는 한국증권시장에 상장된 주식 가운데 주식분할을 시행한 20개의 주식을 무작위로 추출하여 준강형 효율시장가설을 실증적으로 검정하고 있다. 이들은 실증분석에서 단기성과 측정모형으로 FFJR(1969)이 사용한 시장모형을 활용하였다. 실증분석 결과, 심병구 외(1980)는 한국증권시장이 준강형 효율시장이라는 가설을 지지하는 것으로 보고하고 있다 (pp. 124-126).

심병구 외(1980)가 준강형 효율시장가설을 증명하기 위해 사건연구방법을 처음 사용한 이후 우리나라 학계에서도 사건연구는 최근까지 재무학 분야에서 그 활용 빈도가 점차 증가해오고 있다. 다음 〈표 1.1〉은 주요 경영학 관련 학회지에 게재된 사건연구 논문의 수를 연도별로 나타낸 것이다. 이를 위해, 이 책에서는 우리나라에서 발간되는 주요 경영 및 재무 관련 학회지인 다음 5개의 학회지를 대상으로 창간 후부터 최근 2019년도까지 각 학회지에 게재된 논문 중 사건연구방법을 사용한 논문 수를 조사하였다: (1) 한국증권학회지, (2) 재무관리연구, (3) 재무연구, (4) 경영학연구, (5) 대한경영학회지. 한국증권학회지는 1980년, 재무관리연구 1985년, 재무연구 1988년, 경영학연구 1971년, 대한경영학회지 1988년을 각각 조사 시점으로 설정하였다. 그러나, 한국경영학회의 경우 창간 연도인 1971년부터 1979년까지의 기간 중에 사건연구 논문이 게재된 실적이 없어 1970년대는 조사기간에서 제외하였다.

〈표 1.1〉 주요 학회지에 게재된 사건연구 논문의 연도별 편 수

연도	한국증권학회지	재무관리연구	재무연구	경영학연구	대한경영학회지	합계
1980	1					1
1981						
1982	1					1
1983						
1984						
1985	1					1
1986	1					1
1987	4					4
1988	2	1	1	2		6
1989	1	1		1		3
1990	3					3
1991	2		1			3
1992	2	5	1			8
1993	3	6				9
1994	4	5	2	2		13
1995	5	3	2	3		13
1996	2	2	2	2		8
1997	6	4	2			12
1998	1	3		1	2	7

1999	3	2	2	3	6	16
2000	5	3	2	3	2	15
2001	6	1	5		3	15
2002	2	4	3		5	14
2003	4	5	5	1	4	19
2004	7	4	1	2	5	19
2005	6	2	3	2	6	19
2006	2	3	1	3	6	15
2007	2	3	3	1	3	12
2008	2	6	1	1	10	20
2009	0	5	2	3	4	14
2010	1	7	0	4	2	14
2011	3	3	0	2	3	11
2012	1	6	3	0	2	12
2013	5	4	0	3	3	15
2014	6	1	4	1	6	18
2015	5	0	1	1	1	8
2016	7	2	3	2	0	14
2017	6	3	2	0	1	12
2018	7	7	2	2	0	18
2019	6	7	2	2	3	20
합계	125	108	56	47	77	413

〈표 1.1〉에서 제시된 조사 결과에 의하면, 이 기간 동안 한국증권시장에 상장된 주식의 일별 및 월별 주식수익률 자료를 이용하여 사건연구를 활용한 논문의 수가 총 413편에 이르는 것으로 나타났다. 그러나, 이 통계는 어디까지나 5개의 주요 학술지에 발표된 논문만을 대상으로 조사한 결과이기 때문에, 만약 회계학이나 경제학 관련 학술지에 게재된 논문들을 모두 포함할 경우 이 숫자는 더욱 늘어나게 될 것이다. 사건연구를 활용한 논문 수를 연도별로 살펴보면, 1980년대에는 논문의 수가 극히 미미하였으나, 1990년대부터 서서히 증가하다가 2000년

이후에는 각 학회지에 게재되는 논문 수가 증가함에 따라 사건연구를 활용한 논문 수도 이에 비례하여 대폭 늘어나는 경향을 보이고 있다. 우리나라에서 사건연구 논문이 가장 많이 발표된 시기는 2008년과 2019년도로 각각 20편으로 나타났다. 다음으로는, 2003년에서 2005년에 이르는 3년간의 기간에는 각 연도별로 19편의 사건연구 논문이 발표되었다. 사건연구 논문이 게재된 학술지별로 살펴보면, 한국증권학회지가 125편, 재무관리연구 108편, 대한경영학회지 77편, 재무연구 56편, 경영학연구 47편 등의 순으로 나타났다.

한편, 한국증권시장을 대상으로 한 사건연구 논문에서 연구의 주제를 삼은 사건의 유형도 매우 다양하게 나타났다. 이 책에서는 조사 대상에 포함된 사건연구 논문들이 다루고 있는 주요 주제를 유형별로 분류하기 위해 다음 〈표 1.2〉에서 제시한 바와 같이 편의상 인수합병(기업분할, 자산매각, 영업양도 등도 포함), 증권발행(IPO, 유상증자, 전환사채 발행 등), 배당정책(현금배당, 자사주 취득, 주식분할 및 주식배당 등), 기업지배구조, 회계 정보 및 규제(이익 공시, 회계 기준 변경 등), 회사채 신용등급의 변경, 시장효율성, 기타(내부자 거래, 주식 소속부 이동, KOSPI 200 지수 편입 혹은 퇴출, 상호 변경 등) 등 크게 8가지 범주로 구분하였다. 〈표 1.2〉에서와 같이 사건연구 논문을 주제별로 구분할 경우, 각 주제별 논문의 수(구성비)는 각각 증권발행 99(24.0%), 인수합병 87(21.1%), 회계 정보 및 규제 55(13.3%), 시장효율성 37(9.0%), 배당정책 33(8.0%), 기업지배구조 25(6.0%), 신용등급의 변경 20(4.8%), 기타 57(13.8%) 등으로 나타났다.

〈표 1.2〉 주요 학회지에 게재된 사건연구 논문의 주제별 편 수

주제	한국증권학회지	재무관리연구	재무연구	경영학연구	대한경영학회지	합계
증권발행	31	26	20	4	18	99 (24.0)
인수합병	17	23	16	11	20	87 (21.1)
회계정보	19	11	1	13	11	55 (13.3)
시장효율성	15	12	7		3	37 (9.0)

배당정책	12	10	6	2	3	33 (8.0)
지배구조	6	7	2	4	6	25 (6.0)
신용등급	7	4	1	4	4	20 (4.8)
기타	18	15	3	9	12	57 (13.8)
합계	125	108	56	47	77	413 (100.0)

　이러한 조사 결과는 우리나라 학계에서 사건연구는 주로 증권발행, 인수합병, 회계정보 및 규제, 증권시장의 정보 효율성, 배당정책 등의 사건이 주가에 미치는 영향에 관한 실증 연구에 활용되고 있음을 의미한다.

　그리고, 우리나라 학계에서도 사건연구를 이용하여 기업의 특정 의사결정이 주가에 어떠한 영향을 미치는지에 대한 연구뿐만 아니라 Brown and Warner(1980, 1985)와 같이 사건연구방법론 자체의 통계적 신뢰성과 검정력에 대한 연구도 조금씩 이루어지고 있다. 증권시장의 미시구조나 제도 및 투자자들의 투자 행태 등에 있어서 한국과 미국 간의 차이를 고려한다면, 우리나라 주가 움직임의 특성이 미국과 반드시 동일하지는 않을 것이다. 즉, 우리나라 증권시장에서 주식수익률이 생성되는 과정과 분포 형태 등이 미국증권시장에서의 그것과 반드시 일치하지는 않을 것이다. 이것은 결과적으로 미국 시장에서 개발된 장단기 성과측정 모형들의 통계적 오류와 검정력이 한국증권시장의 주식수익률 자료를 이용한 연구에서는 서로 다르게 나타날 개연성이 매우 크다는 것을 의미한다. 따라서, 사건연구방법론을 우리나라 증권·금융시장 연구의 주요 방법론으로 정착시키기 위해서는 무엇보다도 먼저 우리나라 증권시장에서 사건연구방법론의 적합성을 보다 체계적으로 검정해야 할 필요가 있다.

　이러한 필요성에 의해, 김찬웅·김경원(1997)과 정형찬(1997, 2006) 등이 우리나라의 실제 일별 주식수익률 자료를 이용하여 단기성과 사건연구의 적합성 여부를 검정하고, 이를 바탕으로 우리나라 증권시장에 적합한 단기성과 사건연구방법을 제시하였다. 또한, 정형찬(2007,

2008)은 장기성과 측정모형과 유의성 검정방법의 선택이 사건연구방법의 설정오류와 검정력에 미치는 효과를 한국증권시장의 실제 월별 주식수익률 자료를 이용한 시뮬레이션을 통해 분석하고 있다. 그는 이러한 분석 결과를 바탕으로 궁극적으로 한국증권시장을 대상으로 한 장기성과 사건연구에 가장 적합하다고 판단되는 사건연구방법을 제시하고 있다.

한편, 이원흠(2007)은 재무적 사건의 효과는 효율적 시장에서는 초단기적으로 주가에 즉각 반영된다는 효율시장가설에 근거한 전통적인 사건연구방법론에 의해 잘 분석되어 왔으나, 사건의 장기적 성과는 여러 가지 현실적, 실무적 장애요인에 의해 왜곡되고 복합되기 때문에 이를 분별해 내는 데 애로가 많은 단점을 보완하기 위해 기업 내재가치를 추정하는 가치평가모형에 의존하는 새로운 사건연구분석론(VESA: value-based event study analysis)을 제안하였다. 이원흠(2007)에 의하면, 기업의 재무적 사건이 기업의 내재가치에 변화를 초래할 경우 기업가치 평가모형의 추정계수의 추정값이 변경될 것이고, 가치 관련 효과가 변화할 것이다. 따라서 사건 전후의 추정계수 값 및 가치 비중의 변화와 차이점을 측정할 수 있다면 사건이 내재가치에 영향을 미치는지 여부를 진단할 수 있다고 주장한다. 이러한 논리적 기반하에, 이원흠(2007)은 MM(1958, 1961, 1963)의 기업가치 평가모형에 입각하여 재무적 사건이 장기적으로 기업의 내재가치에 미치는 효과를 구분하여 측정하는 새로운 사건연구방법론을 제시하고 이를 실제 합병기업의 장기성과를 추정하는 실증연구에 적용하였다.

그리고, 정형찬(2014)은 증권발행, 합병, 배당정책 등과 같은 개별기업의 주요 의사결정이 개별기업의 회계적 영업성과에 어떠한 영향을 미치는지를 측정할 수 있는 회계 정보에 기초한 사건연구방법(accounting-based event study)의 통계적 신뢰성과 검정력을 실증분석을 통해 고찰하였다. 그는 총자산영업이익률(ROA)을 이용한 기대영업성과 측정모형과 초과영업성과의 유의성 검정 방법의 조합으로 이루어진 사건연구방법의 설정오류와 검정력을 한국증권시장에 상장된 상장기업의 실제 회계 자료를 이용한 시뮬레이션 분석을 통해 살펴보았다. 그리고, 이러한 시뮬레이션 분석 결과를 바탕으로 한국증권시장에서 통계적으로 가장 신뢰할 수 있는 회계 정보에 기초한 사건연구방법을 제시하고 있다.

지금까지 살펴본 바와 같이, 사건연구는 우리나라와 미국, 유럽, 일본 등을 포함한 세계 각지의 증권시장을 대상으로 한 재무학 연구의 핵심적인 연구방법론으로서 그 이용 빈도가 결코 줄어들지 않을 것이다. 오히려 사건연구는 재무학 분야에만 한정되지 않고 회계학, 마케팅, 전략경영, 경제학, 법학, 환경정책학 등의 다양한 학문 분야에까지도 그 적용 영역을 넓혀가는 성장세를 지속해 나갈 것으로 전망된다.

2

사건연구의 수행 절차

많은 연구자들이 사건연구방법을 사용한 논문에서 그들은 표준적인 연구방법론을 활용하고 있는 것으로 보고하고 있지만, 실제로 사건연구가 어떤 절차와 방법에 따라 수행되어야 하는지에 대한 합의된 표준이 있는 것은 아니다. 따라서, 이 책에서는 연구자들이 사건연구를 사용할 때 공통적으로 수행하는 절차를 고려하여 아래에서 제시한 일곱 가지 단계를 사건연구의 수행 절차로 규정하고 각 단계별로 어떤 과제를 수행해야 하는지에 대해 간략하게 설명한다.

2.1 사건의 정의

사건연구의 목적이 기업 고유의 사건이나 통화, 조세 및 환경 등의 분야에 있어서의 정부의 정책 변화에 대한 시장의 반응과 가치효과를 분석하는 것이므로, 사건연구의 첫 단계는 연구자가 관심을 갖고 있는 사건(event)을 명확히 정의하는 것이다. 이와 동시에 사건에 대한 정보가 증권시장의 투자자에게 공개적으로 전달된 시점인 최초 공시일을 정확히 포착하는 것이다. 사건연구에서 이 최초 공시일을 사건일(event date)로 정의한다. 일반적으로 개별기업 고유의 사건은 《Wall Street Journal》이나 《한국경제》, 《매일경제》 등과 같은 경제신문과 한국거래소 기업공시 등을 통해 시장참여자에게 전달되거나, 혹은 개별기업이 관련 정보를 기업설명회 등을 통해 직접 발표하기도 한다. 또한, 중앙은행의 이자율 변동이나 국세청의 조세법 개정 등은 이를 결정하는 관계 기관(한국의 금융통화위원회, 미국의 FOMC 등)의 정기적인 회의 이후에 이루어지는 정책 브리핑을 통해 일반 투자자들에게 전달되기도 한다.

사건일을 정의할 때 주의해야 할 점은 개별기업의 고유 정보가 시장참여자들에게 전달되는 데 하루 이상 소요될 수 있다는 것이다. 어떤 회사가 특정일에 주가에 영향을 줄 수 있는 주요 정보를 발표했다 하더라도 언론 매체들이 이를 다음 날 보도할 수도 있으며, 때로는 회사의 발표가 증권시장이 마감한 이후에 이루어질 수도 있다. 이와 같이 사건에 대한 정보가 시장 투자자들에게 전달되는 데 하루 이상이 소요되는 경우에는 사건일을 특정 달력일(calendar day)에 한정하지 말고 이틀 혹은 사흘간의 사건 윈도우(event window)로 확장하는 방안을 고려해야 한다.

또한, 하나의 사건연구에 있어서 여러 개의 상호 관련된 사건일이 있을 수 있다. 예를 들어, 기업의 배당정책이 주주 부에 미치는 가치효과를 파악하고자 하는 경우에는 배당공시일, 배당락일, 배당지급일 등을 사건일로 설정하고 서로 다른 사건일에서 배당에 관한 공시 내용이나 실제 배당지급 행위가 주가에 미치는 가치효과를 각각 분석할 수도 있다. 또 다른 예로는 인수합병을 들 수 있다. 인수합병의 공시 효과는 주로 인수기업이 인수대상기업에게 처음으로 인수의사를 밝히는 시점을 중심으로 측정이 이루어진다. 그러나, 첫 번째 인수 의사(initial bid)를 제시하는 시점에서도 여전히 인수 가능성에 대한 불확실성이 존재할 수 있기 때문에 이 시점와 주수늘이 최종적으로 주주총회에서 인수합병 여부를 결정하는 투표일 사이 기간에서의 가치효과를 분석하는 것도 바람직하다.

2.2 시간 변수의 확정

사건연구에서 초과수익률 혹은 비정상수익률을 측정하기 위해서는 우선 특정 사건이 발생하지 않았을 경우에 예상되는 기대수익률 혹은 정상수익률을 추정해야 한다. 그래서 어떤 중권의 기대수익률은 일반적으로 주가 움직임이 해당 사건에 의해 특별히 영향을 받지 않았으리라고 기대되는 기간을 선택하여 추정한다. 이처럼 기대수익률을 추정하기 위해 설정한 기간을 추정기간(estimation period)이라고 정의한다. 추정기간은 대개 사건일 이전이나 혹은 이후의 일정 기간을 선택하여 정한다. 만약 사건의 영향으로 기대수익률을 결정하는 요인들이 변화하지 않으리라고 예상되는 경우에는 추정기간을 대개 사건일 이전에 설정하는 것이 일반적이다. 반면에, 기대수익률의 결정 요인이 사건으로 인해 변화하리라고 예상되는 경우에는 추정기간을 사건일 이후에 설정하거나 혹은 사건일 이전과 이후의 평균값을 각각 추정하고 이를 기대수익률로 사용하기도 한다.

이에 반해, 어떤 특정 사건이 처음으로 시장 참여자들에게 공시된 사건일을 중심으로 주가가 유의적인 영향을 받았으리라고 예상되는 기간을 사건기간(event period)으로 정의한다. 사건기간은 대개 사건일을 전후한 일정 기간으로 설정하며, 사건기간의 장단은 사건의 성격이나 연구자에 따라 달라질 수 있다. 사건연구는 궁극적으로 이 사건기간에서 측정한 초과수익률이 통계적으로 유의한 값을 가지는지에 대한 통계적 유의성 검정에 의해 특정 사건이 가치효과를 가지는지의 여부를 결정하는 것이다.

추정기간을 사건일 이전 혹은 이후에 설정한 사건연구에서 사건일, 사건기간, 추정기간 등의 시간 변수들을 시간선(time line)상에 표시하면 다음과 같다.

〈그림 2.1〉 사건연구에서의 추정기간과 사건기간의 설정

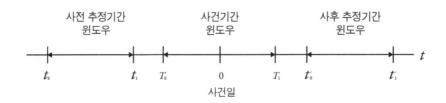

만약 추정기간을 사건일 이전에 설정한다면, 〈그림 2.1〉에서 t_0는 추정기간의 시작일, t_1은 추정기간의 종료일을 각각 의미하며, 추정기간의 전체 일수는 t_1-t_0+1이 된다. 반면에, T_0는 사건기간의 시작일, 0는 사건일 혹은 공시일, T_1은 사건기간의 종료일을 각각 의미하며, 사건기

간의 전체 일수는 T_1-T_0+1이 된다. 그러나, 만약 추정기간을 사건일 이후에 설정한다면, t'_0과 t'_1이 각각 추정기간의 시작일과 종료일이 된다.

실제 연구자들이 사건연구의 설계 시에 사건일을 제외한 나머지 시간 변수들을 결정할 때 어떤 표준화된 방식을 따르는 것은 아니다. 대개 이러한 시간 변수들의 결정은 선행 연구나 기타 제도적 요인에 따라 달라질 수 있으나 기본적으로 연구자들의 주관적 판단에 달려 있다. 추정기간과 관련된 시간변수 t_0와 t_1을 결정할 때 연구자들은 추정기간을 늘림에 따라 발생할 수 있는 편익(기대수익률 추정 모형의 정확도)과 비용(추정 모형의 모수의 불안정성)을 서로 비교한 이후에 적정 기간을 선정해야 한다. 예를 들어, 단기성과 측정모형으로 시장모형을 사용할 경우, 추정기간을 연장함에 따라 얻을 수 있는 편익은 시장모형의 절편과 기울기의 계수인 α_i와 β_i를 보다 정확히 추정할 수 있다는 점을 들 수 있으며, 반면에 이에 대한 비용은 이러한 계수의 현시성이 점차 떨어지게 된다는 점이다.

실제로 계수 추정기간은 일별 주식수익률 자료를 이용한 사건연구에서는 대개 100일에서부터 300일, 월별 주식수익률 자료를 이용한 사건연구에서는 24개월에서부터 60개월 사이에서 결정한다. Corrado and Zivney(1992)는 추정기간의 적합성을 검정하기 위해 추정기간을 각각 239일, 89일 및 39일 등으로 설정하여 시뮬레이션 실험을 실시하였다. 그들의 연구 결과에 의하면, 추정기간을 239일 대신에 89일로 설정하더라고 연구 성과에 미치는 효과는 거의 없었으나, 추정기간을 39일로 설정한 경우에는 약간의 부정적인 영향을 발견하였다(p. 477). Armitage(1995)는 Corrado and Zivney(1992)의 이러한 실증 분석 결과를 바탕으로 실제 사건 연구에서 추정기간을 약 100여 일 정도로 설정한다면 안전할 것이라고 제안하고 있다.

반면에, 사건기간은 사건일을 정확히 지정할 수 있느냐에 따라 달라진다. 만약 사건일을 정확히 지정할 수 있을 경우에는 사건기간을 사건일 포함하여 2일 혹은 3일간의 윈도우로 설정하는 것이 일반적이다. 물론 이를 보완하는 방법으로는 사건일을 중심으로 보다 더 장기간의 윈도우를 설정하고 이 기간 동안의 누적초과수익률(cumulative abnormal return: CAR)을 측정하기도 한다. Peterson(1989)에 의하면, 사건기간은 대개 일별 주식수익률 자료를 이용한 연구에서는 21일에서부터 121일, 월별 수익률 자료를 이용한 연구에서는 25개월에서부터 121개월 사이에서 결정되는 것으로 보고하고 있다(pp. 36-38).

2.3 　표본의 선정

　사건연구에서 초기 단계인 사건 유형의 결정과 시간 변수의 확정 단계를 거친 다음에는 실증 연구를 위한 표본기업을 선정해야 한다. 표본기업을 선정하는 데 필요한 선정 기준(selection criteria)으로는 무엇보다 연구자가 다루고자 하는 특정 사건을 시행하거나 혹은 경험한 기업인 지의 여부, 주식수익률을 비롯한 재무 정보의 수집 가능성 혹은 특정 산업 분류에 소속하는지 의 여부 등을 들 수 있다. 이러한 표본 선정 기준을 모두 충족시켜 최종적으로 표본에 포함되는 개별기업의 다양한 재무 특성, 즉 기업규모, 장부가-시장가 비율(book-to-market value ratio), 부채비율, 배당성향, 종사 산업 등에 대한 정보를 함께 수집하여 정리해 두면 나머지 사건연구 의 수행 단계에서 매우 유용하게 활용할 수 있다.

　그리고, 표본 선정과정에서 발생할 수 있는 잠재적인 표본편의(sampling biases)에 대해서 도 함께 기록해 두는 것이 좋다. 왜냐하면, 선정된 표본기업들이 대개 소규모 기업들로 구성 되거나, 혹은 장부가-시장가 비율이 높은 기업들로만 구성될 경우 이 표본은 기업규모 혹은 장부가-시장가 비율의 측면에서 선택 편의(selection bias)가 존재할 개연성이 매우 높기 때문 이다.

2.4 　기대수익률과 초과수익률의 추정

　사건연구에서 특정 사건이 주가에 미치는 영향을 평가하기 위해서는 초과수익률 혹은 비정 상수익률을 계량적으로 측정할 수 있어야 한다. 초과수익률은 사후 실제수익률에서 사건이 발생하지 않았을 때 예상되는 기대수익률 혹은 정상수익률을 차감한 것이다. 초과수익률을 측정하는 과정에서 사건을 경험한 개별주식의 사후 실제수익률은 관찰 가능한 것이기 때문에 일부러 추정할 필요는 없다. 반면에, 기대수익률은 관찰 가능한 수익률이 아니기 때문에 자산 가격결정모형(asset pricing model)과 같은 이론적 모형을 이용하여 추정하여야 한다.

　사건연구의 목적이 단기성과를 측정하느냐 혹은 장기성과를 측정하느냐에 따라 기대수익률을 추정하는 데 사용하는 이론적 모형의 유형은 달라진다. 만약 단기성과를 측정하고자 하는 사건연구에서 일반적으로 사용하는 기대수익률 추정 모형은 크게 평균조정수익률 모형(mean adjusted returns model), 시장조정수익률모형(market adjusted returns model)과 시장모형(market model) 등 세 가지로 구분한다. 한편, 장기성과 연구에서 기대수익률을 추정하기 위해 사용하는 접근법으로는 자산가격결정모형, 기준포트폴리오(reference portfolio), 통제기업(control firm) 등을 수익률 벤치마크로 사용하는 세 가지 접근법으로 나눈다. 연구자가 기대수익률을 추정할 때 어떤 모형을 선택하느냐에 따라 초과수익률은 달라진다. 결국, 사건연구에서 기대수익률 추정모형의 선택(choice of models)은 사건연구의 결론에 중대한 영향을 미치게 되며, 단기성과에 대한 연구보다는 장기성과에 대한 연구에서 상대적으로 더 중요한 의미를 가진다. 기대수익률 추정모형에 대한 구체적인 정의와 특성에 대해서는 다음 〈4. 단기성과 측정을 위한 사건연구〉와 〈5. 장기성과 측정을 위한 사건연구〉에서 상세히 설명하도록 한다.

2.5 초과수익률의 통계적 검정

사건연구의 성격에 가장 적합한 기대수익률 추정모형을 사용하여 기대수익률과 초과수익률을 각각 측정한 후에는 표본을 구성하는 기업들의 표본평균 초과수익률이 통계직으로 0과 다른 유의한 값인지에 대한 유의성 검정(significance test)이 요구된다. 초과수익률에 대한 통계적 검정을 위해서는 우선 귀무가설을 정확히 설정해야 하며, 다음으로는 귀무가설의 유의성을 검정하기 위한 검정방법과 검정통계량을 결정해야 한다.

사건연구에서의 귀무가설(null hypothesis)은 "사건일에서의 표본평균 초과수익률은 0이다"라고 설정하는 것이 일반적이다. 반면에, 대립가설(alternative hypothesis)은 표본으로부터 추출한 정보에 의해 입증하고자 하는 주장에 따라 다양한 방법으로 설정할 수 있다. 즉 만약 사건의 성격에 따라 양 혹은 음 어느 방향의 가치효과가 예상된다면 대립가설은 "사건일에서의 표본평균 초과수익률은 0이 아니다"라고 설정한다. 그리고, 만약 사건의 성격에 따라 양(혹은 음)의 가치효과가 예상된다면 대립가설은 "사건일에서의 표본평균 초과수익률은 양(+)의 값을 가진다" (혹은 "사건일에서의 표본평균 초과수익률은 음(-)의 값을 가진다")라고 설정한다. 통상적으로 사건연구에서 대립가설을 어떻게 설정할 것인지는 연구자가 검정하고자 하는 특정 사건이나 재무적 의사결정에 대한 선행 이론을 바탕으로 결정한다.

그리고, 통계적 가설 검정에 사용하는 검정방법에는 전통적 t-검정, F 검정과 같은 모수검정법(parametric tests)과 부호검정(sign test)이나 Wilcoxon 부호-순위 검정(signed-rank test)과 같은 비모수검정법(nonparametric tests)으로 구분되며, 검정방법의 선택에 따라 검정통계량은 달라진다. 사건연구의 통계적 검정 과정에서 연구자는 연구의 목적과 표본 환경에 적합한 검정통계량을 선택해야 하며, 이것은 결과적으로 사건연구방법의 통계적 오류와 검정력에 영향을 줄 수 있다. 따라서, 연구자들은 사건연구를 설계할 때 연구의 목적과 표본 환경 등을 잘 고려하여 검정방법과 검정통계량을 결정해야 한다.

2.6 초과수익률 결정요인에 관한 횡단면 회귀분석

기업재무에 관한 이론 중에는 가끔 특정 의사결정으로 인해 발생하는 초과수익률은 관련 기업의 특성(firm characteristics)과 인과관계가 있다고 주장한다. 즉, 어떤 사건으로 인해 발생하는 개별기업의 초과수익률은 그 기업의 역사, 경영자 소유 지분, 기업규모, 장부가-시장가 비율, 주가수익비율(p/e ratio), 부채비율, 위험 등 다양한 기업 특성에 의해 설명될 수 있다는 것이다. 이 관련성을 분석하여 재무이론의 타당성을 밝히기 위해 사건연구에서 사용하는 분석 도구는 다음 식 (2.1)에서 제시한 것처럼 개별기업의 누적초과수익률을 종속변수로, 기업 고유의 특성을 독립변수로 설정하는 횡단면 회귀분석(cross-sectional regression) 기법이다.

$$CAR_j(t_1, t_2) = \beta_0 + \beta_1 X_{1j} + \beta_2 X_{2j} + \cdots + \beta_p X_{pj} + \epsilon_j \tag{2.1}$$

여기서, $CAR_j(t_1, t_2)$ = 사건기간($t_1 \sim t_2$) 동안 기업 j의 누적초과수익률

x_{ij} = 기업 j의 i번째 특성 변수(firm-specific characteristics)

$\beta_i = x_i$의 회귀계수

ϵ_j = 잔차(random error)

초과수익률과 개별기업 고유의 특성과의 관련성을 검정하는 횡단면 회귀분석은 거의 대부분의 사건연구에서 여러 형태의 경제적 귀무가설을 검정하기 위해 수행하는 표준적인 절차의 하나이다. 또한, 이 횡단면 검정은 사건기간의 장단에 관계없이 단기성과와 장기성과에 관한 모든 사건연구에 적용할 수 있다.

그러나, 사건연구의 표본 환경에 따라 표본기업의 초과수익률 간에 횡단면 상관관계가 존재하거나 혹은 이변동성(heteroscedasticity)이 존재할 경우에는 이것들이 회귀계수의 통계적 특성에 영향을 줄 수 있다(Jain, 1982; Sefcik and Thompson, 1986). 뿐만 아니라, 개별기업의 특성과 사건의 예측 가능성과의 관련성이 존재할 경우에는 이것이 선택 편의를 가져오게 된다. 따라서, 횡단면 회귀분석의 연구 설계 시에는 이러한 문제를 세밀하게 고려해야 하며, 회귀분석 결과를 해석할 시에도 매우 신중해야 한다. 사건연구의 횡단면 검정과 관련된 구체적인 논의는 〈4. 단기성과 측정을 위한 사건연구〉에서 상세하게 다루도록 한다.

2.7 사건연구 결과의 해석 및 결론

사건연구의 여러 절차 가운데 초과수익률의 측정과 통계적 검정, 횡단면 회귀분석 등의 제 절차를 모두 마치고 얻게 되는 실증분석 결과는 어떤 특정 사건이 어떤 결정 구조에 의해 주가에 영향을 주게 되는지에 대한 해답을 제시해 줄 수 있을 것이다. 따라서, 연구자는 사건연구의 실증분석 결과를 바탕으로 개별기업의 특정 의사결정과 관련된 사건의 가치효과에 대한 최종적인 결론을 내리게 될 것이다. 물론 경우에 따라서는 이 과정에서 특정 사건의 가치효과를 더욱 효과적으로 설명할 수 있는 경제적 가설을 찾아내기 위해 추가적인 분석을 수행할 수도 있다(Campbell et al., 1997).

지금까지 사건연구의 수행 절차를 일곱 가지 단계로 나누어 간단히 설명하였다. 다음 〈그림

2.2〉는 이러한 사건연구의 수행 절차를 간략하게 그림으로 표시한 것이다.

〈그림 2.2〉 사건연구의 수행 절차

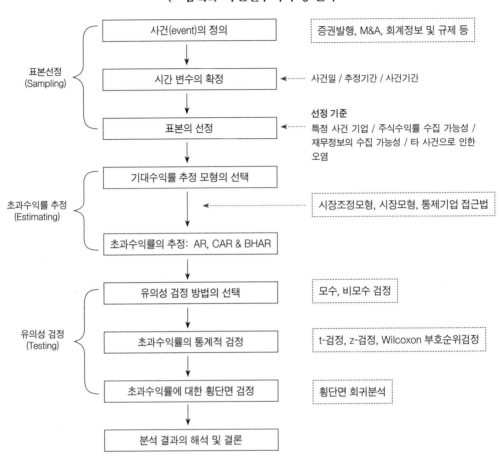

3

사건연구의 통계적 오류와 검정력

사건연구의 귀무가설

연구 표본으로부터 추출한 정보를 활용하여 모집단의 어떤 특성에 대한 예상이나 주장이 옳은지 혹은 그른지를 판정하는 과정을 통계적 가설 검정(test of a statistical hypothesis)이라고 정의한다. 통계학에서는 표본으로부터 추론하고자 하는 모집단에 대한 예상이나 주장을 가설이라 부르며, 통계적 가설 검정의 직접적인 검정 대상이 되는 가설을 귀무가설(null hypothesis)이라고 한다. 이와 반대로 표본으로부터 주어진 정보에 의해 귀무가설이 기각되었을 때 입증되는 가설을 대립가설(alternative hypothesis)이라고 한다. 이 책에서는 통계학의 일반적인 관습에 따라 귀무가설은 H_0로, 대립가설은 H_1으로 표시한다.

사건연구의 기본적인 목적은 특정 사건이 발생한 시점을 중심으로 일정 기간 동안 사건과 관련이 있는 기업들의 주가에 비정상적인 영향을 주었는지를 계량적으로 정확히 밝혀내는 것이다. 즉, 사건이 발생한 시점을 중심으로 일정 기간 동안 특정 사건을 경험한 기업들의 주식에 비정상적인 수익률이 발생하였는지를 정확히 계량적으로 밝혀내고자 하는 것이다. 이러한 관점에서 사건연구의 경제적 귀무가설은 "사건일에서의 초과수익률은 존재하지 않는다."라고 설정한다. 이것을 통계적 가설 검정을 통해 진실 여부를 밝히기 위해서는 사건일에서의 횡단면 수익률 분포가 사건이 발생하지 않았을 때(without event)의 정상적 수익률 분포와 체계적으로 차이가 있는지를 판명하게 된다. 실제 사건연구의 통계적 검정에서는 분석 초점을 일반적으로 수익률의 횡단면 분포 그 자체보다는 오히려 초과수익률 분포의 대표값인 평균(mean)에 두고 있다. 따라서, 사건연구의 통계적 검정에 사용하는 귀무가설은 "사건일에서의 표본평균 초과수익률은 0이다."라고 설정하는 것이 일반적이다. 물론 경우에 따라서는 초과수익률 분포의 평균 대신에 중앙값(median)이나 혹은 분산(variance)을 검정의 대상으로 삼기도 한다.

n개의 개별기업으로 구성된 표본의 경우, 사건일 t에서의 표본평균 초과수익률 혹은 표본평균 비정상수익률(AAR: average abnormal return)은 다음 식 (3.1)과 같이 사건일 t에서 표본을 구성하는 개별기업 j의 초과수익률 혹은 비정상수익률(AR: abnormal return)의 산술 평균으로 정의한다.

$$AAR_t = \frac{1}{n} \sum_{j=1}^{n} AR_{jt} \qquad (3.1)$$

여기서, AR_{jt} = 사건일 t에서의 기업 j의 초과수익률

AAR_t = 사건일 t에서의 표본평균 초과수익률

n = 표본의 크기

그러므로, 사건연구에서 일반적으로 사용되고 있는 통계적 귀무가설은 다음과 같이 표시한다: "H_0: $AAR_t = 0$". 반면에, 대립가설은 표본으로부터 추출한 정보에 의해 입증하고자 하는 주장에 따라 다양한 방법으로 표시할 수 있다. 즉 만약 사건의 성격에 따라 양 혹은 음 어느 방향의 가치효과가 예상된다면 대립가설은 "H_1: $AAR_t \neq 0$"라고 설정한다. 그리고, 만약 사건의 성격에 따라 양(혹은 음)의 가치효과가 예상된다면 대립가설은 "H_1: $AAR_t > 0$" (혹은 "H_1: $AAR_t < 0$")라고 설정한다. 통상적으로 사건연구에서 대립가설을 어떻게 설정할 것인지는 연구자가 검정하고자 하는 특정 사건이나 재무적 의사결정에 대한 선행 이론을 바탕으로 결정한다.

사건연구에서 가장 중요한 과제 중의 하나는 사건이 발생한 시점을 정확히 포착하는 것이다. 그러나, 현실적으로 사건의 성격상 이것이 불가능하거나 혹은 사건에 대한 주요 정보가 사전에 누출되었을 가능성이 존재할 경우에는 사건 시점을 중심으로 한 일정 기간 동안에 발

생한 누적초과수익률(CAR)을 측정하고 이에 대한 유의성 여부를 검정해야 한다. n개의 개별 주식으로 구성된 표본의 경우, 사건일 혹은 사건월을 중심으로 t_1에서 t_2까지의 사건기간 동안 표본평균 누적초과수익률 혹은 표본평균 누적비정상수익률($CAAR$: cumulative average abnormal return)은 다음 식 (3.2)와 같이 t_1에서 t_2까지의 사건기간 동안 사건일 t의 표본평균 초과수익률 혹은 표본평균 비정상수익률(AAR)의 합으로 정의한다.

$$CAAR_{t_1, t_2} = \sum_{t=t_1}^{t_2} AAR_t \qquad (3.2)$$

여기서, AAR_t = 사건일 t에서의 표본평균 초과수익률

$CAAR_{t_1, t_2}$ = 사건기간 t_1에서 t_2까지의 표본평균 누적초과수익률

이때, 통계적 검정에 사용하는 귀무가설은 "사건기간 동안의 표본평균 누적초과수익률은 0 이다"라고 설정하거나, 혹은 다음과 같이 표시하기도 한다: "H_0: $CAAR_{t_1, t_2}$ = 0". 특히, 사건일 이후 일정 기간 동안의 표본평균 누적초과수익률 ($CAAR$)을 측정하여 이들의 유의성을 검정 하는 연구는 시장 효율성(market efficiency)에 대한 중요한 정보를 제공해 줄 수 있다. 왜냐 하면, 사건 시점 이후 일정 기간 동안에 체계적인 초과수익률이 존재한다는 것은 시장 효율성을 부정하는 증거가 될 수 있으며, 이것은 또한 수익성 있는 거래 규칙(trading rule)이 존재한다 는 것을 의미하기 때문이다.

3.2 통계적 오류의 유형과 검정력의 정의

사건연구에서 통계적 가설 검정은 결국 귀무가설 "H_0: AAR_t = 0"을 채택하느냐 혹은 이를 기 각하고 대립가설 "H_1: $AAR_t > 0$" (혹은 "H_1: $AAR_t < 0$")을 채택하느냐를 결정하는 것이다. 이때 표본 공간은 검정통계량(test statistic)이라고 불리는 통계량의 값에 따라 귀무가설을 기각하는 영역인 기각역(rejection region)과 이를 채택하는 채택역(acceptance region)으로 분할된다. 연구자는 검정통계량의 관측치에 따라 이 값이 기각역에 속할 경우는 "귀무가설 H_0를 기각한

다."라고 결론짓고, 반대로 이것이 채택역에 속할 경우는 "귀무가설 H_0를 기각할 수 없다." 혹은 "귀무가설 H_0를 채택한다."라고 결론짓는 것이 관례이다.

어떤 특정한 성과측정 모형을 이용하여 식 (3.1)에서 정의한 표본평균 초과수익률을 추정하고 귀무가설에 대한 유의성 검정은 전통적 t-검정(conventional t-test)을 적용한다고 가정하면, 검정통계량 t_{AR}은 다음 식 (3.3)과 같이 표본평균 초과수익률 AAR_t를 이것의 표준오차(standard error)로 나눈 값으로 정의한다. 즉,

$$t_{AR} = \frac{AAR_t}{s_{AR}/\sqrt{n}} \tag{3.3}$$

여기서, AAR_t = 사건일 t에서의 표본평균 초과수익률

s_{AR} = 초과수익률의 횡단면 표준편차

n = 표본의 크기

만약 표본이 정규 모집단에서 추출되었다면, 검정통계량 t_{AR}은 귀무가설하에서 *Student t* 분포를 따른다. 그러나, 초과수익률의 모집단 분포가 반드시 정규분포를 따르지 않더라도, 초과수익률의 횡단면 분포가 독립적이며 동일한 분포를 따르며(independent and identically distributed) 분산이 유한인 경우에는 표본평균 초과수익률 AAR_t는 표본의 크기가 충분히 크다면 중심극한정리(Central Limit Theorem)에 의해 정규분포에 접근하게 된다.

한편, 표본평균 누적초과수익률에 대한 유의성 검정 시에 사용되는 검정통계량 t_{CAR}는 다음 식 (3.4)와 같이 표본평균 누적초과수익률 $CAAR_{t_1,t_2}$를 이것의 표준오차로 나눈 값으로 정의한다.

$$t_{CAR} = \frac{CAAR_{t_1,t_2}}{s_{CAR}/\sqrt{n}} \tag{3.4}$$

여기서, $CAAR_{t_1,t_2}$ = 사건기간 t_1에서 t_2까지의 표본평균 누적초과수익률

s_{CAR} = 누적초과수익률의 횡단면 표준편차

n = 표본의 크기

그런데, 식 (3.3)과 식 (3.4)에서 각각 초과수익률 및 누적초과수익률의 표준편차를 나타내는 s_{AR}와 s_{CAR}를 추정하는 방법은 매우 다양하다. 일반적으로 연구자는 표본 환경과 연구자의 선호에 따라 표준편차를 추정하는 방법을 달리 선택할 수 있으며, 이에 따라 검정통계량이 결정된다. 뿐만 아니라, 검정통계량은 귀무가설의 유의성을 검정하는 방법에 따라서도 달라진다. 예를 들어, 전통적 t-검정과 같은 모수검정법(parametric tests)을 사용하느냐 혹은 부호검정(sign test)이나 Wilcoxon 부호-순위 검정과 같은 비모수검정법(nonparametric tests)을 사용하느냐에 따라 검정통계량은 달라진다.

이와 같이, 사건연구의 통계적 검정 과정에서 연구자는 연구의 목적과 표본 환경에 적합한 검정통계량을 선택해야 하며, 이것은 결과적으로 사건연구의 설정오류와 검정력에 영향을 줄 수 있다. 따라서, 연구자들은 사건연구를 설계할 때 연구의 목적과 표본 환경 등을 잘 고려하여 검정통계량을 결정해야 한다. 귀무가설에 대한 유의성 검정방법의 선택과 이에 대응하는 검정통계량에 대한 구체적인 논의는 〈4. 단기성과 측정을 위한 사건연구〉와 〈5. 장기성과 측정을 위한 사건연구〉에서 각각 다루도록 한다.

그리고, 사건연구와 같이 표본을 이용하여 모집단의 어떤 특성에 대한 추론을 도출해 내는 통계적 검정은 언제나 사실과는 다른 잘못된 결론을 이끌어 낼 위험성을 가지고 있다. 통계적 가설 검정에서 연구자가 범할 수 있는 오류는 다음 〈표 3.1〉에서 제시한 바와 같이 크게 두 유형의 오류, 즉 제1종 오류(Type I error)와 제2종 오류(Type II error)로 구분할 수 있다.

〈표 3.1〉 통계적 오류의 유형

통계적 검정 결과 (statistical decision)	실제 상황 (actual situation)	
	"$H_0: AAR_t = 0$"가 진실 (초과수익률이 발생하지 않음)	"$H_0: AAR_t = 0$"가 거짓 (초과수익률이 발생함)
귀무가설(H_0)을 채택	옳은 결정 (1-α)	제2종 오류 (β)
귀무가설(H_0)을 기각	제1종 오류 (α)	옳은 결정 (1-β)

〈표 3.1〉에서 제1종 오류는 실제 상황에서 귀무가설이 사실임에도 불구하고 통계적 검정 결과는 귀무가설을 기각하는 경우에 발생한다. 즉, 사건연구의 예에서 어떤 재무적 의사결정이

주가에 미치는 실질적인 가치효과가 전혀 없어 체계적인 초과수익률이 발생하지 않았음에도 불구하고, 표본으로부터 주어진 정보를 바탕으로 추리한 통계적 검정 결과는 "초과수익률이 존재하지 않는다."라는 귀무가설을 기각하는 경우에 제1종 오류가 발생한다. α는 가설 검정 결과 제1종 오류가 발생할 수 있는 확률을 의미한다. 전통적으로 연구자가 검정 과정에서 제1종 오류를 범할 확률의 최대 허용한계를 지정함으로서 α 오류를 통제할 수 있다. 이처럼, 연구자가 미리 지정한 제1종 오류를 범할 확률의 최대 허용한계를 유의수준(level of significance)이라고 부른다. 사건연구에서 가장 많이 사용하는 유의수준 α는 다른 통계적 검정에서와 마찬가지로 대개 1%와 5% 등이다.

반면에, 제2종 오류는 실제 상황에서 귀무가설이 거짓임에도 불구하고 통계적 검정 결과는 귀무가설을 기각하지 못하고 이를 채택하는 경우에 발생한다. 즉, 어떤 재무적 의사결정이 주가에 미치는 실질적인 가치효과가 있어 체계적인 초과수익률이 실제로 발생하였음에도 불구하고, 표본으로부터 주어진 정보를 바탕으로 추리한 통계적 검정 결과는 초과수익률이 발생하지 않았다는 귀무가설을 채택하는 경우에 제2종 오류가 발생한다. β는 가설 검정 결과 제2종 오류가 일어날 수 있는 확률을 의미한다. 여기서, 만약 어떤 재무적 사건이 주가에 미치는 실질적인 가치효과가 있어 체계적인 초과수익률이 실제로 발생하였을 때 표본을 이용한 검정 결과가 귀무가설을 기각하게 되면, β 오류는 발생하지 않고 올바른 결론에 도달하게 된다. 따라서, 실제 상황에서 초과수익률이 발생하였을 때 "초과수익률이 존재하지 않는다."라는 귀무가설을 기각함으로써 올바른 의사결정을 하게 될 확률은 $1-\beta$가 되며, 이를 사건연구의 통계적 검정력(power of a statistical test)으로 정의한다.

3.3   사건연구의 핵심 과제

사건연구를 수행하는 과정에는 두 가지 핵심 과제가 있다. 그 첫 번째 과제는 특정 사건으로 인해 발생한 개별기업의 초과수익률을 정확히 측정하는 것이며, 두 번째는 통계적 검정 과정을 통해 "사건일에서의 초과수익률이 존재하지 않는다."라는 귀무가설을 실제 상황에 맞게 검정하는 것이다. 사건연구가 신뢰를 얻기 위해서는 이 두 가지 과제를 적절하게 수행할 수 있는 연구방법의 개발이 선행되어야 한다. 만약 그렇지 못할 경우, 연구자는 앞에서 설명한 두 가지 유형의 오류를 범하게 되며 이로 인해 어떤 사건의 가치효과에 대해 잘못된 결론을 내리게 된다.

먼저, 첫 번째 오류인 제1종 오류는 어떤 사건이 실제로는 해당 기업의 주가에 전혀 영향을 미치지 않음에도 불구하고 표본을 이용한 실증분석 결과 해당 사건이 가치효과가 있는 것으로 잘못된 결론을 내리게 된다는 것을 의미한다. 이러한 제1종 오류가 발생하는 주요 원인은 특정 사건이 발생하지 않았을 때의 정상적인 기대수익률을 추정하는 모형을 잘못 설정함으로써 식 (3.1)에서 정의한 표본평균 초과수익률이 0에서 크게 벗어나 상향 혹은 하향 편의(positive or negative bias)를 가지게 되기 때문이다. 이 경우에는 통계적 검정 시에 귀무가설에 대한 경험적 기각률이 이론적 기각률보다 크게 나타나는 설정오류(misspecification)를 범하게 된다. 따라서, 연구자는 초과수익률의 측정 과정에서 표본평균 초과수익률(AAR) 혹은 표본평균 누적초과수익률($CAAR$)이 불편성을 나타낼 수 있도록 성과측정 모형의 선택에 매우 신중해야 한다.

그리고, 두 번째 오류인 제2종 오류는 특정 사건이 주가에 유의적인 영향을 미치지 않기 때문이 아니라, 일정 수준의 초과수익률이 발생했음에도 불구하고 통계적 검정방법의 검정력이 낮아 귀무가설을 제대로 기각하지 못할 경우에 발생한다. 제2종 오류를 범할 확률이 커지면 검정력은 반대로 낮아지게 된다. 사건연구에서 검정력이 낮은 연구방법을 사용할 경우 연구자들로 하여금 실제로 가치효과를 가지는 많은 유의적인 사건을 비유의적인 것으로 잘못된 결론에 이르게 하기 때문에 결코 바람직스럽지 않다. 따라서, 연구자들은 귀무가설의 통계적 유의성을 검정하는 과정에서 검정력을 최대로 높일 수 있는 검정방법의 선택에 유의해야 한다.

결론적으로 연구자들은 사건기간의 장단에 관계없이 사건연구의 통계적 검정 과정에서 범할 수 있는 이 두 유형의 통계적 오류를 최소화할 수 있는 연구방법을 모색해야 한다. 이를 위해 먼저 초과수익률 측정 과정에서 표본평균 초과수익률이 0과 유의적인 차이를 나타내지 않아 불편성(unbiasedness)을 가지도록 하는 성과측정 모형을 선택함으로써 제1종 오류를 범할 확률을 유의수준 이내로 줄여 설정오류를 없애야 한다. 또한, 귀무가설에 대한 유의성 검정

과정에서 제2종 오류를 최소화하는 유의성 검정방법을 선택함으로써 검정력을 최대로 높여야 한다. 물론 설정오류가 있는 사건연구방법의 경우에는 통계적 신뢰성(statistical reliability)을 확보할 수 없기 때문에 검정력이 높다 하더라도 아무런 의미가 없다. 이처럼, 사건연구의 핵심 과제는 초과수익률의 측정과 통계적 검정 과정에서 제1종 오류를 범할 확률을 연구자가 미리 지정한 유의수준 내로 한정하면서 초과수익률의 존재를 정확히 찾아내는 검정력을 높여 통계적 신뢰성을 확보할 수 있는 연구방법을 도출하는 것이다.

3.4 사건연구방법의 설정오류와 검정력 측정

3.4.1 결합가설 검정의 문제점

사건연구에서 귀무가설의 통계적 유의성을 검정할 때 직면하는 가장 심각한 방법론적 문제점은 초과수익률을 측정하기 위해 자산가격결정모형에 의존해야 한다는 점이다. 최근에는 CAPM 등과 같은 자산가격결정모형의 타당성에 대한 부정적인 실증분석 결과들이 제시되고 있어, 이들 모형에 의해 추정한 기대수익률을 활용하여 초과수익률을 측정하는 것이 정확하지 않을 수 있음을 시사해 주고 있다. 이것은 결과적으로 사건연구의 통계적 검정에 심각한 도전이 되고 있다. 왜냐하면, 사건연구에서 초과수익률이 존재하지 않는다는 귀무가설에 대한 통계적 검정은 암묵적으로 (1) 초과수익률이 0이라는 가설과 (2) 초과수익률을 추정하기 위해 사용하는 시장모형이나 CAPM 등의 자산가격결정모형이 이론적으로 타당하다는 가설을 동시에 검정하는 결합가설(joint hypothesis)에 대한 검정이기 때문이다.

더구나, 초과수익률 측정치의 통계적 특성에 관한 추가적인 가정도 정확히 성립해야만 한다. 예를 들어, 표본평균 초과수익률에 대한 전통적 t-검정은 무엇보다도 횡단면 표본평균 초과수익률이 정규분포를 따른다고 가정한다. 구체적인 t-검정의 유형에 따라 초과수익률이 시계열 혹은 횡단면상으로 독립적이라는 추가적인 가정이 요구되기도 한다. 이러한 가정들에 대한 타당성 여부는 결국 실증적 문제일 수밖에 없다.

3.4.2 Brown-Warner의 시뮬레이션 기법

사건연구방법론에 대한 연구에서 사건연구방법의 설정오류와 검정력을 측정하기 위해 사용하는 표준적인 기법은 증권시장의 실제 주식수익률 자료를 이용하는 시뮬레이션 기법이다. 이러한 시뮬레이션 기법을 처음으로 사건연구에 적용한 사람은 Brown and Warner(1980, 1985)이며, 이후의 연구자들은 이들이 고안한 시뮬레이션 설계를 그대로 답습해 오고 있다. 사건연구의 일반적 특성에 대해 지금까지 알려진 사실들의 많은 부분은 Brown-Warner의 시뮬레이션 실험 결과를 통해 밝혀진 것들이다. Brown and Warner(1980, 1985) 이후로 이 분야의 연구에 시뮬레이션 기법이 주로 이용되고 있는 이론적 근거는 사건연구방법의 설정오류와 검정력에 영향을 미치는 여러 변수들이 갖는 개별 효과와 그들 간의 상호 작용에 의해 초래되는 복합적인 효과를 연역적 추론에 의해 사전적으로(a priori) 정확히 설명하는 것은 매우 어려운 과제이기 때문이다.

사건연구에 활용되는 시뮬레이션의 기본적인 아이디어는 간단하면서도 직관적이다. 사건연구방법의 설정오류와 검정력을 밝히기 위해 먼저 무작위 복원추출방식(random sampling with replacement)으로 표본주식과 사건일을 선정하고, 이렇게 구성된 다수의 표본을 대상으로 특정 사건연구방법을 반복해서 적용하는 방식으로 시뮬레이션 실험을 수행한다. 만약 기대수익률과 초과수익률이 정확하게 추정되었다면, 무작위로 추출된 표본의 평균초과수익률은 0으로 나타나야 한다. 이러한 논리를 바탕으로 검정통계량의 설정오류, 즉 귀무가설이 진실임에도 불구하고 이를 기각할 확률을 측정할 수 있다. 더 나아가, 시뮬레이션 실험에서 다양한 수준의 초과수익률을 인위적으로 개별 표본에 가산할 수 있다. 이러한 방법으로 사건연구방법의 검정력, 즉 일정 수준의 초과수익률이 주어졌을 때 이를 찾아내는 능력을 직접적으로 측정할 수 있다(Kothari and Warner, 2007, pp. 12-13).

Brown and Warner(1980, 1985) 이후에도 Dyckman et al.(1984), Collins and Dent(1984), Barber and Lyon(1996, 1997), Lyon, et al. (1999), Ang and Zhang(2004) 등 많은 연구자들에 의해 다양한 형태의 시뮬레이션 실험이 이루어져 왔다. 다음은 Brown and Warner(1985)가 창안한 시뮬레이션 실험의 설계와 이를 통해 사건연구방법의 통계적 오류와 검정력을 직접적

으로 측정하는 실험 방법을 개략적으로 설명한다.

A. 표본 선정과 시간 변수

Brown and Warner(1985)는 시뮬레이션 실험에 사용될 표본의 수를 250개로 하며, 각 표본은 50개의 개별주식으로 구성하였다. 각 표본을 구성하는 개별주식은 CRSP 파일에 일별 주식수익률 자료가 존재하는 모든 주식의 모집단으로부터 무작위 복원 추출방식에 의해 선정한다. 하나의 표본주식을 모집단으로부터 추출할 때마다 가상적인 사건일도 동시에 임의로 부여한다. 이때 개별주식의 가상 사건일은 1962년 7월 2일부터 1979년 12월 31일까지의 기간 중 균등분포 가정하에 어느 특정 거래일을 무작위 복원 추출방식에 의해 선정한다.

개별주식의 가상적인 사건에 대한 공시일은 0으로 정의한다. 초과수익률을 측정하기 위해 개별주식의 가상적인 사건일을 중심으로 -244일에서 +5일에 이르는 최대 250일간의 일별 주식수익률 자료를 이용한다. 250일간의 기간 중에서 전반 239일간(-244일에서 -6일까지)을 추정기간으로, 후반 11일간(-5일에서 +5일)을 사건기간으로 각각 설정한다.

B. 초과수익률 측정모형

사건연구는 주가에 영향을 줄 수 있는 특정 정보가 공시되었을 때, 개별주식의 수익률에 비정상적인 초과수익률이 발생하는지의 여부를 확인하는 연구방법이다. 따라서, 초과수익률의 존재를 파악하기 위해서는 먼저 특정 사건이 발생하지 않았을 경우의 정상적인 기대수익률을 추정해야 한다. Brown and Warner(1985)는 사건연구에서 기대수익률을 추정하는 데 일반적으로 가장 널리 사용되고 있는 모형인 평균조정수익률모형, 시장조정수익률모형 및 시장모형 등을 활용하고 있다.

C. 귀무가설과 검정통계량

성과측정 모형을 이용하여 측정한 초과수익률에 대한 통계적 유의성 검정은 각 표본별로 이루어진다. 유의성 검정 시 귀무가설은 다음과 같이 정의한다.

H_0: 사건일에서의 표본평균 초과수익률은 0이다.

귀무가설을 검정하기 위한 통계량은 사건일 t에서의 표본평균 초과수익률 AAR_t를 그것의 표준편차로 나눈 비율이며, 표준편차 $s(AAR_t)$는 추정기간에서의 표본평균 초과수익률의 시계열 자료로부터 계산한다. 사건일 t에서의 검정통계량 t_{AR}은 아래 식 (3.5)와 같이 정의된다.

$$t_{AR} = \frac{AAR_t}{s(AAR_t)} \tag{3.5}$$

여기서, $AAR_t = \frac{1}{n} \sum_{j=1}^{n} AR_{jt}$

AR_{jt} = 기업 j의 사건일 t에서의 초과수익률

$s(AAR_t) = \sqrt{\left(\sum_{t=-244}^{-6} (AAR_t - \overline{AAR_t})^2 \right) / 238}$

$\overline{AAR_t} = \frac{1}{239} \sum_{t=-244}^{-6} AAR_t$

만약 t일의 표본평균 초과수익률 AAR_t가 상호 독립적이고 동일한 분포를 이루며 이것이 정규분포를 따른다면, 식 (3.5)에서 정의한 검정통계량은 귀무가설하에서 *Student t*분포를 이룬다. Brown and Warner(1985)의 연구에서는 추정기간이 239일이므로 자유도가 200을 초과하기 때문에 검정통계량은 근사적으로 표준정규분포를 따른다고 볼 수 있다.

D. 초과수익률의 생성

Brown and Warner(1985)의 연구에서 사용한 250개의 표본은 각각 무작위로 선정된 50개의 개별주식으로 구성되며, 개별주식에 부여된 가상적인 사건일도 무작위로 선정되었기 때문에, 체계적인 초과수익률이 발생할 수 없다. 그래서 Brown and Warner(1985)는 다양한 성과측정 모형의 검정력을 비교·분석하기 위해, 시뮬레이션 실험 시에 표본을 구성하는 개별주식의 사건일에서의 실제 수익률에다 일정한 수준의 초과수익률을 인위적으로 더해 주는 방식을 사용하였다. 예를 들어, 1%의 초과수익률이 각 표본을 구성하는 50개 개별주식의 가상 사건

일에 발생한다고 가정하면, 모든 개별주식의 가상 사건일의 실제 수익률에다 상수 0.01을 더해 주는 방법으로 초과수익률을 인위적으로 생성한다.

E. 설정오류와 검정력

먼저, 주어진 표본주식에 있어서 초과수익률을 인위적으로 가산하지 않았을 경우, 초과수익률이 존재하지 않는다는 귀무가설에 대한 통계적 유의성을 검정한다. 표본을 구성하는 개별 주식들이 무작위로 선정되었다면 체계적인 초과수익률이 나타나지 않을 것이므로, 귀무가설은 기각될 수 없다. 이처럼, 귀무가설이 진실임에도 불구하고 그것을 기각한다면, 이것은 제1종 오류로 정의한다. 만약 사건연구방법의 검정통계량이 합리적으로 설정되고 유의수준이 α라고 가정한다면, 표본평균 초과수익률이 양 혹은 음의 값을 가진다는 대립가설을 채택할 표본의 수는 250×α에 한정될 것이다. 그러나, 만약 250개 표본 중에서 표본평균 초과수익률이 양 혹은 음의 값을 가진다는 대립가설을 채택하고 귀무가설을 기각하는 표본의 기각률이 유의수준 α를 초과한다면, 이것은 검정통계량을 잘못 설정함으로 인해 발생한 설정오류로 볼 수 있다.

그런데, 검정통계량의 경험적 분포가 이론적 분포와 일치하고 귀무가설이 진실일 경우라도, 이론적 기각률은 유의수준 α와 정확히 일치하는 것은 아니다. 왜냐하면, 기각률 그 자체가 이항분포를 따르는 확률변수이기 때문이다. 예를 들어, 귀무가설이 진실일 때 250개 표본의 가설검정 결과가 각각 독립적이라고 가정한다면, 5% 유의수준하에서 이론적 기각률 p는 다음 식 (3.6)에서 정의한 95%의 신뢰구간인 2%~8%의 범위에 속하게 될 것이다.

$$0.05 - 1.96\sqrt{\frac{0.05(0.95)}{250}} \le p \le 0.05 + 1.96\sqrt{\frac{0.05(0.95)}{250}}$$
$$0.02 \le p \le 0.08 \tag{3.6}$$

그리고, 표본을 구성하는 개별주식의 실제 수익률에다 일정한 수준의 초과수익률을 인위적으로 가산한 후, 각 사건연구방법들이 초과수익률의 존재를 어느 정도 정확히 감지해 내는지를 조사한다. 초과수익률을 각 표본에 인위적으로 가산하였음에도 불구하고 초과수익률이 존재하지 않는다는 귀무가설을 기각하지 못할 경우 이것을 제2종 오류라고 정의한다. 즉 제2종 오류는 귀무가설이 거짓임에도 불구하고, 귀무가설을 기각하지 못할 경우에 발생하는 오류를 의미한다. 따라서, 일정한 수준의 초과수익률이 가산되었을 때, 사건연구방법의 검정력은 [1-제2종 오류를 범할 확률]로 정의한다.

시뮬레이션 기법을 활용한 사건연구방법론의 연구에서 특정한 시장 상황에 가장 적합한 사건연구방법을 규정하는 데 있어서 가장 중요한 기준으로 삼는 것은 검정력이다. 즉 어떤 특정한 표본 상황에서 연구자가 선택 가능한 최적의 사건연구방법은 설정오류가 존재하지 않으면서 검정력이 가장 높은 것을 의미한다.

3.4.3 분석적 방법

사건연구방법의 설정오류가 존재하는지를 결정하는 데 시뮬레이션 기법을 활용하는 것은 매우 자연스럽고 필요불가결한 것으로 여겨진다. 일단 시뮬레이션 기법을 사용하여 어떤 검정통계량의 설정오류가 없다는 것을 확인한 이후에는 시뮬레이션 기법 대신에 분석적 방법 (analytical methods)을 사용하여 사건연구방법의 검정력을 측정할 수 있다. 비록 초과수익률의 크기에 따른 검정력 함수(power function)를 분석적으로 도출하는 데에는 초과수익률 분포에 대한 몇 가지 가정이 추가로 요구되지만, 설정오류가 없는 검정통계량의 경우에는 분석적 방법과 시뮬레이션 기법이 유사한 검정력 함수를 가져다줄 수 있다(Brown and Warner, 1985, p. 13의 Figure 2와 Table 3 참조). 이러한 분석적 방법은 시뮬레이션 기법에 비해 보다 빠르고 간편하게 사건연구방법의 검정력을 연구할 수 있는 방법을 제공해 준다(Kothari and Warner, 2007, p. 13).

4

단기성과 측정을 위한 사건연구

사건연구는 어떤 특정 사건이 주가에 미치는 가치효과를 측정하기 위한 사건기간의 장단에 따라 관례적으로 단기성과와 장기성과 사건연구로 구분한다. 여기서 단기성과 측정을 위한 사건연구는 사건일과 사건일을 중심으로 한 단기간의 윈도우에서 특정 사건의 가치효과 혹은 공시효과를 측정하는 사건연구를 의미한다. 일반적으로 특정 사건의 단기성과를 측정하는 연구에서 사건기간 윈도우는 사건일을 포함하여 대개 21일에서부터 121일까지의 범위 내에서 설정한다. 이에 반해, 장기성과를 측정하는 사건연구에서는 사건기간을 대개 사건월 다음 월부터 12개월(1년), 36개월(3년) 혹은 60개월(5년)까지의 기간으로 설정하는 것이 관례이다.

단기성과에 관한 사건연구는 크게 초과수익률을 측정하는 절차(estimation procedure)와 초과수익률의 유의성을 검정하는 절차(testing procedure)로 나누어지며, 각 절차별로 연구자가 표본 환경이나 개인의 선호에 따라 선택 가능한 다양한 연구 방법이 존재한다. 예를 들어, 초과수익률을 측정하기 위해 사용하는 모형 중에는 평균조정수익률모형, 시장조정수익률모형 혹은 시장모형 등이 있다. 이들 모형 중 어느 것을 선택하느냐에 따라 연구결과가 달라질 수 있다. 뿐만 아니라, 특정 모형을 사용하여 추정한 초과수익률의 유의성을 검정하는 과정에서도 연구자가 어떤 통계적 검정방법을 사용하느냐에 따라 통계적 오류와 검정력이 달라질 수 있다. 이와 같이, 단기성과에 관한 사건연구에서 연구자가 연구 설계 과정에서 부딪치게 되는 초과수익률 측정모형의 선택(choice of models), 유의성 검정방법의 선택(choice of significance tests), 시장지수의 선택(choice of index) 등에 따라 사건의 가치효과에 대한 결론이 달라질 수 있기 때문에 연구자는 가능한 한 연구의 특성이나 표본 환경에 가장 적합한 측정 모형과 검정방법 등을 선택해야 한다. 그러므로 이 장에서는 단기성과 연구방법에서 초과수익률 측정모형의 선택, 유의성 검정방법의 선택, 시장지수의 선택, 표본 크기의 선택 등이 연구방법의 효율성에 어떤 영향을 미치는지를 기존의 실증연구 결과를 중심으로 논의하도록 한다. 또한, 사건일 집중으로 인한 초과수익률 간의 횡단면 상관관계, 사건기간 중 분산의 증가, 회귀분석에 의한 초과수익률의 해석 등의 특별 주제를 추가적으로 다루도록 해 연구자들로 하여금 사건연구에 관한 논문을 쉽게 이해하거나 혹은 새로운 연구를 설계하는 데 도움을 주고자 한다. 또한 이러한 논의를 바탕으로 한국증권시장을 대상으로 한 단기성과 사건연구에 가장 적합한 연구방법을 도출하도록 한다. 마지막으로 사건연구를 처음 접하는 초보 연구자들이 쉽게 단기성과 사건연구를 본인의 연구 프로젝트에 적용하는 실용적 방안으로 DataGuide와 KisValue가 각각 제공하는 사건연구 정보서비스를 활용하는 방법을 상세히 설명하고자 한다.

4.1 선행 연구

사건연구에서 성과측정 모형의 선택, 유의성 검정방법의 선택, 시장지수의 선택 등이 사건연구의 검정력에 어떤 영향을 미치는지를 파악하기 위해 주로 사용하는 연구방법은, 앞의 제3장에서 설명한 바와 같이, 증권시장의 실제 주식수익률 자료에 기초한 시뮬레이션 기법이다. 단기성과를 측정하는 사건연구에서 선택 가능한 다양한 연구방법이 사건연구의 통계적 오류와 검정력에 미치는 영향을 시뮬레이션 기법을 이용하여 실증적으로 고찰한 연구로는 Brown and Warner(1980, 1985), Dyckman et al.(1984), Collins and Dent(1984) 등을 들 수 있다. 또한, 한국증권시장을 대상으로 우리나라 시장에 가장 적합한 사건연구방법을 제시하기 위해 시뮬레이션 기법을 활용한 연구로는 김찬웅·김경원(1997)과 정형찬(1997) 등이 있다.

사건연구방법론에 대한 연구 논문 중에서 가장 많이 인용되고 있는 대표적인 논문은 Brown

and Warner(1980, 1985)이다. 이 두 논문이 사용하고 있는 시뮬레이션 실험 설계는 매우 유사하나, 두 논문의 가장 중요한 차이점은 1980년도 논문이 시뮬레이션 실험에서 월별 주식수익률 자료를 사용한 반면에 1985년도 논문은 일별 주식수익률 자료를 사용하고 있다는 점이다.

먼저, 사건연구방법론에 대한 실증적 연구에서 실제 주식수익률에 기초한 시뮬레이션 기법을 처음으로 도입함으로써 이 분야의 연구에 새로운 지평을 연 것으로 평가받고 있는 Brown and Warner(1980)의 연구 결과를 개략적으로 설명하고자 한다.

첫째, 표본을 구성하는 개별주식과 사건월(event month)을 무작위 복원 추출방식에 의해 선정하여 특정 달력월에 사건월이 집중되는 현상이 발생하지 않은 경우에 있어서 단기성과 측정모형인 평균조정수익률모형, 시장조정수익률모형 및 시장모형의 검정력 차이는 별로 크기 않은 것으로 나타났다.

둘째, 사전 정보를 활용하여 초과수익률이 발생한 사건월을 정확하게 확정할 수 없을 경우에는 사건연구방법의 검정력은 현저히 떨어지게 된다.

셋째, 사건월을 무작위로 선정하였으나 특정 달력월에 사건월이 집중되는 현상이 발생하게 될 경우에는 평균조정수익률모형은 시장조정수익률모형과 시장모형에 비해 검정력이 크게 떨어진다.

넷째, 시장지수의 선택에서 동일가중지수(EWI: equally weighted index)를 사용하는 것은 사건연구의 목적만을 위한 방법이긴 하지만, 이 지수는 시뮬레이션 분석에서 특별한 문제점을 야기하지는 않았다. 그러나, 가치가중지수(VWI: value-weighted index)를 잘못 사용하였을 때는 기존의 사건연구에서 인식하지 못했던 심각한 문제점이 발생하는 것으로 나타났다. 뿐만 아니라, 가치가중지수를 사용하는 것이 사건연구방법의 검정력을 증가시킨다는 어떤 실증적 증거를 발견하지 못했다.

다섯째, 동일가중지수 혹은 가치가중지수를 사용하고 있는 대부분의 사건연구방법에 있어서, 사건월 '0' 시점의 표본평균 초과수익률에 초점을 맞춘 t-검정은 합리적인 유의수준하에서 설정오류가 없는 것으로 밝혀졌다. 반면에 부호검정과 Wilcoxon 부호-순위 검정 등과 같은 비모수검정은 개별주식의 초과수익률 분포의 비대칭성을 고려하지 않을 경우에는 설정오류가 존재하는 것으로 나타났다.

한편, Brown and Warner(1985)는 앞서 설명한 1980년 논문의 시뮬레이션 디자인을 그대로 활용하여 일별 주식수익률 자료의 특성이 사건연구방법에 어떠한 영향을 미치는지를 시뮬레이션을 통해 살펴보았다. 그들은 실제 일별 주식수익률 자료를 사용한 시뮬레이션 실험을 통해 선행 연구에서 관심을 가졌던 다양한 잠재적 문제점이 사건연구방법에 미치는 영향을 분석하고 있다. 이러한 문제점 가운데에는 (1) 일별 주식수익률과 초과수익률 분포의 비정규성(non-normality), (2) 비동시거래(non-synchronous trading)가 존재하는 상황에서 OLS에 의한 시장모형의 모수 추정치의 편의, (3) 표본평균 초과수익률의 유의성 검정 시에 사용될 분산의 추정과, 특히 일별 초과수익률에 있어서의 자기상관과 사건기간 중의 분산의 증가에 관한 문제 등을 포함한다. 뿐만 아니라, 표본평균 초과수익률의 분산 추정에 있어서 초과수익률의 횡단면 상관관계가 미치는 효과에 대해서도 분석하였다.

Brown and Warner(1985)의 일별 주식수익률 자료를 이용한 시뮬레이션 결과들은 일반적으로 월별 주식수익률 자료를 활용한 논문인 Brown and Warner(1980)의 결론을 보강해 주고 있다. 즉, 초과수익률 측정 모형으로는 시장모형을 사용하고, 귀무가설에 대한 유의성 검정 과정에서 *t*-검정과 같은 표준적인 모수검정법을 활용하는 사건연구방법은 다양한 표본 환경하에서도 설정오류가 없었다. 또한, 선택 가능한 여러 방법들이 놀라울 정도로 유사한 검정력을 보이고 있다. 특히, 주목해야 할 결과로는 이론적으로 세련되고 복잡한 방법을 사용한다고 해서 반드시 설정오류와 검정력에 있어서 우월한 결과를 가져오지 않는다는 사실 등을 발견하였다는 점이다.

Dyckman et al. (1984)은 CRSP 일별 주식수익률 자료를 이용하여 포트폴리오의 크기, 사건일의 불확실성 및 초과수익률의 크기 등이 사건연구방법의 통계적 오류와 검정력에 미치는 효과를 Brown and Warner(1985)와 유사한 시뮬레이션 기법을 통해 분석하고 있다. Dyckman et al. (1984)의 시뮬레이션 실험에서 특이한 점은 추정기간을 사건일 이전과 이후로 나누어 설정한 것이다. 즉, 추정기간을 사건일 이전인 -120일에서 -60일까지의 기간과 사건일 이후인 +60일에서 +120일까지의 기간으로 나누어 설정하고 있다. 또한, 성과측정 모형의 계수를 추정할 때 일별 주식수익률뿐만 아니라 3일 혹은 5일간의 연속 수익률을 사용하기도 하였다. 그들의 시뮬레이션 분석 결과를 정리하면 다음과 같다.

첫째, 단기성과를 측정하는 세 가지 모형인 평균조정수익률모형, 시장조정수익률모형, 시장모형 중에서 시장모형의 검정력이 다른 두 모형에 비해 약간 우월한 것으로 나타났으나 세 모형이 대체로 유사한 검정력을 보이고 있다.

둘째, 사건일이 불확실한 경우에는 설정한 사건기간 내의 각 일(date)이 진정한 사건일일 확률이 균일하며 자기상관이 존재하지 않는다는 가정하에서는 사건기간 중의 일별 초과수익률을 누적하는 누적초과수익률(CAR)을 사용하는 것이 가장 합리적이다. 더 나아가, 사건일이 불확실한 경우에는 사건훼손(event smearing)이나 사건강화(event reinforcement) 등을 피하기 위해 사건기간 동안 복수의 사건이 발생한 개별주식은 표본에서 제거하는 것이 바람직하다.

셋째, 개별주식의 β 위험을 측정하는 데 있어서 비동시거래의 효과를 완화하기 위해 OLS 대신 Scholes-Williams(1977)나 Dimson(1979) 등이 제안한 추정 방법을 사용하더라도 검정력에 있어서 유의적인 차이를 발견할 수 없었다.

넷째, 산업별 혹은 시간별로 사건일 집중이 존재할 경우 전통적인 사건연구방법의 검정력은 일반적으로 감소하는 것으로 나타났다. 그러나, 이러한 효과는 포트폴리오의 위험에 따라 달라질 수 있다.

다섯째, 초과수익률 분포의 비정규성이 t-검정을 사용하여 도출한 귀무가설에 대한 유의성 검정 결과에 아무런 영향을 미치지 않았다.

Collins and Dent(1984)는 표본을 구성하는 개별기업이 동일 산업에 집중되어 있거나 혹은 사건일이 동일 달력일자에 집중되어 있을 경우 발생하는 초과수익률의 횡단면 상관관계(cross-correlation)가 사건연구의 유의성 검정에 어떤 문제를 가져오게 되는지를 다루고 있다. 회계 관련 법규나 정책의 변화에 대한 사건연구에서 공통적으로 직면하게 되는 문제점은 사건일 집중과 산업 집중(예를 들어, 원유와 가스 회계)을 들 수 있다. 이것은 곧 표본기업의 초과수익률 간에 횡단면 상관관계를 초래하며, 귀무가설에 대한 유의성 검정 시에 이를 고려하지 않으면 잘못된 결론을 내리게 된다.

Collins and Dent(1984)는 먼저 표본기업의 초과수익률 간에 존재하는 횡단면 상관관계를 무시하는 유의성 검정방법을 적용하였을 때 예상되는 통계적 오류의 유형과 크기가 얼마나 되는지를 평가하기 위해 몬테칼로 시뮬레이션 실험을 활용하고 있다. 또한, 그들은 실제 사건연구에서 초과수익률 간의 횡단면 상관관계와 분산의 증가 등을 동시에 고려할 수 있는 새로운 유의성 검정방법으로 GLS(generalized least squares) 검정법을 제안하고 있다. GLS 검정법은 횡단면 상관관계를 무시하는 OLS와 전통적 t-검정(횡단면 검정)이나 Patell(1976)의 표준화 초과수익률 검정 등과 같은 다른 검정방법에 비해 제1종 오류가 훨씬 낮으며 검정력은 뛰어나다는 사실을 시뮬레이션 실험을 통해 보여 주고 있다.

Collins and Dent(1984)의 시뮬레이션 실험에서는 실제 CRSP 일별 주식수익률 자료를 이용한 Brown and Warner(1985)나 Dyckman et al. (1984)과는 달리 가상 주식(hypothetical share)의 주별 수익률을 인위적으로 생성하여 사용하고 있다. 이들은 100회의 시뮬레이션을 수행하였으며, 각 회의 시뮬레이션에서 첫 번째 100개의 관찰치는 추정기간으로 설정하고, 다음 5개의 관찰치는 사건기간으로 설정하고 있다. Collins and Dent(1984)는 시뮬레이션 실험에서 초과수익률을 인위적으로 가산하는 방법 이외에도 사건기간 중 초과수익률 간의 상관관계가 존재할 수 있도록 초과수익률을 생성하거나 혹은 초과수익률의 분산 정도를 변화시키는 방법 등을 도입하여 이들 변수들이 연구방법의 설정오류와 검정력에 어떠한 영향을 미치는지를 분석하고 있다.

그런데, 우리나라와 미국증권시장 간에 존재하는 시장의 미시구조나 제도 및 투자자들의 투자 행태의 차이 등을 고려한다면, 한국증권시장에서 특정 사건으로 인해 발생하는 단기성과 추정량의 분포 특성이나 결정 요인 등이 미국과 반드시 동일하지는 않을 것이다.[2] 이것은 결과적으로, 우리나라의 주식수익률을 이용한 사건연구방법이 갖는 통계적 오류와 검정력이 미국의 주식수익률 자료를 이용하여 수행한 Brown and Warner (1980, 1985)의 시뮬레이션 결과와는 서로 다를 개연성이 언제나 존재한다는 것을 의미한다. 따라서, 사건연구를 우리나라 증권·금융시장 연구의 주요 방법으로 정착시키기 위해서는 무엇보다도 먼저 우리나라 증권시장에서 사건연구의 적합성을 보다 체계적으로 검정해야 할 필요가 있다.

이러한 필요성에 의해, 실제로 우리나라 주식수익률 자료를 이용하여 사건연구의 적합성

---

[2] 한국과 미국증권시장 간에 존재하는 시장 미시구조나 제도 및 투자행태 등의 차이가 양 시장의 주식수익률의 분포와 결정요인에 어떠한 영향을 미칠 수 있을 것인가에 대한 연구는 지금까지 다양한 분야에서 다수의 연구자들에 의해 수행되어 왔다(남명수, 안창모, 1995; 방승욱, 1997; 최우석, 이상빈, 2003; 김상환, 2004; 김동철, 2004).

여부를 시뮬레이션 실험을 통해 비교 분석한 실증 연구로는 김찬웅·김경원(1997)과 정형찬 (1997) 등을 들 수 있다. 김찬웅·김경원(1997)은 한국신용평가(주) 주식수익률 데이터베이스 에서 1980년에서 1995년 기간 중 상장된 주식 가운데 675개를 전체 표본으로 구성하고, 여기 서 30개의 개별주식으로 구성된 60개의 표본을 선정하여 시뮬레이션 실험을 수행하였다. 그 들은 시뮬레이션 실험에서 우리나라 시장에서 설명력이 높은 것으로 알려진 산업지수모형의 적합성 검정을 실시하였으며, 사건이 집중된 경우(clustering case)와 그렇지 않은 일반적인 경 우(non-clustering case)로 나누어 분석하고 있다.

그리고, 정형찬(1997)은 1980년에서부터 1995년까지 우리나라 증권시장에 상장된 675 개 주식을 전체 표본으로 설정하고 있다. 그는 미국 시장을 대상으로 수행한 Brown and Warner(1985)의 실험 결과와 비교가 가능하도록 하기 위해, 주식수익률 자료는 한국 시장의 실제 일별 주식수익률 자료를 사용하되 실험 설계는 Brown and Warner(1985)를 그대로 원 용하고 있다. 그는 실험에서 Brown and Warner(1985)가 사용하였던 표본 규모인 50개의 개 별주식으로 구성된 250개의 표본을 무작위 복원추출 방법에 의해 선정하였다. 이 시뮬레이 션 실험에서 다양한 시장상황, 즉 사건일 미포착, 사건일 집중, 횡단면 상관관계, 비동시거 래, 사건기간 중 분산의 증가, 시장지수의 선택 등이 한국증권시장을 대상으로 한 사건연구 의 통계적 오류와 검정력에 미치는 영향을 종합적으로 분석하고 이 분석 결과를 Brown and Warner(1985)의 실험 결과와 비교 설명하고 있다. 또한, 이러한 실증분석 결과를 바탕으로 한 국증권시장에서 가장 적합한 사건연구방법을 제시하고 있다.

4.2 시간 변수의 결정

단기성과를 측정하는 사건연구에서 사건일을 제외한 나머지 시간 변수들을 결정할 때 어떤 표준화된 방식이 있는 것은 아니다. 추정기간 및 사건기간 등과 관련한 시간 변수들의 결정은 선행 연구나 기타 제도적 요인에 따라 달라질 수 있으나 기본적으로 연구자들에게 맡겨져 있 다. 추정기간과 관련된 시간변수를 결정할 때 연구자들은 추정기간을 늘임에 따라 발생할 수 있는 편익(기대수익률 추정 모형의 정확도)과 비용(추정 모형의 모수의 불안정성)을 서로 비교한 이후에 적정 기간을 선정해야 한다. 예를 들어, 단기성과 측정모형으로 시장모형을 사용할 경우, 추정기간을 확장함에 따라 얻을 수 있는 편익은 시장모형의 계수인 α_i와 β_i를 보다 정확히 추정할 수 있다는 점을 들 수 있으며, 반면에 이에 대한 비용은 이러한 계수들의 현시성이 점차 떨어지게 된다는 점이다.

실제로 계수 추정기간은 일별 주식수익률 자료를 이용한 사건연구에서는 대개 100일에서부터 300일, 월별 수익률 자료를 이용한 사건연구에서는 24개월(2년)에서부터 60개월(5년) 사이에서 결정한다. Corrado and Zivney(1992)는 추정기간의 적합성을 검정하기 위해 추정기간을 각각 239일, 89일 및 39일 등으로 설정하여 시뮬레이션 실험을 실시하였다. 그들의 연구 결과에 의하면, 추정기간을 239일 대신에 89일로 설정하더라고 연구 성과에 미치는 효과는 거의 없었으나, 추정기간을 39일로 설정한 경우에는 약간의 부정적인 영향을 발견하였다(p. 477). Armitage(1995)는 Corrado and Zivney(1992)의 이러한 실증 분석 결과를 바탕으로 실제 사건연구에서 추정기간을 약 100여 일 정도로 설정하는 방법을 권고하고 있다.

반면에, 사건기간의 설정은 사건일을 정확히 지정할 수 있느냐에 따라 달라진다. 만약 사건일을 정확히 지정할 수 있을 경우에는 사건기간을 사건일 포함하여 2일 혹은 3일간의 윈도우로 설정하는 것이 일반적이다. 물론 이를 보완하는 방법으로는 사건일을 중심으로 보다 더 장기간의 윈도우를 설정하고 이 기간 동안의 누적초과수익률(CAR)을 측정하기도 한다. Peterson(1989)에 의하면, 연구자들은 실제로 사건기간을 대개 일별 주식수익률 자료를 이용한 연구에서는 사건기간을 21일에서부터 121일, 월별 수익률 자료를 이용한 연구에서는 25개월에서부터 121개월 사이에서 결정하는 것으로 보고하고 있다(pp. 36-38).

4.3　**단기성과 측정모형의 선택**

공시일을 중심으로 한 단기의 초과수익률을 측정하기 위해 사용하는 성과측정 모형은 사건이 발생하지 않았을 때의 정상적인 기대수익률을 추정하는 방법에 따라 매우 다양하다. 기존의 사건연구 논문에서 자주 활용되는 모형으로는 앞서 소개한 평균조정수익률모형, 시장조정수익률모형, 시장모형 이외에도 CAPM, Fama-MacBeth 모형 등을 들 수 있다. 여기서는 Brown and Warner(1980, 1985), Dyckman et al.(1984), Brick et al.(1989), 김찬웅·김경원(1997), 정형찬(1997) 등 기존의 사건연구방법론 연구를 통해 이들 성과측정 모형의 선택에 따라 사건연구방법의 통계적 오류와 검정력이 어떻게 달라질 수 있는지를 살펴보고, 다양한 성과측정 모형 중 최적의 모형으로 추천할 수 있는 것이 무엇인지를 알아본다.

4.3.1 단기성과 측정모형의 유형

사건연구는 주가에 영향을 줄 수 있는 특정 정보가 공시되었을 때, 개별주식의 수익률에 비정상적인 초과수익률이 발생하는지의 여부를 확인하는 연구방법이다. 따라서, 초과수익률의 존재를 파악하기 위해서는 먼저 특정 사건이 발생하지 않았을 경우의 정상적인 기대수익률을 추정해야 한다. Brown and Warner(1985)는 사건연구에서 기대수익률을 추정하는 데 일반적으로 가장 널리 이용되고 있는 다음 세 가지 모형을 사용하고 있다: (1) 평균조정수익률모형, (2) 시장조정수익률모형, (3) 시장모형.

A. 평균조정수익률모형(mean adjusted returns model)

평균조정수익률모형은 사건일 혹은 사건기간 중의 표본기업의 기대수익률이 추정기간 중의 실제 주식수익률의 산술평균과 동일하다는 가정하에서 초과수익률을 측정하는 모형이다. 따라서, 이 모형에 의한 사후 초과수익률(ex post excess return)은, 다음 식 (4.1)에서 정의한 바와 같이, 표본기업 j의 t일에서의 실제 주식수익률에서 표본기업 j의 추정기간($t_0 \sim t_1$) 중의 실제 수익률을 단순 평균한 평균수익률을 차감하는 방법으로 측정한다.

$$AR_{jt} = R_{jt} - \overline{R}_j \tag{4.1}$$

$$\overline{R}_j = \frac{1}{(t_1 - t_0 + 1)} \sum_{t=t_0}^{t_1} R_{jt} \tag{4.2}$$

여기서, AR_{jt} = 표본기업 j의 t일에서의 초과수익률

$\quad\quad R_{jt}$ = 표본기업 j의 t일에서의 실제 주식수익률

$\quad\quad \overline{R_j}$ = 표본기업 j의 추정기간$(t_0\sim t_1)$ 중의 평균수익률

평균조정수익률모형을 사용하여 초과수익률을 측정한 선행 연구로는 Masulis(1980), Kalay and Loewenstein(1985), 김지수·최정호(1995) 등이 있다.

B. 시장조정수익률모형(market adjusted returns model)

시장조정수익률모형은 지수모형(index model)이라고도 하며, 이 모형은 표본기업의 기대 수익률이 동일 시점의 시장지수의 기대수익률과 동일하다고 가정한다. 만약 모든 개별기업의 체계적 위험(β 위험)이 시장지수와 동일한 1.0의 값을 가진다면 이러한 가정은 CAPM과 일치 한다. 따라서, 이 모형에 의한 초과수익률은, 다음 식 (4.3)에서 정의한 바와 같이, 표본기업 j 의 t일에서의 실제 주식수익률에서 동일 시점의 시장지수 수익률을 차감하는 방법으로 측정 한다.

$$AR_{jt} = R_{jt} - R_{mt} \tag{4.3}$$

여기서, AR_{jt} = 표본기업 j의 t일에서의 초과수익률

$\quad\quad R_{jt}$ = 표본기업 j의 t일에서의 실제 주식수익률

$\quad\quad R_{mt}$ = 벤치마크 시장지수의 t일에서의 실제 수익률

시장조정수익률모형을 사용하여 초과수익률을 측정한 선행 연구로는 Dennis and McConnell(1986), Lakonishok and Vermaelen(1990), 김철교(1992), 김건우(1997), 변진 호·안소림(2007) 등을 들 수 있다.

C. 시장모형(market model)

시장모형은 다음 식 (4.4)에서 제시한 바와 같이 어떤 임의의 주식수익률 R_{jt}와 시장지수 수

익률 R_{mt}와의 관계를 선형으로 표시한 통계적 모형이다.

$$R_{jt} = \alpha_j + \beta_j R_{mt} + \epsilon_{jt} \tag{4.4}$$

단, $E(\epsilon_{jt}) = 0, \; Cov(R_{mt}, \epsilon_{jt}) = 0, \; Cov(\epsilon_{it}, \epsilon_{jt}) = 0, \; Var(\epsilon_{jt}) = \sigma_j^2$

식 (4.4)에서 $\alpha_j, \beta_j, \sigma_j$는 각각 시장모형의 절편과 기울기의 회귀계수, 오차항의 표준편차 등을 의미한다. 시장모형에 의한 초과수익률은, 다음 식 (4.5)에서 정의한 바와 같이, 먼저 OLS 기법에 의해 추정한 회귀계수를 이용하여 표본기업 j의 기대수익률을 추정하고 표본기업 j의 실제 주식수익률에서 이를 차감하는 방법으로 측정한다.

$$AR_{jt} = R_{jt} - [\hat{\alpha}_j + \hat{\beta}_j R_{mt}] \tag{4.5}$$

여기서, $\hat{\alpha}_j, \hat{\beta}_j$ = 추정기간 중 OLS 기법에 의해 추정한 회귀계수

시장모형은 앞에서 설명한 평균조정수익률모형이나 시장조정수익률모형에 비해 초과수익률을 측정하는 방법에 있어서 개선된 측면을 가지고 있다. 왜냐하면, 시장모형은 표본기업의 기대수익률을 추정할 때 시장지수 수익률을 반영하고 있을 뿐만 아니라 시장지수 수익률에 대한 표본기업 수익률의 민감도(sensitivity)인 β까지도 함께 고려하고 있기 때문이다. 따라서, 이론적으로는 시장모형을 사용할 경우 특정 사건의 가치효과를 찾아낼 수 있는 검정력을 높일 수 있다. 시장모형을 사용하여 사건연구의 검정력을 높일 수 있는 효과는 OLS 회귀분석의 결정계수인 R^2에 달려 있다. 결정계수인 R^2가 높을 경우 초과수익률 분산의 감소분이 커지고 표본기업의 기대수익률을 더욱 정교하게 예측할 수 있게 됨으로써 초과수익률을 보다 정확하게 측정할 수 있게 된다(Campbell et al., 1997, p. 155).

그리고, 실제 시장조정수익률모형이나 시장모형을 사용하여 초과수익률을 측정할 때 벤치마크로 이용할 수 있는 시장지수로는 여러 유형을 들 수 있다. 예를 들어 미국증권시장의 경우에는 CRSP 가치가중지수, CRSP 동일가중지수, S&P 500 등이 있으며, 한국증권시장의 경우에도 KOSPI, KOSPI 200, KisValue 동일가중지수 등이 있다. 이러한 다양한 시장지수 가운데

어느 것을 선택할 것인지에 대한 문제는 연구자가 결정할 수 있다. 그러나, 시장지수의 선택이 연구 결과에 영향을 미칠 수 있기 때문에 연구자는 사건의 특성과 표본 환경을 고려하여 결정하는 것이 바람직하다. 다음 절인 〈4.5 시장지수의 선택〉에서는 시장지수의 선택이 연구방법의 설정오류와 검정력에 미치는 영향에 대해 상세히 논의하도록 한다.

시장모형을 사용하여 초과수익률을 처음으로 측정한 선행 연구는 FFJR(1969)이며, 시장모형은 그 이후로 단기성과 측정에 가장 빈번하게 사용되고 있는 모형으로 알려져 있다. FFRJ(1969) 이외에도 Smith(1977), Dodd(1980), DeAngelo et al.(1984), Mikkelson and Partch(1986), 윤순석(1990), 정성창·이용교(1996), 정태영·박지훈(2006) 등이 시장모형을 활용하고 있다.

사건연구에서 기대수익률을 추정하는 데 사용되고 있는 성과측정 모형에는 지금까지 설명한 세 가지 모형인 평균조정수익률모형, 시장조정수익률모형, 시장모형 이외에도 여러 형태의 모형이 있다. 예를 들면, CAPM, Fama-MacBeth 모형 등을 들 수 있다. 이들 모형에 대한 설명은 이 장의 〈부록 A4: 단기성과 측정모형에 대한 보완〉에서 구체적으로 다루도록 한다.

4.3.2 초과수익률의 통계적 분포 특성

다음 〈표 4.1〉은 초과수익률이 인위적으로 가산되지 않았을 때 한국과 미국증권시장이 실제 일별 주식수익률 자료를 이용한 개별주식 초과수익률의 횡단면 분포 특성을 제시하고 있다.

〈표 4.1〉 개별주식 초과수익률의 횡단면 분포 특성

아래 표에서 〈패널 A〉와 〈패널 B〉는 각각 미국과 한국의 증권시장을 대상으로 시뮬레이션 실험을 수행한 Brown and Warner(1985)와 정형찬(1997)의 연구에서 전체 표본을 구성하고 있는 개별주식의 일별 주식수익률 및 초과수익률의 횡단면 분포 특성을 나타낸 것이다. 개별주식에 대한 통계치들은 추정기간 동안 각 성과측정 모형에 의해 측정된 초과수익률을 이용하여 산출하였다. 〈패널A〉와 〈패널 B〉에 제시된 평균, 표준편차, 왜도 및 첨도에 관한 통계치는 12,500개(250개 표본 × 50개 주식) 추정치의 평균값을 나타낸 것이다. 각 개별주식당 관찰 가능한 최대 주식수익률은 239개이다. 표본주식과 사건일은 무작위 복원추출법에 의해 선정하였다. 초과수익률을 측정하기 위한 시장지수로는 두 연구 모두 미국과 한국 증권시장의 동일가중지수를 사용하였다.

〈패널 A〉 미국증권시장에서 개별주식 초과수익률의 분포 특성[1]					
성과측정 모형	평균	표준편차	왜도	첨도	J-B 통계량
단순수익률	0.0006	0.0267	0.9900	6.8700	>10.0**
평균조정수익률모형	0.0000	0.0267	0.9900	6.8700	>10.0**
시장조정수익률모형	0.0000	0.0258	0.9700	6.6600	>10.0**
시장모형	0.0000	0.0253	1.0100	6.8000	>10.0**
〈패널 B〉 한국증권시장에서 개별주식 초과수익률의 분포 특성[2]					
성과측정 모형	평균	표준편차	왜도	첨도	J-B 통계량
단순수익률	0.0007	0.0230	0.3487	5.5426	>10.0**
평균조정수익률모형	0.0000	0.0230	0.3487	5.5426	>10.0**
시장조정수익률모형	-0.0001	0.0203	0.2370	4.8539	>10.0**
시장모형	-0.0001	0.0197	0.2689	5.3682	>10.0**

Note: *, ** 각각 5%, 1% 유의수준하에서 유의함을 표시함.
주 1) Brown and Warner(1985), p. 9에서 인용. 2) 정형찬(1997), p. 282에서 인용.

〈표 4.1〉의 〈패널 A〉와 〈패널 B〉는 각각 미국과 한국의 증권시장에 상장된 주식을 대상으로 추정기간(사건일을 기준으로 -250일에서 -11일까지) 동안의 시계열 자료에서 추정한 개별주식 초과수익률의 분포 특성을 나타낸 것이다. 〈패널 A〉와 〈패널 B〉에 제시된 수치는 Brown and Warner(1985)와 정형찬(1997)의 연구결과를 바탕으로 재작성한 것이다.

〈표 4.1〉의 〈패널 A〉와 〈패널 B〉에서 볼 때, 미국과 한국의 증권시장에서 개별주식의 일별 수익률과 초과수익률의 분포는 둘 다 정규분포에서 크게 벗어나 있음을 알 수 있다. 〈패널 A〉에 제시된 미국증권시장에서의 일별 수익률의 왜도(skewness)의 평균값이 0.99로 정규분포에 비해 상당히 오른쪽으로 기울어진 분포 형태를 보이고 있으며, 첨도(kurtosis)도 6.87로 정규분포의 '3'보다 훨씬 크다. 이러한 현상은 〈패널 B〉에 제시된 한국증권시장에서의 일별 주식 수익률의 분포에서도 동일한 결과를 관찰할 수 있다. 개별주식의 일별 수익률 분포의 정규성을 검정하는 Jarque-Bera 통계치는 두 시장 모두 1% 유의수준하에서 정규성을 기각하는 것으

로 나타났다.[3)]

　〈패널 A〉와 〈패널 B〉에 제시된 수치가 동일 기간을 대상으로 한 실험 결과에서 나온 것이 아니므로 엄밀한 비교는 어렵겠지만, 단순히 두 연구의 분석 결과만을 비교해 볼 때 한국 주식의 일별 수익률의 왜도와 첨도가 미국시장에 비해 대체로 작게 나타나고 있다. 특히 왜도의 경우는 한국시장에서만 시행되고 있는 가격제한폭 제도의 영향으로 한국시장에서의 일별 수익률의 왜도가 미국의 절반에도 미치지 못하는 것으로 나타났다.

　개별주식의 초과수익률의 평균은 증권시장의 국적이나 성과측정 모형에 관계없이 대체로 0에 접근하고 있으며, 표준편차의 크기는 평균조정수익률모형 〉 시장조정수익률모형 〉 시장모형 순으로 나타났다. 예를 들어, 우리나라(미국) 증권시장에서 평균조정수익률모형으로 추정한 초과수익률의 표준편차가 2.30%(2.67%), 시장조정수익률모형의 경우 2.03%(2.58%), 시장모형은 1.97%(2.53%)로 평균조정수익률모형의 표준편차가 가장 크고 시장모형의 표준편차가 가장 작다는 사실을 확인할 수 있다. 이러한 분석 결과는 포트폴리오의 β_P가 0.5 이상이며 1이 아닐 때, 성과측정 모형에 의한 초과수익률의 분산은 다음 식 (4.6)과 같은 관계를 나타낸다는 Chandra et al. (1990)의 연구결과와 일치한다.

$$\sigma^2_N > \sigma^2_A > \sigma^2_M \quad \text{if } \beta_P > 0.5 \text{ and } \beta_P \neq 1 \tag{4.6}$$

여기서, σ^2_N = 평균조정수익률모형에 의한 초과수익률의 분산

σ^2_A = 시장조정수익률모형에 의한 초과수익률의 분산

σ^2_M = 시장모형에 의한 초과수익률의 분산

　초과수익률의 존재 여부를 찾아내는 성과측정 모형의 검정력은 초과수익률의 분산이 작을

---

3) Brown and Warner(1985)는 확률분포의 정규성을 검정하는 데 스튜던트화 범위(studentized range), 적합도 검정(goodness-of-fit test) 등을 사용하였으나, 여기서는 Bera and Jarque(1982)의 검정법을 사용한다. 이 검정방법은 어떤 확률분포의 왜도와 첨도를 동시에 고려하여 분포의 정규성을 검정하는 것이다. Jarque-Bera 검정통계량은 다음과 같이 정의하며 $\chi^2(2)$ 분포를 따른다.

$$T \cdot \left[\frac{s^2}{6} + \frac{(k-3)^2}{24} \right] \sim \chi^2(2)$$

여기서, T는 관측치의 수, s는 분포의 왜도, k는 분포의 첨도를 각각 의미한다.

수록 커지게 되므로, 식 (4.6)과 〈표 4.1〉의 분석 결과는 시장모형의 검정력이 가장 높고 반대로 평균조정수익률모형의 검정력은 가장 낮을 것이라는 점을 시사해 주고 있다. 또한, 시장조정수익률모형과 시장모형 간에 표준편차의 차이가 별로 크지 않은데 이것은 곧 시장모형과 시장조정수익률모형 간의 검정력의 차이가 그리 크지 않을 것이라는 점을 암시해 주고 있다.

한편, 다음 〈표 4.2〉는 각 표본이 50개의 개별주식으로 구성된 250개 표본의 사건일에서의 표본평균 초과수익률의 횡단면 분포 특성을 나타낸 것이다.

〈표 4.2〉 표본평균 초과수익률의 횡단면 분포 특성

〈패널 A〉와 〈패널 B〉는 각각 미국과 한국의 증권시장을 대상으로 시뮬레이션 실험을 수행한 Brown and Warner(1985)와 정형찬(1997)의 연구에서 250개 표본의 사건일에서의 표본평균 수익률 및 표본평균 초과수익률의 횡단면 분포 특성을 나타낸 것이다. 〈패널 A〉와 〈패널 B〉에 나타난 수치는 각각 미국과 한국의 증권시장에서 250개 표본의 표본평균 초과수익률 자료를 이용하여 측정한 것이다. 각 표본에 있어서, 표본평균 초과수익률은 해당 표본을 구성하는 50개의 개별주식의 사건일에서의 초과수익률을 단순 평균한 값이다. 표본주식과 사건일은 무작위 복원추출법에 의해 선정하였다. 초과수익률을 측정하기 위한 시장지수로는 두 연구 모두 미국과 한국 증권시장의 동일가중지수를 사용하였다.

〈패널 A〉 미국증권시장에서의 표본평균 초과수익률의 분포 특성[1]					
성과측정 모형	평균	표준편차	왜도	첨도	J-B 통계량
단순수익률	0.0006	0.0040	0.0800	3.1700	0.5677
평균조정수익률모형	0.0000	0.0040	0.0800	3.1900	0.6427
시장조정수익률모형	-0.0001	0.0039	0.1000	3.2300	0.9677
시장모형	-0.0001	0.0038	0.1000	3.1000	0.5208
〈패널 B〉 한국증권시장에서의 표본평균 초과수익률의 분포 특성[2]					
성과측정 모형	평균	표준편차	왜도	첨도	J-B 통계량
단순수익률	0.0005	0.0034	0.1812	2.8756	1.5287
평균조정수익률모형	-0.0003	0.0034	0.1641	2.8623	1.3199
시장조정수익률모형	0.0001	0.0032	0.0212	2.7909	0.4741
시장모형	-0.0001	0.0032	0.0166	2.8739	0.1772

Note: *, ** 각각 5%, 1% 유의수준하에서 유의함을 표시함.

주 1) Brown and Warner(1985), p. 9에서 인용. 2) 정형찬(1997), p. 282에서 인용.

즉, 앞의 〈표 4.1〉이 전체 표본을 구성하는 개별주식의 일별 수익률과 초과수익률의 분포 특성을 보여 주고 있는 반면, 〈표 4.2〉는 250개 표본의 표본평균 수익률과 표본평균 초과수익률의 분포 특성을 제시하고 있다. 〈표 4.2〉의 〈패널 A〉와 〈패널 B〉는 각각 미국과 한국의 증권시장에서의 실제 일별 주식수익률 자료를 이용하여 250개 표본의 표본평균 수익률과 표본평균 초과수익률의 분포 특성을 분석한 결과이다.

표본의 크기가 50개인 250개 표본의 표본평균 수익률 및 표본평균 초과수익률은 근사적으로 정규분포를 따르고 있음을 알 수 있다. 〈패널 A〉와 〈패널 B〉에서 표본평균 수익률 및 표본평균 초과수익률 분포의 Jarque-Bera 검정치가 모두 5% 유의수준하에서 정규성을 기각하지 못하는 것으로 나타났다. 〈표 4.1〉에서 관찰한 바에 의하면 전체 표본을 구성하는 개별주식의 초과수익률은 정규분포를 이루고 있지 않으나, 〈표 4.2〉에서는 50개의 개별주식으로 구성된 250개 표본의 표본평균 수익률 및 표본평균 초과수익률은 근사적으로 정규분포를 따르고 있음을 보여 주고 있다. 이러한 분석 결과는 단기 초과수익률의 횡단면 분포에서 중심극한정리(Central Limit Theorem)가 성립함을 의미한다.

이와 같이, 한국 및 미국증권시장에서 개별주식의 초과수익률의 분포는 정규분포를 따르지 않고 있으나, 50개의 개별주식으로 구성된 표본의 평균 초과수익률은 중심극한정리에 의해 근사적으로 정규분포를 따르고 있음을 알 수 있다. 전통적인 사건연구는 일반적으로 표본평균 초과수익률의 유의성을 검정하는 연구방법이므로, 중심극한정리에 의해 표본평균 초과수익률이 정규분포에 근접하는 한 개별주식 초과수익률의 분포가 정규분포를 따르지 않는다는 것이 심각한 방법론상의 문제를 초래하지는 않는다.

4.3.3 단기성과 측정모형의 선택과 검정력에 관한 실증분석

다음 〈표 4.3〉은 Brown and Warner(1985)와 정형찬(1997) 등이 각각 미국과 한국의 증권시장에서 단기성과 측정모형의 선택에 따라 사건연구방법의 설정오류와 검정력이 어떻게 달라지는지를 시뮬레이션 실험을 통해 분석한 결과이다. 두 연구 모두 성과측정 모형으로 평균조정수익률모형, 시장조정수익률모형, 시장모형 등 세 가지 유형의 모형을 사용하고 있다. 〈패널 A〉와 〈패널 B〉에 제시된 수치는 각각 미국과 한국의 증권시장에서 사건일 '0'에서 인위적으로 초과수익률을 0~2% 크기로 가산하였을 때 주요 성과측정 모형의 기각률(rejection rate)을 나타낸 것이다. 사건일 '0'에서 초과수익률이 존재하지 않는다는 귀무가설에 대한 검정은 5% 유의수준하에서 단측 검정으로 이루어진다.

〈표 4.3〉 단기성과 측정모형의 선택에 따른 사건연구의 검정력

〈패널 A〉와 〈패널 B〉는 각각 미국과 한국의 증권시장에서 사건일 '0'에 일정한 크기의 초과수익률을 인위적으로 가산하였을 때 단기성과 측정모형 간의 검정력을 비교한 것이다. 각 수치는 250개의 전체 표본 중에서 귀무가설이 기각된 표본의 비율(rejection rate)을 나타낸 것이다. 표본주식과 사건일은 무작위 복원추출법에 의해 선정하였다. 유의성 검정 시 귀무가설은 "H_0: 사건일에서의 표본평균 초과수익률은 0이다."라고 설정한다.[a] 시장지수로는 두 연구 모두 미국과 한국 증권시장의 동일가중지수를 사용하였다.

〈패널 A〉 미국증권시장에서의 단기성과 측정모형의 검정력[1]				
	사건일 '0'에 인위적으로 가산한 초과수익률의 크기			
단기성과 측정모형	0%	0.5%	1%	2%
평균조정수익률모형	6.4%	25.2%	75.6%	99.6%
시장조정수익률모형	4.8	26.0	79.6	99.6
시장모형	4.4	27.2	80.4	99.6
〈패널 B〉 한국증권시장에서의 단기성과 측정모형의 검정력[2]				
	사건일 '0'에 인위적으로 가산한 초과수익률의 크기			
단기성과 측정모형	0%	0.5%	1%	2%
평균조정수익률모형	4.0%	38.4%	87.6%	100.0%
시장조정수익률모형	6.8	46.4	92.0	100.0
시장모형	6.0	47.6	92.8	100.0

주 a) 5% 유의수준에서 단측 검정으로 귀무가설의 유의성을 검정함.

1) Brown and Warner(1985), p. 13에서 인용. 2) 정형찬(1997), p. 285에서 인용.

먼저, 〈표 4.3〉의 〈패널 A〉와 〈패널 B〉에서 사건일에 초과수익률이 인위적으로 가산되지 않았을 때, 각 성과측정 모형의 기각률은 4%와 7% 사이의 범위에서 벗어나지 않고 있다. 이것은 실제로 초과수익률이 존재하지 않는다는 귀무가설이 사실임에도 불구하고 통계적 검정 결과는 귀무가설을 기각하는 경우이며 제1종 오류를 범할 확률을 나타낸다. 만약 검정통계량의 설정오류가 없다고 가정할 경우 제1종 오류를 범할 확률의 95%의 신뢰구간이 2%~8%라는 점을 감안할 때, 미국과 한국의 증권시장에서 각 성과측정 모형의 제1종 오류는 유의수준을 크게 벗어나지 않는 적정한 수준으로 볼 수 있다.

한편, 한국(미국) 증권시장을 대상으로 한 시뮬레이션 실험에서 1%의 초과수익률을 인위적으로 더해 주었을 때, 평균조정수익률모형은 87.6%(75.6%), 시장조정수익률모형은 92.0%(79.6%), 시장모형은 92.8%(80.4%)의 기각률을 각각 보여 주고 있다. 이것은 양 시장 모두에서 모형의 검정력이 평균조정수익률모형 〈 시장조정수익률모형 〈 시장모형순으로 높게 나타나고 있다. 이러한 현상은 초과수익률이 0.5%일 때도 동일하게 관찰할 수 있다. 이 실험 결과는 단기성과 측정모형의 검정력이 해당 모형으로 측정한 초과수익률의 표준편차에 반비례한다는 사실을 증명해 주고 있다. 그러나, 사건일에 인위적으로 가산된 초과수익률이 2%에 이르면 모든 모형이 동일하게 100%(99.6%)의 검정력을 보이고 있다.

〈표 4.3〉에서 주목할 만한 사실은, 시장조정수익률모형이 시장모형에 비해 단순함에도 불구하고 초과수익률의 크기에 관계없이 시장모형과 거의 동일한 검정력을 보이고 있다는 것이다. 이것은 〈표 4.1〉에서 제시한 바와 같이 시장조정수익률모형으로 측정한 초과수익률의 표준차가 시장모형과 거의 비슷한 수준을 갖는 데서 기인한다. 이론적인 측면에서도 이것은 그렇게 놀랄 만한 결과는 아니다. 왜냐하면, 시장조정수익률모형은 시장모형이 $\alpha - 0$, $\beta = 1$을 갖는 특수한 형태에 해당하며, 무작위로 선정한 표본의 크기가 30을 초과하는 대표본의 경우에는 표본 포트폴리오의 β는 거의 대부분이 1에 접근하기 때문이다.

이러한 분석 결과는 Dyckman et al. (1984)의 연구에서도 확인할 수 있다. 그들은 시장모형이 시장조정수익률모형이나 평균조정수익률모형에 비해 상대적으로 뛰어난 검정력을 보이고 있으나, 이들 간의 검정력 차이가 그렇게 중요한 것으로는 보이지 않는다고 보고하고 있다(p. 15). 성과측정 모형의 선택과 사건연구방법의 검정력과의 관계에 대한 기존의 연구 결과를 간단히 정리하면 다음과 같다.

첫째, 사건연구에서 일반적으로 많이 사용하고 있는 단기성과 측정모형인 시장모형, 시장조정수익률모형 및 평균조정수익률모형 등이 설정오류를 갖지 않는 것으로 나타났다.

둘째, 단기성과 측정모형 간의 검정력 비교 결과, 모형의 검정력은 시장모형 〉 시장조정수익률모형 〉 평균조정수익률모형 순으로 높게 나타났다. 특히 시장모형은 다른 모형들에 비해 상대적으로 뛰어난 검정력을 보이고 있다.

셋째, 시장조정수익률모형은 시장모형에 비해 단순함에도 불구하고 시장모형과 거의 유사한 검정력을 보이고 있다. 시장조정수익률모형은 인위적으로 가산하는 초과수익률의 크기에 따라 시장모형에 비해 검정력이 약간 낮게 나타나기는 하나, 그 차이가 별로 크지 않고 거의 비슷한 수준을 보이고 있다.

4.3.4 단기성과 사건연구에 적합한 성과측정 모형의 선택

성과측정 모형의 선택이 사건연구방법의 검정력에 미치는 영향에 대한 기존의 연구 결과를 종합적으로 고려해 볼 때, 시장모형이 가장 적합한 성과측정 모형이라고 판단된다. 또한, 시장모형이 상대적으로 복잡한 모형으로 여겨지는 연구자라면 성과측정 모형으로 시장모형 대신에 시장조정수익률모형을 선택하더라도 통계적 오류나 검정력 측면에서 시장모형과 크게 차이가 나지 않는다. 왜냐하면, 이론적으로 시장조정수익률모형은 시장모형이 $\alpha = 0$, $\beta = 1$을 갖는 특수한 형태에 해당하며, 무작위로 선정한 대표본(large sample)의 경우에는 표본 포트폴리오의 β가 거의 대부분 1에 접근하기 때문이다.

이처럼, 단기성과 측정에 관한 사건연구에 있어서는 다음 제5장에서 설명할 장기성과 사건연구에서와는 달리 성과측정 모형의 선택이 사건연구방법의 통계적 오류와 검정력에 미치는 영향이 그리 크지 않다. 특히, 사건일에서의 주가 반응이 매우 크고 이것이 사건일을 중심으로 단기간에 집중될 경우에는 성과측정 모형의 선택이 별로 중요한 문제가 되지 못한다. 예를 들어, 미국증권시장에서 사건의 유형이 인수합병일 경우, 합병 공시일을 중심으로 약 3일간의 윈도우에서 인수대상기업(target firms)의 주가 상승폭은 평균적으로 약 15%를 초과한다. 이에 반해, 보통주의 평균 일별 수익률은 약 0.04%(연평균 주식수익률 10%÷250 거래일)에 지나지 않기 때문에, 사건이 발생하지 않았을 경우 예상되는 인수대상기업의 기대수익률을 추정하는 성과측정 모형으로 어떤 모형을 사용하더라도 사건연구의 유의성 검정 결과에는 아무런 영향을 미치지 않을 것이다(Fama, 1991, p. 1601).

4.4 유의성 검정방법의 선택

4.4.1 초과수익률의 유의성 검정과 검정통계량

단기성과 측정모형을 사용하여 측정한 초과수익률에 대한 통계적 유의성 검정은 각 표본별로 이루어진다. 특정 사건일에서의 표본평균 초과수익률에 대한 유의성을 검정할 때 귀무가설은 다음과 같이 정의한다.

H_0: 사건일에서의 표본평균 초과수익률은 0이다.

단기성과를 측정하는 사건연구에서 표본평균 초과수익률의 유의성을 검정하는 방법은 가설검정을 위한 검정통계량을 어떻게 설정하느냐에 따라 크게 다음 세 가지로 구분할 수 있다.

- 포트폴리오 시계열 검정법(portfolio time series method)
- 개별주식 시계열 검정법(share time series method)
- 횡단면 검정법(cross-sectional method)

이 절에서는 사건연구방법의 설계 시에 초과수익률의 통계적 유의성을 검정하는 다양한 검정방법 중 어떤 검정법을 선택하느냐의 여부가 사건연구의 통계적 오류와 검정력에 미치는 영향을 시뮬레이션 실험을 통해 살펴본다.

A. 포트폴리오 시계열 검정법

포트폴리오 시계열 검정법에서 귀무가설을 검정하기 위한 검정통계량은 다음 식 (4.7)에서와 같이 사건일 t시점에서의 표본평균 초과수익률을 추정기간($1 \sim T$) 중의 표본평균 초과수익률의 표준오차로 나눈 비율로 정의한다. 이 검정통계량은 Brown and Warner(1985, p. 7)의 식 (5)에서 정의한 검정통계량과 동일한 것이다.

$$\frac{AAR_t}{s(AAR_t)} \tag{4.7}$$

여기서, $AAR_t = \frac{1}{n}\sum_{j=1}^{n} AR_{jt}$

$$s(AAR_t) = \sqrt{\left(\sum_{t=1}^{T}(AAR_t - \overline{AAR_t})^2\right)/(T-1)}$$

$$\overline{AAR_t} = \frac{1}{T}\sum_{t=1}^{T} AAR_t$$

만약 사건일 t에서의 표본평균 초과수익률 AAR_t가 상호 독립적이고 동일한 분포를 이루며 정규분포를 따른다면, 식 (4.7)에서 정의한 검정통계량은 귀무가설하에서 자유도(degree of freedom)가 T-1인 t-분포를 이룬다. 만약 사건연구의 추정기간(T)을 충분히 긴 기간으로 설정할 경우, 식 (4.7)에서 정의한 검정통계량은 근사적으로 표준정규분포(unit normal)를 따른다.

포트폴리오 시계열 검정법에서 식 (4.7)에서 정의한 검정통계량의 분모인 $s(AAR_t)$는 추정기간 동안 각 시점 t에서의 표본주식의 초과수익률을 평균한 값, 즉 표본주식 포트폴리오의 평균초과수익률 AAR_t의 시계열 자료를 이용하여 추정한 AAR_t의 표준오차이다. 그래서, 식 (4.7)에서 정의한 검정통계량에 의해 귀무가설의 유의성을 검정하는 방법을 가리켜 포트폴리오 시계열 검정법이라고 부른다(Armitage, 1995, p. 36). 이 검정법은 개별주식의 초과수익률 분산이 주식에 따라 차이가 있다는 사실을 전혀 고려하지 않는다. 반면에, 이 검정법은 표본 평균 초과수익률의 표준오차 $s(AAR_t)$를 추정할 때 추정기간 중의 표본평균 초과수익률 AAR_t의 시계열 자료를 이용함으로써 표본을 구성하는 개별주식의 초과수익률 간의 횡단면 종속성(cross-sectional dependence)을 고려해서 이를 조정한다. 왜냐하면, 위의 식 (4.7)에서 정의한 검정통계량에서 분모인 표본평균 초과수익률의 표준오차 $s(AAR_t)$는 아래 식 (4.7a)에서와 같이 표본기업 i와 표본기업 j 간의 횡단면 상관계수 ρ_{ij}의 함수식으로 나타낼 수 있기 때문이다.[4]
즉,

$$
\begin{aligned}
Var(AAR_t) &= \frac{\sum_{t=1}^{T} (AAR_t - \overline{AAR_t})^2}{T-1} \\
&= \frac{1}{T-1} \sum_{t=1}^{T} \left(\frac{1}{n} \sum_{i=1}^{n} AR_{it} - \frac{1}{T} \sum_{t=1}^{T} \frac{1}{n} \sum_{i=1}^{n} AR_{it} \right)^2 \\
&= \frac{1}{n^2} \left(\sum_{i=1}^{n} \sum_{j=1}^{n} \sigma_{ij} \right) \\
&= \frac{1}{n^2} \left(\sum_{i=1}^{n} \sigma^2_i + \sum_{i=1}^{n} \sum_{j=1}^{n} \rho_{ij} \sigma_i \sigma_j \text{ for } i \neq j \right)
\end{aligned}
\tag{4.7a}
$$

여기서, σ_i = 추정기간 중 표본기업 i의 초과수익률의 표준편차

ρ_{ij} = 표본기업 i와 표본기업 j의 초과수익률 간의 상관계수

따라서, 표본을 구성하는 개별주식 간에 횡단면 상관관계가 존재할 경우에는 이 검정법이 다른 유의성 검정법에 비해 더 적합하다. 그러나, 표본기업 주식의 초과수익률 간에 횡단면 상관관계가 존재하지 않고 이들의 분포가 독립적일 경우에는 이 검정법은 표본평균 초과수익률의 표준오차를 과대평가함으로써 검정력을 떨어뜨리는 단점을 갖고 있다. 또한 이 검정법은 표본기업의 초과수익률에 존재하는 시계열 상관성은 전혀 고려하지 않는다.

이 검정법을 이용하여 사건연구를 수행하고 있는 대표적인 논문으로는 Jaffe(1974), Brown과 Warner(1980, 1985), Seyhun(1986), Sundaram et al.(1996), Michaelides et al.(2015)[5], 고봉찬 외(2018) 등을 들 수 있다.

---

4) 수식을 간편하게 제시하기 위해 편의상 표준오차 대신 분산 $Var(AAR_t)$으로 표시하였다. 이에 대한 구체적인 수학적 증명에 관심이 있는 독자들은 Collins and Dent(1984, pp. 62-63)를 참고하기 바란다.

5) Michaelides et al.(2015)은 표본평균 초과수익률과 표본평균 누적초과수익률의 유의성 검정을 위해 기본적으로 Boehmer et al.(1991)과 Kolari and Pynnonen(2010) 등이 제안한 횡단면 검정법을 사용하였으며, 또한 강건성 검정을 위해 포트폴리오 시계열 검정법도 함께 사용하고 있다.

B. 개별주식 시계열 검정법

개별주식 시계열 검정법은 다음 식 (4.8)에서처럼 각 사건일 t시점에서의 개별주식 초과수익률 AR_{jt}를 1차적으로 추정기간($1 \sim T$) 중의 개별주식 초과수익률의 표준편차 s_j로 나누어 표준화 초과수익률(standardized excess returns)인 SAR_{jt}로 변환한다. 그런 다음, n개의 개별주식의 표준화 초과수익률 SAR_{jt}를 평균하여 사건일 t시점에서의 표본평균 표준화 초과수익률 $ASAR_t$를 식 (4.9)에서와 같이 구한다.

$$SAR_{jt} = AR_{jt} / s_j \tag{4.8}$$

$$ASAR_t = \frac{1}{n} \sum_{j=1}^{n} SAR_{jt} \tag{4.9}$$

여기서, $s_j = \sqrt{\left(\sum_{t=1}^{T} (AR_{jt} - \overline{AR_j})^2 \right) / (T-1)}$

$$\overline{AR_j} = \frac{1}{T} \sum_{t=1}^{T} AR_{jt}$$

개별주식 j의 t일에서의 표준화 초과수익률 SAR_{jt}는 평균 0, 표준편차 1에 접근하는 분포를 가지므로, 사건일 t시점에서의 검정통계량은 다음 식 (4.10)과 같이 정의한다.

$$\frac{ASAR_t - 0}{s / \sqrt{n}} = \sqrt{n} \; ASAR_t \quad \text{or} \quad \frac{1}{\sqrt{n}} \sum_{j=1}^{n} SAR_{jt} \tag{4.10}$$

만약 사건일 t시점에서의 표준화 초과수익률 SAR_{jt}가 일정한 분산(finite variance)을 가지고 상호 독립적이며 동일한 분포를 따를 경우, 식 (4.10)에서 정의한 검정통계량은 표본의 크기 n이 충분히 크다면 표준정규분포를 이루게 된다. 식 (4.10)에서 정의한 검정통계량은 Brown and Warner(1985)가 횡단면 독립성(cross-sectional independence)을 가정한 가설검정 시에 사용하고 있는 식 (A.10)에서 정의한 검정통계량과 동일한 것이다(p. 28).

이처럼, 개별주식 시계열 검정법은 표본을 구성하는 모든 개별주식의 초과수익률을 그것의 표준편차로 나누어 표준화하는 과정을 거치는데, 이 표준화 과정에서 개별주식의 초과수익률 간에 존재하는 이분산성(heteroscedasticity)을 조정함으로써 포트폴리오 시계열 검정법에 비해 검정력을 상대적으로 높일 수 있는 이점을 갖고 있다.

개별주식 시계열 검정법을 이용하여 귀무가설의 유의성을 검정한 대표적인 연구로는 Brown and Warner(1980, 1985), Bharadwaj and Shivdasani(2003), Fee and Thomas(2004) 등을 들 수 있다.

한편, Patell(1976), Mikkelson and Partch(1986) 등은 식 (4.10)에서 제시한 방법보다 이론적으로 보다 정교한 표준화 방법을 사용하고 있다. 사건연구에서 사건기간을 모수 추정기간의 일부가 아니고 독립된 기간으로 설정하는 한, 사건기간의 초과수익률을 예측 오차(prediction error)로서 취급하는 것이 더 정확하다. Patell(1976), Mikkelson and Partch(1986) 등은 표준화 예측오차(standardized prediction error)를 추정하기 위해 다음과 같은 표준화 과정을 제안하고 있다.

$$SAR_{jt} = AR_{jt} / S_{jt} \qquad (4.11)$$

여기서, $S_{jt} = s_j \sqrt{1 + \dfrac{1}{T_j} + \dfrac{(R_{mt} - \overline{R}_m)^2}{\sum_{\tau=1}^{T_j} (R_{m\tau} - \overline{R}_m)^2}}$

$\overline{R}_m$ = 추정기간 중의 평균 시장지수수익률

T_j = 개별주식 j의 추정기간 일수

앞의 식 (4.8)에서 사용한 표준화 방법은 위의 식 (4.11)의 일종의 간편식이라고 볼 수 있다. 식 (4.11)은 시장모형을 이용하여 기대수익률을 추정하는 과정에서 발생할 수 있는 오차의 두 원천을 설명하는 것에서 도출되었다. 예측 오차의 첫 번째 원천으로는 개별주식의 수익률과 시장수익률과의 관계를 나타내는 진정한 회귀식(true regression line)은 알 수 없으며, 단지 추정기간의 자료를 이용하여 추정할 뿐이라는 점이다. 두 번째로는 진정한 회귀식이 주어졌다 하더라도 실제 수익률은 기대수익률과 다를 수 있다는 점이다. 식 (4.11)을 이용한 개별주식 시계열 검정법은 이론적인 측면에서 분명히 식 (4.8)을 이용하여 표준화하는 단순한 개별

주식 시계열 검정법에 비해 우월한 것은 사실이다.

이 검정법을 사용하고 있는 연구로는 Patell(1976), Dodd and Warner(1983), Mikkelson and Partch(1986), Chang(1998), Jung(2010) 등을 들 수 있다. 그러나, 이 검정법이 사건연구방법의 통계적 오류와 검정력에 미치는 영향은 거의 무시할 수 있는 수준이므로, 실제 사건연구에서 구태여 식 (4.11)과 같은 복잡한 표준화 방법을 적용할 필요는 없다(Brown and Warner, 1985, p. 28의 각주 21 참조).

C. 횡단면 검정법

추정기간 중의 시계열 자료를 이용하여 표본평균 초과수익률의 분산 혹은 표준편차를 추정하는 포트폴리오 시계열 검정법이나 개별주식 시계열 검정법 등과 같은 전통적인 접근방법과는 달리, 어떤 경우에는 표본평균 초과수익률의 분산을 사건기간 중의 초과수익률의 횡단면 자료만을 이용하여 추정하기도 한다. 이러한 검정방법을 횡단면 검정법이라고 부른다. 횡단면 검정법은 사건일 t시점에서의 초과수익률이 독립적이며 귀무가설하에 평균 0, 분산 σ^2을 가지는 동일한 정규분포에 따른다는 가정하에서, 표본평균 초과수익률의 분산을 초과수익률의 횡단면 자료를 이용하여 추정한다. 이때, 검정통계량은, 다음 식 (4.12)에서 정의한 바와 같이, 사건일 t시점에서의 표본의 평균초과수익률을 동일한 사건일의 횡단면 표준오차로 나눈 비율로 측정한다. 이 검정통계량은 자유도 $n-1$을 갖는 t-분포를 이룬다.

$$\frac{AAR_t}{s_t/\sqrt{n}} \tag{4.12}$$

$$\text{여기서, } AAR_t = \frac{1}{n}\sum_{j=1}^{n} AR_{jt}$$

$$s_t = \sqrt{\left(\sum_{j=1}^{n}(AR_{jt}-AAR_t)^2\right)/(n-1)}$$

횡단면 검정법은 표본평균 초과수익률의 표준오차로서 사건일 t시점에서의 표본주식 초과수익률 간의 횡단면 변동성 추정치를 사용하고 있기 때문에 특정 사건으로 인해 발생한 분산

(event-induced variance)을 반영할 수 있는 장점을 갖고 있다. 반면에, 이 검정법은 추정기간 중의 표본기업 초과수익률에 관한 통계적 정보를 전혀 활용하지 않는 특성으로 인해 통계적 검정력이 상대적으로 낮은 단점을 가진다.

Boehmer et al.(1991)은 횡단면 검정법의 이러한 단점을 보완하기 위해 표준화 초과수익률을 기반으로 하고 특정 사건으로 인해 발생한 분산(event-induced variance)을 반영할 수 있는 또 다른 횡단면 검정법을 제안하였다. Boehmer et al.(1991)이 제안한 횡단면 검정법에 의하면, 먼저 개별주식 시계열 검정법에서와 같이 각 사건일 t시점에서의 개별주식 초과수익률을 추정기간 중의 개별주식 초과수익률의 표준편차로 나누어 표준화 초과수익률로 변환한 다음, 앞의 식 (4.9)에서처럼 n개의 개별주식의 표준화 초과수익률을 평균하여 사건일 t시점에서의 표본평균 표준화 초과수익률 $ASAR_t$을 구한다. 그런 다음, 아래 식 (4.13)에서처럼, 이를 사건으로 인한 횡단면 변동성을 반영한 횡단면 표준편차 cs_t로 나눈 검정통계량으로 초과수익률의 유의성을 검정한다. 이 검정통계량은 자유도 $n-1$을 갖는 t-분포를 이룬다.

$$\frac{ASAR_t}{cs_t/\sqrt{n}} \qquad\qquad (4.13)$$

$$\text{여기서, } cs_t = \sqrt{\left(\sum_{j=1}^{n}(SAR_{jt}-ASAR_t)^2\right)/(n-1)}$$

횡단면 검정법을 사용하고 있는 선행 연구로는 Imhoff and Lobo(1984)와 Collins and Dent(1984), Pillotte and Manucl(1996), Cicero(2009), Michaelides et al.(2015) 등을 들 수 있다.

4.4.2 누적초과수익률의 유의성 검정과 검정통계량

사건연구에서 가장 중요한 과제 중의 하나는 사건이 발생한 시점을 정확히 포착하는 것이다. 그러나, 현실적으로 사건의 성격상 이것이 불가능하거나 혹은 사건에 대한 주요한 정보가 사전에 누출되었을 가능성이 존재할 경우에는 사건 시점을 중심으로 한 일정 기간 동안에 발생한 누적초과수익률을 측정하고 이에 대한 유의성 여부를 검정하는 것이 더 합리적이다. 사건일 t을 중심으로 t_1에서 t_2까지의 사건기간 동안 표본평균 누적초과수익률은 다음 식 (4.14)와 같이 정의한다.

$$CAAR_{t_1,t_2} = \sum_{t=t_1}^{t_2} AAR_t \tag{4.14}$$

여기서, AAR_t = 사건일 t시점에서의 표본평균 초과수익률

$CAAR_{t_1,t_2}$ = 사건기간 t_1에서 t_2까지의 표본평균 누적초과수익률

이때, 표본평균 누적초과수익률의 유의성 검정에 사용하는 귀무가설은 "사건기간 동안의 표본평균 누적초과수익률은 0이다."라고 설정하거나, 혹은 다음과 같이 표시하기도 한다: "H_0: $CAAR_{t_1,t_2}$=0". 표본평균 누적초과수익률 $CAAR_{t_1,t_2}$의 검정통계량은, 다음 식 (4.15)에서 정의한 바와 같이, 어떤 검정방법을 사용하느냐에 관계없이 사건기간 t_1에서 t_2까지의 기간 동안 매 사건일 t의 검정통계량 t_{AR}을 합산한 후 이를 기간 수 $D(=t_2-t_1+1)$의 제곱근으로 나누어 측정한다.[6]

$$t_{CAR} = (\sum_{t=t_1}^{t_2} t_{AR_t})/\sqrt{D} \tag{4.15}$$

여기서, t_{CAR} = $CAAR_{t_1,t_2}$의 검정통계량

t_{AR_t} = 사건일 t시점에서의 AR_t의 검정통계량

$D=t_2-t_1+1$ = 사건기간 t_1에서 t_2까지의 기간 수

---

6) 이 책에서는 두 표본 포트폴리오 간의 표본평균 초과수익률(AAR)과 누적초과수익률(CAAR)의 차이에 관한 유의성 검정은 다루지 않고 있다. 이 주제에 관심이 있는 독자는 Travlos(1987, p. 952의 각주 13)과 Jung(2010, p. 763) 등을 각각 참고하기 바란다.

4.4.3 검정통계량의 통계적 분포 특성

다음 〈표 4.4〉는 사건일에 초과수익률이 인위적으로 가산되지 않았을 때 앞의 식 (4.7)에서 정의한 포트폴리오 시계열 검정법의 검정통계량의 경험적 분포 특성을 나타낸 것이다.

〈표 4.4〉 검정통계량의 횡단면 분포 특성

〈패널 A〉와 〈패널 B〉는 각각 미국과 한국의 증권시장에서 250개 표본의 사건일에서의 검정통계량의 횡단면 분포 특성을 나타낸 것이다. 〈패널 A〉와 〈패널 B〉에 나타난 수치는 각각 미국과 한국의 증권시장에서 250개 표본에 대해 각 표본별로 포트폴리오 시계열 검정에 의해 추정한 250개 검정통계치를 바탕으로 측정한 것이다. 표본주식과 사건일은 무작위 복원추출법에 의해 선정하였다. 초과수익률을 측정하기 위한 벤치마크 시장지수로는 두 연구 모두 미국과 한국 증권시장의 동일가중지수를 사용하였다.

성과측정 모형	평균	표준편차	평균의 t값	왜도	첨도	J-B 통계량
〈패널 A〉 미국증권시장에서의 검정통계량의 분포 특성[1]						
평균조정수익률모형	-0.014	0.92	-0.2400	0.0940	3.6100	4.2442
시장조정수익률모형	-0.019	0.91	-0.3300	0.0730	3.5200	3.0387
시장모형	-0.028	0.91	-0.4900	0.0840	3.4200	2.1315
〈패널 B〉 한국증권시장에서의 검정통계량의 분포 특성[2]						
평균조정수익률모형	-0.097	0.99	-1.5619	0.1628	2.0752	1.1112
시장조정수익률모형	0.011	1.06	0.1585	0.0316	2.9724	0.0497
시장모형	-0.046	1.08	-0.6739	-0.0183	3.0107	0.0151

Note: *, ** 각각 5%, 1% 유의수준하에서 유의함을 표시함.
주 1) Brown and Warner(1985), p. 12에서 인용. 2) 정형찬(1997), p. 285에서 인용.

〈표 4.4〉의 〈패널 A〉와 〈패널 B〉는 각각 미국과 한국의 증권시장을 대상으로 사건일에서 250개 표본에 대하여 각 표본별로 추정한 250개 검정통계치를 이용하여 측정한 검정통계량의 횡단면 분포 특성을 나타낸 것이다. 〈패널 A〉와 〈패널 B〉에 제시된 수치는 각각 미국과 한국의 증권시장의 실제 주식수익률 자료를 이용한 Brown and Warner(1985)와 정형찬(1997)의

시뮬레이션 실험 결과를 바탕으로 재작성한 것이다.

〈표 4.4〉의 〈패널 A〉와 〈패널 B〉는 사건일에서 표본평균 초과수익률의 검정통계량의 경험적 분포가 증권시장의 국적이나 성과측정 모형의 유형에 관계없이 근사적으로 평균 0, 표준편차 1인 표준정규분포를 따른다는 것을 보여 주고 있다. 예를 들어, 한국(미국) 증권시장에서 시장모형의 경우 각 표본에서 산출한 250개 검정통계치의 평균은 -0.046(-0.028)이며 평균의 t 값은 -0.6739(-0.4900)으로 유의적이지 못한 것으로 나타났으며, 검정통계량의 표준편차는 1.08(0.91)로 1.0에 근접한 것으로 추정되었다. 왜도(skewness)는 -0.0183(0.0840)에 불과하며, 첨도도 3.0107(3.4200)로 정규분포의 '3'에 거의 접근하고 있다. 검정통계량의 정규성에 대한 Jarque-Bera 검정 결과, Jarque-Bera 통계치가 5% 유의수준하의 임계치인 5.99보다 작아 정규성 가설을 기각할 수 없으므로 시장모형에 기초한 검정통계량은 표준정규분포를 따른다고 볼 수 있다. 시장조정수익률모형과 평균조정수익률모형의 경우도 Jarque-Bera 통계치가 5% 유의수준하의 임계치보다 작게 나타나 검정통계량이 근사적으로 표준정규분포를 따르고 있음을 확인할 수 있다. 다만 평균조정수익률모형에 의한 검정통계량의 경우 한국과 미국의 증권시장 모두에서 다른 모형에 비해 왜도가 상대적으로 높게 나타났다.

4.4.4 검정방법의 선택과 검정력에 관한 실증분석

사건연구를 활용하여 실증 분석을 수행할 경우 특정 표본 환경에서 유의성 검정방법의 선택은 사건연구방법의 설정오류와 검정력에 매우 중요한 영향을 미친다. 실제로, 시장모형으로 측정한 초과수익률의 분산은 개별기업에 따라 상당한 차이를 보이고 있다. 이러한 사실은 유의성 검정방법의 선택 시에 개별주식 시계열 검정법이 다른 검정법에 비해 유리할 수밖에 없는 근본적인 이유이다. 앞서 설명한 바와 같이 개별주식 시계열 검정법은 표본을 구성하는 모든 개별주식의 초과수익률을 그것의 표준편차로 나누어 표준화하는 과정을 거치는데, 이 표준화 과정에서 개별주식의 초과수익률 간에 존재하는 이분산성(heteroscedasticity)을 조정함으로써 포트폴리오 시계열 검정법이나 횡단면 검정법에 비해 검정력을 상대적으로 높일 수 있는 이점을 갖고 있다.

다음 〈표 4.5〉는 Brown and Warner(1985)와 정형찬(1997) 등이 각각 미국과 한국의 증권시장에서 유의성 검정방법의 선택이 사건연구방법의 설정오류와 검정력에 미치는 효과를 시뮬레이션 실험을 통해 분석한 결과이다. 두 연구 모두 유의성 검정방법으로 시계열 자료를 이용한 시계열 검정법과 횡단면 자료를 이용한 횡단면 검정법을 사용하고 있다. 즉 앞서 설명한 세 가지 검정법을 모두 사용하여 유의성 검정방법의 선택이 사건연구방법의 설정오류와 검정력에 미치는 효과를 시뮬레이션 실험을 통해 분석하고 있다.

Brown and Warner(1985)는 표본을 구성하는 개별주식의 초과수익률 간의 횡단면 상관관계가 크지 않을 경우, 즉 사건일이 동일한 달력 일자에 집중되어 있지 않은 경우(non-clustering)에는 귀무가설의 유의성을 검정하는 과정에서 구태여 횡단면 상관관계를 조정해 줄 필요가 없다고 주장하고 있다. 왜냐하면, 횡단면 상관관계를 불필요하게 조정하는 것이 오히려 모형의 검정력을 상당한 수준으로 떨어뜨리는 역효과를 가져올 수 있기 때문이다. Brown과 Warner(1985)는 시뮬레이션을 통해 횡단면 종속성을 조정하는 검정방법인 포트폴리오 시계열 검정과 횡단면 독립성을 가정하는 검정방법인 개별주식 시계열 검정 및 시계열 정보를 이용하지 않고 횡단면 정보만을 이용하는 횡단면 검정 등을 활용하여 이들의 검정력을 상호 비교하고 있다.

Brown과 Warner(1985)의 시뮬레이션 결과에 의하면, 사건일 집중 현상이 발생하지 않은 경우 개별주식 시계열 검정법이 포트폴리오 시계열 검정법이나 횡단면 검정법에 비해 우월한 검정력을 보여 주고 있다. 즉, 〈표 4.5〉의 〈패널 A〉에서 제시한 바와 같이, 초과수익률이 전혀 발생하지 않았을 경우에는 세 검정방법 모두 기각률이 8.0% 이하로 설정오류가 없는 것으로 나타났다. 그러나, 1%의 초과수익률이 발생한 경우에는 포트폴리오 시계열 검정과 횡단면 검정이 동일하게 80.4%의 기각률을 보인 데 반해 개별주식 시계열 검정은 이들보다 훨씬 높은 97.6%의 검정력을 보이고 있다.

〈표 4.5〉 유의성 검정방법의 선택에 따른 시장모형의 검정력

〈패널 A〉와 〈패널 B〉는 각각 미국과 한국의 증권시장에서 사건일에 일정한 크기의 초과수익률을 인위적으로 가산하였을 때 유의성 검정방법의 선택에 따른 검정력을 비교한 것이다. 초과수익률을 추정하기 위한 성과측정 모형으로는 시장모형을 사용하였으며, 시장모형에서의 시장지수로는 동일가중지수를 사용하였다. 각 수치는 250개의 전체 표본 중에서 귀무가설이 기각된 표본의 비율(rejection rate)을 나타낸 것이다. 표본주식과 사건일은 무작위 복원추출법에 의해 선정하였다. 유의성 검정 시 귀무가설은 "H$_0$: 사건일에서의 표본평균 초과수익률은 0이다."라고 설정한다.[a]

〈패널 A〉 미국증권시장에서의 시장모형의 검정력[1]				
	초과수익률의 크기			
검정방법	0%	0.5%	1%	2%
포트폴리오 시계열 검정	4.4%	27.2%	80.4%	99.6%
개별주식 시계열 검정	6.4	53.2	97.6	n.a.
횡단면 검정	3.6	n.a.	80.4	n.a.
〈패널 B〉 한국증권시장에서의 시장모형의 검정력[2]				
	초과수익률의 크기			
검정방법	0%	0.5%	1%	2%
포트폴리오 시계열 검정	6.0%	47.6%	92.8%	100.0%
개별주식 시계열 검정	5.6	61.6	98.0	100.0
횡단면 검정	5.6	47.6	93.6	n.a.

주 a) 5% 유의수준에서 단측 검정으로 귀무가설의 유의성을 검정함.

　1) Brown and Warner(1985), p. 13, p. 21, p. 23에서 인용. 2) 정형찬(1997), p. 290, p. 297에서 인용.

　그리고, 정형찬(1997)은 우리나라 증권시장에서도 사건일이 집중되지 않을 경우 개별주식 시계열 검정법이 포트폴리오 시계열 검정법이나 횡단면 검정법보다 훨씬 우월한 검정력을 가진다는 것을 보고하고 있다. 〈표 4.5〉의 〈패널 B〉에서, 사건일에 초과수익률이 전혀 발생하지 않았을 경우 포트폴리오 시계열 검정법과 개별주식 시계열 검정법 모두 6.0% 이하의 기각률을 보여 주고 있으나, 1.0%의 초과수익률이 발생한 경우에는 미국 시장에서와 마찬가지로 포트폴리오 시계열 검정과 횡단면 검정이 각각 92.8%, 93.6%의 검정력을 보인 데 반해 개별주식 시계열 검정은 이들보다 높은 98.0%의 검정력을 보이고 있다.

　유의성 검정방법의 선택이 시장모형의 검정력에 미치는 효과에 관한 이러한 시뮬레이션 분석 결과는, 사건일 집중 현상이 발생하지 않은 경우 개별주식 시계열 검정이 포트폴리오 시계열 검정이나 횡단면 검정보다 사건연구방법의 검정력을 획기적으로 향상시킬 수 있음을 보여 주고 있다.

4.4.5 비모수검정법에 의한 유의성 검정

지금까지 사건연구방법의 유의성 검정방법으로 소개한 포트폴리오 시계열 검정법, 개별 주식 시계열 검정법 및 횡단면 검정법 등은 기본적으로 모수검정법의 일종인 t-검정을 활용한 통계적 검정방법이다. Brown and Warner(1980)는 대표적인 비모수검정법인 부호검정과 Wilcoxon 부호-순위 검정 등이 t-검정에 비해 설정오류의 정도가 심각하다는 실증분석 결과를 보고하고 있다(p. 218). Brown and Warner(1980)의 이러한 주장에 따라 그 이후 실제 사건연구의 통계적 검정에 비모수검정법은 거의 활용되지 않고 있다. 다만, t-검정에 의해 귀무가설의 유의성 검정을 수행하고 난 후에 추가적으로 전체 표본에서 양(+)의 혹은 음(-)의 초과 수익률이 차지하는 비율 등의 유의성을 검정할 때 이러한 비모수검정법을 사용하는 수준에 그치고 있다.

그러나, Brown and Warner(1980) 이후 몇몇 연구자들은 전통적인 비모수검정법보다 훨씬 정교한 검정방법을 개발하였으며, 이들이 새로이 개발한 비모수검정법은 t-검정에 비해 더 나은 연구 성과를 가져온다는 실증분석 결과를 제시하고 있다. 전통적인 부호검정과 Wilcoxon 부호-순위 검정은 귀무가설이 성립할 경우 초과수익률은 0의 중앙값을 중심으로 대칭 분포를 이룬다고 가정한다. 그러나, 〈표 4.1〉에서 제시한 개별주식 초과수익률의 횡단면 분포 특성을 살펴보면 미국과 한국의 증권시장에서 초과수익률은 성과측정 모형에 관계없이 약간 오른쪽으로 치우친 분포 형태, 즉 양의 왜도(positive skewness)를 나타내고 있다. 이것은 곧 표본평균 초과수익률이 0이라고 하더라도 비모수검정법의 검정통계량은 음의 값을 가질 가능성이 커진다는 것을 의미한다. 따라서 이러한 분포 특성을 갖는 비모수검정법의 통계량은 표본평균이 음의 값을 가질 경우 유의수준에 비해 귀무가설을 너무 자주(too often) 기각하는 경향을 나타내며, 반대로 표본평균이 양의 값을 가질 경우 유의수준에 비해 귀무가설을 충분히 기각하지 않는(not often enough) 경향을 나타내게 된다(Brown and Warner, 1980, pp. 219-222; 1985, p. 24).

Corrado and Zivney(1992)는 비모수검정법의 검정통계량이 갖는 이러한 단점을 교정하기 위해 새로운 유형의 부호검정을 제시하고 있다. Corrado and Zivney(1992)의 부호검정에 의하면, 어떤 초과수익률의 부호는 전통적인 부호검정에서와 같이 단순히 표본기업의 초과수익률이 0보다 크냐 작으냐에 의해 결정되는 것이 아니라, 표본기업의 초과수익률의 시계열 중앙값과 비교해 이보다 크면 양(+)의 부호를 이보다 작으면 음(-)의 부호를 갖게 된다. 시뮬레이션 분석 결과에 의하면, 이 새로운 유형의 부호검정은 전통적인 부호검정과는 달리 설정오류를 갖지 않으며 개별주식 시계열 검정법(share time series method)에서의 t-검정과 유사한 검정력을 갖는 것으로 나타났다. 그러나, 사건연구방법의 유의성 검정에서 획기적인 향상을 가져온 것으로 평가되고 있는 검정법으로는 Corrado(1989)의 순위검정(rank test)을 들 수 있다. 이 순위검정은 단순할 뿐만 아니라 초과수익률이 평균을 중심으로 대칭 형태로 분포하고 있다는 가정도 요구하지 않는다. 순위검정을 수행하기 위해 먼저 성과측정 모형으로 추정한 표본기업의 초과수익률의 시계열을 해당 순위로 전환해야 한다. 이러한 순위 결정과정은 표본기업의 초과수익률의 분포가 얼마나 비대칭인가에 관계없이 표본기업의 초과수익률의 분포를 가능한 순위값의 범위 내의 균일분포함수로 변환하게 한다. 귀무가설하에 사건일에서의 초과수익률의 순위는 균일분포함수에서 무작위로 고르는 값이다. 이 과정은 Brown and Warner(1980, 1985)에 의해 제기된 Wilcoxon 부호-순위 검정과 부호검정의 설정오류를 사전에 제거하는 작용을 한다(Corrado, 1989, pp. 387-388).

실제로, Corrado(1989), Corrado and Zivney(1992), Maynes and Rumsey(1993) 등은 시뮬레이션 실험을 통해 Corrado(1989)의 순위검정이 다양한 표본 환경하에서 전통적 t-검정이나 부호검정보다 훨씬 뛰어난 검정력을 갖는다는 것을 발견하였다. 또한, Corrado는 순위검정이 설정오류 측면에서도 타 검정법에 비해 우월한 성과를 나타내는 것은 일별 수익률과 일별 초과수익률의 분포가 결코 정규분포를 따르지 않은 결과라고 주장하고 있다. 앞으로 추가적인 연구가 순위검정의 우월성을 확인할 수 있을지 그리고 이것이 실제 사건연구에서 활용되기 시작할지를 계속 지켜보는 것도 매우 흥미로운 일이다(Armitage, 1995. p. 43).

시장지수의 선택

지금까지의 시뮬레이션 결과는 모두 시장포트폴리오의 수익률로서 동일가중지수의 수익률을 사용하여 도출한 것이다. 실제로 많은 연구자들이 Brown and Warner(1980, 1985)의 권고에 따라 사건연구에서 동일가중지수를 시장지수로 선택하여 사용하고 있다. 그러나 자본자산가격결정모형(CAPM)은 시장지수로서 동일가중지수를 사용하는 것에 대한 이론적 타당성을 제시하고 있는 것은 아니다. 왜냐하면, CAPM은 자본자산의 기대수익률과 가치가중지수의 수익률을 근거로 산출한 체계적 위험과의 사전적(ex ante) 관계를 나타낸 것이기 때문이다. 그럼에도 불구하고, 사건연구에서 이론적으로 보다 합당한 가치가중지수를 시장지수로서 사용하지 않고 동일가중지수를 많이 사용하는 것은 제1종 오류를 낮출 수 있을 뿐만 아니라 검정력도 높일 수 있다는 연구방법론상의 목적 때문이다. 여기서는 실제 시장수익률 자료를 이용한 시뮬레이션 실험을 통해 시장지수의 선택(choice of index)이 사건연구방법의 설정오류와 검정력에 어떠한 영향을 미치는지를 살펴보도록 한다.

4.5.1 시장지수의 유형

전통적인 사건연구에서 가장 많이 사용되고 있는 두 성과측정 모형인 시장모형과 시장조정수익률모형은 개별증권의 수익률이 시장포트폴리오의 수익률과 선형관계를 이룬다고 가정하고 있다. 따라서, 사건연구의 연구 설계 시에 단기성과 측정모형으로 시장모형과 시장조정수익률모형을 사용할 경우 어떤 시장지수를 선택하는지는 분석 결과에 중대한 영향을 미칠 수 있다. 일반적으로 사건연구를 활용한 실증 연구에서 시장포트폴리오의 수익률의 대용치로서 주로 사용되고 있는 것은 동일가중지수 수익률(EWI)과 가치가중지수 수익률(VWI)을 들 수 있다.

어떤 특정 t월에 있어서, 동일가중지수 수익률 EWI_t는 $t-1$월 말 현재 증권시장에 상장된 모든 개별주식의 $t-1$월 말에서 t월 말까지의 수익률을 단순 평균한 값으로 다음 식 (4.16)과 같이 정의한다.

$$EWI_t = \frac{1}{n_{t-1}} \sum_{j=1}^{n_{t-1}} R_{jt} \tag{4.16}$$

여기서, n_{t-1} = t-1월 말 현재 증권시장에 상장된 종목 수

$\qquad R_{jt}$ = 개별주식 j의 t월 수익률

이와 같이, 위 식 (4.16)에서 정의한 동일가중지수 수익률 EWI_t는 t-1월 말 현재 지수를 구성하는 모든 개별주식에 대해 동일한 비중으로 투자한 포트폴리오의 수익률을 의미한다. 또한, EWI_t의 시계열 값은 매월 초에 지수를 구성하는 개별주식에 대해 동일한 비중이 주어진 포트폴리오의 수익률을 연속적으로 나열한 것이다. 투자 규칙(investment rule)의 관점에서 본다면, 동일가중 포트폴리오는 매월 지수를 구성하는 개별주식에 투자하는 비중을 재조정(rebalancing)해야 함을 의미한다. 즉, 매월 지수를 구성하는 개별주식에 투자하는 비중을 동일하게 만들기 위해 지난달에 주가가 오른 주식의 비중을 상대적으로 줄이고 반대로 주가가 내린 주식의 비중을 늘리는 방식으로 개별주식 간 투자자금을 이동시켜야 함을 의미한다 (Fama, 1977, p. 13).

이에 반해, 어떤 특정 t월에 있어서의 가치가중지수 수익률 VWI_t는 t-1월 말 현재 증권시장에 상장된 모든 개별주식의 t-1월 말에서 t월 말까지의 수익률을 가중 평균한 값으로 측정한다. 이때 개별주식의 가중치는 t-1월 말 현재 각 개별주식의 시가총액이 전체 주식의 시가총액에서 차지하는 비율이다. 따라서, VWI_t는 다음 식 (4.17)과 같이 정의한다.

$$VWI_t = \sum_{j=1}^{n_{t-1}} \frac{V_{jt-1}}{TV_{t-1}} R_{jt} \tag{4.17}$$

여기서, n_{t-1} = t-1월 말 현재 증권시장에 상장된 종목 수

$\qquad V_{jt-1}$ = 개별주식 j의 t-1월 말 현재 시가총액

$\qquad TV_{t-1} = \sum_{j=1}^{n_{t-1}} V_{jt-1}$ = t-1월 말 현재 전체 주식의 시가총액

$\qquad R_{jt}$ = 개별주식 j의 t월 수익률

이처럼, 위 식 (4.17)에서 정의한 가치가중지수 수익률 VWI_t는 $t-1$월 말 현재 지수를 구성하는 모든 개별주식에 대해 해당 주식이 전체 주식의 시가총액에서 차지하는 비율만큼 투자한 포트폴리오의 수익률을 의미한다. 가치가중지수에 있어서 신주 발행이나 상장 폐지 등이 발생하지 않을 경우에는 시간의 변화에 따른 개별 주식에 대한 투자 비중의 변화는 곧 시장가치의 변화와 일치한다. 그래서 만약 어떤 투자자가 가치가중 포트폴리오를 매입한다면, 동일가중지수의 경우와는 달리, 매월마다 개별주식에 대한 보유량을 재조정할 필요는 없게 된다 (Fama, 1977, p. 13).

한편, 한국증권시장에 대한 실증 연구에서 가치가중 시장지수의 대용치로 많이 사용되고 있는 한국종합주가지수(KOSPI)는 한국거래소 유가증권시장에서 거래되는 모든 개별주식의 시가총액을 합산하여 일정 기준시점과 비교한 주식시장 전반의 주가 변동 상황을 나타내는 지표이다. KOSPI를 산정하기 위해 설정한 기준일은 1980년 1월 4일이며, 이 기준일의 주가지수를 100으로 정한 다음 특정일의 주가지수를 다음 식 (4.18)에서와 같이 시가총액방식에 따라 산출하고 있다.

$$KOSPI_t = \frac{\sum_{j=1}^{n} V_{jt}}{\sum_{j=1}^{n} V_{j0}} \times 100 \qquad (4.18)$$

여기서, $KOSPI_t$ = t일에서의 한국종합주가지수

$\quad\quad V_{jt}$ = t일에서의 개별주식 j의 시가총액

$\quad\quad V_{j0}$ = 기준일에서의 개별주식 j의 시가총액

그리고, 일정 기간 동안의 KOSPI 수익률은 다음 식 (4.19)과 같이 동 기간 중의 KOSPI의 변동률로 측정한다.

$$R_t = \frac{KOSPI_t}{KOSPI_{t-1}} - 1 \qquad (4.19)$$

여기서, R_t = t일의 한국종합주가지수 수익률

$\quad\quad KOSPI_t$ = t일의 한국종합주가지수

$KOSPI_{t-1} = t-1$일의 한국종합주가지수

KOSPI 수익률은 동일가중지수 수익률이나 가치가중지수 수익률 등과는 달리 지수를 구성하는 개별주식의 수익률을 기초로 산출되지 않으며, 또한 신규상장, 유상증자, 상장폐지, 인수합병 등이 발생하면 $KOSPI_t$와 $KOSPI_{t-1}$이 반드시 동일한 기준시가총액을 토대로 측정되지는 않으므로 KOSPI 수익률이 과연 주식의 수익률만을 포함하고 있는지에 대한 문제가 제기될 수 있다. 이에 대해 김권중 외(1994)는 "KOSPI의 기준시가총액이 수정되면 KOSPI 수익률은 주식의 수익률이 아닌 가공의 수치를 포함하게 되므로 적절한 지수수익률이 될 수 없다."라고 주장하고 있다(p. 479).

4.5.2 시장지수의 선택과 성과측정 모형의 검정력에 관한 실증분석

Brown and Warner(1980)는 시장지수의 선택이 단기성과 측정모형의 검정력에 유의적인 영향을 미친다는 실증분석 결과를 제시하고 있다. Brown and Warner(1980)는 다음 〈표 4.6〉의 〈패널 A〉에서 제시한 바와 같이 수익률 자료로는 월별 주식수익률을, 성과측정 모형으로 시장모형을 사용할 경우, 가치가중지수보다는 동일가중지수를 시장지수로서 사용했을 경우 시장모형의 검정력이 약간 향상될 수 있음을 보여 주고 있다.

Brown and Warner(1980)는 주식수익률 자료로서 월별 수익률을 사용하고 있어 일별 수익률 자료를 사용한 시뮬레이션 결과와 비교해 볼 때 성과측정 모형의 검정력이 대체로 낮은 편이다. 다음 〈표 4.6〉의 〈패널 A〉에서 사건월에 초과수익률을 가산하지 않았을 경우, VWI와 EWI 두 시장지수를 이용한 시장모형의 기각률, 즉 제1종 오류가 각각 4.0%와 7.2%로 5% 유의수준하에서의 신뢰구간인 2~8%를 벗어나지 않고 있어 설정오류는 없는 것으로 나타났다. 그리고 사건월에 1%, 5% 및 15%의 초과수익률을 가산했을 경우에는 초과수익률의 수준에 관계없이 EWI를 사용한 시장모형이 VWI를 사용한 시장모형에 비해 상대적으로 높은 검정력을 보이고 있다. 예를 들어, 15%의 초과수익률을 가산했을 경우 EWI를 사용한 시장모형에서는

86.4%의 기각률을 나타내고 있는데 반해, VWI를 사용한 시장모형에서는 76.4%의 기각률을 보이고 있다.

〈표 4.6〉 시장지수의 선택에 따른 시장모형의 검정력

〈패널 A〉와 〈패널 B〉는 각각 미국과 한국의 증권시장에서 사건일 '0'에 일정한 크기의 초과수익률을 인위적으로 가산하였을 때 시장지수의 선택이 사건연구의 검정력에 미치는 효과를 나타낸 것이다. 초과수익률을 추정하기 위한 성과 측정 모형으로는 시장모형을 사용하였다. 각 수치는 250개의 전체 표본 중에서 귀무가설이 기각된 표본의 비율을 나타낸 것이다. 표본주식과 사건일은 무작위 복원추출법에 의해 선정하였다. 유의성 검정 시 귀무가설은 "H_0: 사건일에서의 표본평균 초과수익률은 0이다."라고 설정한다.[a] 단 〈패널 A〉는 미국증권시장에서 월별 주식수익률 자료를 이용한 결과이며, 〈패널 B〉는 한국증권시장에서 일별 주식수익률 자료를 이용한 시뮬레이션 결과를 각각 나타낸 것이다.

〈패널 A〉 미국증권시장에서의 시장지수의 검정력[1]				
	초과수익률의 크기			
시장지수	0%	1%	5%	15%
가치가중지수(VWI)	4.0	6.0	18.8	76.4
동일가중지수(EWI)	7.2	10.8	24.4	86.4
〈패널 B〉 한국증권시장에서의 시장지수의 검정력[2]				
	초과수익률의 크기			
검정방법	0%	0.5%	1%	2%
한국종합주가지수(KOSPI)	2.8	52.0	97.2	n.a.
동일가중지수(EWI)	5.6	61.6	98.0	n.a.
산업별주가지수(SPII)	4.4	66.0	99.6	n.a.

주 a) 5% 유의수준에서 단측 검정으로 귀무가설의 유의성을 검정.
  1) Brown and Warner(1980), p. 240의 Table 8에서 인용. 2) 정형찬(1997), p. 294의 〈표 6〉에서 인용.

반면에, Thompson(1988)은 일별 주식수익률을 사용하여 시장지수로서 동일가중지수를 사용한 시장모형, 산업별주가지수를 사용한 시장모형, 동일가중지수와 산업별주가지수 둘 다를 모두 사용한 시장모형 등 세 가지 형태의 시장모형의 설정오류와 검정력을 시뮬레이션을 통해 비교하였다. Thompson(1988)의 실증 분석 결과에 의하면, 세 가지 형태의 시장모형 중 어떤 것을 사용하느냐에 관계없이 시장모형의 설정오류와 검정력은 매우 유사한 것으로 나타났다(p. 80, Table 1 참조). 따라서 Thompson(1988)은 시장모형에서 어떤 유형의 시장지수를 사용하든 그것이 시장모형의 설정오류와 검정력에 미치는 영향은 매우 미미하며, 시장지수의 선택이 그리 중요한 문제가 아니라는 결론을 내리게 된다(p. 80). 또한, Krueger and Johnson(1991)은 CRSP 동일가중지수와 가치가중지수로서 NYSE Composite Index를 각각 사용하여 규모효과와 주가수익비율(price/earnings ratio) 효과 등 효율시장이론의 이상현상을 검정하였다. Krueger and Johnson(1991)은 Thompson(1988)과 마찬가지로 실증분석 결과에 있어서 어떤 시장지수를 사용하였는지에 따라 약간의 차이가 있었지만, 거의 무시할 정도로 유사한 결론을 얻고 있는 것으로 보고하고 있다(pp. 578-579).

한편, 정형찬(1997)은 한국증권시장에서 시장지수의 선택이 모형의 검정력에 미치는 영향을 분석하기 위해, 동일가중지수와 가치가중지수의 대용으로서의 KOSPI, 산업별주가지수(SPII: Stock Price Index by Industry) 등 세 유형의 시장지수 수익률을 사용하여 이들 간의 검정력을 비교하였다. 특히, 우리나라 증권시장에서 개별주가가 시장전체 주가의 움직임보다는 동일 업종의 주가 움직임에 더욱 민감한 반응을 보이는 특성을 감안하여, 산업별주가지수를 시장지수로서 사용하여 동일가중지수와 KOSPI 등과 비교하였다. 개별기업의 소속 산업분류는 한국신용평가(주)의 소분류에 따르도록 하였다. 〈표 4.6〉의 〈패널 B〉는 한국증권시장에서 세 유형의 각각 다른 시장지수의 수익률을 시장포트폴리오 수익률로서 사용한 시뮬레이션 결과를 비교한 것으로, 성과측정 모형으로는 시장모형을, 유의성 검정방법으로는 개별주식 시계열 검정법을 사용하고 있다.

〈표 4.6〉의 〈패널 B〉에서, 사건일에 초과수익률을 가산하지 않았을 경우, 각 시장지수를 이용한 시장모형의 기각률, 즉 제1종 오류는 5% 유의수준하에서 귀무가설이 사실일 경우 제1종 오류의 신뢰구간인 2~8%에서 벗어나지 않아 설정오류가 없음을 보여 주고 있다. 사건일에 0.5%의 초과수익률이 발생했을 경우에는, 산업별주가지수를 이용한 시장모형이 다른 두 시장지수를 이용한 시장모형에 비해 상대적으로 높은 검정력을 보이고 있다. 예를 들어, 산업별주가지수를 이용한 시장모형에서는 66.0%의 기각률을 나타내고 있는 데 반해, 동일가중지수와 한국종합주가지수를 이용한 시장모형에서는 각각 61.6%와 52.0%의 기각률을 보이고 있다. 이러한 결과는 사건일에 1%의 초과수익률을 가산했을 경우에도 동일하게 나타나고 있다.

이와 같이, 한국증권시장에서 시장지수의 선택이 시장모형의 검정력에 미치는 효과에 대한 시뮬레이션 분석 결과에 의하면, 대체로 산업별주가지수를 시장지수로 사용한 시장모형의 검정력이 가장 높고, 그 다음으로는 동일가중지수, KOSPI 순으로 나타나고 있다. 그러나, 정형찬(1997)의 연구 결과는 Brown and Warner(1980)와 Thompson(1988)과 마찬가지로 시장지수의 선택에 따른 시장모형의 설정오류와 검정력 차이가 그리 크지 않아 결과적으로 시장지수의 선택이 사건연구방법의 검정력에 미치는 영향은 미미한 것으로 판단된다.

그런데, 산업별주가지수를 시장지수로 사용한 시장모형의 검정력이 가장 높다고 하더라도 예외적으로 어떤 사건이 동일한 날짜에 특정 산업에 속하는 대부분의 기업 주가에 동시에 영향을 주는 경우에는 산업별주가지수를 시장지수로 선택하는 것은 바람직하지 않다. 왜냐하면, 특정 산업에 속하는 거의 대부분의 개별기업의 주가가 그 사건의 영향을 받게 되면 산업별주가지수 자체가 해당 사건의 가치효과를 이미 반영하게 되므로, 이를 이용하여 그 사건이 발생하지 않았을 경우의 개별기업의 정상적인 기대수익률을 추정하는 것이 불가능하기 때문이다. 따라서, 이러한 경우에는 산업별주가지수보다 오히려 동일가중지수나 한국종합주가지수를 시장지수로서 선택하는 것이 더욱 효과적이다. 뿐만 아니라, 현실적으로 산업별주가지수를 시장지수로 선택할 경우에는 표본기업이 어느 산업에 속하는지를 개별적으로 확인해야 하며, 이에 대응하는 해당 산업의 주가지수 수익률을 수집해야 하는 번거로움이 따르게 된다.

한편, 김권중 외(1994)은 시장지수 수익률의 선택과 초과수익률 추정치의 편의(bias) 문제를 실증 분석하였다. 이들은 시장지수로 KOSPI와 동일가중지수를 각각 사용한 시장모형이 수익률 창출과정을 적절히 나타내고 있는지를 실증 분석하였으며, 분석 결과를 정리하면 다음과 같다.

(1) 먼저 KOSPI의 성격을 분석한 결과, 신규상장, 유상증자 등이 발생하여 기준시가총액이 수정되면 KOSPI는 주식의 수익률이 아닌 가공의 수치를 포함하게 되어 적절한 지수수익률이 될 수 없다.

(2) 초과수익률 추정치의 불편성 여부를 검정하기 위해 1985년부터 1990년에 이르는 기간에 대해 기업정보의 공시와 관계없이 주식의 월별 초과수익률을 추정한 결과, 동일가중지수에 의한 초과수익률 추정치는 평균적으로 0과 다르지 않으나, KOSPI에 의한 초과수익

률 추정치는 그렇지 않음이 관측되고 있다.

(3) 1980년에서 1990년의 기간에 대해 규모효과를 검정한 결과, KOSPI를 사용하여 검정하면 소형주의 체계적 위험이 대형주의 경우보다 오히려 작게 추정되고 있으며 그에 따라 규모효과가 존재하는 것처럼 나타나고 있다. 그러나, 동일가중지수를 사용하여 검정하면 그러한 결과가 관측되지 않는다.

따라서, 김권중 외(1994)은 이러한 실증분석 결과를 바탕으로 한국증권시장을 대상으로 한 실증 연구에서 KOSPI를 시장수익률 측정치로 사용하면 연구 결론이 오도될 위험이 있다고 주장하고 있다(p. 498).

결론적으로, 한국증권시장에서 시장지수의 선택에 따른 시장모형의 검정력의 차이가 그리 크지 않으므로 사건연구의 설계 시에 특별히 산업별주가지수를 시장지수로 선택해야 할 사유가 없을 경우에는 자료 수집이 보다 용이한 동일가중지수나 한국종합주가지수를 시장지수로 선택하는 것이 더욱 효과적이다. 그러나, 김권중 외(1994)의 연구 결과에서와 같이 KOSPI를 시장수익률 측정치로 사용하면 연구 결론이 오도될 위험이 있기 때문에 KOSPI보다는 동일가중지수를 시장지수로 선택하는 것이 이러한 통계적 오류를 피할 수 있는 합리적 대안이라고 생각한다.

4.6 초과수익률 결정요인에 관한 회귀분석

사건연구를 활용한 많은 실증 연구에서 어떤 사건에 대한 기업의 주가 변화와 기업의 특성 변수들과의 관련성을 설명하기 위해 횡단면 회귀분석(cross-sectional regression)을 사용하고 있다. 실제로, 재무학 분야의 연구에서 어떤 이론적 모형은 특정 사건을 시행하거나 경험한 기업의 초과수익률이 해당 기업의 규모, 장부가-시장가 비율, 부채비율, 주가수익비율 등의 특성 변수에 의해 결정된다는 가설을 제시한다. 이러한 가설을 검정하기 위해 가장 적합한 실증분석 기법은 다음 식 (4.20)에서 제시한 바와 같이 사건기간($t_1 \sim t_2$) 동안 기업 j의 누적초과수익률을 종속변수로, 기업 특성변수(firm-specific characteristics)를 독립변수로 설정한 횡단면 회귀분석이다.

$$CAR_j(t_1, t_2) = \beta_0 + \beta_1 X_{1j} + \beta_2 X_{2j} + \cdots + \beta_p X_{pj} + \epsilon_j \qquad (4.20)$$

여기서, $CAR_j(t_1, t_2)$ = 사건기간($t_1 \sim t_2$) 동안 기업 j의 누적초과수익률

x_{ij} = 기업 j의 i번째 특성변수

β_i = 특성변수 x_i의 회귀계수

ϵ_j = 잔차(random error)

위의 식 (4.20)에서와 같이 특정 의사결정을 수행하거나 혹은 경험한 개별기업의 누적초과 수익률과 해당 기업의 특성 변수와의 관련성을 검정하는 횡단면 회귀분석은 거의 대부분의 사건연구에서 이론적 가설을 검정하기 위해 수행하는 표준적인 절차의 하나로 인식되고 있다. 어떤 특성 변수 x_i가 주가에 미치는 영향에 관한 이론적 가설을 검정하기 위해서는 x_i의 회귀계수 β_i가 0이라는 귀무가설, 즉 "H_0: $\beta_i = 0$"에 대한 통계적 검정이 이루어져야 한다. 이때 검정통계량은 다음 식 (4.21)에 의해 측정한다.

$$t_{n-p-1} = \frac{b_i}{S_{b_i}} \qquad (4.21)$$

여기서, p = 회귀방정식에서 독립변수 x_i의 개수

b_i = 특성변수 x_i의 회귀계수 추정치

S_{b_i} = 회귀계수 b_i의 표준오차

이러한 횡단면 회귀분석은 사건으로 인한 표본평균 누적초과수익률이 0인 경우에도 적용할 수 있다. 또한, 이 횡단면 검정은 사건기간의 장단에 관계없이 단기성과와 장기성과에 관한 모든 사건연구에 적용할 수 있다.

그러나, 사건연구의 표본 환경에 따라 OLS 회귀분석의 두 가지 핵심 가정인 잔차의 독립성 (independence of errors)과 등분산성(homoscedasticity)이 성립하지 않는 경우도 발생할 수 있다. Jain(1982)이 지적하고 있는 바와 같이, 표본기업의 초과수익률 간에 횡단면 상관관계

가 존재하거나 혹은 이분산성(heteroscedasticity)이 존재할 경우에는 이것들이 독립변수의 회귀계수에 편의를 가져다줄 수 있다. Jain(1982)은 이러한 편의를 피할 수 있는 수정법으로 다음 세 가지 방법을 제시하고, 이들 수정법을 각각 적용한 회귀분석 결과를 상호 비교하였다: (1) 횡단면 회귀분석식에서 개별기업 초과수익률과 포트폴리오 초과수익률 간의 공분산을 독립변수로 추가로 투입하는 방법, (2) 종속변수인 $CAR_j(t_1, t_2)$를 시장모형으로 추정한 개별기업 초과수익률의 표준편차 S_j로 표준화 하거나 혹은 S_j의 역수를 WLS(weighted least squares)의 가중치로 사용하는 방법, (3) 횡단면 회귀분석식에서 개별기업 초과수익률의 분산 S_j^2을 독립변수로 추가 투입하는 방법.

Jain(1982)은 이들 세 가지 방법을 적용한 시뮬레이션 실험 결과, 표본기업의 초과수익률 간에 존재하는 횡단면 상관관계를 회귀분석식에서 직접적으로 조정해 주는 첫 번째 방법이 가장 효과적임을 발견하였다. 즉, 사건일 집중 현상(clustering)에서와 같이 표본을 구성하는 개별기업 초과수익률 간의 횡단면 상관관계가 존재할 경우에 이를 조정하기 위한 가장 효과적인 통계적 방법은 다음 식 (4.22)에서와 같이 횡단면 회귀분석식에서 개별기업 고유의 재무특성 변수에다 개별기업 초과수익률과 포트폴리오 초과수익률 간의 공분산을 독립변수로 추가로 설정하는 방법임을 Jain(1982)의 실험 결과가 실증적으로 보여 주고 있다.

$$CAR_j(t_1, t_2) = \beta_0 + \beta_1 x_{1j} + \cdots + \beta_p x_{pj} + \beta_{p+1} Cov(e_j, e_p) + \epsilon_j \qquad (4.22)$$

여기서, $Cov(e_j, e_p)$ = 기업 j와 포트폴리오 초과수익률 간의 공분산

$e_p = \sum_{j=1}^{n} e_j$ = 포트폴리오의 초과수익률

그리고, Lang et al.(1991), Chang(1998) 및 Mikkelson and Partch(1986) 등은 횡단면 회귀분석에서 시장모형으로 측정한 잔차 즉 초과수익률의 분산이 개별기업들 간에 서로 동일하지 않음으로써 발생하는 이분산성(heteroscedasticity) 문제를 해결하기 위한 방법으로 OLS 대신 WLS 기법을 사용할 것을 권고하고 있다. 예를 들어, Lang et al.(1991)과 Chang(1998) 등은 시장모형의 추정기간 중 잔차의 표준편차의 역수를 WLS의 가중치로 사용하고 있으며, 이에 반해 Mikkelson and Partch(1986)는 사건기간 중의 $CAR_j(t_1, t_2)$의 표준오차의 역수를 가

중치로 사용하고 있다. 또한, Campbell et al.(1997)은 초과수익률의 이분산성이 존재할 경우 White(1980)의 이분산성-일치(heteroscedasticity-consistent) 표준오차를 사용하여 이를 수정하는 방법을 권고하고 있다.

Chang(1998)은 사건연구를 통해 추정한 초과수익률의 횡단면 차이를 회귀분석을 이용하여 설명하고 있는 실증 연구의 좋은 사례이다. Chang(1998)은 비상장기업을 인수한 인수기업의 주주 부의 변화를 설명하기 위한 감시가설(monitoring hypothesis)을 다음과 같은 횡단면 회귀분석식 (4.23)을 WLS 기법을 활용하여 증명하고 있다(p. 782의 Table IV 참조).

$$CAR_j(-1, 0) = \beta_0 + \beta_1 FS_j + \beta_2 NB_j + \beta_3 RB_j + \beta_4 RS_j + \epsilon_j \tag{4.23}$$

여기서, FS = 인수 후 인수대상기업의 주주들이 집단으로서 보유하게 될 인수기업의 총지분

NB = 새로운 대주주가 인수대상기업 출신인지의 여부를 나타내는 더미변수

RB = 인수기업과 인수대상기업이 상호 유사 업종에 종사하는지의 여부를 나타내는 더미변수

RS = 인수기업과 인수대상기업의 상대적 규모

ϵ_j = 잔차(random error)

위의 식 (4.23)에서 WLS의 가중치로는 추정기간 중 OLS 시장모형으로 추정한 잔차의 표준편차의 역수를 사용하고 있다. Chang(1998)은 이러한 횡단면 회귀분석을 통해 비상장기업을 인수한 인수기업의 주가가 상승하는 이유는 인수대상기업(target firm)을 소유하고 있던 소수의 주요 주주들이 주식교환을 통해 인수기업의 새로운 외부 대주주(outside blockholders)로 변신해 인수기업 경영진의 경영성과를 효과적으로 감시하는 감시자 역할을 수행하기 때문이라는 감시가설을 검정하고 있다. 이를 위해 회귀모형의 종속변수로는 사건일 이전과 사건일을 포함하는 이틀간의 $CAR_j(-1,0)$을 사용하고, 설명변수로는 인수 후 인수대상기업의 주주들이 집단으로서 보유하게 될 인수기업의 총지분(FS), 새로운 대주주가 인수대상기업 출신인지의 여부(NB), 인수기업과 인수대상기업이 상호 유사 업종에 종사하는지의 여부(RB), 인수기업과 인수대상기업의 상대적 규모(RS) 등을 설정하였다. 실증분석 결과, 비상장기업

의 인수 공시와 관련된 초과수익률은 인수 후 인수대상기업의 주주들이 집단으로서 보유하게 될 인수기업의 총지분(FS)이 클수록, 새로운 대주주가 인수대상기업 출신일 경우 즉 NB가 1일 경우 증가하는 것으로 나타났다. 반면에 유사 업종에 종사하는지의 여부(RB)나 상대적 규모(RS) 등과 같은 독립변수와는 관련이 없는 것으로 보고하고 있다. 이러한 회귀분석 결과는 Chang(1998)이 비상장기업을 인수한 인수기업의 주가 반응을 설명하기 위해 설정한 감시가설과 일치하는 것으로 해석할 수 있다.

4.7 단기성과 사건연구에 관한 특별 이슈

4.7.1 사건일 집중 효과

사건연구에 있어서, 표본을 구성하는 개별주식의 사건일이 특정한 달력 일자(calendar date)에 집중되는 경우가 종종 발생하게 된다. 예를 들어, 통화 및 조세 정책의 변화 등과 같은 정부의 새로운 정책 발표나 혹은 강제적인 회계처리 규정의 변경 등은 해당 정보가 공시되는 시점에 모든 상장주식의 가격에 동시에 영향을 주게 된다. 이와 같이 동일한 달력 일자에 사건일이 집중되어 표본을 구성하는 모든 주식들의 가격이 동시에 영향을 받게 되는 현상을 사건일 집중(event day clustering)이라고 한다.

사건일 집중이 사건연구방법의 검정력에 미치는 영향은 크게 다음 두 가지로 요약할 수 있다. 첫째, 사건일 집중으로 특정 달력 일자에 표본을 구성하는 개별주식들의 초과수익률 간의 횡단면 상관관계가 높아진다면, 이것은 사건일 t에서의 표본평균 초과수익률의 분산을 증가시켜 사건연구의 검정력을 떨어뜨린다. 둘째, 사건일 집중으로 인해 사건일에 개별주식의 초과수익률이 양(+)의 횡단면 상관관계를 가질 경우에는 통계적 가설 검정 시에 이를 반드시 고려해야 한다. 만약 그렇지 않을 경우, 유의성 검정 시에 실제로는 초과수익률이 존재하지 않음에도 불구하고 귀무가설 'H_0: 사건일의 표본평균 초과수익률은 0이다.'를 기각하는 빈도가 지나치게 높게 나타날 수 있다(Brown and Warner, 1980, pp. 232-233).

사건일 집중현상이 사건연구방법의 검정력에 미치는 영향을 분석하는 데 사용될 검정통계량은 개별주식의 초과수익률 간의 횡단면 종속성을 고려하느냐의 여부에 따라 달리 설정될 수 있다. 즉, 개별주식의 초과수익률 간의 횡단면 상관관계를 고려한 검정통계량과 횡단면 독립성을 가정한 검정통계량에 의한 유의성 검정이 각각 이루어질 수 있다. 개별기업의 초과수익률 간에 횡단면 종속성이 분명히 존재함에도 불구하고 표본평균 초과수익률의 분산을 추정할 시에 이를 고려하지 않는다면, 분산이 과소 추정되어 귀무가설의 기각률이 상대적으로 높게 나타날 수도 있다. 이러한 점을 감안하여 횡단면 상관관계를 조정한 것이 포트폴리오 시계열 검정법이며, 이것은 앞의 식 (4.7)에서 정의한 검정통계량을 사용한다. 이에 반해, 횡단면 독립성을 가정한 유의성 검정법은 개별주식 시계열 검정이며, 이것은 앞의 식 (4.10)에서 정의한 검정통계량을 사용한다.

사건연구의 설계 시에 표본을 구성하는 개별주식 간에 어느 정도 횡단면 상관관계가 예상된다고 해서 이를 반드시 고려해야 할 필요는 없다. 횡단면 상관관계의 정도가 그리 크지 않을 경우에는 이를 무시하더라도 표본평균 초과수익률의 분산을 추정하는 데에 유의적인 편의(bias)가 거의 발생하지 않는다. 때로는 횡단면 상관관계를 조정하는 것이 횡단면 독립성을 가정하는 경우보다 오히려 검정력을 더욱 떨어뜨릴 수도 있다. 비록, 횡단면 독립성에 대한 가정이 현실을 단순화한 것이기는 하지만 유의성 검정 시 검정통계량에 사용될 표본평균 초과수익률의 분산을 보다 정교하게 측정할 수 있다면 횡단면 상관관계를 조정한 경우보다 검정력을 더 높일 수도 있다.

사건일 집중에 의한 횡단면 상관관계의 증가가 사건연구방법의 검정력에 미치리라고 예상되는 효과를 파악하기 위해, 여기서는 앞서 시행한 시뮬레이션 시험과는 약간 다른 새로운 절차에 의해 개별기업의 사건일을 선정한다. 즉 각 표본을 구성하는 50개의 모든 개별주식에 대해, 사건일은 특정한 달력 일자를 임의로 선정하여 공동의 사건일로 정한다. 그러나, 각 표본 간에는 상호 다른 달력일자를 사건일로 선정한다. 이러한 절차에 의해, 시뮬레이션 실험을 위한 사건일 집중 현상을 인위적으로 생성한다.

다음 〈표 4.7〉은 한국증권시장에서 사건일 집중으로 인해 초래된 개별주식 초과수익률 간의 횡단면 상관관계가 사건연구방법의 설정오류와 검정력에 미치는 영향을 분석한 것이다.

개별기업의 초과수익률 간의 횡단면 독립성을 가정한 개별주식 시계열 검정법과 횡단면 상관관계를 조정한 포트폴리오 시계열 검정법의 제1종 오류와 검정력을 비교한 것이다.

〈표 4.7〉의 〈패널 A〉에서 사건일 집중 현상이 발생하지 않고 사건일에 초과수익률을 가산하지 않았을 경우, 횡단면 독립성을 가정한 개별주식 시계열 검정법에 의하면 성과측정 모형에 관계없이 기각률 즉 제1종 오류가 5% 유의수준하에서의 신뢰구간인 2~8% 범위에서 벗어나지 않고 있다. 이것은 사건일이 집중되지 않은 경우 분산 추정 시에 횡단면 독립성을 가정하더라도 횡단면 종속성을 조정한 포트폴리오 시계열 검정법과 마찬가지로 제1종 오류에 있어서 유의할 만한 통계적 오류가 나타나지 않는다는 것을 의미한다. 사건일이 집중되지 않았을 경우의 시뮬레이션 설계 시에 개별기업의 가상 사건일을 1980년 1월 4일에서 1995년 12월 31일에 이르는 약 4,688일의 거래일 중 균등분포 가정하에 어느 하루를 무작위로 선정하였기 때문에, 개별주식의 초과수익률 간의 횡단면 상관관계가 매우 낮을 수밖에 없다. 따라서, 이러한 경우에는 제1종 오류를 줄이기 위해 개별주식 초과수익률 간의 횡단면 상관관계를 조정해 줄 필요는 없다.

〈표 4.7〉 사건일 집중과 횡단면 종속성의 조정이 검정력에 미치는 효과

아래 표의 〈패널 A〉는 사건일 집중 현상이 발생하지 않았을 경우(non-clustering), 개별기업의 초과수익률 간의 횡단면 독립성을 가정한 개별주식 시계열 검정법과 횡단면 종속성을 조정한 포트폴리오 시계열 검정법을 각각 적용하였을 때의 제1종 오류와 검정력을 비교한 것이다. 반면에, 〈패널 B〉는 사건일이 동일한 날짜에 집중되었을 경우(clustering), 초과수익률의 횡단면 독립성을 가정한 개별주식 시계열 검정법과 횡단면 상관관계를 조정한 포트폴리오 시계열 검정법을 각각 적용하였을 때의 제1종 오류와 검정력을 비교한 것이다. 각 수치는 250개 표본 중 귀무가설이 기각된 표본의 비율을 나타낸 것이다. 귀무가설은 "H₀: 사건일의 표본평균 초과수익률은 0이다."라고 설정한다.[a]

〈패널 A〉 사건일이 집중되지 않았을 경우(non-clustering)[1]				
단기성과 측정모형	초과수익률의 크기			
	0%	0.5%	1%	2%
평균조정수익률모형				
독립성 가정	4.4	45.6	93.6	100.0
종속성 조정	4.0	38.4	87.6	100.0
시장조정수익률모형				

단기성과 측정모형	0%	0.5%	1%	2%
독립성 가정	5.6	55.6	95.6	100.0
종속성 조정	6.8	46.4	92.0	100.0
시장모형				
독립성 가정	5.6	61.6	98.0	100.0
종속성 조정	6.0	47.6	92.8	100.0
〈패널 B〉 사건일이 집중된 경우(clustering)[1]				
	초과수익률의 크기			
단기성과 측정모형	0%	0.5%	1%	2%
평균조정수익률모형				
독립성 가정	23.6	44.0	68.0	91.6
종속성 조정	3.6	8.8	16.0	46.0
시장조정수익률모형				
독립성 가정	6.0	51.6	92.4	100.0
종속성 조정	5.2	45.6	92.4	100.0
시장모형				
독립성 가정	8.4	48.4	94.4	100.0
종속성 조정	5.6	43.6	93.6	100.0

주 a) 5% 유의수준에서 단측 검정으로 귀무가설의 유의성을 검정함.

1) 정형찬(1997), p. 290의 〈표 5〉에서 인용.

사건일 집중이 없는 상황에서 0.5%의 초과수익률이 발생할 경우, 횡단면 독립싱을 가성한 시장모형의 기각률은 61.6%로, 횡단면 종속성을 조정한 시장모형의 기각률 47.6%보다 높게 나타났다. 이러한 결과는 시장조정수익률모형과 평균조정수익률모형의 기각률에서도 똑같이 나타나고 있다. 이것은 한국증권시장에서 사건일이 집중되지 않을 경우에는 횡단면 독립성을 가정한 개별주식 시계열 검정이 횡단면 종속성을 조정한 포트폴리오 시계열 검정보다 훨씬 우월하다는 것을 실험적으로 보여 주고 있다. Brown and Warner(1985)는 미국증권시장을 대상으로 한 실험에서 유사한 연구 결과를 보고하고 있다(p. 21).

이처럼, 사건일이 동일 달력 일자에 집중되지 않은 경우에는 표본을 구성하는 개별주식의 초과수익률 간의 횡단면 상관관계가 매우 낮기 때문에, 횡단면 상관관계에 대한 조정 여부가 사건연구방법의 제1종 오류에 미치는 영향은 극히 미미하다. 반면에, 사건일이 집중되지 않아 개별주식 초과수익률 간의 상관관계가 매우 낮음에도 불구하고 횡단면 종속성을 조정한 검정통계량을 사용할 경우에는 그렇지 않은 경우(횡단면 독립성을 가정한 경우)에 비해 오히려 사건연구방법의 검정력을 떨어뜨리는 역효과를 낳게 된다.

〈표 4.7〉의 〈패널 B〉는 사건일이 동일한 날짜에 집중되었을 경우, 횡단면 독립성을 가정한 개별주식 시계열 검정과 횡단면 종속성을 조정한 포트폴리오 시계열 검정의 제1종 오류와 검정력을 비교한 것이다. 먼저 초과수익률이 존재하지 않을 때 사건일 집중 현상으로 표본을 구성하는 개별기업의 주식수익률 간의 횡단면 상관관계가 증가하게 됨으로써, 횡단면 독립성을 가정한 개별주식 시계열 검정의 제1종 오류가 상당히 증가하였음을 보여 주고 있다. 특히 평균조정수익률모형의 경우, 횡단면 종속성을 조정한 포트폴리오 시계열 검정법에 의한 제1종 오류가 3.6%인데 반해 횡단면 독립성을 가정한 개별주식 시계열 검정법의 기각률은 23.6%로 제1종 오류가 매우 높게 나타나고 있다. 시장모형의 경우도, 횡단면 종속성을 조정했을 때의 기각률은 5.6%이나 독립성을 가정했을 때는 8.4%로 5% 유의수준하에서 제1종 오류의 신뢰구간을 벗어나고 있다. 이들에 비해 시장조정수익률모형은 그 영향이 작으나, 제1종 오류의 증가 경향은 동일하게 나타났다. 한편, 초과수익률을 0.5%~2% 가산하였을 경우, 사건일이 집중되지 않았을 때와 마찬가지로 횡단면 독립성을 가정한 검정법이 종속성을 조정한 검정법보다 여전히 높은 검정력을 보여 주고 있다.

이러한 분석 결과는, 사건일이 동일한 날짜에 집중되어 개별주식의 초과수익률 간의 횡단면 종속성이 증가할 가능성이 높은데도 불구하고, 횡단면 종속성을 무시하고 독립성을 가정한 개별주식 시계열 검정법을 사용할 경우 제1종 오류가 크게 증가해 설정오류를 범할 수 있음을 보여 주고 있다. 특히, Collins and Dent(1984)가 지적한 바와 같이, 만약 표본을 구성하는 개별주식들이 무작위가 아닌 동일한 산업군에서 추출되었을 경우에는 개별기업 간의 높은 횡단면 종속성으로 인해 검정통계량의 설정오류가 〈표 4.7〉에서 제시된 수준보다 훨씬 높게 나타날 수도 있다. 따라서, 사건일이 집중되었을 경우에는 가능한 한 횡단면 종속성을 조정해 주는 포트폴리오 시계열 검정법을 사용하는 것이 검정력을 크게 감소시키지 않으면서 제1종 오류를 신뢰구간 범위 내로 줄일 수 있는 방법으로 생각된다.

그런데, 사건일 집중 현상이 발생하여 표본을 구성하는 개별기업들의 주식수익률이 높은 횡단면 상관관계를 나타낼 경우 이들의 초과수익률 간의 독립성이 확률적으로 유지될 수 없으므로, 이를 가정한 OLS 시장모형을 이용하는 전통적인 잔차분석법(residual analysis method)은 방법론상의 문제점을 내포하게 된다. Schipper and Thompson(1983), Malatesta(1986) 등은 OLS 시장모형을 이용한 잔차분석법의 이러한 문제점을 해결하기 위한 방안으로 Zellner(1962)의 통계적 무관회귀(SUR)에 근거한 다변량 회귀분석법, 즉 결합 GLS(joint generalized least squares) 접근법을 제시하고 있다. 그러나, Malatesta(1986)는 시뮬레이션 실험을 통해 결합 GLS를 이용한 사건연구방법이 설정오류나 검정력에 있어서 단순한 OLS 시장모형을 이용한 전통적인 잔차분석법보다 결코 우월한 접근법이 아니라는 실험 결과를 제시하고 있다. Malatesta(1986)의 이러한 결론은, 이론적으로 보다 정교한 사건연구 모형이 단순한 OLS 시장모형에 비해 반드시 더 나은 검정 결과를 가져다주지 않는다는 Brown and Warner(1980, p. 249)의 결론을 다시 한번 확인해 주는 것이다.

4.7.2 비동시거래와 대체적 β 추정법

비동시거래(non-synchronous trading)는 증권가격의 시계열 자료들이 실제로는 서로 다른 혹은 불규칙한 시간 간격으로 기록되고 있음에도 불구하고 이것이 마치 동일한 시간 간격마다 기록되고 있는 것으로 간주하는 경우에 발생하는 현상이다. 예를 들어, 증권 관련 미디어에서 인용되고 있는 증권의 일별 시장가격은 보통 종가(closing prices)를 의미하며, 이것은 해당 증권이 그 전 거래일 중에 최종적으로 거래가 이루어졌을 때 형성된 가격이다. 이러한 증권의 종가는 일반적으로 각 거래일의 동일한 시점에서 결정되는 것이 아니라 개별증권마다 서로 다른 시점에서 결정된다. 그러나, 관례적으로 이들 종가를 "일별" 시장가격으로 인용함으로써 우리는 암묵적으로 이들 개별증권들의 종가들이 모두 일률적으로 하루 24시간 간격으로 기록되는 것으로 잘못 가정하게 된다. 이러한 잘못된 가정은 진정한 가격 변화나 수익률 등이 통계적으로 독립적임에도 불구하고 마치 이들이 예측 가능한 것이라는 그릇된 인식을 가져다줄 수 있다.

특히, 비거래 효과(nontrading effect)는 일별 주식수익률의 평균, 분산, 공분산, 베타, 자기 상관 및 교차자기상관(cross-autocorrelation) 계수 등과 같은 수익률 적률(moment)이나 공적률(comoment) 등에 심각한 편의를 초래한다. 예를 들어, 주식 A와 주식 B의 수익률은 시간적으로 상호 독립적이나 주식 A는 주식 B에 비해 거래 빈도가 낮다고 가정해 보자. 만약 전체 증권시장에 영향을 줄 수 있는 새로운 정보가 어느 날 장 마감 시점에 공시되었다면, 주식 B의 종가가 주식 A의 종가에 비해 이 정보를 반영할 가능성이 더 크다. 왜냐하면 주식 A는 그날 새로운 정보가 시장에 도달한 이후에 거래가 이루어지지 않을 수도 있기 때문이다. 물론 주식 A도 결국에는 이 정보를 주가에 반영하게 될 것이나, 이것이 어느 정도의 시차를 가지고 반응하게 된다는 사실은 종가를 이용하여 일별 수익률을 계산하게 될 경우 주식 A와 주식 B의 수익률 간에 허위의 교차 자기상관을 초래하게 된다(Campbell et al., 1997, p. 84).

이와 같이, 비동시거래 혹은 비거래(nontrading) 효과는 주가 혹은 주식수익률 자료를 이용한 실증연구에서 방법론적 문제를 초래할 수 있다. 대부분의 상장 주식의 시장가격은 연속적이 아닌 임의의 시간 간격(random interval)으로만 기록되기 때문에 어떤 일정한 기간 내의 수익률을 정확히 계산하는 것은 실질적으로 불가능하다. 따라서, 비동시거래 혹은 비거래 효과는 시장모형에서 변수 내 오차(errors in variables)와 같은 계량경제학적 문제를 초래하게 된다. 이것은 일별 수익률 자료를 이용할 경우 더 심각해진다. Scholes and Williams(1977)와 Dimson(1979) 등은, 비동시거래가 존재할 경우, OLS에 의해 추정한 시장모형의 β는 편의가 있고 불일치한(biased and inconsistent) 추정량이라는 것을 실증적으로 보여 주고 있다. 그들의 연구결과에 의하면, 거래가 빈번하지 못한 주식의 β는 본질적인 β값(true value)보다 낮게 측정되고, 반면에 거래가 빈번한 주식의 β는 이보다 높게 평가되는 경향을 보이고 있다. Scholes and Williams(1977)와 Dimson(1979)은 비동시거래로 인한 이러한 방법론적 문제점을 수정하여 α와 β의 일치 추정량(consistent estimators)인 $\hat{\alpha}$와 $\hat{\beta}$를 산출하기 위해 각각 다음에서 설명한 바와 같이 OLS보다 정교한 새로운 계수추정 방법을 제시하고 있다.

A. Scholes-Williams(1977)의 계수 추정법

Scholes and Williams(1977)는 추정기간($t_1 \sim t_2$) 내의 표본기업의 주식수익률과 동일가중 시장지수 수익률을 이용하여 시장모형의 계수 α와 β의 일치 추정량(consistent estimators)인 $\hat{\alpha}$와 $\hat{\beta}$를 추정하기 위해 다음 식 (4.24)과 같은 새로운 계수 추정 방법을 제시하고 있다(p. 317, eqs. 13-15, 19, 20).

$$AR_{jt} = R_{jt} - \hat{\alpha}_j - \hat{\beta}_j R_{mt} \qquad (4.24)$$

$$\text{여기서, } \hat{\alpha}_j = \frac{1}{T}\sum_{t_1+1}^{t_2-1} R_{jt} - \hat{\beta}_j \left[\frac{1}{T}\sum_{t_1+1}^{t_2-1} R_{mt} \right]$$

$$\hat{\beta}_j = (b_j^- + b_j + b_j^+) / (1 + 2\hat{\rho}_m)$$

$$T = t_2 - t_1 - 1$$

그리고, 위 식에서 b_j^-와 b_j^+는 각각 다음과 같이 추정한다.

$$b_j^- = \frac{Cov(R_{jt}, R_{mt-1})}{\sigma(R_{mt})\sigma(R_{mt-1})} \quad , \qquad b_j^+ = \frac{Cov(R_{jt}, R_{mt+1})}{\sigma(R_{mt})\sigma(R_{mt+1})}$$

위 식에서 $\hat{\rho}_m$ 은 동일가중지수 수익률의 1차 자기상관계수를 의미한다.

B. Dimson(1979)의 통합계수 추정법

Dimson(1979)은 시장모형의 계수 α와 β의 일치 추정량(consistent estimators)인 $\hat{\alpha}$와 $\hat{\beta}$를 측정하는 통합계수 추정법(aggregated coefficient method)을 다음 식 (4.25)와 같이 제시하고 있다.

$$AR_{jt} = R_{jt} - \hat{\alpha}_j - \hat{\beta}_j R_{mt} \qquad (4.25)$$

$$\text{여기서, } \hat{\alpha}_j = \frac{1}{T}\sum_{t_1+3}^{t_2-3} R_{jt} - \hat{\beta}_j \frac{1}{T}\sum_{t_1+3}^{t_2-3} R_{mt}$$

$$\hat{\beta}_j = \sum_{k=-3}^{+3} b_{jk}$$

$$T = t_2 - t_1 - 5$$

그러나, 시장모형의 계수를 추정하는 데 비동시거래를 고려하지 않는다고 해서 반드시 OLS 시장모형을 사용하는 사건연구방법에 설정오류를 초래하는 것은 아니다. OLS 시장모형의 β에 편의가 존재하더라도, 이것이 때로는 절편인 α의 편의에 의해 상쇄되기도 한다. 뿐만 아니라, 추정한 β에 편의가 없더라도 그것을 사용하는 것이 반드시 초과수익률을 더욱 정확히 측정할 수 있는 것은 아니다. 때로는 그것이 사건연구방법의 검정력을 더욱 낮출 수도 있다. 실제로, Brown and Warner(1985)는 OLS에 의한 검정 결과와 Scholes-Williams(1977)와 Dimson(1979)의 베타 추정법에 의한 검정 결과를 비교한 결과, Scholes and Williams(1977)와 Dimson(1979)의 추정법이 OLS에 비해 보다 정교한 모형임에도 불구하고 검정력에는 OLS와 별다른 차이가 없다는 것을 실증적으로 보여 주고 있다(pp. 16-18).

한편, 다음 〈표 4.8〉은 정형찬(1997)이 한국증권시장의 일별 수익률 자료를 이용하여 OLS 시장모형과 Scholes-Williams(1977)와 Dimson(1979)이 제시한 대체적 계수 추정법의 검정력을 상호 비교한 것이다. 〈패널 A〉에 의하면, 사건일에 초과수익률이 발생하지 않았을 경우, OLS를 이용한 계수 추정방법과 Scholes-Williams(1977)와 Dimson(1979) 계수 추정법의 기각률이 모두 5~6% 수준에 머물러 설정오류가 없음을 알 수 있다.

사건일에 1~2%의 초과수익률이 발생할 경우에는 Scholes-Williams(1977)와 Dimson(1979) 등의 추정 방법에 의한 검정력이 OLS 시장모형에 비해 약간 높게 나타나고 있다. 그러나, 모형의 정교함에 비해 좋은 성과라고 보기는 어렵다. 예를 들어, 1%의 초과수익률이 발생했을 경우, Scholes-Williams(1977)의 추정법은 OLS에 비해 0.4%, Dimson(1979)의 통합계수 추정법은 0.8% 기각률의 증가를 보이고 있을 따름이다.

〈표 4.8〉의 〈패널 B〉는, 사건일을 정확하게 포착할 수 없는 경우에 OLS 시장모형과 Scholes-Williams(1977)와 Dimson(1979) 등의 대체적 계수 추정법의 검정력을 상호 비교한 것이다. 〈패널 A〉와 마찬가지로, Scholes-Williams(1977)와 Dimson(1979)의 추정법이 OLS 시장모형의 검정력을 약간 향상시키기는 하나, 모형의 정교함에 비해 두드러진 성과를 가져다준다고 보기는 어렵다.

〈표 4.8〉 한국증권시장에서의 비동시거래와 대체적 β 추정법의 검정력

아래 표는 정형찬(1997)이 OLS, Scholes-Williams(1977)와 Dimson(1979)의 계수추정법을 각각 사용한 경우의 검정

결과를 비교한 것이다.[a] 〈패널 A〉는 사건일을 정확히 추정할 수 있는 경우이며, 〈패널 B〉는 사건일을 정확히 추정할 수 없는 경우의 검정 결과이다. 표에 제시된 각 수치는 250개 표본 중 귀무가설이 기각된 표본의 비율을 나타낸 것이다. 각 표본은 50개의 개별주식으로 구성된다. 유의성 검정은 포트폴리오 시계열 검정법을, 시장지수로는 동일가중지수를 이용하였다. 유의성 검정 시 귀무가설은 "H_0: 사건일에서의 표본평균 초과수익률은 0이다."라고 설정한다.[b]

시장모형의 계수 추정방법	사건기간에서의 초과수익률의 크기			추정기간 중의 평균 (N=12,500)[c]	
	0%	1%	2%	$\hat{\alpha}$	$\hat{\beta}$
〈패널 A〉 사건일을 정확히 추정할 수 있는 경우					
OLS 시장모형	6.0	92.8	100.0	0.0000	0.9987
Scholes-Williams 추정법	5.6	93.2	100.0	0.0000	1.0219
Dimson 추정법	6.0	93.6	100.0	0.0000	0.8604
〈패널 B〉 사건일을 정확히 추정할 수 없는 경우					
OLS 시장모형	10.4	38.0	73.6		
Scholes-Williams 추정법	9.6	38.0	74.0		
Dimson 추정법	10.8	48.0	78.4		

주 a) 정형찬(1997), p. 306의 〈표 11〉에서 인용.

b) 5% 유의수준에서 단측 검정으로 귀무가설의 유의성을 검정함.

c) 추정기간에서 측정한 개별주식의 시장모형 계수인 α, β의 평균값으로, 12,500개(250개 표본×50개 주식)의 추정치를 단순 평균한 수치임.

초과수익률이 발생하지 않을 경우, 세 계수 추정법의 제1종 오류가 모두 5% 유의수준하의 신뢰구간을 벗어나 있어, Scholes-Williams(1977)와 Dimson(1979)의 추정법이 사건일을 정확하게 포착할 수 없을 경우에 발생하게 되는 설정오류를 수정하지 못하고 있다. 한편, 시장모형의 계수 추정법에 따른 β의 크기를 비교해 보면, Scholes-Williams(1977)의 β가 1.0219로 가장 크게 나타났으며, OLS의 β가 0.9987, Dimson(1979)의 β는 0.8604로 각각 나타났다.

그리고, 김찬웅·김경원(1997)은 한국증권시장을 대상으로 한 시뮬레이션 분석 결과 Scholes-Williams(1977)와 Dimson(1979)의 추정법을 사용할 경우 OLS에 비해 제1종 오류는 대폭 줄일 수 있으나, 제2종 오류는 증가해 검정력은 오히려 감소하는 것으로 나타났다. 즉, 초과수익률이 발생하지 않았을 때, 유의수준 5%에서 Scholes-Williams(1977)와

Dimson(1979)의 추정법을 사용할 경우 귀무가설의 기각률이 모두 1.7%로 OLS의 6.7%에 비해 크게 줄어들었다. 그러나, 초과수익률이 실제로 1% 발생하였을 때 Scholes-Williams(1977)와 Dimson(1979)의 추정법을 사용할 경우 기각률은 각각 83.3%, 76.7%로 OLS의 91.7%에 비해 현저히 낮다. 그리고 OLS에 의한 β가 0.7281, Scholes-Williams(1977)와 Dimson(1979)의 추정법에 의한 β가 각각 0.7954, 0.9295인 것으로 보고하고 있다(pp. 318-319).

4.7.3 분산의 증가

어떤 형태의 사건 공시에 있어서는 사건일을 중심으로 한 사건기간 중에 관련 기업 주식의 수익률 분산이 추정기간에 비해 현저하게 증가하는 경우가 발생할 수 있다. 사건기간 중의 수익률 분산의 증가는 사건연구에 있어서 중요한 의미를 가진다. 특정 정보의 공시로 해당 기업 주식수익률의 분산이 크게 증가하였음에도 불구하고, 사건기간이 아닌 추정기간 중의 시계열 자료에 의해 표본평균 초과수익률의 분산을 추정하는 전통적인 사건연구방법을 사용할 경우에는 귀무가설이 기각되는 빈도수가 지나치게 높아 제1종 오류를 범할 확률이 크게 증가하게 된다.

다음 〈표 4.9〉는 사건기간 중에 예상치 못한 주식수익률의 분산이 증가할 경우 이것이 시장모형의 설정오류와 검정력에 미치는 영향을 시뮬레이션 실험을 통해 살펴본 것이다. 실험에 앞서, 사건일 '0'에 각 주식수익률의 분산만을 증가시키고 기대수익률은 동일하게 유지시키기 위해, Brown and Warner(1985)의 실험에서 사용했던 방식에 따라 사건일에서의 개별주식 수익률($R_{j,0}$)을 다음 식 (4.26)과 같이 변환시킨다.

$$R'_{j,0} = R_{j,0} + (R_{j,-6} - \overline{R_j}) \tag{4.26}$$

여기서, $R'_{j,0}$ = 주식 j의 사건일 '0'에서의 변환 수익률

$R_{j,-6}$ = 주식 j의 사건일 기준 -6일에서의 실제 수익률

$\overline{R_j}$ = 주식 j의 추정기간 중의 평균수익률

위 식 (4.26)에서 사건일에서의 분산을 두 배로 증가시키기 위해 사건일 기준 -6일에서의 실제 수익률을 변환식에서 사용한 것은 자의적이며 -6일에서 -244일간의 추정기간 중 어느 날을 선택하더라고 상관없다. Brown and Warner(1985)의 변환 방식은 추정기간 중 표본주식의 초과수익률은 서로 다르다 하더라도 이들의 평균값은 모두 0이라는 상황을 시뮬레이션한 것으로 볼 수 있으며, 사건일 '0'에서의 수익률 횡단면만을 놓고 본다면 이러한 상황은 사건기간에서 분산이 증가한 현상과 구분하기 어렵다(p. 23).

〈표 4.9〉의 〈패널 A〉에서 제시한 바와 같이, 미국증권시장을 대상으로 한 Brown and Warner(1985)의 시뮬레이션 결과, 사건일 '0'에서 초과수익률은 발생하지 않으나 수익률의 분산이 2배로 증가한 경우에 추정기간 중의 시계열 자료에 의해 표본평균 초과수익률의 분산을 추정하는 전통적인 포트폴리오 시계열 검정법을 그대로 적용한다면, 제1종 오류를 범할 확률이 12.0%로 분산의 증가가 없을 때의 제1종 오류인 4.4%에 비해 거의 세 배가량 높게 나타나고 있다. 이러한 현상은 한국증권시장을 대상으로 한 정형찬(1997)의 실험에서도 동일한 결과를 발견할 수 있다. 즉 〈표 4.9〉의 〈패널 B〉에서 사건일 '0'에서 초과수익률이 0%이며 수익률의 분산이 2배로 증가한 경우에 전통적인 포트폴리오 시계열 검정법을 그대로 적용한다면, 제1종 오류를 범할 확률이 10.8%로 분산이 변하지 않았을 때의 제1종 오류인 6.0%에 비해 거의 두 배가량 높게 나타나고 있다. 그리고, 사건일에서의 초과수익률이 1% 발생하면서 수익률의 분산도 2배로 증가할 경우에는, 전통적인 포트폴리오 시계열 검정법의 검정력이 분산의 증가가 없을 경우에 비해 상당히 낮아지게 된다.

〈표 4.9〉 분산의 증가에 따른 설정오류와 검정력

아래 표의 〈패널 A〉와 〈패널 B〉는 각각 미국과 한국증권시장에서 사건기간 중에 초과수익률의 분산이 증가하는 경우, 분산의 증가가 시장모형의 검정력에 미치는 영향을 나타낸 것이다. 표본을 구성하는 개별주식에 대해, 사건일 '0'에서의 수익률을 인위적으로 변환시켜 분산을 2배로 증가시켰다. 초과수익률을 추정하기 위한 모형으로는 시장모형을 사용하였으며, 시장모형의 시장지수로는 동일가중지수를 사용하였다. 표의 각 수치는 전체 250개 표본 중에서 귀무가설이 기각된 표본의 비율을 나타낸 것이다. 표본주식과 사건일은 무작위 복원추출법에 의해 선정하였다. 유의성 검정 시 귀무가설은 "H₀: 사건일에서의 표본평균 초과수익률은 0이다."라고 설정한다.[a]

〈패널 A〉 미국증권시장에서의 시장모형의 검정력[1]				
검정통계량의 분산 추정법	분산 증가 여부	사건일 '0'에서의 초과수익률의 크기		
		0%	0.5%	1%
추정기간 중의 시계열 자료를 이용[b]	증가	12.0	n.a.	70.4
	불변	4.4	n.a.	80.4
사건기간 중의 횡단면 자료를 이용[c]	증가	4.0	n.a.	48.8
	불변	3.6	n.a.	80.4
〈패널 B〉 한국증권시장에서의 시장모형의 검정력[2]				
검정통계량의 분산 추정법	분산 증가 여부	사건일 '0'에서의 초과수익률의 크기		
		0%	0.5%	1%
추정기간 중의 시계열 자료를 이용[b]	증가	10.8	40.0	84.4
	불변	6.0	47.6	92.8
사건기간 중의 횡단면 자료를 이용[c]	증가	3.2	22.0	67.2
	불변	5.6	47.6	93.6

주 a) 5% 유의수준에서 단측 검정으로 귀무가설의 유의성을 검정함.

　　b) 유의성 검정방법으로 포트폴리오 시계열 검정을 사용함.

　　c) 유의성 검정방법으로 횡단면 검정을 사용함.

　　1) Brown and Warner(1985), p. 23에서 인용. 2) 정형찬(1997), p. 297에서 인용.

즉 〈패널 A〉에서 미국증권시장의 경우 기각률이 80.4%에서 70.4%로 떨어지며. 마찬가지로 〈패널 B〉에서 한국증권시장의 경우는 기각률이 92.8%에서 84.4%로 떨어지는 것으로 나타나고 있다.

그런데, 사건기간 중에 분산이 증가하는 상황에서는 표본평균 초과수익률의 분산을 추정할 때 추정기간 중의 시계열 자료를 사용하는 전통적인 시계열 검정법(포트폴리오 시계열 검정과 개별주식 시계열 검정 등) 대신에 사건기간 중의 횡단면 자료를 이용하는 검정인 횡단면 검정법을 활용할 수 있다. 일반적으로 이 검정법은 사건일 '0'에서의 초과수익률이 독립적이며 동일 분포를 따른다는 가정하에서, 표본평균 초과수익률의 분산을 초과수익률의 횡단면 자료를 이용하여 추정한다. 이때, 검정통계량은 표본평균 초과수익률을 횡단면 표준오차로 나눈 비율로 정의한다(식 (4.12) 참조).

〈표 4.9〉의 〈패널 A〉와 〈패널 B〉는 각각 미국과 한국의 증권시장에서 사건일 '0'에서 초과수익률은 발생하지 않으나 분산이 2배로 증가했을 때, 전통적인 시계열 검정과는 달리 표본평균 초과수익률의 분산을 횡단면 자료를 이용하여 추정하는 횡단면 검정을 활용할 경우, 제1종 오류를 크게 감소시켜 검정통계량의 설정오류를 피할 수 있다는 것을 잘 보여 주고 있다. 즉, 〈패널 A〉의 미국증권시장을 대상으로 한 실험에서 사건일에 분산의 증가가 있을 경우라도 횡단면 분산 추정법을 사용한다면 제1종 오류가 4.0%로 시계열 분산 추정법을 이용했을 때의 제1종 오류인 12.0%에 비해 약 1/3 수준으로 감소함으로써 설정오류를 피할 수 있다. 〈패널 B〉의 한국증권시장을 대상으로 한 실험에서도 동일한 실험 결과를 발견할 수 있다. 이와 같이, 횡단면 검정법을 이용할 경우 제1종 오류가 크게 줄어 설정오류를 피할 수 있기 때문에, 횡단면 검정법은 초과수익률의 존재에 대한 결론을 재확인하는 데 매우 유용하게 활용할 수 있는 분산 추정법이다.

그러나, 표본평균 초과수익률의 분산을 횡단면 자료를 이용하여 추정하는 횡단면 검정은 단점도 갖고 있다. 예를 들어, 분산의 증가 정도가 표본의 개별주식마다 다를 경우에는 사건일 '0'에서의 초과수익률이 독립적이며 동일 분포를 따른다는 가정을 위배하기 때문에 횡단면 검정법의 검정통계량이 설정오류를 가질 수 있다. 게다가, 만약 사건기간 중 분산의 증가가 발생하지 않을 경우에는, 횡단면 검정은 추정기간 중의 자료를 무시하기 때문에 전통적인 시계열 검정법에 비해 검정력이 떨어질 수 있다. 예를 들어, 미국증권시장에서 사건일 '0'에서 1%의 초과수익률이 발생하였으나 분산은 변하지 않았을 때, 전통적인 시계열 검정법 중 초과수익률의 독립성을 가정한 개별주식 시계열 검정법을 활용할 경우의 검정력은 97.6%인데 반해 횡단면 검정법을 사용할 경우에는 검정력이 80.4%로 크게 떨어진다(Brown and Warner, 1985, p. 24). 앞의 〈표 4.5〉의 〈패널 B〉에서 제시한 바와 같이, 한국증권시장에서도 동일한 실험 결과가 보고되고 있다.

4.7.4 표본의 크기

일별 주식수익률 자료를 이용한 사건연구에서 단기성과 측정모형의 통계적 오류와 검정력을 시뮬레이션 기법을 통해 분석한 선행 연구들은 거의 대부분 표본의 크기가 30개 이상인 대표본을 대상으로 수행한 것이다. 그러나, 미국 등 선진국에 비해 자본시장의 역사가 짧고 상장기업의 수가 상대적으로 적은 우리나라 증권시장에서 주가에 영향을 줄 만큼 중요한 사건임에도 불구하고 그 사건을 경험한 관련 기업의 수가 적어, 사건연구에 필요한 대표본을 수집하는 것 자체가 불가능한 경우가 적지 않다. 예를 들어, 적대적 기업인수나 외국자본의 은행인수 등과 같은 경제적 사건에 대한 연구를 사건연구에 의해 수행하고자 할 때 바로 이러한 소표본 문제(problems with small sample sizes)에 직면하게 된다. 김건우(1987), 강호상 · 성용모(1994), 정진호 · 하종배(2004), 박준우(2005) 등은 소표본 문제로 인한 통계적 오류가 예상됨에도 불구하고 표본기업의 수를 늘리는 것이 원천적으로 불가능하였기 때문에 어쩔 수 없이 소표본을 이용한 사건연구를 수행하였다.[7]

사건연구의 유의성 검정에서 t-검정을 사용하기 위한 기본적인 가정은 특정 사건을 공시한 개별기업들로 이루어진 포트폴리오의 평균 초과수익률, 즉 표본평균 초과수익률이 정규분포를 따른다는 것이다. 그렇지 않을 경우 사건연구에서 설정오류를 범할 가능성이 높게 된다. Brown과 Warner(1985)는 표본을 구성하는 개별주식의 일별 초과수익률은 정규분포에 따르지 않더라도, 대표본을 이용할 경우에는 표본평균 초과수익률이 정규분포에 근접한다는 것을 시뮬레이션을 통해 보여 주고 있다(pp. 8-10). 이러한 실증분석 결과는 모집단의 분포가 정규분포가 아니더라도 표본의 크기가 충분히 클 때 표본평균의 분포는 근사적으로 정규분포를 따른다는 중심극한정리(Central Limit Theorem)가 사건연구에서도 성립함을 증명한 것이다.

---

7) 김건우(1987)의 연구에서는 월별 주식수익률 자료를 이용한 그룹 1은 25개 기업으로 구성되어 있으며, 일별 수익률 자료를 이용한 그룹 2에서는 13개 기업으로 구성되어 있다(p. 140). 강호상 · 성용모(1994)의 연구에서는 전체 표본의 크기는 26개이며(p. 41의 〈표 4-3〉), 부표본(sub-sample)은 18개 기업으로 구성되어 있다(p. 43의 〈표 4-4〉). 박준우(2005)의 연구에서는 전체 표본의 크기는 48개이며, 부표본 중에는 표본의 크기가 16개 혹은 19개 기업으로 구성된 것도 있다(p. 1519의 〈표 5〉). 또한, 정진호 · 하종배(2004)의 연구에서는 전체 표본의 크기는 44개 사례로 구성되어 있으나, 〈표 V-2〉에 제시된 5개의 부표본은 표본의 크기가 평균적으로 5개 내외에 불과한 것으로 추정된다(p. 278 참조).

반면에, 표본의 크기가 20개와 5개인 소표본 그룹에서는 표본평균 초과수익률의 분포가 정규분포를 따르지 않는다는 것을 보여 주고 있다. 이것은 사건연구에서 설정오류를 범할 확률이 표본의 크기에 민감하게 반응할 가능성을 제기한 것이다.

이와 같이, Brown and Warner(1985)는 소표본 문제가 초과수익률의 유의성 검정에서 통계적 오류를 초래할 가능성을 제기하였으나, 소표본 문제가 실제로 일별 주식수익률 자료를 이용한 사건연구의 검정력에 미치는 영향에 대한 구체적인 실증분석 결과는 제시하지 않고 있다. 이에 반해, Dyckman et al.(1984)은 사건일의 불확실성이 존재하는 경우 표본의 크기가 단기성과 측정모형의 검정력에 미치는 효과를 분석하고 있다. 그들의 분석 결과에 의하면, 성과측정 모형의 검정력은 사건일의 불확실성 정도와 초과수익률의 크기에 관계없이 표본의 크기에 비례하는 것으로 나타났다. 그러나, Dyckman et al.(1984)은 사건일의 불확실성, 표본의 크기 및 초과수익률의 크기 등 세 가지 변수의 상호 작용이 사건연구의 검정력에 어떠한 영향을 미치는지에 대해 연구의 목적을 두었기 때문에, 사건일을 정확히 포착할 수 있는 경우에 발생 가능한 소표본 문제와 이를 수정할 수 있는 연구방법 등에 대해서는 상세히 다루지 않고 있다.

정형찬(2006)은 소표본 문제가 사건연구의 통계적 오류와 검정력에 어떠한 영향을 미치는지를 살펴보기 위해 한국증권시장의 실제 일별 주식수익률 자료를 이용한 시뮬레이션 실험을 수행하였다. 또한, 소표본 문제로 인한 통계적 오류가 유의성 검정방법의 선택이나 시장지수의 선택에 따라 어느 정도 수정이 가능한지에 대해서도 함께 살펴보았다. 이를 위해, 1980년 1월부터 2003년 12월까지 한국거래소에 상장된 789개 주식을 전체 표본으로 선정하였다. 그리고, 표본의 크기(n)에 따라 50개(대표본 그룹), 20개, 10개, 5개(소표본 그룹) 등 네 개의 표본 그룹으로 분류하고, 각 표본 그룹은 표본의 크기에 따라 각각 n개의 개별주식으로 구성된 250개 표본을 그룹별로 선정하고 있다.

정형찬(2006)의 실증분석 결과를 요약하면 다음과 같다. 첫째, 표본의 크기가 작아짐에 따라 유의성 검정 과정에서 제2종 오류의 확률이 크게 증가하였다. 즉, 다음 〈표 4.11〉에서 제시한 바와 같이 표본의 규모가 작아질수록 성과측정 모형의 검정력이 감소하는 경향을 보이고 있다. 먼저, 〈표 4.11〉에서 사건일에 초과수익률이 존재하지 않는 경우, 표본의 크기 $n=50$인 대표본에서 각 모형의 기각률은 3.6%~4.4% 수준에 그치고 있다. 이것은 각 모형이 제1종 오류를 범할 확률을 의미하는 것으로 유의수준 5%보다 작아 설정오류가 없음을 의미한다. 또한, 소표본 그룹에서도 초과수익률이 존재하지 않을 경우, 각 모형의 제1종 오류의 확률은 표본의 크기에 무관하게 설정오류가 존재하지 않을 경우의 기각률의 95% 신뢰구간인 2~8%에서 벗어나지 않고 있다. $n=5$인 소표본 그룹에서 시장모형과 시장조정수익률모형의 제1종 오류가 각각 7.6%와 7.2%로 상대적으로 높게 나타나고 있으나, 이들도 95% 신뢰구간을 벗어나지는 않고 있다. 이처럼, 사건일에 초과수익률이 존재하지 않을 경우, 각 모형이 제1종 오류를 범할 확률은 표본의 크기와 유의적인 관련성을 보여 주고 있지 않다. 따라서, 사건연구에서 소표본 문제가 존재하더라도 이것이 모형의 제1종 오류, 즉 초과수익률이 존재하지 않음에도 불구하고 귀무가설을 기각하는 오류의 확률을 증가시키지는 않는다.

그러나, 사건일에 초과수익률이 존재할 경우, 각 성과측정 모형의 검정력은 표본의 크기에 따라 명확한 차이를 보여 주고 있다. 즉, 〈표 4.10〉에서 사건일에 일정한 크기의 초과수익률이 존재할 경우, 각 모형의 검정력은 표본의 크기가 작아질수록 그에 비례하여 낮아지는 것으로 나타났다.

〈표 4.10〉 표본의 크기와 성과측정 모형의 검정력

아래 표는 표본의 크기에 따라 모형의 검정력이 어떻게 변화하는지를 나타내는 시뮬레이션 분석 결과이다. 표에서 주어진 각 수치는 사건일에서 0~2% 크기의 초과수익률을 인위적으로 가산했을 때, 표본의 크기 그룹별로 각 그룹의 250개 표본 중에서 귀무가설이 기각된 비율을 나타낸 것이다. 벤치마크 시장지수로는 동일가중지수를 사용하며, 검정방법은 포트폴리오 시계열 검정법을 사용한다. 사건일에 초과수익률이 존재하지 않는다는 귀무가설에 대한 검정은 5% 유의수준하에서 단측 검정으로 이루어진다.[a]

표본의 크기		성과측정 모형	초과수익률의 크기			
			0%	0.5%	1%	2%
대표본	$n=50$	평균조정수익률모형	3.6%	27.6%	74.8%	100.0%
		시장조정수익률모형	4.4	32.4	82.0	100.0
		시장모형	4.0	29.6	83.2	100.0
소표본	$n=20$	평균조정수익률모형	4.4%	16.4%	40.4%	89.6%
		시장조정수익률모형	4.4	20.8	42.0	94.4
		시장모형	5.6	23.2	47.6	93.2

	평균조정수익률모형	4.0%	12.8%	22.8%	60.4%
$n=10$	시장조정수익률모형	4.4	14.0	27.2	68.8
	시장모형	4.8	12.8	29.2	70.8
	평균조정수익률모형	6.0%	8.0%	16.8%	38.0%
$n=5$	시장조정수익률모형	7.2	12.0	19.2	50.0
	시장모형	7.6	12.8	20.4	48.4

주 a) 정형찬(2006), p. 126의 〈표 4〉에서 인용.

예를 들어, 사건일에 2%의 초과수익률이 발생할 경우, $n=50$인 대표본에서는 시장모형이 100%에 달하는 완벽한 기각률을 보여 주고 있으나, $n=20$, $n=10$, $n=5$인 소표본 그룹에서는 각각 93.2%, 70.8%, 48.4%의 기각률을 보여 주고 있다. $n=50$인 대표본에서 시장모형의 검정력이 100%라는 것은, 사건일에 2% 이상의 초과수익률이 존재할 경우 시장모형이 제2종 오류, 즉 초과수익률이 존재함에도 불구하고 귀무가설을 기각하지 못하는 오류를 범할 확률이 거의 전무하다는 것을 의미한다. 이에 반해, 소표본 그룹에서는 표본의 크기가 작아질수록 시장모형의 제2종 오류는 역으로 6.8%(=1-0.932), 29.2%(=1-0.708), 51.6%(=1-0.484)로 더 커진다는 것을 뜻한다.

시장모형에서 관찰 가능한 표본의 크기와 모형의 검정력과의 이러한 상관관계는 시장조정수익률모형이나 평균조정수익률모형과 같은 다른 모형에서도 그대로 관찰할 수 있다. 이처럼, 표본의 크기가 작아짐에 따라 모형의 검정력이 낮아지는 근본적인 이유는, 표본평균 초과수익률의 분산이 표본의 크기가 작아짐에 따라 더 커지게 되고 이것이 검정통계량의 값을 작게 만들어 모형의 검정력을 떨어뜨리기 때문이다. 이러한 분석 결과는, 사건연구에서 소표본 문제가 존재할 경우, 모형의 제2종 오류를 범할 확률이 높아지게 되고, 이로 인해 모형의 검정력은 현저히 낮아지게 된다는 사실을 실증적으로 보여 주고 있다. 또한, 표본의 크기와 모형의 검정력과의 이러한 상관관계는 모형의 유형에 관계없이 성립함을 알 수 있다.

둘째, 귀무가설의 유의성을 검정하는 검정방법의 선택이 대표본 및 소표본 그룹 모두에서 모형의 검정력에 의미 있는 변화를 가져다주고 있다. 다음 〈표 4.11〉은 검정방법의 선택에 따라 표본의 크기 그룹별로 모형의 검정력이 어떻게 달라지는지를 나타낸 것이다. 유의성 검정방법으로는 포트폴리오 시계열 검정법과 개별주식 시계열 검정법을 사용하고 있다. 〈표 4.11〉에서 $n=5$인 소표본 그룹을 제외한 모든 표본 그룹에서 개별주식 시계열 검정법이 포트폴리오 시계열 검정법보다 훨씬 우수한 검정력을 나타내고 있다. 예를 들어, $n=50$인 대표본에서 초과수익률의 크기가 1%인 경우, 시장모형의 검정력은 포트폴리오 시계열 검정법을 사용했을 때 83.2%인 반면에, 개별주식 시계열 검정법을 사용했을 때는 96.8%로 나타났다. 즉 Brown and Warner(1985)의 주장대로 사건일 집중이 없는 상황에서 횡단면 종속성을 조정한 포트폴리오 시계열 검정법 대신에 횡단면 독립성을 가정한 개별주식 시계열 검정법을 선택함으로써 시장모형의 검정력을 약 13.6%가량 높일 수 있다. 이러한 분석 결과는, 표본의 크기가 10개 이상인 소표본의 경우 적절한 검정방법의 선택이 소표본 문제로 인한 모형의 검정력 감소 현상을 해결하는 데 기여할 수 있음을 의미한다.

셋째, 시장지수의 선택이 표본의 크기와 검정력과의 관계를 크게 변화시키지 못하는 것으로 나타났다. 각 표본의 크기 그룹별로 벤치마크 시장지수로 동일가중시장지수와 KOSPI를 사용하여 모형의 검정력을 비교하였으나 유의적인 차이는 발견할 수 없었다.

〈표 4.11〉 표본의 크기, 검정방법의 선택 및 모형의 검정력

아래 표는 표본의 크기와 유의성 검정방법의 선택에 따라 모형의 검정력이 어떻게 변화하는지를 나타내는 시뮬레이션 분석 결과이다. 표에서 주어진 각 수치는 사건일에서 0~2% 크기의 초과수익률을 인위적으로 더했을 때, 표본의 크기 그룹별로 각 그룹의 250개 표본 중에서 귀무가설이 기각된 비율(rejection frequency)을 나타낸 것이다. 벤치마크 시장지수로는 동일가중지수를 사용하며, 검정방법은 포트폴리오 시계열 검정과 개별주식 시계열 검정을 사용한다. 사건일에 초과수익률이 존재하지 않는다는 귀무가설에 대한 검정은 5% 유의수준하에서 단측 검정으로 이루어진다.[a]

표본의 크기	성과측정 모형	검정방법	초과수익률의 크기			
			0%	0.5%	1%	2%
대표본 $n=50$	평균조정모형	포트폴리오 시계열 검정	3.6	27.6	74.8	100.0
		개별주식 시계열 검정	4.4	42.0	92.0	100.0
	시장조정모형	포트폴리오 시계열 검정	4.4	32.4	82.0	100.0
		개별주식 시계열 검정	6.4	50.0	96.4	100.0
	시장모형	포트폴리오 시계열 검정	4.0	29.6	83.2	100.0
		개별주식 시계열 검정	7.2	54.8	96.8	100.0

				4.4	16.4	40.4	89.6
		평균조정모형	포트폴리오 시계열 검정	4.4	16.4	40.4	89.6
			개별주식 시계열 검정	5.6	22.8	58.8	97.6
	$n=20$	시장조정모형	포트폴리오 시계열 검정	4.4	20.8	42.0	94.4
			개별주식 시계열 검정	6.8	26.4	66.0	99.2
		시장모형	포트폴리오 시계열 검정	5.6	23.2	47.6	93.2
			개별주식 시계열 검정	7.2	31.6	69.6	99.6
		평균조정모형	포트폴리오 시계열 검정	4.0	12.8	22.8	60.4
			개별주식 시계열 검정	3.6	11.6	32.0	74.0
소표본	$n=10$	시장조정모형	포트폴리오 시계열 검정	4.4	14.0	27.2	68.8
			개별주식 시계열 검정	3.2	15.6	39.2	84.8
		시장모형	포트폴리오 시계열 검정	4.8	12.8	29.2	70.8
			개별주식 시계열 검정	3.6	17.2	40.4	86.4
		평균조정모형	포트폴리오 시계열 검정	6.0	8.0	16.8	38.0
			개별주식 시계열 검정	2.8	6.0	11.2	36.8
	$n=5$	시장조정모형	포트폴리오 시계열 검정	7.2	12.0	19.2	50.0
			개별주식 시계열 검정	3.2	7.6	15.6	45.6
		시장모형	포트폴리오 시계열 검정	7.6	12.8	20.4	48.4
			개별주식 시계열 검정	3.6	8.4	18.0	48.4

주 a) 정형찬(2006), p. 130의 〈표 5〉에서 인용.

4.8　한국증권시장에 적합한 단기성과 사건연구의 설계

4.8.1 단기성과 사건연구 설계 시 고려 사항

지금까지 설명한 바와 같이, 사건연구는 단 한 가지 표준적인 연구방법이 존재하는 것이 아니라, 연구자가 처한 표본 환경이 달라지면 거기에 가장 적합한 연구방법을 설계해야 한다. Collins and Dent(1984), Dyckman et al.(1984), Brown and Warner(1985) 등이 시뮬레이션 실험을 통해 제시한 바와 같이, 특정 표본 환경에 적합한 사건연구를 설계하는 데에는 연구자가 선택 가능한 영역이 있으며 그 해당 영역에서 구체적으로 어떤 연구방법을 선택하는지는 연구자의 주관적인 판단에 달려 있다. 이때 연구자가 고려해야 할 판단 기준은 어떤 것이 통계적으로 보다 정확하고 신뢰할 수 있는 방법인가 하는 점이다. 예를 들어, 단기성과를 측정하는 측정모형으로는 평균조정수익률모형, 시장조정수익률모형, 시장모형 등이 있으며 일반적인 표본 환경에서는 이들 중 어느 것을 선택하더라고 방법론적 문제를 초래하지는 않는다. 그러나, 만약 사건일이 어떤 특정 달력일에 집중되는 사건일 집중 현상(clustering)이 발생할 경우에는 이들 중 시장조정수익률모형이나 시장모형은 어느 것을 사용하여도 아무런 통계적 문제가 없다. 그러나, 평균조정수익률모형은 사건일 집중 시에 초과수익률이 발생하지 않는 상황에서 제1종 오류가 지나치게 높게 나타나는 설정오류가 있으므로 사용하지 않는 것이 바람직하다.

사건연구를 설계할 때 연구자가 선택 가능한 영역은 성과측정 모형 이외에도 유의성 검정 방법의 선택, 시장지수의 선택, 시장모형의 계수 추정방법의 선택(예를 들어, OLS, Scholes and Williams(1997)와 Dimson(1979)의 추정법) 등 다양한 영역을 들 수 있다. 실제로 연구자들이 여러 영역에서 특정 방법을 선택할 때 특히 사건연구에 익숙지 않은 연구자들에게는 이것이 상당한 심적 부담으로 작용하기도 한다. 그러나, Brown and Warner(1985)는 미국증권 시장을 대상으로 한 시뮬레이션 실험을 통해 연구자들의 이러한 고충을 상당 부분 해결해 주고 있다. 즉, Brown and Warner(1985)는 시뮬레이션 실험을 통해 선택 가능한 여러 연구방법들이 놀라울 정도로 유사한 검정력을 보이고 있으며, 이론적으로 정교하고 복잡한 방법을 사용한다고 해서 반드시 사건연구방법의 설정오류와 검정력에 있어 우월한 결과를 가져오지 않는다는 사실을 보고하고 있다.

결론적으로, Brown and Warner(1980, 1985), Collins and Dent(1984), Dyckman et al.(1984), 김찬웅·김경원(1997), 정형찬(1997) 등을 포함한 선행 연구를 바탕으로 한국증권 시장에 적합한 단기성과 사건연구방법을 다음과 같이 제시하고자 한다.

- 주식수익률 자료: 월별 수익률 자료를 이용한 사건연구보다는 일별 수익률 자료를 이용한 사건연구가 더 우월한 검정력을 가지므로 사건일을 확정할 수 있을 경우에는 반드시 일별 주식수익률 자료를 이용하도록 한다.

- 사건일 확정과 사건기간의 지정: 단기성과를 측정하는 사건연구에 있어서 사건일을 정확히 정의하지 못할 경우 검정력은 현저히 낮아질 수밖에 없다. 따라서, 금융감독원의 전자공시시스템(DART)과 한국거래소의 기업공시채널(KIND), 증권시장지 및 경제신문 등 다양한 정보원을 활용하여 정확한 사건일을 확정하도록 한다. 그리고, 사건기간은 사건일을 중심으로 얼마 동안의 윈도우를 설정하는 것이 최적인지에 대한 명확한 기준은 없다. 이것은 사건일을 정확히 확정할 수 있는 정도와 사건일 이전에 해당 사건에 대한 정보가 누출되었을 가능성 등에 따라 결정할 수밖에 없다. 사건일을 정확히 확정할 수 있을 경우에는 사건일 포함하여 2일 혹은 3일간의 짧은 윈도우를 사건기간으로 설정한다. 그러나, 사건일을 정확히 확정하기 힘들거나 혹은 사건일 이전에 정보의 누출 가능성이 크다고 판단될 경우에는 사건일을 중심으로 전후 10일 혹은 30일 등과 같이 사건기간을 보다 길게 설정하고 이 기간 동안의 누적초과수익률(CAR)을 측정하여 주가 반응을 충분히 반영할 수 있도록 해야 한다.

- 추정기간의 지정: 추정기간은 대개 사건일 이전이나 혹은 이후의 일정 기간을 선택하여 지정한다. 만약 사건의 영향으로 정상수익률을 결정하는 요인들이 변화하지 않았으리라고 예상되는 경우에는 추정기간을 대개 사건일 이전에 설정한다. 반면에, 기대수익률의 결정 요인이 사건으로 인해 변화하였으리라고 예상되는 경우에는 추정기간을 사건일 이후에 설정하거나 혹은 사건일 이전과 이후에 각각 추정기간을 설정한 다음 추정된 계수의 평균값을 이용하여 이를 기대수익률 측정에 사용할 수도 있다. 실제로 계수 추정기간은 일별 주식수익률 자료를 이용한 사건연구에서는 대개 100일에서부터 300일 사이가 적합하다.

- 표본의 크기: 사건연구에서 표본의 크기가 30개 이하로 소규모 표본일 경우 소표본 문제를 피할 수 없게 된다. 이때, 모형의 제2종 오류를 범할 확률이 높아지게 되고 이로 인해 모형의 검정력은 현저히 낮아지게 된다. 따라서, 이러한 소표본 문제를 피하기 위해서는 표본의 크기가 최소 30개 이상이어야 하며, 가능하면 50개 이상의 표본을 확보하는 게 좋다.

- 단기성과 측정모형의 선택: 성과측정 모형 가운데 시장조정수익률모형과 시장모형은 다양한 표본 환경하에서 특별한 통계적 문제를 초래하지 않으며 검정력도 뛰어나다. 이 중에서도 시장모형이 시장조정수익률모형에 비해 이론적으로 우월할 뿐만 아니라 더욱 널리 사용되고 있다. 따라서, 시장모형의 계수를 추정하는 데 어려움이 없을 경우에는 시장모형을 성과측정 모형으로 선택하는 것이 바람직하다. 연구자 개인이 스스로 시장모형의 계수를 정확히 추정할 수 없는 경우에는 DataGuide에서 제공하는 사건연구 정보서비스를 활용하는 것도 좋은 방법이다.

- 시장지수의 선택: 시장모형이나 시장조정수익률모형으로 기대수익률을 측정할 때 시장지수로서는 KOSPI보다는 동일가중지수를 사용할 것을 권고한다. 왜냐하면, 김권중 외 (1994)의 연구 결과에서와 같이 KOSPI를 시장수익률 측정치로 사용하면 연구 결론이 오도될 위험이 있으므로 KOSPI보다는 동일가중지수를 시장지수로 선택하는 것이 통계적 오류를 줄이고 검정력도 높일 수 있는 합리적 대안이기 때문이다.

- 유의성 검정방법의 선택: 사건일에 초과수익률이 존재하지 않는다는 귀무가설에 대한 유의성 검정 시에 사건기간 중 표본을 구성하는 개별주식의 분산이 증가할 것으로 예상된다면, 포트폴리오 시계열 검정법이나 개별주식 시계열 검정법 등과 같은 시계열 검정법보다는 횡단면 검정법을 사용하는 것이 설정오류를 피할 수 있다. 그리고, 사건일 집중 (clustering)이 발생할 경우에는 개별주식 초과수익률 간의 횡단면 상관관계를 조정해 주는 포트폴리오 시계열 검정법을 사용하는 것이 좋다. 그러나, 이러한 특수한 표본 환경이 아닌 일반적인 경우에는 횡단면 독립성을 가정한 개별주식 시계열 검정법을 사용하는 것이 사건연구의 검정력을 최대로 높일 수 있는 최적의 검정방법이다.

- 횡단면 회귀분석: 개별주식의 초과수익률과 개별기업의 재무적 특성과의 관련성을 설명하기 위해 활용할 수 있는 가장 적합한 통계적 도구는 누적초과수익률을 종속변수로, 개별기업의 재무적 특성을 독립변수로 각각 설정한 횡단면 회귀분석이다. 개별주식의 초

과수익률이 동분산성을 가질 것이라고 기대할 아무런 이유가 없기 때문에 이분산성으로 인한 방법론적 문제점을 줄이기 위해서는 OLS 대신에 WLS를 사용할 것을 권고한다. WLS의 가중치로는 시장모형의 경우 추정기간 중의 초과수익률의 표준편차의 역수 등을 이용할 수 있다.

4.8.2 단기성과 사건연구의 적용 사례

Jung(2010)은 한국지배권시장에서 주식교환(stock swap)에 의한 기업합병 시 합병대상기업의 상장 여부가 합병기업 주가의 시장반응에 어떠한 영향을 주는지에 대한 실증연구에서 사건연구를 적용하였다. 즉 기업합병 시에 합병대상기업이 상장기업이냐 혹은 비상장기업이냐의 여부가 공시일에 합병기업 주가에 미치는 가치효과를 측정하는 방법으로 사건연구를 활용하였다. 여기서는 Jung(2010)이 합병기업 주가의 단기성과를 측정하기 위해 선택한 사건연구의 설계 내용을 선택 영역별로 구체적으로 살펴보도록 한다.

- 수익률 자료 - 합병기업의 일별 주식수익률 자료를 이용한 사건연구방법을 선택했으며, 합병기업의 일별 수익률 자료는 한국증권연구원(현 자본시장연구원) 주식데이터베이스에서 수집하였다.

- 사건일 확정과 사건기간의 지정 - 최초 합병 공시일을 사건일로 정의하였으며, 사건기간은 사건일인 공시일을 중심으로 21일간 즉 -10에서 +10 기간으로 설정하였다. CAR를 측정하기 위한 사건 윈도우에 따라 세 가지 CAR인 $CAR(-10, +10)$, $CAR(-5, +5)$, $CAR(-1, +1)$ 등을 측정하였다.

- 추정기간의 지정 - 기대수익률을 추정하는 시장모형의 계수를 구하기 위해 계수 추정기간을 사건일($t=0$)을 기준으로 -160일에서부터 -11일 사이의 150일간으로 설정하였다.

- 표본의 크기 - 1980년과 2007년 사이에 한국지배권시장에서 합병에 성공한 332개의 합병기업을 표본으로 선정하였다. 이 중 273개 합병은 합병대상기업이 비상장기업이며, 나머지 59개 합병은 합병대상기업이 상장기업이다. 전체적으로는 표본의 크기가 300개를 초과하며 부표본인 상장기업 대상 합병의 경우도 50개를 초과함으로써 소표본 문제로 인한 검정력 저하는 피할 수 있다.

- 성과측정 모형의 선택 - 성과측정 모형으로는 시장모형을 선택하고 있다. 그런데, 합병기업 표본 중 주식 거래가 빈번하지 못한 중소기업이 다수 포함됨에 따라 비동시거래로 인한 시장모형의 계수 추정에 방법론적 문제점이 예상되어 OLS가 아닌 Scholes and Williams(1977)의 계수 추정법을 사용하고 있다.

- 시장지수의 선택 - 시장모형으로 기대수익률을 측정할 때 시장지수로서는 동일가중지수를 사용하고 있다.

- 유의성 검정방법의 선택 - 사건일에 초과수익률이 존재하지 않는다는 귀무가설에 대한 유의성 검정은 Patell(1976), Dodd and Warner(1983) 등이 제시한 개별주식 시계열 검정법을 적용하고 있다. 또한, 합병에 관한 주요한 정보가 사전에 누출되었을 가능성이 존재할 가능성이 있으므로 공시일을 중심으로 한 일정 기간에 발생한 누적초과수익률을 측정하고 이에 대한 유의성 여부를 검정하고 있다.

- 횡단면 회귀분석 - 개별 합병기업의 단기성과와 합병기업의 재무적 특성과의 관련성을 설명하기 위해 합병기업의 $CAR(-5, +5)$를 종속변수로 설정하고, 합병기업의 상장 여부, 상대적 규모, 새로운 대주주, 재벌 계열기업 여부 등 재무적 특성을 독립변수로 설정한 횡단면 회귀분석을 활용하고 있다. 특히, 합병기업 누적초과수익률의 이분산성으로 인한 방법론적 문제점을 완화하기 위해 OLS 대신에 WLS를 사용하고 있다. WLS의 가중치로는 추정기간 중의 초과수익률의 표준편차의 역수를 이용하였다.

참고로 Jung(2010)이 위에서 설명한 방식으로 설계한 단기성과 사건연구방법을 직접 수행하기 위해 작성한 Fortran 프로그램과 분석 결과는 〈부록 A4.2〉에서 제시하도록 한다.

그리고, 양희진 외(2017)는 기업의 주식분할과 무상증자 공시가 해당 기업의 시장가치에 미치는 영향을 살펴보기 위하여, 2008년 9월부터 2015년 12월까지 한국거래소 유가증권시장과 코스닥시장에 상장된 기업 중 주식분할과 무상증자를 공시한 기업을 대상으로 실증연구를 진행하였다. 양희진 외(2017)는 주식분할과 무상증자 공시 전후에 대한 시장반응을 관찰하기 위해 사건연구를 활용하고 있다. 양희진 외(2017)가 선택한 사건연구의 설계 내용을 선택 영역별로 구체적으로 살펴보면 다음과 같다.

- 수익률 자료 - 주식분할과 무상증자를 공시한 기업의 일별 주식수익률 자료를 이용한 사건연구방법을 선택했으며, 일별 수익률 자료는 FnGuide 데이터베이스에서 수집하였다.

- 사건일 확정과 사건기간의 지정 - 주식분할과 무상증자 공시일을 사건일로 정의하였으며, 사건기간은 사건일인 공시일을 중심으로 21일간 즉 -10에서 +10 기간으로 설정하였다. 주식분할과 무상증자의 공시효과를 측정하기 위해 CAR의 사건 윈도우에 따라 $CAR(-10, +10)$, $CAR(-1, +1)$, $CAR(-1, 0)$ 등을 포함한 11개의 누적초과수익률을 측정하였다.

- 추정기간의 지정 - 기대수익률을 추정하는 시장모형의 계수 추정기간을 사건일($t=0$)을 기준으로 -180일에서부터 -11일 사이의 170일간으로 설정하였다.

- 표본의 크기 - 글로벌 금융위기에 따른 금융시장의 환경변화를 최대한 통제하기 위해 2008년 9월부터 2015년 12월까지 한국거래소 유가증권시장과 코스닥시장에 상장된 기업 중 주식분할을 공시한 116개 기업과 무상증자를 공시한 151개 기업을 표본으로 선정하였다. 표본의 크기가 최소 100개를 초과함으로써 소표본 문제로 인한 검정력 저하는

발생하지 않을 것으로 판단된다.

- 성과측정 모형의 선택 - 단기성과 측정모형으로는 시장모형을 선택하고 있다. 그러나, 양희진 외(2017)는 논문에서 시장모형의 계수 추정방법에 대한 설명은 구체적으로 제시하지 않고 있어 정확히는 알 수 없으나 OLS 기법을 사용했을 것으로 생각된다.

- 시장지수의 선택 - 시장모형으로 기대수익률을 추정할 때 유가증권시장에 상장된 기업의 경우에는 KOSPI 지수수익률을, 코스닥 상장기업의 경우는 KOSDAQ 지수수익률을 벤치마크 시장지수수익률로 사용하고 있다.

- 유의성 검정방법의 선택 - 주식분할과 무상증자의 공시 효과를 확인하기 위해 공시일을 중심으로 한 일정 기간에 발생한 누적초과수익률을 측정하고 이에 대한 유의성 여부를 검정하고 있다.

- 횡단면 회귀분석 - 주식분할과 무상증자를 공시한 개별기업의 단기성과와 해당 기업의 재무적 특성과의 관련성을 설명하기 위해 개별기업의 $CAR(-1, +1)$를 종속변수로 설정하고, 이들 기업의 규모, 레버리지, 토빈의 q 등 재무적 특성을 독립변수로 설정한 횡단면 회귀분석을 이용하고 있다.

4.9   DataGuide와 KisValue를 활용한 사건연구

이 절에서는 우리나라의 대표적인 재무정보 데이터베이스인 DataGuide와 KisValue가 제공하는 사건연구 관련 정보를 분석하고, 이러한 정보가 실제 사건연구를 수행하는 연구자들에게 어떤 편의를 제공할 수 있는지를 살펴보도록 한다. 또한, 이들 재무정보 데이터베이스가 제공하는 사건연구 정보가 어떤 방법론적 한계를 가지고 있는지도 함께 분석한다.

4.9.1 DataGuide를 활용한 사건연구

〈그림 4.1〉 DataGuide 실행 메뉴

DataGuide는 FnGuide에서 제공하는 데이터베이스로 기본적으로 재무와 금융 관련 데이터를 효과적으로 조회, 편집 및 활용할 수 있는 투자분석 프로그램이다. DataGuide 설치 후 바탕화면의 DataGuide 아이콘을 더블클릭하여 프로그램을 실행하면 위의 〈그림 4.1〉과 같은 DataGuide 메뉴가 생성된다.

〈그림 4.1〉에서 제시된 DataGuide 실행 메뉴 중 [Tools]을 선택하면 여기서 사건연구를 실행할 수 있는 [Event study] 메뉴를 찾을 수 있다. DataGuide의 자체 매뉴얼에 의하면, [Event study]는 "29개의 기업 이벤트와 주가의 상관관계를 분석하는 툴로 시장모델을 통한 초과수익률과 누적초과수익률을 확인할 수 있어 금융관련 연구원, 학계 종사자 등이 유용하게 활용 가능한 서비스"로 소개하고 있다.

〈그림 4.2〉 DataGuide_Tools_Event study의 메뉴 화면 1

DataGuide의 [Tools_Event study] 메뉴를 클릭하면 앞 페이지의 〈그림 4.2〉와 같은 첫 번째 메뉴 화면이 나타난다.

〈그림 4.2〉에 제시된 바와 같이, DataGuide의 [Tools_Event study]의 첫 번째 메뉴 화면은 **[비정상수익률(AR) 추정모형], [이벤트 선택], [시장선택], [업종선택], [주식 종류]** 등의 하위 메뉴들로 구성되어 있다. 먼저 **[비정상수익률(AR) 추정모형]** 메뉴에서는 비정상수익률(AR) 혹은 초과수익률 추정모형을 선택하는 메뉴이다. 이 메뉴에서는 크게 다음 세 가지 유형의 추정모형을 제공하고 있다.

- 시장모형
- 평균조정수익률모형
- 시장조정수익률모형
  - 동일가중지수(EWI)
  - 가치가중지수(VWI)

또한, 시장조정수익률모형에서는 사용자가 본인의 연구 환경에 적합한 벤치마크 시장지수를 선택할 수 있도록 동일가중지수(EWI)와 가치가중지수(VWI) 등 두 지수를 모두 제공하고 있다.

다음으로, **[이벤트 선택]** 메뉴는 연구자가 관심을 갖는 연구 주제와 관련된 특정 이벤트를 아래 메뉴에서 하나를 선택하게 되면, DataGuide가 자동으로 해당 이벤트를 시행했거나 혹은 경험한 상장기업 표본을 수집 제공해 주는 매우 편리한 기능이다. 앞서 제시한 〈그림 4.2〉에서와 같이, DataGuide는 연구자가 선택 가능한 기업재무 관련 이벤트를 **자본금 변동, 자사주/사채, 사업/투자, 기타, 사용자 정의** 등 다섯 가지 유형으로 크게 구분하고, **사용자 정의**를 제외하고는 각 유형별로 다시 구체적인 이벤트를 나열하고 있다. DataGuide에서 제공하고 있는 각 유형별 기업재무 이벤트는 다음과 같다.

- 자본금 변동: 기업합병, 기업분할, 유상증자, 현금배당, 무상증자, 주식배당, 액면분할, 액

면병합, 무상소각, 유상소각, 이익소각
- 자사주/사채: 자사주 취득, 전환사채 발행, 신주인수권부사채 발행
- 사업/투자: 사업목적 변경, 영업정지/조업중단, 시설투자/자원개발, 유형자산취득/처분, 업종변경, 영업양수도, 자본/기술도입
- 기타: DR 발행, 소송, 상호변경, 기업설명회, 임원의 횡령, 대표이사 변경, 시장이전
- 사용자 정의: DataGuide에서는 제공하고 있지 않으나 사용자가 원하는 이벤트와 관련하여 사용자가 직접 수집한 표본기업과 공시일 등 자신의 데이터를 업로드해서 사건연구를 할 수 있도록 만든 메뉴

[이벤트 선택] 메뉴에서 **사용자 정의**를 제외한 **자본금 변동, 자사주/사채, 사업/투자, 기타** 중에서 하나의 이벤트를 선택했을 경우에는 사용자가 연구 표본을 따로 수집할 필요 없이 DataGuide의 자체 프로그램에 의해 표본기업과 공시일 등 사건연구의 표본을 자동적으로 수집할 수 있도록 설계되어 있다는 점이 매우 매력적이다. 그러나 앞서 설명한 바와 같이 사용자가 DataGuide의 시스템에서 제공하지 않은 이벤트를 선택해야 할 경우에는 어쩔 수 없이 사용자 스스로 표본기업과 최초 공시일 등에 관한 자료를 수집한 후 사건연구를 수행해야 한다. 물론 이 경우에도 사건연구의 수행 과정 중 표본 수집 이외의 비정상수익률 혹은 초과수익률 추정과 검정 등의 나머지 작업은 DataGuide의 사건연구 도구를 활용할 수 있다. **사용자 정의**를 선택할 경우 사용자가 직접 수집한 표본기업과 공시일 등의 데이터를 업로드하는 방법에 대해서는 DataGuide의 홈페이지에 탑재된 Visual Manual이 상세히 설명하고 있으므로 이를 참고하기 바란다(http://www.dataguide.co.kr/DG5Web/user_video.asp).

한편, 〈그림 4.2〉의 첫 번째 메뉴 화면 하단에 있는 **[시장선택], [업종선택], [주식종류]** 등의 하위 메뉴는 연구자가 특정 이벤트와 관련 있는 표본기업을 수집할 때 해당 기업이 속한 시장과 업종 및 주식 종류 등을 선택할 수 있는 메뉴이다.

- 시장 선택: 유가증권 시장+코스닥 시장 전체, 유가증권 시장, 코스닥 시장
- 업종 선택: 사용자가 특정 스타일 (기업규모 및 업종)을 선택 가능

- 주식 종류: 보통주, 우선주, 보통주+우선주 전체
  - 상장폐지 포함: 현재 시점에서 상장 폐지된 종목들을 포함시킬지에 대한 옵션을 제공.
  - 관리종목 포함: 현재 관리종목으로 지정된 종목들을 포함시킬지에 대한 옵션을 제공함.

이처럼, 사용자가 본인의 사건연구와 관련하여 초과수익률 측정모형과 이벤트, 표본기업이 속한 시장과 업종 및 주식 종류 등에 대한 선택을 모두 종료한 후에 화면 하단에 있는 [Next] 버튼을 누르면, 다음 〈그림 4.3〉에서 제시된 두 번째 메뉴 화면이 나타난다. 새 메뉴 화면에서 제공하고 있는 주요 메뉴로는 **[비정상수익률(AR) 추정모형]**과 **[벤치마크 선택]**, **[기간 선택]** 등 세 가지 메뉴이다.

〈그림 4.3〉 DataGuide_Tools_Event study의 메뉴 화면 2

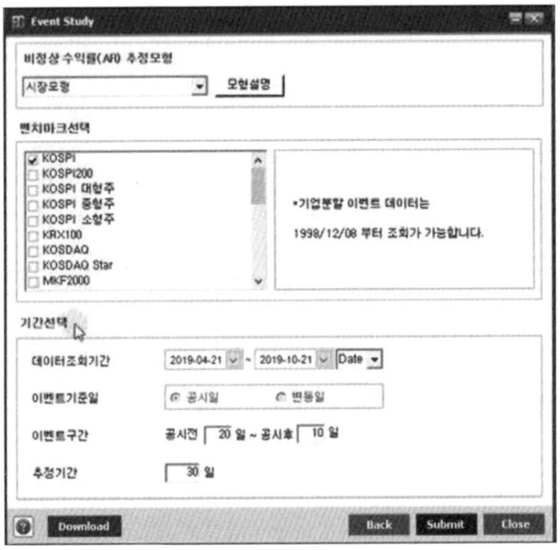

[비정상수익률(AR) 추정모형]은 앞선 〈그림 4.2〉에서 제시하고 있는 첫 번째 메뉴 화면에서도 제공하고 있는 것과 동일한 메뉴이다. 이처럼 이 메뉴가 두 메뉴 화면에 동시에 반복해서 제공되어야 하는 특별한 이유는 없고, 단지 벤치마크 선택에 앞서 어떤 비정상수익률 추정모형을 선택하였는지를 사용자에게 다시 한번 알려 주는 기능을 하는 것처럼 보인다. 일반적인 사건연구의 수행 절차를 고려해 본다면, **[비정상수익률(AR) 추정모형]** 메뉴는 첫 번째 메뉴

화면보다는 현재의 두 번째 메뉴 화면에 위치해 있는 것이 더 합리적이다. 따라서, 앞선 첫 번째 메뉴 화면에 있는 **[비정상수익률(AR) 추정모형]** 메뉴는 불필요하므로 제거하더라도 아무런 문제가 없어 보인다.

다음으로, **[벤치마크 선택]** 메뉴는 **[비정상수익률(AR) 추정모형]** 메뉴에서 시장지수를 사용해야 하는 추정모형인 시장모형이나 시장조정수익률모형-EWI, 시장조정수익률모형-VWI 중 어느 한 모형을 선택했을 경우 해당 모형에서 구체적으로 어떤 시장지수를 벤치마크로 사용할 것인지를 선택하는 메뉴이다. 이 메뉴에서는 KOSPI, KOSPI 200, KOSDAQ, KOSDAQ STAR, KRX 100 등 한국 증시를 대표하는 주요 시장지수뿐만 아니라 KOSPI 대형주, KOSPI 소형주, MKF IT, MKF 의료 등 특정 기업규모와 업종을 대표하는 시장지수도 포함한 다양한 시장지수를 제공하고 있다. 이 중에서 사용자가 자신의 사건연구에 적합한 시장지수를 선택할 시에 유의할 점은 앞선 〈그림 4.2〉의 메뉴화면 1에서 제공하고 있는 **[시장 선택]**과 **[업종 선택]** 메뉴에서 표본기업 수집을 위해 이미 선택한 시장과 업종에 맞게 벤치마크를 선택해야 한다는 것이다.

〈그림 4.3〉의 메뉴화면 2에서 **[비정상수익률(AR) 추정모형]**과 **[벤치마크 선택]**을 마친 다음에는 **[기간 선택]** 메뉴에서 사건연구에서 필수 사항인 시간 변수를 확정한다. 메뉴화면 2의 **[기간 선택]** 메뉴에서 선택해야 할 시간 변수는 **[데이터조회 기간]**, **[이벤트 기준일]**, **[이벤트 기간]**, **[알파베타 추정기간]** 등 네 가지이다. 여기서, **[데이터조회 기간]**은 사용자가 사건연구의 기초 자료인 표본기업과 벤치마크 시장지수의 수익률 자료 등을 수집할 기간을 고려한 전체 연구기간을 설정할 수 있는 메뉴이다. 다음으로 **[이벤트 기준일]** 메뉴는 사건연구에서 가장 중요한 사건일을 선택하는 메뉴이며, 사용자가 공시일과 변동일 중 하나를 선택할 수 있게 설정되어 있다. 일반적으로 거의 대부분의 사건연구에서는 이벤트 기준일, 즉 사건일을 해당 이벤트에 대한 정보가 증권시장의 투자자들에게 최초로 공개적으로 알려진 시점인 최초 공시일로 설정한다. 그런데, 이 메뉴에서는 신주 발행으로 자본금 변동을 유발하는 이벤트(기업합병, 유상증자, 액면분할, 주식배당 등)의 경우에는 공시일뿐만 아니라 변동일도 사건일로 선택할 수 있도록 되어 있다. 신주 발행 시에 신주 인수인, 즉 신주주가 주식 대금을 납입하는 날의 다음 날에 자본금 변동이 발생하므로 이날을 자본금 변동일로 정의한다. 신주 발행으로 자본금 변동을 수반하는 사건연구에서 공시일이 아닌 변동일을 사건일로 설정하는 경우는 거의

없으나, DataGuide에서는 "공시제도가 도입되기 이전의 폭넓은 과거 데이터 사용을 원하는 사용자를 위해 변동일을 사건일로 선택할 수 있는 대안으로 제공한다."라고 설명하고 있다.

그리고 [이벤트 구간] 메뉴는 기업재무의 특정 이벤트로 인해 주가가 유의적인 영향을 받았을 것으로 예상되는 기간인 사건기간을 사용자가 직접 설정할 수 있는 메뉴이다. 이 메뉴의 디폴트는 최초 공시일 전후 30일로 설정되어 있다. 반면에, [알파베타 추정기간] 메뉴에서는 [비정상수익률(AR) 추정모형] 메뉴에서 사용자가 비정상수익률 추정모형으로 시장모형이나 평균조정수익률모형을 선택했을 경우 해당 모형을 이용하여 특정 이벤트가 발생하지 않았을 경우에 예상되는 기대수익률 혹은 정상수익률을 추정하는 기간인 추정기간을 설정한다. 추정기간은 대개 사건일 이전이나 혹은 이후의 일정 기간을 선택하여 설정할 수 있으나, DataGuide의 [알파베타 추정기간] 메뉴에서는 사건일 이전의 일정 기간만을 추정기간으로 설정하도록 설계되어 있다. 예를 들어, [이벤트 구간]에서 사건기간을 공시일 기준 -30에서 +30일로 설정하고, [알파베타 추정기간] 메뉴에서 추정기간을 30일로 설정했다면, 실제 추정기간은 공시일 기준 -31에서 -60일이 된다. [8]

지금까지 설명한 〈그림 4.2〉의 메뉴화면 1의 [비정상수익률 추정모형], [이벤트선택], [시장선택], [업종선택], [주식종류]와 〈그림 4.3〉의 메뉴화면 2의 [비정상수익률(AR) 추정모형]과 [벤치마크 선택], [기간 선택] 메뉴를 모두 선택한 다음에는 DataGuide의 사건연구 프로그램을 실행할 단계에 이르게 된다. 이때, 〈그림 4.3〉의 메뉴화면 2의 하단에 있는 [Submit] 버튼을 클릭하게 되면 메뉴화면 1과 메뉴화면 2에서 사용자가 세팅을 완료한 사건연구의 분석 결과를 마이크로소프트의 엑셀 파일로 출력할 수 있게 된다. 사건연구의 분석 결과를 보여 주는 엑셀 화면은 다음 〈그림 4.4〉의 화면 하단의 검은색 상자에서 제시된 바와 같이 모두 6개의 시트(sheet)로 나누어진다.

---

8) 추정기간은 단순히 특정 이벤트가 발생하지 않았을 경우에 예상되는 기대수익률만을 추정하기 위해 설정한 기간은 아니다. 표본평균 초과수익률(AAR)이나 표본평균 누적초과수익률(CAAR)의 유의성 검정 시에 검정통계량의 분모인 이들의 표준오차를 추정할 경우에도 추정기간 내의 초과수익률 정보를 이용한다. 따라서 추정기간을 선택하는 메뉴 이름을 시장모형을 선택했을 경우 정상 혹은 기대수익률을 추정하기 위해 추정기간 중 표본기업의 증권특성선의 절편 알파(α)와 기울기 베타(β)를 추정한다는 의미의 〈알파베타 추정기간〉이라고 명명한 것은 추정기간의 기능을 충분히 반영하지 못한 것이다. 이보다는 메뉴 이름을 〈추정기간〉으로 단순화 하는 것이 오히려 더 적합하다.

〈그림 4.4〉 DataGuide_Tools_Event study의 출력 엑셀화면

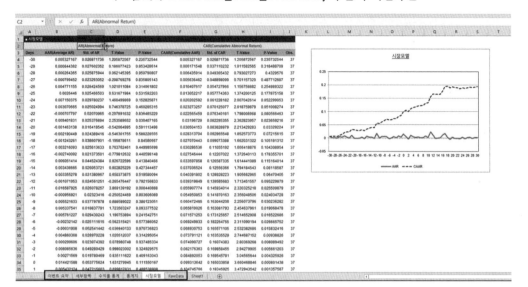

그리고, 사건연구의 분석 결과를 보여 주는 엑셀 파일의 6개 시트(sheet)별로 제공되는 출력 정보를 요약하면 다음과 같다.

- 이벤트 요약: 이 시트는 사용자가 선택한 이벤트명, 표본기업의 종목 코드와 종목명 리스트, 표본기업별 이벤트 빈도수, 이벤트 합계(표본의 크기), 유니버스(시장), 주식 종류, 벤치마크 시장지수, 데이터 조회기간, 이벤트 기준일의 유형(공시일 혹은 변동일), 이벤트 구간(사건기간), 추정기간 등에 대한 사용자의 선택 결과를 보여 준다.
- 세부 사항: 이 시트는 특정 이벤트를 시행한 표본기업 리스트, 표본기업별 최초 공시일, 주식 종류, 상장일, 표본기업별 이벤트의 세부 항목(예를 들어, 기업분할의 경우 분할비율) 등에 대한 결과를 제공한다.
- 수익률 통계: 이 시트는 표본기업의 종목코드, 종목명, 공시일 리스트와 표본기업별 사건기간과 추정기간 내의 각각의 일별 주식수익률 개수에 대한 통계치를 보여 준다.
- 통계치: 이 시트는 표본기업의 종목코드, 종목명, 공시일 리스트와 시장모형의 경우 회귀분석에 의한 개별 표본기업 증권특성선의 절편인 알파(α)와 기울기인 베타(β) 및

결정계수(R^2) 등에 대한 분석 결과를 보여 준다. 그런데, 이 **[통계치]** 시트에서는 결정계수(R^2)의 결과를 "다중상관계수(R^2)"로 표현하고 있는데, 이는 적절치 못한 것으로 생각된다. 왜냐하면, 시장모형의 경우, 표본기업별로 증권특성선의 알파(α)와 베타(β) 등 회귀계수를 추정하는 회귀분석에서는 독립변수로서 벤치마크 시장지수 수익률이 유일한 단순회귀분석(simple regression)이므로 "다중(multiple)"이란 용어는 적절치 않다. 또한 "R^2"은 상관계수가 아닌 결정계수(coefficient of determination)를 의미하기 때문이다. 따라서, "다중상관계수(R^2)"는 "결정계수(R^2)"로 수정하는 것이 더 적절하다.

- 시장모델: 이 시트는 시장모형을 이용하여 초과수익률 혹은 비정상수익률을 추정한 후 사건기간 중 사건일별로 표본평균 초과수익률(AAR)과 초과수익률의 표준편차, t-value, p-value, 표본평균 누적초과수익률(CAAR)과 누적초과수익률의 표준편차, t-value, p-value, 표본 크기(obs.) 등에 관한 정보를 제공한다. 또한, 사건기간 중 사건일별로 추정한 표본평균 초과수익률(AAR)과 표본평균 누적초과수익률(CAAR)의 움직임을 그래프로 보여 주고 있다. 참고로 이 결과 시트에서 제공하고 있는 사건일별 표본평균 초과수익률(AAR)의 통계적 유의성을 검정하는 검정통계량인 t-value는 앞선 〈4.4 유의성 검정방법의 선택〉에서 설명한 횡단면 검정법의 검정통계량으로 다음 식 (4.12)와 같이 정의한다.

$$\frac{AAR_t}{s_t / \sqrt{n}} \tag{4.12}$$

식 (4.12)에서 AAR_t는 사건일 t시점에서의 표본평균 초과수익률, s_t는 사건일 t시점에서의 초과수익률의 표준편차, n은 표본의 크기 등을 각각 의미한다. 따라서 DataGuide의 사건연구 분석 도구에서 각 사건일별 표본평균 초과수익률의 통계적 유의성 검정은 기본적으로 횡단면 검정법을 사용하고 있음을 알 수 있다. 그러나, 이 검정법은 추정기간 중의 표본기업 초과수익률에 관한 통계적 특성을 전혀 활용하지 않음으로써 통계적 검정력이 다른 검정법에 비해 상대적으로 낮은 단점을 가진다. 만약 사용자가 사건연구의 검정력을 높이기 위해 포트폴리오 시계열 검정법이나 개별주식 시계열 검정법을 활용하려 할 경우에는 DataGuide의 사건연구 분석 도구를 사용해서는 안 된다. 이때는 사용자 자신이 포트폴리오 시계열 검정법이나 개별주식 시계열 검정법의 검정통계량을 측정할 수 있는 독자적인 사건연구 프로그램을 개발해서 사용해야 한다.

- RawData: 이 시트는 사건기간 중 사건일별로 개별 표본기업의 종목코드(Ticker), 종목명(Name), 초과수익률(AR), 누적초과수익률(CAR), 공시일(Announcement date) 등에 대한 분석 결과를 제공한다. 특히, 이 시트에서 제공하는 개별 표본기업의 사건일별 초과수익률(AR)과 누적초과수익률(CAR) 자료는 초과수익률의 결정 요인을 파악하기 위한 횡단면 회귀분석을 수행하는 경우 혹은 사용자가 DataGuide의 사건연구 분석 틀에서 벗어나 보다 정교한 사건연구방법을 사용하려 할 경우에 매우 유용한 자료로 활용할 수 있다.

지금까지 살펴본 바와 같이, DataGuide의 [Tools_Event study]에서 제공하는 사건연구의 분석 도구들은 사건연구를 이용하여 연구논문이나 보고서를 작성하려는 연구자에게는 표본 수집에서부터 초과수익률의 추정 및 검정에 이르는 전 단계에 있어서 도움을 받을 수 있는 매우 유용한 분석 도구일 수 있다. 특히, 비정상수익률 혹은 초과수익률 추정모형으로 시장모형을, 표본평균 초과수익률(AAR)의 통계적 검정방법으로 횡단면 검정법을 선택한 연구자에게는 추가적인 분석 없이 DataGuide의 [Tools_Event study]가 제공하는 분석 결과를 그대로 활용할 수 있다. 그러나, 개별주식의 β-위험을 측정하는 데 있어서 비동시거래의 효과를 완화하기 위해 OLS 대신 Scholes-Williams(1977)나 Dimson(1979) 등이 제안한 계수 추정 방법을 이용할 경우나 혹은 표본을 구성하는 개별기업이 동일 산업에 집중되어 있거나 혹은 사건일이 동일 달력일자에 집중되어 있을 경우에 발생하는 초과수익률의 횡단면 상관관계를 조정하기 위해 포트폴리오 시계열 검정법이나 GLS 검정법 등의 정교한 사건연구방법을 적용하려 할 경우에는 DataGuide의 [Tools_Event study] 분석 도구는 크게 도움이 되지 않는다. 이러한 경우에는 어쩔 수 없이 연구자 본인이 정교한 사건연구방법을 구현할 수 있는 사건연구 프로그램을 직접 작성하여 활용하는 방안을 선택할 수밖에 없다.

4.9.2 KisValue를 활용한 사건연구

KisValue는 NICE신용평가정보에서 제공하는 데이터베이스로 DataGuide와 마찬가지로 재무와 금융 관련 데이터를 효과적으로 수집 및 활용할 수 있는 투자분석 프로그램이다. KisValue 설치 후 바탕화면의 [NewKisValue] 아이콘을 더블클릭하여 로그인 후 프로그램 시작(START) 버튼을 누르면 다음 〈그림 4.5〉와 같은 KisValue 메뉴가 생성된다.

<그림 4.5> KisValue 데이터베이스의 실행 메뉴

위의 〈그림 4.5〉에서 제시된 KisValue 실행 메뉴 중 [Advanced Analytics]을 선택하면 여기서 사건연구를 실행할 수 있는 [Event Study] 메뉴를 찾을 수 있다. KisValue의 자체 매뉴얼에 의하면, [Event Study]는 "KOSPI, KOSDAQ 업종 내 기업들의 1985년 이후의 주가수익률과 거래량 정보에 대해 일정기간을 지정하여 KOSPI, KOSDAQ 수익률과 선택 벤치마크 수익률을 텍스트 파일로 다운로드할 수 있는 서비스"로 소개하고 있다.

KisValue의 [Advanced Analytics_Event Study] 메뉴를 클릭하면 다음 〈그림 4.6〉과 같은 첫 번째 메뉴 화면이 나타난다. 〈그림 4.6〉에서 제시된 바와 같이, KisValue의 [Advanced Analytics_Event Study]의 첫 번째 메뉴 화면은 **[Step 1-Benchmark-수익률]**, **[Step 2-Query Term]**, **[Step 3-Target Identifiers]** 등 세 단계의 하위 메뉴들로 구성되어 있다. 먼저 **[Step 1-Benchmark-수익률]** 메뉴는 비정상수익률(AR) 혹은 초과수익률을 추정하기 위해 사용자가 벤치마크 시장지수를 선택하는 과정이다.

<그림 4.6> KisValue의 [Advanced Analytics_Event Study] 메뉴화면 1

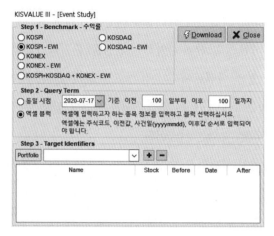

이 메뉴에서는 〈그림 4.6〉의 메뉴화면 1에서와 같이 우리나라 증권시장을 대표하는 다음 7가지 유형의 벤치마크 지수를 제공하고 있다.

(1) KOSPI　　　　(2) KOSPI_EWI　　　(3) KOSDAQ

(4) KOSDAQ_EWI　(5) KONEX　　　　(6) KONEX_EWI

(7) KOSPI+KOSDAQ+KONEX_EWI

따라서 사용자는 [Step 1-Benchmark-수익률] 메뉴에서 제공하는 이 7가지 벤치마크 시장지수 중에서 본인의 연구 주제와 표본에 가장 적합한 시장지수를 벤치마크로 선택할 수 있다.

다음으로 [Step 2-Query Term] 메뉴는 사건연구에 사용되는 표본기업의 수익률과 벤치마크 시장지수의 수익률, 거래량 등 기초 재무자료의 조회 기간(Query Term)을 설정하는 메뉴이다. 사용자는 사건일을 기준으로 사건일 이전과 이후 기간을 선택하여 데이터의 조회 기간(Query Term)을 설정한다. 이때, 사용자는 사건연구의 시간 변수인 사건일을 중심으로 사건기간과 추정기간 등을 충분히 고려하여 데이터 조회 기간(Query Term)을 결정하는 것이 좋다. KisValues는 이 메뉴에서 데이터의 조회 기간을 설정하는 방법으로 다음과 같이 [동일 시점]과 [엑셀 블록] 등 두 가지 방식을 제시하고 있다.

- **동일 시점**: 모든 표본기업에 동일한 사건일, 즉 동일한 기준일자를 적용한다. 위의 〈그림 4.6〉에서와 같이, 사용자가 사건일에 해당하는 기준 일자와 사건 전후 기간을 사건 기간과 추정기간 등을 함께 감안하여 설정할 수 있다. **[동일 시점]** 메뉴는 회계처리 규정의 변경 등의 이벤트에서와 같이 표본을 구성하는 개별주식의 사건일이 특정한 달력 일자(calendar date)에 집중되는 사건일 집중 현상이 발생할 경우에 매우 유용하게 활용할 수 있는 기능이다.

- **엑셀 블록**: 표본기업의 사건일 집중 현상이 발생하지 않아 표본기업별로 사건일이 상이할 경우에 엑셀의 블록 기능을 이용하여 데이터 조회 기간을 설정할 수 있다. 먼저 **[엑셀 블록]** 메뉴를 활용하기 위해서는 다음 〈그림 4.7〉에서와 같이 표본기업의 종목코드(Stock), 사건일 이전 기간(Before), 사건일(Date), 사건일 이후 기간(After) 순으로 표본기업과 데이터 조회 기간을 명시한 엑셀 파일을 작성해야 한다. 그런 다음, 이를 블록으로 지정한 후 **[엑셀 블록]** 메뉴를 선택하면 된다. 그러나, 유의해야 할 점은 현재 KisValue version 3.2에서 제공하는 이 **[엑셀 블록]** 메뉴 기능은 엑셀의 2013년 이전 하위 버전에서는 잘 작동하나 최근 버전에서는 제대로 작동하지 않는다는 사실이다.

〈그림 4.7〉 엑셀 블록 메뉴의 활성화를 위한 엑셀 파일 작성 방법

	A	B	C	D	E
1	Stock	Before	Date	After	
2	000140	100	20070620	100	
3	000270	100	20100723	100	
4	028150	100	20080930	100	
5	039130	100	20091220	100	
6	035760	100	20090810	100	
7	000210	100	20100205	100	
8					
9					

그리고, 다음 단계인 **[Step 3-Target Identifiers]** 메뉴는 사용자가 직접 다음 〈그림 4.8〉 메뉴 화면 1A의 하단 창에 표본기업을 선택하고 사건일과 데이터 조회 기간을 입력하여 사건연구에 필요한 기초 자료인 표본기업의 수익률과 벤치마크 지수수익률, 거래량 등을 수집할 수 있

도록 도와주는 기업선택(Target Identifiers) 기능이다. 표본기업 선정 시 〈그림 4.8〉의 +(추가), -(삭제) 버튼을 이용하여 기업을 추가로 선택하거나 혹은 삭제할 수 있다. 표본기업을 모두 선택한 이후에는 하단의 창에서 나머지 데이터 즉 사건일 이전(Before), 사건일(Date), 사건일 이후(After) 등 데이터 조회 기간을 직접 편집할 수 있다. 한편, 앞선 단계의 **[Step 2-Query Term]** 메뉴에서 **[엑셀 블록]** 기능을 선택하여 데이터 조회 기간(Query Term)을 설정한 경우에는, 아래 〈그림 4.8〉의 메뉴화면 1A에서 제시된 바와 같이, 표본기업 명(Name)과 종목 코드(Stock), 이전 기간(Before), 사건일(Date), 사건일 이후 기간(After) 등에 관한 데이터가 자동으로 하단의 화면 창에 추가된다.

〈그림 4.8〉 KisValue의 [Advanced Analytics_Event Study] 메뉴화면 1A

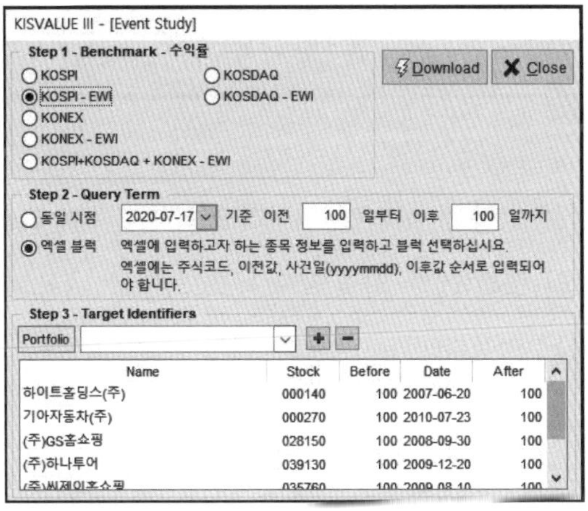

지금까지 설명한 바와 같이, 사용자가 **[Advanced Analytics_Event Study]**의 메뉴 화면에서 **[Step 1-Benchmark_수익률]**, **[Step 2-Query Term]**, **[Step 3-Target Identifiers]** 등 3단계의 하위 메뉴를 모두 선택하여 세팅이 완료되면, 〈그림 4.8〉 메뉴화면 1A의 오른쪽 상단에 위치한 **[Download]** 버튼을 클릭하여 사건연구에 필요한 기초 데이터를 내려 받을 수 있다. 다운로드가 완료되면 다음 〈그림 4.9〉의 메뉴화면 2와 같은 텍스트(text) 파일이 자동으로 열린다.

아래 〈그림 4.9〉의 메뉴화면 2에서처럼 **[Download]** 결과 KisValue의 [Advanced Analytics_

Event Study]가 최종적으로 제공하는 텍스트 파일은 사건연구에 필수적인 다음 데이터를 포함하고 있다.

〈그림 4.9〉 KisValue의 [Advanced Analytics_Event Study] 메뉴화면 2

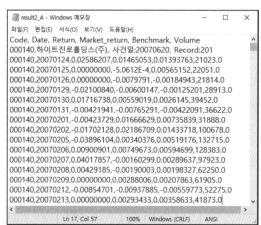

- 표본기업의 코드, 표본기업 명, 사건일, 데이터 조회 기간 일수(Record)
- 표본기업별, 데이터 조회 기간 일별로 종목코드(Code), 조회일(Date), 주식수익률 (Return), 시장수익률(Market_return), 벤치마크(Benchmark), 거래량(Volume)

위의 〈그림 4.9〉의 메뉴화면 2에서 다운로드 받은 텍스트(text) 파일의 데이터 중에서 시장수익률(Market_return)과 벤치마크(Benchmark)는 표본기업이 속한 주식시장의 지수수익률과 사용자가 [Step 1-Benchmark-수익률] 메뉴에서 7가지 벤치마크 시장지수 중에서 선택한 수익률을 각각 의미한다. 위의 〈그림 4.9〉에서 제시된 예에 의하면, 표본기업 하이트진로홀딩스(주)의 경우 주식이 한국거래소 유가증권시장에 상장되어 있으므로 시장수익률(Market_return)은 KOSPI 지수수익률을 의미한다. 그리고 만약 사용자가 [Step 1-Benchmark-수익률] 메뉴에서 벤치마크 수익률로서 KOSPI 동일가중지수 수익률(KOSPI_EWI)을 선택했다면 벤치마크(Benchmark)는 KOSPI 동일가중지수 수익률이 된다.

앞 절에서 설명한 DataGuide의 [Tools_Event study]는 사건연구를 활용하여 논문이나 보고서를 작성하려는 연구자에게 표본 수집에서부터 초과수익률의 추정 및 검정에 이르는 전 단계에 걸쳐 관련 정보를 제공하는 분석 도구이다. 이에 반해, KisValue의 [Advanced Analytics_ Event Study]는 사건연구의 분석 도구라고 하기보다는 사건연구를 수행하는 데 필수적인 기초 데이터, 즉 데이터 조회 기간 내의 표본기업의 주식수익률(Return)과 벤치마크 지수수익률 (Benchmark), 거래량(Volume) 등에 관한 데이터를 제공해 주는 전형적인 데이터베이스의 역할에 그치고 있다. KisValue는 사건연구의 과정에서 표본기업의 수집이나 초과수익률의 추정 및 검정 등에 관한 정보는 일절 제공하지 않고 있다.

따라서, 사건연구를 처음으로 수행하는 초보 연구자의 경우는 KisValue의 [Advanced Analytics_Event Study]보다는 DataGuide의 [Tools_Event study] 분석 도구를 활용하는 것이 훨씬 편리하다. 그러나 앞서도 언급한 바와 같이 DataGuide의 [Tools_Event study]에서 제공하는 사건연구의 분석 도구는 극히 초보적인 수준에 그치고 있어 사건연구의 초과수익률 추정과 검정 과정에서 보다 정교한 방법을 적용하려는 연구자에게는 크게 도움을 주지 못하는 시스템의 한계를 지니고 있다. 한편, 사건연구에 경험이 많고 본인 스스로 사건연구를 수행할 수 있는 프로그램을 개발 운용할 수 있는 수준의 숙련된 연구자의 입장에서는 KisValue의 [Advanced Analytics_Event Study]나 DataGuide의 [Tools_Event study] 둘 다 사건연구를 수행하는 데 필수적인 기초 데이터, 즉 데이터 조회 기간 내의 표본기업의 주식수익률과 벤치마크 지수수익률, 주가, 발행주식수 및 거래량 등에 관한 데이터를 제공해 주는 데이터베이스의 역할이 더 중요하다. 이러한 관점에서 본다면, KisValue의 [Advanced Analytics_Event Study]나 DataGuide의 [Tools_Event study] 모두 사건연구의 중요한 분석 도구로 활용 가능하다고 평가할 수 있다.

부록

A4.1 단기성과 측정모형에 대한 보완

A4.1.1 자본자산가격결정모형(CAPM)

Sharpe-Lintner-Mossin에 의해 개발된 CAPM은, 다음 식 (A4.1)에서 정의한 바와 같이, 어떤 개별자산이나 포트폴리오의 기대수익률과 체계적 위험과의 관계를 선형으로 나타낸 대표적인 자산가격결정모형이다.

$$E(R_j) = R_f + [E(R_m) - R_f]\beta_j \tag{A4.1}$$

여기서, $E(R_j)$ = 표본기업 j의 기대수익률

R_f = 무위험수익률(risk-free rate of return)

$E(R_m)$ = 시장포트폴리오의 기대수익률

β_j = 표본기업 j의 체계적 위험

체계적 위험의 크기가 β_j인 표본기업 j의 기대수익률을 CAPM에 의해 추정한다고 할 때, 표본기업 j의 초과수익률은, 다음 식 (A4.2)와 같이, Jensen(1968)의 성과지수(Jensen's performance index) 측정과 동일한 방법으로 측정한다.

$$AR_{jt} = R_{jt} - [R_{ft} + (R_{mt} - R_{ft})\beta_j] \tag{A4.2}$$

Dimson and Marsh(1986)와 Seyhun(1986) 등은 CAPM에 의해 추정한 초과수익률은 시

장모형에 비해 규모효과(size effect)로 인한 편의가 발생할 가능성이 더 크다고 주장하고 있다. 실제로 CAPM을 이용하여 초과수익률을 측정한 선행 연구로는 Ball and Brown(1968), Dimson and Marsh(1984), Brick et al.(1989) 등을 들 수 있다.

A4.1.2 Fama-MacBeth 모형

Fama-MacBeth 모형은 Fama and MacBeth(1973)에 의해 개발된 일종의 CAPM 변형 모형이다. 이 모형에 의하면 먼저 추정기간 동안 시장모형을 사용하여 개별주식의 β를 추정한다. 이렇게 추정한 개별주식의 β를 이용하여 사건기간 동안 개별주식의 초과수익률로서 'Fama-MacBeth 잔차'를 다음 식 (A4.3)에 의해 측정한다.

$$AR_{jt} = e_{jt} = R_{jt} - \hat{\gamma}_{1t} - \hat{\gamma}_{2t}\beta_j \qquad \qquad (A4.3)$$

어떤 특정 달력월 t에 있어서 개별주식 j의 Fama-MacBeth 잔차 e_{jt}는 위의 식 (A4.3)에서 명시한 바와 같이 개별주식 j의 실제 수익률 R_{jt}에서 γ_{1t}와 γ_{2t}의 추정치에 반영된 시장요인의 효과를 차감한 것이다. 식 (A4.3)에서 정의한 초과수익률 e_{jt}를 Fama-MacBeth 잔차로 부르는 것은 이것을 측정하기 위해 이용하는 γ_{1t}와 γ_{2t}의 추정치가 Fama and MacBeth(1973)에 의해 도출된 것이기 때문이다. 어떤 주어진 달력월 t에 있어서, 이 두 계수 $\hat{\gamma}_{1t}$과 $\hat{\gamma}_{2t}$는 20개 포트폴리오의 평균 수익률과 평균 β의 횡단면 회귀분석식에서 절편과 기울기를 각각 의미한다. γ_{1t}와 γ_{2t}의 추정치는 달력월마다 달라진다. 그러나, 어떤 특정 달력월에 있어서 γ_{1t}와 γ_{2t}계수의 값은 모든 개별주식에 동일하게 적용되며, 이들은 각각 제로베타 포트폴리오의 수익률과 증권시장선(security market line)의 기울기에 해당된다. Brown and Warner(1980)는 시뮬레이션 실험에서 $\hat{\gamma}_{1t}$과 $\hat{\gamma}_{2t}$의 값으로 Fama(1976)가 측정한 추정치(pp. 357-360의 Table 9.3)를 사용하고 있다.

개별주식의 사건월 '0'에서의 초과수익률은 해당 주식의 Fama-MacBeth 잔차로서 측정한다. 시장모형과 마찬가지로, 단기성과 측정치는 표본평균 Fama-MacBeth 잔차이며, 이것의 통계적 유의성 검정은 전통적 t-검정에 의해 이루어진다(Brown and Warner, 1980, pp. 253-254).

A4.2   Jung(2010)의 사건연구 분석 프로그램과 결과

A4.2.1 사건연구 분석을 위한 Fortran 프로그램

앞서 설명한 바와 같이, Jung(2010)은 한국지배권시장에서 주식교환에 의한 기업합병 시 합병대상기업의 상장 여부가 합병기업 주가의 시장반응에 어떠한 영향을 주는지에 대한 실증연구에서 사건연구를 활용하였다. 다음은 Jung(2010)이 합병기업 주식의 단기성과를 측정하기 위해 선택한 사건연구를 수행하기 위해 작성한 FORTRAN 프로그램을 제시한 것이다.

Fortran으로 작성된 아래 사건연구 프로그램은 앞서 〈4.8.2 단기성과 사건연구의 적용 사례〉에서 상세히 설명한 바와 같이 기본적으로 단기성과 측정모형으로는 시장모형을 사용하고 있으며, 시장모형의 계수 추정은 OLS가 아닌 Scholes and Williams(1977) 계수 추정법을 사용하고 있다. 그리고, 유의성 검정방법으로는 개별주식 시계열 검정법을 적용하고 있다.

PROGRAM MERGERS

```
C-------------------------------------------------------------------------------------------------
C       This is the Fortran program for event study.
C       1. It uses market-risk adjusted return as abnormal performance measures for a
C          successful mergers sample.
C       2. It uses Scholes-Williams procedures for market model parameter estimation.
C       3. It selects EWMI rather than VWMI as benchmark market index.
C       4. Sample: bidders successfully acquiring private and public target.
C       5. It uses share time series method to test null hypothesis of no abnormal
C          performance.
C-------------------------------------------------------------------------------------------------
```

```
      INTEGER ADATE,TDATE,BDATE,BTDATE,EDATE,ETDATE,LT,SN,
     *CUSIP,PCUSIP,XCUSIP,CALDT(8000),ITDATE(8000),PRET,ARET,
     *PDATE(173),ATDATE,DNBH
      REAL RET(173),EWMI(173),VWMI(173)
C------------------------------------------------------------------------------------------------
C     Input parameters related to event and estimation period.
C------------------------------------------------------------------------------------------------
      DIMENSION AR(30),ASAR(30),ZVL(30),SN1(30),PPA(30),CAR(30),
     *RCAR(500,10),PRCAR(10),ASCAR(30),CZVL(30),SN2(30),NOMS(30),
     *NOS(30),DOT(130),EVANR(400,30),SEVANR(400,30),ESANR(400,150),
     *CNOS(30),SIGNZ(30),SN3(30),ASCAR1(30),CAR1(30),NOSINT(30),
     *CZVL1(30),SN4(30)
      CHARACTER*1 DOT
      CHARACTER*2 NAT
      CHARACTER*3 SN1,SN2,SN3,SN4
      CHARACTER*9 TNAME
      CHARACTER*20 ANAME
      INTEGER CNOS,PDATE(30),ESPS,EVPS,EVPF,A(5),B(5),YR
      DATA NESP/150/,IES/-10/,IEF/10/,NOLS/0/,NOFE/0/
C------------------------------------------------------------------------------------------------
C     Specification of event windows for CAR estimation.
C------------------------------------------------------------------------------------------------
      DATA A/-10,-10,-5,-1,-1/,B/5,1,5,0,1/
      DATA NINT/5/,IRUN/20090405/
      NEVP=IEF-IES+1
C------------------------------------------------------------------------------------------------
C     Open calendar, return data and output files.
```

```
C-----------------------------------------------------------------------------------------------------

      OPEN (1,FILE='C:\STOCK\MERGER\DATA\SFRET_LTa.TXT',STATUS='OLD')

      OPEN (2,FILE='C:\STOCK\MERGER\DATA\RES.TXT',STATUS='NEW')

      OPEN (3,FILE='C:\STOCK\MERGER\DATA\CAR1.TXT',STATUS='NEW')

      OPEN (4,FILE='C:\STOCK\MERGER\DATA\CAR2.TXT',STATUS='NEW')

      OPEN (7,FILE='C:\STOCK\MERGER\DATA\RCAR.TXT',STATUS='NEW')

      OPEN (8,FILE='C:\STOCK\MERGER\DATA\CHECK.TXT',STATUS='NEW')

C-----------------------------------------------------------------------------------------------------

C     Read in CUSIP code to search for.

C-----------------------------------------------------------------------------------------------------

  40  READ(1,*,END=42) CUSIP,ADATE,ATDATE,LT,DNBH,CHB,FOCUS,SN

      READ(1,*) (TDATE(I),RET(I),EWMI(I),VWMI(I),I=1,173)

        YR=ADATE/10000

        IF(CHB.NE.1.OR.YR.LT.1987) GOTO 40

      WRITE(8,444) CUSIP,ADATE,LT,SN

 444  FORMAT(T1,5X,'CUSIP=',I6,3X,I8,3X,I3,3X,I3)

C-----------------------------------------------------------------------------------------------------

C     Estimate Scholes-Williams BETA of an individual bidding firm during

C     estimation period.

C-----------------------------------------------------------------------------------------------------

      SUMXY=0.

      SUMXSQ=0.

      SUMY=0.

      SUMX=0.

      OSUMXY=0.

      OSUMXQ=0.

      OSUMX=0.
```

```
TSUMX=0.

TSUMXY=0.

TSUMXQ=0.

SY=0.

MSR=0

DO 385 M=1,NESP

K=M+1

OK=K-1

TK=K+1

IF(RET(OK).LE.-1.OR.RET(K).LE.-1.OR.RET(TK).LE.-1) THEN

MSR=MSR+1

GO TO 385

ENDIF

SUMY=SUMY+RET(K)

SUMX=SUMX+EWMI(K)

SUMXY=RET(K)*EWMI(K)+SUMXY

SUMXSQ=EWMI(K)**2+SUMXSQ

OSUMX=OSUMX+EWMI(OK)

OSUMXY=RET(K)*EWMI(OK)+OSUMXY

OSUMXQ=EWMI(OK)**2+OSUMXQ

TSUMX=TSUMX+EWMI(TK)

TSUMXY=RET(K)*EWMI(TK)+TSUMXY

TSUMXQ=EWMI(TK)**2+TSUMXQ

SY=EWMI(K)*EWMI(OK)+SY

385   CONTINUE

NNESP=NESP-MSR

RNUM=NNESP*SUMXY-SUMX*SUMY
```

```
        DENOM=NNESP*SUMXSQ-SUMX**2

        ORNUM=NNESP*OSUMXY-OSUMX*SUMY

        ODENOM=NNESP*OSUMXQ-OSUMX**2

        TRNUM=NNESP*TSUMXY-TSUMX*SUMY

        TDENOM=NNESP*TSUMXQ-TSUMX**2

        AUTN=SY-(SUMX*OSUMX/NNESP)

        AUTD=(SUMXSQ-SUMX**2/NNESP)*(OSUMXQ-OSUMX**2/NNESP)

        AUTDR=AUTD**0.5

        AUTOC=AUTN/AUTDR

        IF(DENOM.EQ.0.OR.ODENOM.EQ.0.OR.TDENOM.EQ.0.OR.AUTDR.EQ.0) THEN

        WRITE(8,11) DENOM,ODENOM,TDENOM,AUTDR

11      FORMAT(T10,'ERROR=DENOM IS ZERO',4(3X,F8.4))

        GOTO 40

        ENDIF

        BETA1=RNUM/DENOM

        ALPHA=(SUMY/NNESP)-BETA1*(SUMX/NNESP)

        OBETA=ORNUM/ODENOM

        TBETA=TRNUM/TDENOM

        SWBETA=(BETA1+OBETA+TBETA)/(1.0+2*AUTOC)

        S=1.0/(NNESP-2)

        SWALPH=(S*SUMY)-(SWBETA*S*SUMX)

        WRITE(8,26) BETA1,ALPHA,SWBETA,SWALPH

26      FORMAT(T10,'BETA=',F7.3,3X,'ALPHA=',F7.3,3X,
       *'SWBETA=',F7.3,3X,'SWALPHA=',F7.3)

        NOFE=NOFE+1

C------------------------------------------------------------------------------------------------

C       Estimate abnormal return and residual variance for an individual bidding
```

```
C       firm during the estimation period.

C-------------------------------------------------------------------------------------------------

        VARMR=SUMXSQ-SUMX**2/(NESP-MSR)

        ARM=SUMX/(NESP-MSR)

        AESA=0

        DO 413 N=1,NESP

        K=N+1

        IF(RET(K).LE.-1) THEN

        ESANR(NOFE,N)=-9.9

        GO TO 413

        ELSE

        ESANR(NOFE,N)=RET(K)-SWBETA*EWMI(K)-SWALPH

        AESA=AESA+ESANR(NOFE,N)

        ENDIF

  413   CONTINUE

        AESA=AESA/(NESP-MSR)

        SDARES=0

        DO 437 I=1,NESP

        IF(ESANR(NOFE,I).EQ.-9.9) GO TO 437

        SDARES=SDARES+(ESANR(NOFE,I)-AESA)**2

  437   CONTINUE

        SDARES=SDARES/(NESP-MSR)

C-------------------------------------------------------------------------------------------------

C       Estimate each bidding firm's forecast variance and abnormal return

C       during the event period.

C-------------------------------------------------------------------------------------------------

        DO 412 N=1,NEVP
```

```
          K=IES+162+N-1

          IF(RET(K).GT.-1) THEN

          EVANR(NOFE,N)=RET(K)-SWBETA*EWMI(K)-SWALPH

          SDAREV=(SDARES*(1+1.0/(NESP-MSR)+(EWMI(K)-ARM)**2/VARMR))**.5

          SEVANR(NOFE,N)=EVANR(NOFE,N)/SDAREV

          ELSE

          EVANR(NOFE,N)=-9.9

          SEVANR(NOFE,N)=-9.9

          ENDIF

    412   CONTINUE

C-----------------------------------------------------------------------------------------------------

C       Create external file for an individual bidding firm's CARs that can be used

C       in cross-sectional regression analysis.

C-----------------------------------------------------------------------------------------------------

          DO 37 IC=1,NINT

          ISS=A(IC)-IES+1

          IEE=B(IC)-IES+1

          RCAR(IC)=0

          DO 64 ID=ISS,IEE

          IF(EVANR(NOFE,ID).EQ.-9.9) THEN

          EVA=0

          ELSE

          EVA=EVANR(NOFE,ID)

          ENDIF

          RCAR(IC)=RCAR(IC)+EVA

     64   CONTINUE

     37   CONTINUE
```

```
          WRITE(7,141) CUSIP,ADATE,LT,DBHN,SN,(RCAR(I),I=1,NINT)
   141    FORMAT(T1,I6,T9,I8,T20,I2,T25,I3,T31,I3,/T5,5F12.6)
          GO TO 40
    42    CONTINUE
C------------------------------------------------------------------------------------------------
C      Estimate average abnormal return, average standardized abnormal return,
C      and its z-value.
C------------------------------------------------------------------------------------------------
          DO 56 I=1,NEVP
          AR(I)=0.
          ASAR(I)=0
          PPA(I)=0
          NOMS(I)=0
    56    CONTINUE
          DO 43 I=1,NEVP
          PDATE(I)=I-1+IES
          DO 44 J=1,NOFE
          IF(EVANR(J,I).EQ.-9.9) GO TO 55
          AR(I)=AR(I)+EVANR(J,I)
          ASAR(I)=ASAR(I)+SEVANR(J,I)
          IF(EVANR(J,I).GE.0) PPA(I)=PPA(I)+1
          GO TO 44
    55    NOMS(I)=NOMS(I)+1
    44    CONTINUE
          NOS(I)=NOFE-NOMS(I)
          AR(I)=AR(I)/NOS(I)
          ASAR(I)=ASAR(I)/NOS(I)
```

```
          PPA(I)=PPA(I)/NOS(I)*100

          SIGNZ(I)=(PPA(I)/100-1./(2*NOS(I))-.5)/(.5*.5/NOS(I))**.5

          AZ=ABS(SIGNZ(I))

          CALL TEST(AZ,SN4(I))

          ZVL(I)=ASAR(I)*NOS(I)**.5

          AZ=ABS(ZVL(I))

          CALL TEST(AZ,SN1(I))

    43    CONTINUE
C-------------------------------------------------------------------------------------------------------
C         Calculate CAR, the average standardized CAR, and its z-value.
C-------------------------------------------------------------------------------------------------------
          DO 61 J=1,NEVP

          CNOS(J)=0

    61    CONTINUE

          IC=0

          DO 75 I=1,NEVP

          ID=I-1

          IF(IC.EQ.0) GO TO 91

          CAR(I)=CAR(ID)+AR(I)

          ASCAR(I)=ASCAR(ID)+ASAR(I)

          CNOS(I)=CNOS(ID)+NOS(I)

          N=CNOS(I)/I

          CZVL(I)=(N**.5)/(I**.5)*ASCAR(I)

          AZ=ABS(CZVL(I))

          CALL TEST(AZ,SN2(I))

          GO TO 92

    91    CAR(I)=AR(I)
```

```fortran
      ASCAR(I)=ASAR(I)

      CNOS(I)=NOS(I)

      N=CNOS(I)

      CZVL(I)=N**.5*ASCAR(I)

      AZ=ABS(CZVL(I))

      CALL TEST(AZ,SN2(I))

   92 IC=IC+1

C------------------------------------------------------------------------------

C     Create the external file for ARs and CARs.

C------------------------------------------------------------------------------

      WRITE(3,76) PDATE(I),AR(I),ASAR(I),N,CAR(I),CZVL(I)

   76 FORMAT(T1,I3,T5,F10.4,T17,F10.4,T29,I4,T35,F10.4,T47,F10.4)

   75 CONTINUE

C------------------------------------------------------------------------------

C     Print format: Head (run date, sample, and model information)

C------------------------------------------------------------------------------

      DO 57 I=1,130

      DOT(I)='-'

   57 CONTINUE

      WRITE(2,801) IRUN

  801 FORMAT(3(/),80X,'RUN DATE = ',I8,

     *9(/),10X,'I. TOPIC: MERGERS OF PRIVATE VS PUBLIC FIRMS',

     *//10X,'II. RESULTS: DAILY AAR AND CAAR'

     *//10X,'III. SAMPLE: ACQUIRING FIRMS OF PRIVATE & PUBLIC FIRMS',

     *//10X,'IV. MODEL: RISK ADJUSTED MARKET MODEL WITH EWMI',

     *//10X,'V. ESTIMATION PERIOD: (-160, -11)',

     */14X,'EVENT PERIOD: (-10, +10)',
```

```
    *//10X,'VI. ALTERNATE WINDOW LENGTHS OF CARS:'//

    *21X,'CAR WINDOW #1 = (-10, +10)',

    */ 21X,'CAR WINDOW #2 = (-10, 0)',

    */ 21X,'CAR WINDOW #3 = (-5, 0)',

    */ 21X,'CAR WINDOW #4 = (-1, 0)',

    */ 21X,'CAR WINDOW #5 = (-1, +1)'/)

    WRITE(2,54) NOFE

 54 FORMAT(10X,'VII. NUMBER OF SAMPLE FIRMS =',I5,6(/))
C-------------------------------------------------------------------------------------------------
C    Print format: Table 1 (Daily ARs during event period)
C-------------------------------------------------------------------------------------------------
    WRITE(2,802)

802 FORMAT(18(/),60X,'Table 1'//35X,'Daily Average Abnormal Return for Acquirer during',

    *1x,'Event Period',2(/),5X,130('-'),//8X,'DAY',T22,'AAR',T37,'ASAR',

    *T51,'Z-value of ASAR',T71,'CAAR',T88,'% of +AR',T106,'Z-value of +AR',

    *//5X,130('-')/)

    WRITE(2,52) (PDATE(I),AR(I),ASAR(I),ZVL(I),SN1(I),CAR(I),

    *PPA(I),SIGNZ(I),SN4(I),I=1,NEVP)

 52 FORMAT(8X,I3,T20,F7.5,T35,F8.5,T52,F8.4,A3,T69,F8.5,T89,F6.2,T108,F7.4,A3)

    WRITE(2,807)

807 FORMAT(/5X,130('-'))

    WRITE(2,811)

811 FORMAT(10X,'NOTES:'/14X,'1. * Significant at 5% level using two tail test.',

    */14X,'2. ** Significant at 1% level using two tail test.',

    */14X,'3. AAR means a daily average abnormal return defined as Eq. (1).',

    */14X,'4. ASAR means average standardized abnormal return defined as Eq. (3).',

    */14X,'5. % of +AR means % of positive abnormal return in estimating',1x,
```

```
      *'abnormal residual for each event date.')

C-------------------------------------------------------------------------------------------------

C        Significance test over CARs for various event windows.

C-------------------------------------------------------------------------------------------------

        DO 12 I=1,NINT
        IA=A(I)
        IB=B(I)
        CAR1(I)=0
        ASCAR1(I)=0
        NOSINT(I)=0
        DO 14 J=IA,IB
        JA=J+1-IES
        CAR1(I)=CAR1(I)+AR(JA)
        ASCAR1(I)=ASCAR1(I)+ASAR(JA)
        NOSINT(I)=NOSINT(I)+NOS(JA)
14      CONTINUE
        NOSINT(I)=NOSINT(I)/(IB-IA+1)
        CZVL1(I)=(NOSINT(I)**.5)/((IB-IA+1)**.5)*ASCAR1(I)
        AZ=ABS(CZVL1(I))
        CALL TEST(AZ,SN3(I))
        PRCAR(I)=0
        DO 15 K=1,NOFE
        IF(RCAR(K,I).GT.0) THEN
        PRCAR(I)=PRCAR(I)+1
        ENDIF
15      CONTINUE
        PRCAR(I)=PRCAR(I)/NOFE*100.0
```

```
C------------------------------------------------------------------------------------------------------

C        Create the external file for CAR(A,B)

C------------------------------------------------------------------------------------------------------

         WRITE(4,815) A(I),B(I),NOSINT(I),CAR1(I),CZVL1(I),PRCAR(I)

   815   FORMAT(I3,1X,I3,1X,I3,3(1X,F8.5))

    12   CONTINUE

C------------------------------------------------------------------------------------------------------

C        Print format: Table 2 - CAR(A,B)

C------------------------------------------------------------------------------------------------------

         WRITE(2,805)

   805   FORMAT(14(/),60X,'Table 2',

        *//35X,'Cumulative Average Abnormal Returns for Event Windows',2(/),5X,130('-'),

        */T22,'DAY'/T14,'Start(A)',T26,'End(B)',T43,'CAAR(A,B)',

        *T67,'ASCAR(A,B)',T90,'Z-value of ASCAR',3x,'% of +CAR',//5X,130('-')/)

         WRITE(2,806) (A(I),B(I),CAR1(I),ASCAR1(I),CZVL1(I),SN3(I),PRCAR(I),I=1,NINT)

   806   FORMAT(T16,I3,T28,I3,T43,F8.5,T67,F9.5,T93,F7.4,A3,8x,F6.2)

         WRITE(2,809)

   809   FORMAT(/5X,130('-'))

         WRITE(2,813)

   813   FORMAT(10X,'NOTES:'/14X,'1. * Significant at 5% level using two tail test.',

        */14X,'2. ** Significant at 1% level using two tail test.',

        */14X,'3. CAAR(A,B) means cumulative average abnormal return over the interval',1X,

        *'A to B defined as Eq. (2).',

        */14X,'4. ASCAR(A,B) means average standardized cumulative abnormal return',1X,

        *'defined as Eq. (4).',

        */14X,'5. % of +CAR means % of positive cumulative abnormal return in',1X,

        *'estimating average cumulative abnormal return for each event window.'/)
```

```fortran
C--------------------------------------------------------------------------------
C     Close the all input and output files.
C--------------------------------------------------------------------------------
      WRITE(8,911) NOFE
911   FORMAT(5(/),'END-OF-PROGRAM N OF FIRM =',3X,I4)
      CLOSE(1)
      CLOSE(2)
      CLOSE(3)
      CLOSE(4)
      CLOSE(7)
      CLOSE(8)
      STOP
      END
C--------------------------------------------------------------------------------
C     Subroutine program for significance tests.
C--------------------------------------------------------------------------------
      SUBROUTINE TEST(AZI,SNI)
      CHARACTER*3 SNI
      IF(AZI.GE.2.57) THEN
      SNI='**'
      ELSE IF(AZI.GE.1.96) THEN
      SNI='*'
      ELSE
      SNI=' '
      ENDIF
      RETURN
      END
```

A4.2.2 사건연구의 분석 결과

다음 〈Table 1〉은 위에서 제시한 Fortran 프로그램의 실행 결과물(output)로 사건기간 중 일별로 합병기업 주식의 표본평균 초과수익률(AAR)과 표본평균 표준화 초과수익률(ASAR), ASAR의 z-값, 표본평균 누적초과수익률(CAAR), 표본기업 중 양의 초과수익률의 비율(% of +AR), +AR의 z-값 등을 나타낸 것이다.

Table 1 Daily Average Abnormal Return for Acquirer during Event Period

Day	AAR	ASAR	Z-value of ASAR	CAAR	% of +AR	Z-value of +AR
-10	0.00213	0.12022	0.7411	0.00213	47.37	-0.4867
-9	-0.00445	-0.31716	-1.9551	-0.00232	34.21	-2.1089*
-8	0.00575	0.07052	0.4347	0.00343	36.84	-1.7844
-7	0.00195	-0.03107	-0.1915	0.00538	42.11	-1.1356
-6	0.01129	0.28588	1.7623	0.01668	55.26	0.4867
-5	0.01485	0.45057	2.7775**	0.03152	60.53	1.1356
-4	-0.00379	-0.10419	-0.6423	0.02774	31.58	-2.4333*
-3	-0.00137	-0.06433	-0.3966	0.02637	50.00	-0.1622
-2	0.00225	0.06187	0.3814	0.02862	52.63	0.1622
-1	0.00465	0.14503	0.8940	0.03327	50.00	-0.1622
0	-0.01847	-0.62734	-3.8672**	0.01480	39.47	-1.4600
1	-0.00704	-0.23946	-1.4761	0.00776	36.84	-1.7844
2	-0.00226	-0.02577	-0.1588	0.00550	39.47	-1.4600
3	0.00035	-0.27359	-1.6865	0.00585	57.89	0.8111
4	-0.000091	-0.15974	-0.9847	0.00494	42.11	-1.1356
5	-0.00756	-0.35646	-2.1974*	-0.00262	36.84	-1.7844
6	0.00080	-0.00490	-0.0302	-0.00182	44.74	-0.8111
7	-0.00099	-0.05315	-0.3277	-0.00281	52.63	0.1622
8	-0.00053	0.00751	0.0463	-0.00334	39.47	-1.4600
9	0.00315	-0.03287	-0.2026	-0.00019	44.74	-0.8111
10	-0.00322	-0.14743	-0.9088	-0.00340	42.11	-1.1356

NOTES:

1. * Significant at 5% level using two tail test.

2. ** Significant at 1% level using two tail test.

3. AAR means a daily average abnormal return defined as Eq. (1).

4. ASAR means average standardized abnormal return defined as Eq. (3).

5. % of +AR means % of positive abnormal return in estimating abnormal residual for each event date.

그리고, 다음 〈Table 2〉는 사건 윈도우별로 표본평균 누적초과수익률(CAAR)과 표본평균 표준화 누적초과수익률(ASCAR), ASCAR의 z-값, 표본기업 중 양의 누적초과수익률의 비율(% of +CAR), +CAR의 z-값 등을 나타낸 것이다.

Table 2 Cumulative Average Abnormal Returns for Event Windows

Day					
Start(A)	End(B)	CAAR(A,B)	ASCAR(A,B)	Z-value of ASCAR	% of +CAR
-10	10	-0.00340	-1.29586	-1.7432	39.47
-10	1	0.00776	-0.24946	-0.4439	47.37
-5	5	-0.01930	-1.19341	-2.2181*	44.74
-1	0	-0.01382	-0.48231	-2.1023*	50.00
-1	1	-0.02086	-0.72177	-2.5688*	34.21

NOTES:

1. * Significant at 5% level using two tail test.

2. ** Significant at 1% level using two tail test.

3. CAAR(A,B) means cumulative average abnormal return over the interval A to B defined as Eq. (2).

4. ASCAR(A,B) means average standardized cumulative abnormal return defined as Eq. (4).

5. % of +CAR means % of positive cumulative abnormal return in estimating average cumulative abnormal return for each event window.

5

장기성과 측정을 위한 사건연구

사건연구는 어떤 특정 사건이 주가에 미치는 가치효과를 측정하기 위한 연구방법이며, 일반적으로 사건기간의 장단에 따라 단기성과와 장기성과 측정을 위한 사건연구로 구분한다. 주식의 단기성과 측정을 위한 사건연구는 앞의 제4장에서 논의한 바와 같이 최초 공시일인 사건일을 중심으로 한 단기간의 사건기간에서 특정 사건의 가치효과 혹은 공시효과를 측정하는 사건연구를 의미한다. 이와 같이 사건일을 중심으로 단기간의 공시효과를 측정하는 단기성과 사건연구는 기업의 특정 의사결정이 주주 부에 미치는 효과를 이해하는 데 필요한 실증적인 증거를 제시한다.

이에 반해, 장기성과에 관한 사건연구는 자본시장 연구에서 시장효율성을 검정하는 연구방법으로서 매우 중요한 역할을 수행하고 있다. 장기성과를 측정하는 사건연구는 사건기간을 대개 사건월(event month)을 포함하지 않고 사건월 다음 월부터 12개월(1년), 36개월(3년) 혹은 60개월(5년)까지의 기간으로 설정한다. 사건기간에 사건월을 포함하지 않는 것은 장기성과를 측정할 때 공시효과를 제거하기 위한 목적이다. 만약 기업의 어떤 특정 의사결정 이후 수년간의 기간 동안 통계적으로 매우 유의한 장기성과가 존재한다면, 이것은 증권시장이 특정 사건의 가치효과를 개별기업의 주가에 신속하고 정확하게 반영하지 못하고 있음을 의미한다. 따라서, 이것은 궁극적으로 효율시장가설을 기각하는 이상현상(anomaly)으로 해석할 수 있기 때문에 장기성과에 관한 사건연구는 시장효율성에 대한 매우 중요한 실증분석 결과를 제시할 수 있다.

장기성과에 관한 사건연구는 단기성과를 측정하는 사건연구에서와 마찬가지로 초과수익률을 추정하는 절차(estimation procedure)와 초과수익률의 유의성을 검정하는 절차(testing procedure)로 크게 구분된다. 장기성과 사건연구방법론은 장기성과의 추정과 검정에 관련된 여러 가지 방법론적 문제들을 다루게 된다. 또한, 장기성과 사건연구에는 연구의 표본 환경이나 혹은 연구자의 개인적인 선호에 따라 선택 가능한 다양한 연구 방법이 존재한다. 예를 들어, 초과수익률을 계산하는 방법에 따라 누적초과수익률(CAR)과 매입보유초과수익률(BHAR: Buy-and-Hold Abnormal Return)로 구분하며, 기대수익률을 추정하는 방법은 벤치마크의 유형에 따라 자산가격결정모형, 기준포트폴리오 접근법, 통제기업 접근법 등 크게 세 가지로 나눌 수 있다. 그리고, 장기 초과수익률의 유의성을 검정하는 방법은 전통적 t-검정, 붓스트랩 검정, Wilcoxon 부호-순위 검정 등을 들 수 있다. 이와 같이, 장기성과에 관한 사건연구에서도 성과측정 모형의 선택과 유의성 검정방법의 선택 등에 따라 장기성과의 존재에 대한 결론이 달라질 수 있으므로 연구자는 가능한 한 연구의 특성이나 표본 환경에 적합한 성과측정 모형과 유의성 검정방법을 선택해야 한다.

이 장에서는 장기성과 사건연구에서 성과측정 모형의 선택과 유의성 검정방법의 선택 등이 연구방법의 효율성에 어떤 영향을 미치는지를 선행 연구를 중심으로 논의하도록 한다. 또한, 이러한 기존 연구의 실증분석 결과를 바탕으로 한국증권시장을 대상으로 한 장기성과 연구에 가장 적합한 사건연구방법을 제시하도록 한다.

5.1 선행 연구

장기성과에 대한 사건연구는 FFJR(1969)에서 시작된 이래로 오랜 역사를 가지고 있다. 1970년대 말부터 1980년대 초반까지 인수합병과 증권발행 등과 같은 특정 사건 이후의 장기성과의 존재와 시장 비효율성에 대한 관심이 고조되기 시작했다. 그 이후 지금까지 많은 연구자들에 의해 장기성과에 대한 실증적 연구가 다양한 사건을 중심으로 매우 활발하게 이루어지고 있다(Agrawal et al., 1992; Ikenberry et al., 1995; Spiess and Affleck-Graves, 1999; Dichev and Piotroski, 2001; Boehme and Sorescu, 2002; Byun and Rozeff, 2003; Eberhart et al., 2004; Dutta and Jog, 2009; Yook, 2010; Phan and Hegde, 2012; Chen, et al., 2019). 기존의 장기성과 연구에 의하면, 개별기업의 특정 의사결정 이후 수년간(예를 들어, 1년, 3년 혹은 5년)의 기간 동안 통계적으로 매우 유의한 장기성과가 존재한다는 실증분석 결과를 제시하고 있다. 이것은 궁극적으로 효율시장가설에 반하는 이상현상(anomaly)으로 해석할 수 있다.

장기성과의 존재에 대한 기존의 실증분석 결과는 많은 연구자들로 하여금 투자자들이 정보 처리과정에서 가지는 편의와 차익거래의 한계 등에서 기인한 시장 비효율성을 설명하는 가설을 개발하게 만드는 계기가 되었다(DeBondt and Thaler, 1985, 1987; De Long et al., 1990; Shleifer and Vishny, 1997; Daniel et al., 1998). 이러한 이상현상에 관한 연구와 시장 비효율성으로서의 이상현상을 이론적으로 설명하고자 하는 시도가 행동재무론(behavioral finance)으로 알려진 새로운 연구 분야를 탄생시키게 되었다. 이 분야에서의 연구는 주로 투자자들이 정보를 처리하는 과정에서 가지는 편의(예를 들어, 보수주의 편의, 과신, 군집행동 등)가 증권 가격을 결정하는 데 어떤 의미를 갖는지를 이론화하고 이를 검정하는 것이다. 증권시장에서 투자자들의 투자행위에서 발생하는 편의가 상당 기간 일관되게 나타나고 여기서 초래된 가격결정 오류를 수정하는 차익거래는 오랜 시간이 소요되기 때문에(Shleifer and Vishny, 1997), 수많은 연구들이 최초공모(initial public offering), 인수합병, 이익 공시 등과 같은 주요 사건 이후 1년 혹은 3년간의 장기 초과수익률의 존재를 설명할 수 있는 가설을 개발하고 이를 검정하는 데 초점을 두고 있다(Kothari and Warner, 2007, pp. 20-21). 예를 들어, Daniel et al.(1998)은 장기성과와 관련된 이상현상을 행동재무론의 관점에서 설명하고 있는데, 그들에 의하면 기업이 특정 사건을 공시하기 전에 그 기업의 주가를 과신하고 있는 투자자들은 주가가 과대(과소) 평가되었을 시점에 공시되는 기업의 부정(긍정)적인 새로운 정보에 과소 반응하며, 이 과정에서 주가에 충분히 반영되지 못한 부분이 시간이 지남에 따라 해당기업의 장기성과로 나타난다고 주장하고 있다.

그러나, Kothari and Warner(1997)와 Barber and Lyon(1997) 등은 특정 사건 이후에도 장기적인 시장성과가 수년간 지속된다는 기존의 연구결과들이 시장의 가격결정 오류(mispricing)

에서 기인한 것이라기보다는 오히려 장기성과 측정모형의 설정오류(misspecification)에서 초래되었을 가능성을 제기하였다. 예를 들어, Kothari and Warner(1997)에 의하면 사건월(event month) 이후 3년간의 초과수익률이 실제로는 전혀 발생하지 않았음에도 불구하고 5% 유의수준하에서의 검정 결과 전체 250개 표본 중 약 34.8%에 이르는 표본에서 유의한 장기성과가 존재하는 것으로 나타났다. 이러한 분석 결과는 미국증권시장에서 장기성과 측정모형의 통계적 오류가 얼마나 심각한 수준인지를 잘 보여 주고 있다.

한편, Fama(1998)는 특정 사건 이후 장기성과가 존재한다고 보고하고 있는 많은 실증연구 결과들이 결코 효율시장가설을 부정하는 증거가 될 수 없다고 주장하고 있다. 그 이유는 장기성과 이상현상(long-term return anomaly)이 연구방법론에 매우 민감하기 때문이다. 장기성과 연구에서 초과수익률을 추정하기 위해 사용하는 기대수익률 예측 모형을 달리 적용하거나, 혹은 초과수익률을 계산하는 통계적 접근방법을 변경할 경우 장기성과 이상현상이 사라지거나 혹은 통계적으로 유의하지 않은 수준으로 대폭 감소하는 사례를 자주 볼 수 있다. 그래서, Fama(1998)는 대부분의 장기성과 이상현상은 단순히 방법론적 환상(methodological illusion)에 지나지 않는다고 주장하고 있다. 특히, 장기성과 연구에서 초과수익률 측정을 위해서는 기대수익률을 예측하는 자산가격결정모형이 반드시 필요하므로, 시장 효율성 검정은 결국 자산가격결정모형의 검정과 연계된 결합가설 검정(joint-hypothesis test) 문제에 직면할 수밖에 없다. 그러나, 아직까지 기대수익률을 완벽하게 추정할 수 있는 자산가격결정모형은 존재하지 않고 있다. 그는 이러한 부적절한 모형으로 인한 문제(bad model problem)는 재무학 연구의 모든 분야에서 부딪치는 일반적인 문제일 수 있으나, 장기성과에 관한 사건연구에서는 더 심각한 방법론적 문제를 초래하게 된다고 주장하고 있다.

미국 학계에서는 오랜 기간 장기성과의 존재 여부와 연구방법론을 둘러싸고 관련 연구자들 간에 논쟁이 지속되었다. 이러한 논쟁 속에서 Barber and Lyon(1997), Lyon et al.(1999), Brav(2000), Mitchell and Stafford(2000), Cowan and Sergeant(2001), Ang and Zhang(2004), Jegadeesh and Karceski(2009) 등은 증권시장의 실제 수익률 자료를 이용한 시뮬레이션(data-based simulation)을 통해 통계적 신뢰성을 확보하면서 검정력이 뛰어난 장기성과 사건연구 방법을 개발하는 데 크게 기여하고 있다.

우리나라에서도 학계와 업계에서 많은 연구자들에 의해 장기성과에 대한 연구가 활발히 이루어지고 있다. 한국증권시장에서의 장기성과에 대한 연구는 부록 〈표 A5.1〉에 제시한 바와 같이 매우 다양하다. 주요 사건별로는 증권발행(윤평식, 1999; 고봉찬·박래수, 2000; 정무권, 2003), 인수합병(정형찬·박경희, 1999), 배당정책(김병기, 2000; 변종국·조정일, 2007; 고봉찬 외, 2018), 분리공모(김석진·변현수, 2002), 자사주 취득(정성창·Yong-Gyo Lee, 2003), 경영자 스톡옵션(설원식·김수정, 2003), 기업분할(김지수·조정일, 2005) 등을 들 수 있다.

그러나, 한국증권시장에서 단기성과를 측정하는 연구방법론에 대한 연구는 김찬웅·김경원(1997)과 정형찬(1997) 등에 의해 시도된 바가 있으나, 장기성과와 관련된 연구방법론에 대해서는 아직 심도 있는 연구가 활발히 이루어지지 않고 있다. 우리나라 연구자들은 증권시장의 미시구조나 제도 및 투자자들의 투자 행태 등에 있어서 한국과 미국 간에 차이가 있다는 사실을 인식하고 있음에도 불구하고, 미국 시장에서의 장기성과 추정량의 분포 특성을 바탕으로 개발된 모형들을 그대로 원용하고 있는 실정이다. 만약 한국증권시장에서의 장기성과 추정량의 분포 특성이 미국과 반드시 일치하지 않는다면, 이것은 결과적으로 미국 시장에서 개발된 장기성과 측정모형들의 통계적 오류와 검정력이 한국증권시장의 수익률 자료를 이용한 연구에서는 서로 다르게 나타날 가능성이 매우 크다는 것을 의미한다.[9]

이에 따라, 정형찬(2007)은 한국증권시장의 실제 월별 주식수익률 자료를 이용하여 미국증권시장에 기반을 둔 장기성과 측정모형들에 대한 한국증권시장에서의 적합성을 체계적으로 검정하고 있다. 이를 위해, 정형찬(2007)은 Kothari and Warner(1997)와 Barber and Lyon(1997) 등의 시뮬레이션 환경과 매우 유사한 설정으로 실험을 수행하였다. 그는 시뮬레이션을 통해 현재 우리나라 연구자들이 통상적으로 많이 사용하고 있는 대부분의 모형들이 심각한 설정오류를 내포하고 있음을 보여 주는 실증분석 결과를 제시하고 있다. 이것은 결과

---

9) 한국과 미국증권시장 간에 존재하는 시장미시구조나 제도 및 투자행태 등 다양한 차이가 양 시장의 주식수익률의 분포와 결정요인에 어떠한 영향을 미칠 수 있을 것인지에 대한 연구는 지금까지 많은 연구자들에 의해 수행되어 왔다(남명수, 안창모, 1995; 방승욱, 1997; 최우석, 이상빈, 2003; 김상환, 2004; 김동철, 2004). 최근 김동철(2004, pp. 116-117)의 연구에 의하면, 미국의 경우 1980년대 이후에는 규모효과가 거의 사라졌다고 할 만큼 미약한 반면, 장부가시장가 비율 효과는 여전히 상당히 뚜렷하게 나타나고 있으나, 한국의 경우는 장부가시장가 비율이 기업규모 변수만큼 유의한 설명력을 보여 주지 못하고 있다. 이러한 연구결과는 한국과 미국 시장에 있어서 적정한 수익률 벤치마크가 서로 일치하지 않을 개연성을 시사하고 있다.

적으로 인수합병, 증권발행 및 자사주 매입 등 개별기업의 특정 의사결정 이후 장기간에 걸쳐 유의적인 초과수익률이 존재한다는 수많은 선행연구 결과가 한국증권시장의 가격결정오류 (mispricing)에서 기인하는 것이라기보다는 장기성과 측정모형의 설정오류에서 비롯되었을 가능성을 제기하고 있다.

따라서 한국증권시장에서 장기성과가 존재한다는 기존 연구의 실증분석 결과를 진실로 효율시장가설에 반하는 이상현상으로 해석할 수 있을 것인지에 대한 문제는 통계적으로 신뢰할 수 있는 연구방법론의 개발이 선행되지 않는 한 계속해서 논쟁의 대상으로 남을 수밖에 없을 것이다(정형찬, 2007). 그리고 한국증권시장에서 장기성과를 측정하는 모형 가운데 설정오류가 없어 통계적 신뢰성을 확보할 수 있는 모형은 장부가-시장가 비율과 기업규모 순서로 대응시킨 통제기업(book-to-market/size matched control firm)을 수익률 벤치마크로 사용하여 BHAR을 측정하는 모형이 유일하므로, 이 연구방법을 한국증권시장에서의 장기성과 연구에 가장 적합한 연구방법으로 권고하고 있다(정형찬, 2007, p. 270).

그러나 이 장기성과 측정모형은 설정오류가 없어 통계적 신뢰성 측면에서는 여타 모형에 비해 우월하지만, 유의성 검정방법으로 전통적 t-검정과 함께 사용할 경우 모형의 검정력은 그렇게 뛰어난 편은 아니다. 예를 들어, 36개월간의 사건기간 동안 +20%의 초과수익률이 실제로 발생하였다고 가정할 때, 이 모형의 검정력은 약 54.0%에 지나지 않는다(정형찬, 2007, p. 267의 Table 5 참조). 즉, 1,000개의 표본에서 모두 +20%의 초과수익률이 실제로 발생하였음에도 불구하고 이 중 540개 표본에 대해서는 정확히 귀무가설을 기각하였으나, 나머지 460개 표본에 대해서는 귀무가설을 기각하지 못해 유의적인 사건을 비유의적인 사건으로 잘못된 결론을 내리게 하는 오류를 범할 수 있다. 따라서 정형찬(2007)의 연구는 장기성과에 대한 연구의 두 가지 핵심 과제 중에서 통계적으로 신뢰할 수 있는 장기성과 측정모형의 개발에는 어느 정도 기여한 측면이 있으나, 두 번째 과제인 검정력 문제를 해결하지 못하고 있기 때문에 한국증권시장을 대상으로 한 장기성과 연구에 이 연구방법을 활용하는 데에는 방법론적 한계가 있을 수밖에 없다.

그런데, 정형찬(2007)의 연구에서 모형의 검정력이 낮게 나타난 이유는 한국증권시장에서 BHAR의 분포가 정규분포에서 크게 벗어나 있음에도 불구하고 유의성 검정 시에 모집단의 정규성을 가정한 전통적 t-검정만을 사용하고 있다는 점이다. Barber and Lyon(1997), Lyon et al.(1999), Cowan and Sergeant(2001), Ang and Zhang(2004) 등의 연구에서 시도하고 있는 바와 같이, 장기성과 측정모형의 검정력을 제고시키기 위한 방안으로 전통적 t-검정 이외에 BHAR 분포의 비정규성을 고려한 다양한 유의성 검정방법을 활용해 볼 필요가 있다.

그래서, 정형찬(2008)은 장기성과 사건연구의 두 핵심 요소인 성과측정 모형의 선택과 유의성 검정방법의 선택 조합(combination)이 사건연구방법의 설정오류와 검정력에 미치는 효과를 한국증권시장의 실제 월별 수익률 자료를 이용한 시뮬레이션을 통해 분석하고 있다. 그는 시뮬레이션 실험에서 장기성과 측정모형으로는 동일가중 주가지수, 규모/장부가-시장가 비율 기준포트폴리오와 장부가-시장가 비율/규모 기준포트폴리오 등 세 유형의 기준포트폴리오와 규모/장부가-시장가 비율을 대응시킨 통제기업과 장부가-시장가 비율/규모를 대응시킨 통제기업 등 두 유형의 통제기업을 벤치마크로 사용하는 모형 등을 포함한 모두 다섯 가지 유형의 성과측정 모형을 사용하고 있다. 그리고 유의성 검정방법으로는 전통적 t-검정, 원저화 t-검정, Johnson 왜도-조정 t-검정, 이동기법과 정규근사기법에 의한 붓스트랩 Johnson t-검정, 경험적 p값 검정, 부호검정, Wilcoxon 부호-순위 검정, 두 독립표본에 의한 비교 검정 등 모두 아홉 가지 유형의 검정방법을 활용하였다. 따라서 이들 다섯 가지 유형의 장기성과 측정 모형과 아홉 가지 유형의 유의성 검정 간의 조합으로 구성된 총 마흔 다섯 가지 장기성과 사건 연구방법의 설정오류와 검정력을 시뮬레이션을 통해 분석하였다. 또한, 이 분석 결과를 기초로 한국증권시장에서 장기성과 측정모형과 유의성 검정방법의 선택이 사건연구방법의 설정오류와 검정력에 미치는 효과를 살펴보았다. 한편, 임의표본(random sample)에서 설정오류가 없는 것으로 밝혀진 사건연구방법이 기업규모나 혹은 장부가-시장가 비율 등과 관련된 표본편의(sampling biases)를 가지는 비임의표본(nonrandom sample)에서도 여전히 강건성을 유지하는지를 동시에 분석하였다.

이러한 연구 설계하에 수행된 시뮬레이션 분석 결과, 정형찬(2008)은 한국증권시장을 대상으로 한 장기성과 사건연구에서 최적의 연구방법론을 다음과 같이 추천하고 있다. 먼저 장기성과의 측정은 장부가-시장가 비율과 기업규모 순으로 대응시킨 통제기업을 수익률 벤치마크로 사용하여 표본기업의 BHAR을 측정하고, 귀무가설에 대한 유의성 검정은 비모수검정법인

Wilcoxon 부호-순위 검정을 사용하는 방법론이 가장 적합하다. 그러나 연구대상 표본이 기업 규모나 장부가시장가 비율 등과 관련된 특정한 표본편의를 가진 비임의표본일 가능성이 매우 높을 경우에는 유의성 검정방법으로 Wilcoxon 부호-순위 검정보다는 두 독립표본에 의한 비교 검정(two-groups test)을 선택하는 것이 검정력은 낮지만 통계적 신뢰성을 확보할 수 있는 유일한 연구방법임을 실증적으로 보여 주고 있다.

5.2

시간 변수의 결정

앞의 제4장에서 이미 설명한 바와 같이, 단기성과를 측정하는 사건연구의 연구 설계 시에 성과측정 모형의 계수를 추정하기 위한 추정기간과 사건의 공시효과를 측정하기 위한 사건기간 등의 시간 변수들을 먼저 결정해야 한다. 일반적으로 단기성과에 관한 사건연구에서 추정기간은 대개 사건일 이전 100일에서부터 300일, 사건기간은 사건일을 중심으로 사건일 전후 21일에서부터 121일 사이에서 결정한다.

그런데, 많은 사건연구에서 (1) 어떤 재무적 사건은 비정상적인 사전 성과 이후에 발생하거나(예를 들어, 주식분할은 좋은 경영성과를 기록한 다음에 행해진다.) (2) 사건표본이 대개 극단적인 재무적 특성을 가진 기업들로 구성되거나(예를 들어, 시가총액이 매우 작은 기업, 주당 가격이 매우 낮은 기업, 장부가시장가 비율이 극단적으로 높거나 낮은 기업표본), (3) 어떤 재무적 사건은 비정상적인 사전 성과를 기초로 정의되기도 한다(예를 들어, DeBondt and Thaler(1985)와 Lakonishok et al.(1994) 등에서 반대의견에 의한 투자전략). 이러한 상황하에서, 개별기업의 위험(예를 들어 β위험)을 정확히 추정하는 것은 매우 어려운 과제이다. 왜냐하면 사건이 발생하기 이전의 경제적 성과는 개별기업의 위험에 반대 방향으로 영향을 미치므로 사건일 이전의 추정기간에서 추정한 역사적 위험 추정치는 편의가 매우 클 수밖에 없기 때문이다. 위험 조정의 잠재적 오류는 성과를 측정하는 기간이 길수록 커지기 때문에 위험 조정의 오류에서 발생하는 문제는 장기성과에 관한 사건연구에서 더욱 악화된다. 그래서, 장기성과에 관한 연구에서는 초과수익률이 사건일 이전의 추정기간에서 추정한 역사적 위험추정치가 아닌 사건일 이후의 사후 위험추정치(post-event risk estimates)를 바탕으로 추정되어야 한다는 것은 매우 중요하다(Kothari and Warner, 2007, p. 22). 따라서, 장기성과에 관한 사건 연구에서는 일반적으로 사건일 이전의 역사적 위험추정치를 계산하기 위한 추정기간은 설정할 필요가 없으며, 사건기간만 설정하면 된다.[10]

장기성과에 대한 사건연구에서 사건기간은 대개 사건월(event month) 이후, 즉 사건월 다음 월부터 시작하여 12개월(1년), 36개월(3년) 혹은 60개월(5년) 간의 기간으로 설정하는 것이 관례이다. 이때 사건월은 어떤 개별기업의 주가에 영향을 미칠 수 있는 사건이 공표되거나 발생한 사건일(event date)이 포함된 달력 월을 의미한다. 그러나, 배당, 주식분할 혹은 인수합병 등과 같이 하나의 사건연구에 있어서 시계열상 여러 개의 상호 관련된 사건일을 정의할 수 있는 경우에는 이 중 마지막 사건일이 포함된 달력 월을 장기성과 측정을 위한 사건월로 지정하는 것이 합리적이다. 그렇지 않을 경우 사건월 이후의 장기성과가 사건기간 중에 포함된 또 다른 사건일의 공시효과가 내포되어 있을 가능성을 배제할 수 없기 때문이다. 예를 들어, 합병과 관련된 주요한 사건일로는 합병과 관한 정보가 처음으로 증권시장에 알려진 날인 최초 공시일(announcement date)과 합병대상기업의 상장이 폐지되어 합병이 마무리되는 합병완료일(completion date) 혹은 합병 발효일(effective date) 등을 들 수 있다. 따라서, 합병의 장기성과를 측정하는 사건연구에서는 합병과 관련된 공시효과를 제거하기 위해 이 중 합병완료일 혹은 합병 발효일이 포함된 달력 월을 사건월로 정의한다(Loughran and Vijh, 1997, p. 1769; Agrawal et al., 1992, p. 1607).

그리고, 사건일을 중심으로 한 사건기간 중의 공시효과를 측정하는 단기성과 연구와는 달리 장기성과를 측정하는 사건연구에서는 주식수익률 자료로서 일별 수익률보다는 월별 수익률을 주로 사용한다. 그 이유는 일별 수익률을 복리로 계산하여 월별 수익률을 추정할 경우 매우 유의한 편의를 가져올 수 있기 때문이다. Canina et al.(1998)은 미국증권시장에서 CRSP 동일가중지수의 실제 월별 수익률과 일별 수익률을 복리로 계산하여 추정한 월별 수익률과의 차이가 약 0.43%이며 이는 연리로 환산할 경우 약 6%에 이르는 것으로 보고하고 있다. 그들은 이러한 차이가 CRSP 동일가중지수의 월별 평균수익률의 약 1/3에 해당하며, 사건연구의

---

10) 물론 장기성과 측정모형으로 시장모형을 이용할 경우에는 단기성과를 측정하는 사건연구에서와 마찬가지로 시장모형의 계수를 추정하기 위해 예외적으로 사건월 이전의 일정 기간을 추정기간으로 설정한다.

결과를 뒤바뀌게 할 수 있을 정도로 충분히 큰 수치임을 강조하고 있다(pp. 405-406). 일별 수익률을 복리로 계산하여 월별 수익률을 추정할 때 발생하는 이러한 편의의 주요 원인으로는 매수가-매도가 바운스(bid-ask bounce)나 혹은 비동시거래로 인한 자기상관(autocorrelation) 등을 들 수 있다(p. 408).

5.3 장기성과 측정모형의 선택

5.3.1 장기성과 측정모형의 유형

장기성과에 관한 사건연구는 장기성과를 측정하기 위해 포트폴리오를 구성하는 시점과 기대수익률 추정 방법에 따라 크게 사건-시점 포트폴리오 접근법과 달력-시점 포트폴리오 접근법으로 구분한다. 그리고, 이들 두 유형의 접근법은 장기성과를 측정하기 위한 기대수익률 추정 방법에 따라 다시 다양한 성과측정 모형으로 세분할 수 있다.

A. 사건-시점 포트폴리오 접근법(event-time portfolio approach)

사건-시점 포트폴리오 접근법은 특정 재무적 사건을 시행했거나 혹은 경험한 모든 표본기업에 대해 사건이 발생한 달력 월(calendar month)을 $t=0$으로 두고 이를 기점으로 사건기간에 해당하는 이후의 T개월간의 달력 시간을 $t=1, 2, \cdots, T$ 등 사건 시점(event-time)으로 재설정한 다음, 사건 시점별로 포트폴리오를 구성하고 적정한 수익률 벤치마크와 비교하여 초과수익률을 측정하는 방법이다. 사건-시점 포트폴리오 접근법은 사건이 실제로 발생한 달력 시점이 아닌 사건 시점을 중심으로 포트폴리오를 구성한다는 점에서 전통적인 사건연구방법론의 체계를 그대로 활용하는 접근방법으로 볼 수 있다. 이 접근법은 다시 초과수익률을 계산하는 방법과 벤치마크 수익률을 추정하는 방법 등에 따라 다음에서 설명하는 바와 같이 다양한 형태로 분화된다.

A.1 초과수익률 계산 방식에 따른 모형 구분

사건-시점 포트폴리오 접근법은 초과수익률을 계산하는 방식에 따라 다시 누적초과수익률(CAR) 방식과 매입보유초과수익률(BHAR) 방식으로 구분된다. CAR 측정 모형은 다음 식 (5.1)과 같이 사건기간 T개월 동안 매월의 초과수익률을 누적 계산한다.

$$CAR_{jT} = \sum_{t=1}^{T} [R_{jt} - E(R_{jt})] \tag{5.1}$$

여기서, CAR_{jT} = 주식 j의 T개월 동안의 누적초과수익률

R_{jt} = 주식 j의 t월의 실제 월별 수익률

$E(R_{jt})$ = 주식 j의 t월의 기대수익률

T = 사건기간 (12개월, 36개월 혹은 60개월)

그리고, BHAR 측정모형은 다음 식 (5.2)에서처럼 사건기간 T개월 동안 표본기업의 주식을 매입하여 보유할 경우 얻게 될 복리수익률과 벤치마크의 복리수익률과의 차이로 계산한다.

$$BHAR_{jT} = \prod_{t=1}^{T} [1+R_{jt}] - \prod_{t=1}^{T} [1+E(R_{jt})] \tag{5.2}$$

여기서, $BHAR_{jT}$ = 주식 j의 T개월 동안의 매입보유초과수익률

R_{jt} = 주식 j의 t월의 실제 월별 수익률

$E(R_{jt})$ = 주식 j의 t월의 기대수익률

T = 사건기간 (12개월, 36개월 혹은 60개월)

CAR에 의한 장기성과 측정방법은 이미 FFJR(1969) 이후로 오랫동안 사용되어 왔다. 그러나, CAR를 이용하여 장기성과를 측정할 경우, 투자자들이 특정 주식을 장기간 보유함으로써 실제로 경험할 수 있는 투자수익률을 정확히 계산할 수 없다. 따라서, Barber and Lyon(1997) 과 Lyon et al.(1999) 등은 투자자들이 실제 경험할 수 있는 장기성과는 CAR보다는 BHAR 로써 측정하는 것이 더욱 타당하다고 주장한다. 이와 반대로, Fama(1998), Mitchell and Stafford(2000) 등은 BHAR이 복리 계산의 특성으로 인해 사건기간의 초기 이후에는 어떠한

비정상수익률이 발생하지 않더라도 사건기간이 길어질수록 크게 증가하는 경향이 있으며, 이 때문에 초과수익률 분포의 왜도가 높게 나타나 유의성 검정 시에 심각한 통계적 문제점을 야기한다고 비판하고 있다.

이러한 논쟁에도 불구하고, 2000년 이후 미국 학계에서는 장기성과를 측정하는 방법으로서 CAR보다는 BHAR을 더욱 선호하는 경향을 보이고 있다. 이에 반해, 우리나라 연구자들은 장기성과를 계산할 때, 부록 〈표 A5.1〉에서 제시한 바와 같이, CAR와 BHAR을 함께 사용하는 사례가 많다. 따라서, 여기서는 CAR와 BHAR을 모두 사용하여 두 측정방법 간의 분포 특성, 통계적 오류 및 검정력 등을 비교한다.

A.2 벤치마크 수익률의 추정 방법에 따른 모형 구분

사건연구에서 특정 사건의 발생으로 인한 초과수익률을 측정하기 위해서는 사건이 발생하지 않았을 경우 예상할 수 있는 수익률 벤치마크(return benchmark)가 필요하다. 장기성과 측정에서 일반적으로 사용되고 있는 벤치마크의 유형은 크게 다음 세 가지 형태로 나눌 수 있다.

- 자산가격결정모형(asset pricing model)
- 기준포트폴리오(reference portfolios)
- 통제기업(control firms)

첫째, 사건-시점 포트폴리오 접근법에서 기대수익률을 추정하기 위해 사용하는 자산가격결정모형으로는 시장조정수익률모형, 시장모형, CAPM, Fama and French(1993)의 3-요인 모형 등을 들 수 있다. 또한, 시장조정수익률모형과 시장모형은 시장지수로서 동일가중지수(EWI), 가치가중지수(VWI) 혹은 한국종합주가지수(KOSPI) 등을 사용하기도 한다.

둘째, 기준포트폴리오(reference portfolios)는 특정 사건이 발생하지 않았을 경우 예상되는 정상수익률을 계산하기 위한 벤치마크 포트폴리오로서 표본기업과 기업규모나 장부가-시장가 비율 등이 유사한 기업들을 다수 선정하여 구성한 포트폴리오를 의미한다. 기업규모는 사전관찰 편의(look-ahead bias)를 제거하기 위해 각 연도 3월 혹은 6월말의 보통주의 시장가치로써 측정한다.[11] 그리고, 표본기업의 t년도 장부가-시장가 비율은 t-1년도의 12월 말 자기자본의 장부가치를 동일 시점의 자기자본의 시장가치로 나눈 값으로 측정한다.

기준포트폴리오 접근법은 기준포트폴리오를 구성하는 기초가 되는 기업특성과 적용 순서에 따라 여러 유형으로 구분할 수 있다. Barber and Lyon(1997)은 기준포트폴리오로서 다음 네 가지 유형의 포트폴리오를 활용하고 있다: (1) 기업규모에 기초한 10개의 기준포트폴리오(size deciles), (2) 장부가-시장가 비율에 기초한 10개의 기준포트폴리오(book-to-market deciles), (3) 기업규모와 장부가-시장가 비율에 기초한 50개의 기준포트폴리오(50 size/book-to-market portfolios), (4) 동일가중 시장지수(EWI). 한편, 정형찬(2007)은 다음 네 가지 유형의 포트폴리오를 기준포트폴리오로서 사용하고 있다: (1) 기업규모에 기초한 5개의 기준포트폴리오(size quintiles), (2) 장부가-시장가 비율에 기초한 5개의 기준포트폴리오(book-to-market quintiles), (3) 기업규모와 장부가-시장가 비율에 기초한 25개의 기준포트폴리오(25 size/book-to-market portfolios), (4) 장부가-시장가 비율과 기업규모에 기초한 25개의 기준포트폴리오(25 book-to-market/size portfolios).

셋째, 통제기업 접근법(control firm approach)은 개별기업의 특성을 기준으로 표본기업과 가장 유사한 개별기업을 통제기업으로 선정한 다음, 표본기업의 월별 수익률에서 통제기업의 월별 수익률을 차감함으로써 초과수익률을 측정한다. 표본기업에 대응되는 통제기업을 선정하는 데 주로 이용되는 개별기업의 특성으로는 기업규모와 장부가-시장가 비율 등을 들 수 있다.

통제기업 접근법은 통제기업을 선정하는 기업특성과 적용 순서에 따라 여러 유형으로 구분할 수 있다. Barber and Lyon(1997)은 개별 표본기업에 대응하는 적정한 통제기업을 선정

---

11) Fama and French(1993), Barber and Lyon(1997), Lyon et al. (1999) 등은 사전관찰편의를 제거하기 위해 장부가치와 같은 회계정보의 실제 이용 가능한 시점을 12월말 결산법인의 경우 전년도의 결산시점에서 약 6개월간의 지연기간을 감안해 해당 연도의 7월로 간주하고 있다. 그래서 이들은 기업규모를 각 연도의 6월말의 보통주의 시장가치로써 측정하고 있다. 이에 반해, 정형찬(2007)은 결산시점에서부터 지연기간을 약 3개월로 한정시켜 해당 연도의 4월부터 재무제표에 보고되는 회계정보를 실제 이용 가능한 것으로 가정하고 있다. 이것은 우리나라 상법 제354조를 논리적 근거로 두고 있다. 이 조항에 의하면 증권시장에 상장된 12월 말 결산법인들은 사업보고서를 각 사업연도 경과 후 90일 이내, 즉 3월 말까지 증권거래소에 제출하도록 규정하고 있기 때문이다.

하기 위해 다음 세 가지 방식을 사용하고 있다: (1) 기업규모를 기준으로 대응시킨 통제기업(size-matched control firm), (2) 장부가-시장가 비율을 기준으로 대응시킨 통제기업(book-to-market matched control firm), (3) 기업규모와 장부가-시장가 비율 순서에 의해 대응시킨 통제기업(size/book-to-market matched control firm). 한편, 정형찬(2007)은 Barber and Lyon(1997)이 사용하고 있는 위의 세 가지 유형에다 장부가-시장가 비율과 기업규모의 순서에 의해 대응시킨 통제기업(book-to-market/size matched control firm)을 추가해 네 가지 유형을 규정하고 있다.

B. 달력-시점 포트폴리오 접근법(calendar-time portfolio approach)

달력-시점 포트폴리오 접근법은 Jaffe(1974)와 Mandelker(1974) 등이 처음으로 고안한 것으로, 전통적인 사건-시점 포트폴리오 접근법과는 달리 사건 시점을 중심으로 포트폴리오를 구성하지 않고 실제 달력 월별로 특정 사건을 경험한 표본기업들만으로 포트폴리오를 구성하는 일종의 시계열 접근법이다. 즉, 연구대상 기간 중의 달력 월별로 해당 월을 기점으로 과거 36개월 혹은 60개월 이전에 특정 사건을 경험한 표본기업만으로 포트폴리오를 구성하고, 이렇게 달력 시점을 중심으로 구성한 포트폴리오의 월별 평균수익률과 자산가격결정모형(asset pricing model)을 이용하여 장기성과를 측정한다.

달력-시점 포트폴리오 접근법에서 주로 활용되는 자산가격결정모형으로는 Fama and French(1993)의 3-요인 모형과 Carhart(1997)의 4-요인 모형 등이 있다. 이 중에서 연구자든이 통상저으로 기장 많이 사용하는 것은 다음 식 (5.3)에서 정의한 Fama and French의 3-요인 모형이다.

$$R_{pt} - R_{ft} = \alpha_p + \beta_p(R_{mt} - R_{ft}) + s_p SMB_t + h_p HML_t + \epsilon_{pt} \tag{5.3}$$

식 (5.3)에서 R_{pt}는 달력-시점 포트폴리오(calendar-time portfolio)의 t월의 평균수익률을 의미한다. 포트폴리오의 평균수익률을 추정할 때 포트폴리오를 구성하는 표본기업의 시장가치로 가중 평균한 값(value-weighted portfolio returns)이나 혹은 단순히 동일 가중한 값(equal-weighted portfolio returns)을 사용할 수 있다. R_{ft}는 t월의 무위험이자율을 의미하며, R_{mt}는 t월의 가치가중 시장지수의 수익률을 의미한다. SMB_t는 소규모 주식과 대규모 주식으로 구성된 두 가치가중 포트폴리오 간의 수익률 차이를 뜻하며, HML_t는 장부가시장가 비율이 높은 주식과 이 비율이 낮은 주식으로 구성된 두 가치가중 포트폴리오 간의 월별 수익률 차이를 의미한다. 회귀분석을 통해 절편값 α_P와 시장, 기업규모 및 장부가시장가 비율 요인에 대한 회귀계수인 β_P, s_P, h_P 등을 각각 도출한다. ϵ_{pt}는 회귀식의 오차항을 의미한다.

달력-시점 포트폴리오 접근법에서 식 (5.3)의 절편값 α_P는 사건기간 중의 월평균 초과수익률을 의미하기 때문에 12개월, 36개월 혹은 60개월의 사건기간 중의 초과수익률은 절편값 α_P에 사건기간의 총 개월 수를 곱하는 방식으로 추정한다. Kothari and Warner(2007)는 달력-시점 포트폴리오 접근법의 이러한 특성을 고려하여 이를 'Jensen의 α 접근법(Jensen-alpha approach)'이라고도 부른다. 달력-시점 포트폴리오 접근법에서 사건기간 중 월평균 초과수익률이 존재하지 않는다는 귀무가설에 대한 검정은 식 (5.3)의 절편값 α_P의 유의성 검정을 통해 이루어진다(Lyon et al., 1999, p. 193).

Fama(1998)와 Mitchell and Stafford(2000) 등은 달력-시점 포트폴리오 접근법이 전통적인 사건-시점 포트폴리오 접근법보다 통계적 신뢰성 측면에서 훨씬 우수한 연구방법이라고 주장하고 있다. 왜냐하면, BHAR 등에 의해 장기성과를 측정하는 사건-시점 포트폴리오 접근법은 개별기업의 BHAR이 상호 독립적이라고 가정하는 데 반해, 달력-시점 포트폴리오 접근법은 달력 시점을 중심으로 포트폴리오를 구성함으로써 각 달력 시점별 포트폴리오의 평균수익률의 분산을 계산하는 과정에서 개별기업의 BHAR 간의 횡단면 상관관계를 자동적으로 고려할 수 있기 때문이다. 이에 따라, Mitchell and Stafford(2000)는 BHAR을 이용한 전통적인 사건-시점 포트폴리오 접근법은 장기성과 유의성 검정에 사용되어서는 안 되며, 어떤 형태로든 표본을 구성하는 개별기업 BHAR 간의 횡단면 상관관계를 고려하는 검정방법을 적용해야 한다고 주장하고 있다(p. 308).

지금까지 설명한 사건-시점 포트폴리오 접근법과 달력-시점 포트폴리오 접근법은 장기성과를 연구하는 대표적인 연구방법론으로서 상대적인 장단점을 갖고 있다. Lyon et al. (1999)은 표본기업의 장기성과 추정치들 간에 양의 횡단면 상관관계가 존재할 경우에는 사건-시점 포트폴리오 접근법보다는 달력-시점 포트폴리오 접근법이 비록 검정력은 낮더라도 이러한 횡단면 상관관계를 더 효율적으로 통제할 수 있을 뿐만 아니라, 부적절한 모형으로 인한 문제에도 덜 민감하다고 주장하고 있다. 그래서, Lyon et al. (1999)은 장기성과 연구와 관련된 방법론적 문제점을 해결하기 위한 실용적인 방안으로 이 두 가지 접근법을 함께 사용하는 방안을 권고하고 있다(p. 198). 실제로, 최근 미국 학계에서는 이 두 접근법을 상호 보완적인 관점에서 함께 사용하여 연구결과의 통계적 신뢰성을 보강하는 경향을 보이고 있다(Hertzel et al., 2002; Boehme and Sorescu, 2002; Byun and Rozeff, 2003). 우리나라 연구자들도 부록 〈표 A1〉에서 제시한 바와 같이 이 두 접근법을 함께 사용하는 경향을 보이고 있다(최문수·허형주, 2000; 정무권, 2003; 정성창·Yong-Gyo Lee, 2003).

5.3.2 장기성과 측정과 통계적 편의

장기성과 측정모형들을 사용하여 초과수익률을 측정하고 이를 바탕으로 검정통계량을 계산할 경우 일반적으로 예상되는 주요한 통계적 편의(bias)는 크게 다섯 가지 유형으로 구분할 수 있다. 이들 중에는 생존편의, 신규상장 편의, 재구성 편의, 왜도편의, 측정편의 등을 들 수 있다. 다음은 예상되는 편의에 대해 각 유형별 발생 원인과 방향에 대해 설명하고, 장기성과 측정모형에 따라 발생 가능한 편의의 유형이 어떻게 달라질 것인지에 대해 설명한다.

A. 생존편의(survivor bias)

재무학 분야의 실증연구에서 표본기업으로 선정되기 위해서는 주식수익률과 재무제표 관련 자료가 존재해야 한다는 조건을 충족시켜야 한다. 특히, 장기성과를 측정하는 실증연구에서는 이러한 생존 조건으로 인한 편의는 더욱 클 수밖에 없다(Brown et al., 1995). 정형찬(2007)은 생존편의를 줄이기 위해 상장이 폐지된 기업일 경우에라도 한국증권연구원 주식수익률 DB에서 주식수익률 자료가 존재하고, 한국신용평가(주)의 KIS-Value DB Delisted 파일에서 장부가치와 시장가치 자료가 존재하는 기업은 모두 포함시켰다. 그러나, 그렇지 않은 기업은 표본기업에서 제외시켰다. 한국증권시장에서는 상장폐지 기업의 대다수가 상대적으로 소규모 기업이라는 점과 소규모 기업의 주식수익률이 시장수익률에 비해 높게 나타나 규모효과가 존재한다는 점을 고려할 경우(김석진·김지영, 2000; 김동철, 2004), 생존편의는 검정통계량에 하향 편의를 가져다줄 것으로 예상된다.

B. 신규상장 편의(new listing bias)

정형찬(2007)은 표본기업의 선정 조건으로 시장모형의 계수 추정을 위해 추정기간 2년간, 그리고 최소 1년간의 사건기간 중의 자료가 존재하지 않으면 표본에서 제외시켰다. 이러한 표본 선정 방법에 따를 경우 신규상장 기업은 표본기업에는 포함될 수 없으나, 시장지수와 기준 포트폴리오에는 포함될 수 있기 때문에 신규상장 편의가 발생할 수 있다. 신규상장기업의 장기 저성과(underperformance of newly listed firms)를 감안할 경우(Ritter, 1991; 최문수·허형주 2000), 신규상장 편의는 검정통계량에 상향 편의를 가져다줄 것으로 예상된다.

C. 왜도편의(skewness bias)

장기 초과수익률을 측정할 때 시장조정수익률모형과 같이 수익률 벤치마크로 시장지수를 사용할 경우 개별기업의 초과수익률 분포는 정규분포에 비해 극심한 양의 왜도(positive skewness)를 나타낼 가능성이 높다. 왜냐하면, 시장지수의 수익률은 개별기업의 주식수익률만큼 이상치를 실현할 가능성이 매우 낮기 때문이다. 특히, BHAR은 복리효과로 인해 CAR보다 양의 왜도가 더 높게 나타난다. 이처럼, 장기성과 측정치의 분포가 비대칭성을 나타내게 됨으로써 이로 인해 검정통계량에 편의가 발생할 경우 이를 왜도편의로 정의한다. 만약, 표본평균 초과수익률이 양의 값을 가질 경우, 초과수익률의 양의 왜도는 표본의 횡단면 표준편차를 본래의 값보다는 과대하게 측정되게 함으로써 결과적으로 검정통계량에 하향 편의가 발생하게 만든다. 반대로, 표본평균 초과수익률이 음의 값을 가지면, 초과수익률의 양의 왜도는 표준편차를 본래의 값보다는 과소하게 측정되게 함으로써 결과적으로 검정통계량에 상향 편의(절대값의 관점에서)가 발생하게 만든다.

D. 재구성 편의(rebalancing bias)

동일가중시장지수나 기준포트폴리오를 수익률 벤치마크로 사용하여 BHAR을 측정할 경우, 동일가중시장지수나 기준포트폴리오의 복리수익률은 매달 해당 포트폴리오를 재구성한다는 가정하에 산출되나, 표본기업의 복리수익률은 재구성 없이 계산된다. 예를 들어, 동일가중시장지수를 수익률 벤치마크로 사용하는 경우, 지수에 포함된 모든 주식의 비중을 동일하게 유지하기 위해서는 전월에 시장평균 수익률을 초과한 주식은 매각하고, 반대로 시장평균에 미치지 못한 주식은 매입하게 되는 셈이다. 만약, 개별주식의 월별 수익률이 전월의 수익률과 반대 방향으로 움직일 확률이 높다면, 이러한 동일가중시장지수의 재구성은 시장지수의 복리수익률을 과대 계산되게 함으로써 결과적으로 BHAR 측정 시에 하향 편의를 가져오게 할 것이다. CAR 측정 시에는 표본기업과 시장지수수익률 모두 누적하여 계산하기 때문에 재구성 편의가 발생하지 않는다(Barber and Lyon, 1997, pp. 347-349).

E. 측정편의(measurement bias)

BHAR을 이용하여 장기성과를 측정할 경우, 투자자들이 표본기업의 주식을 장기간 보유함으로써 벤치마크에 비해 실제로 경험할 수 있는 추가적인 투자수익률을 계산할 수 있다. 반면에, CAR의 경우는 복리계산을 하지 않기 때문에 이것이 불가능하다. 또한, CAR는 BHAR의 불편추정량이 될 수 없으며(Barber and Lyon, 1997, p. 346), 월별 초과수익률의 누적 과정에서 매매가 격차(bid-ask spread)로 인해 상향 편의를 가져다줄 수 있다(Kothari and Warner, 1997; Conrad and Kaul, 1993). CAR가 갖는 이러한 편의를 측정편의라고 정의한다.

장기성과 연구에서 시장지수나 기준포트폴리오를 벤치마크로 사용하여 CAR를 측정할 경우에는 신규상장 편의, 왜도편의와 측정편의 등이 발생할 수 있으며, 반면에 BHAR의 경우에는 신규상장 편의, 왜도편의와 재구성 편의 등이 발생할 수 있다. 그러나, 통제기업을 벤치마크로 사용한 BHAR의 경우에는 측정편의, 신규상장 편의, 재구성 편의와 왜도편의 등을 모두 피할 수 있다(Barber and Lyon, 1997, p. 354).

5.3.3 장기성과 측정모형의 선택과 검정력에 관한 실증 연구

A. 미국증권시장을 대상으로 한 실증 연구

Kothari and Warner(1997)는 장기성과 사건연구에 통상적으로 많이 활용되고 있는 장기성과 측정모형의 설정오류를 NYSE와 AMEX 증권시장에 상장된 주식을 대상으로 실제 월별 주식수익률 자료를 이용한 시뮬레이션을 통해 분석하였다(p. 309의 Table 1과 p. 315의 Table 3을 참고). Kothari and Warner(1997)는 시뮬레이션 실험에서 장기성과 측정모형으로 시장조정수익률모형, 시장모형, CAPM 및 Fama-French 3-요인 모형 등 네 유형의 모형을 사용하였다. 표본주식은 미국의 NYSE와 AMEX에 상장된 주식을 대상으로 200개의 개별주식으로 구성된 250개의 표본을 무작위 복원추출법에 의해 선정하였다.

Kothari and Warner(1997)가 제시한 분석 결과에 의하면, 장기성과 사건연구에 통상적으로 많이 활용되고 있는 장기성과 측정모형들이 사건기간의 장단이나 초과수익률 계산 방법 등에 관계없이 모두 설정오류를 보이고 있음을 쉽게 알 수 있다. 예를 들어, 시장수익률을 벤치마크로 사용하는 시장조정수익률모형의 경우 초과수익률이 실제로는 전혀 발생하지 않았음에도 불구하고 36개월 CAR와 BHAR을 대상으로 5% 유의수준하의 유의성 검정을 수행한 결과, 전체 250개 표본 중 각각 18.4%와 17.2%에 이르는 표본에서 유의한 장기성과가 존재하는 것으로 나타났다. 뿐만 아니라, 시장모형의 경우는 기각률이 전체 250개 표본 중 각각 35.2%와 76.8%에 이르는 것으로 나타나 시장조정수익률모형보다 제1종 오류가 훨씬 더 높게 나타나고 있다. 이것은 미국증권시장에서 장기성과 측정모형의 설정오류가 얼마나 심각한 수준인지를 단적으로 보여 주는 실증적인 증거이다.

Kothari and Warner(1997)는 이러한 연구 결과를 바탕으로 특정 사건 이후에도 장기적인 시장성과가 수년간 지속된다는 기존의 연구결과들이 시장의 가격결정오류(mispricing)에서 기인한 것이라기보다는 오히려 장기성과 측정모형의 설정오류(misspecification)에서 발생하였을 가능성을 제기하였다.

Barber and Lyon(1997)은 Kothari and Warner(1997)와 마찬가지로 장기성과 측정모형의 설정오류와 검정력을 미국증권시장의 실제 월별 주식수익률 자료를 이용한 시뮬레이션을 통해 분석하고 있다. 그들은 장기성과를 계산하는 방법과 벤치마크의 유형에 따라 다음 〈표 5.1〉에서와 같이 다양한 장기성과 측정모형을 사용하고 있다(p. 360). Barber and Lyon(1997)은 〈표 5.1〉에서 제시한 장기성과 측정모형의 설정오류와 검정력을 분석하기 위해 표본의 모집단으로 미국의 NYSE, AMEX와 NASDAQ에 상장된 기업의 1963년 7월에서부터 1994년 12월에 이르는 약 1,798,509개의 기업-월 수익률(firm-month returns)을 사용하였다. 시뮬레이션 실험을 위한 표본주식은 이들 모집단 중에서 200개의 개별주식으로 구성된 1,000개의 표본을 무작위 복원추출법에 의해 선정하였다.

〈표 5.1〉 Barber and Lyon(1997)의 장기성과 측정모형

아래 표는 Barber and Lyon(1997)이 시뮬레이션에서 사용한 장기성과 측정모형을 초과수익률을 계산하는 방법과 벤치마크의 유형에 따라 분류한 것이다. 먼저 초과수익률을 계산하는 방법에 따라 CAR와 BHAR로 분류하였으며, 벤치마크를 설정하는 방법에 따라 기준포트폴리오 접근법과 통제기업접근법, Fama-French 3-요인 모형 등으로 구분하였다.[1]

벤치마크	장기 초과수익률의 계산 방법	
	CAR	BHAR
기준포트폴리오	규모 기준포트폴리오	규모 기준포트폴리오
	장부가-시장가 기준포트폴리오	장부가-시장가 기준포트폴리오
	규모/장부가-시장가 기준포트폴리오	규모/장부가-시장가 기준포트폴리오
	동일가중시장지수	동일가중시장지수
통제기업	규모 대응 통제기업	규모 대응 통제기업
	장부가-시장가 대응 통제기업	장부가-시장가 대응 통제기업
	규모/장부가-시장가 대응 통제기업	규모/장부가-시장가 대응 통제기업
Fama-French 3-요인 모형	회귀분석식의 절편(α)	Not applicable

주 1) Barber and Lyon(1997), p. 360, Table 4에서 인용.

　　미국증권시장에서 장기성과 측정모형의 설정오류에 대한 Barber and Lyon(1997)의 시뮬레이션 분석 결과를 요약하면 다음과 같다(pp. 362-363의 Table 5와 pp. 365-366의 Table 7을 참고).

첫째, 기준포트폴리오 접근법을 이용하여 측정한 CAR의 검정통계량은 상향 편의를 나타내고 있다. 검정통계량의 편의는 사건기간이 길어질수록 더 커지고 있다. CAR의 검정통계량이 상향 편의를 갖는 이유는 표본평균 초과수익률이 0이 아닌 양(+)의 값을 가지기 때문이며, 이것은 신규상장 편의에 기인한다. 검정통계량의 상향 편의가 가장 심하게 나타난 경우는 기준포트폴리오 접근법 중에서도 동일가중시장지수를 벤치마크로 사용한 모형으로 나타났다.

둘째, 통제기업을 벤치마크를 사용하여 CAR를 측정하는 통제기업 접근법은 거의 대부분의 모형이 설정오류가 없는 것으로 밝혀졌다(단 하나의 예외는 기업규모에 의해 대응시킨 통제기업을 벤치마크로 사용하여 측정한 36개월간의 CAR의 경우는 5% 유의수준하에서 검정통계량이 상향 편의를 보여 주고 있다).

셋째, 기준포트폴리오 접근법을 이용하여 측정한 BHAR의 검정통계량은 유의적인 하향 편의를 나타내고 있다. 검정통계량의 하향 편의는 종국적으로 재구성 편의와 왜도편의에 기인한다.

넷째, 통제기업 접근법은 기준포트폴리오 접근법을 이용하여 측정한 BHAR이 가지는 신규상장 편의, 재구성 편의와 왜도편의 등을 완화시킨다. 따라서, 통제기업 접근법에 의해 측정한 BHAR의 검정통계량은 설정오류를 갖지 않는 것으로 나타났다.

한편, Barber and Lyon(1997)은 장기성과 측정모형의 검정력를 분석하기 위해 시뮬레이션 실험을 수행하였다. Barber and Lyon(1997)은 12개월간의 CAR와 BHAR에다 -20%에서 +20% 범위 내에서 일정 수준의 초과수익률을 인위적으로 가산하였을 때, 각 모형별로 5% 유의수준하의 양측 검정에서 전체 1,000개 표본 중 귀무가설을 기각한 표본의 비율을 계산하는 방식으로 장기성과 측정모형의 검정력을 측정하고 있다. 미국증권시장에서 장기성과 측정모형의 검정력에 대한 Barber and Lyon(1997)의 시뮬레이션 분석 결과를 요약하면 다음과 같다(p. 364의 Table 6과 p. 367의 Table 8을 참고).

첫째, 12개월간의 CAR의 경우, 기준포트폴리오 접근법에 의한 성과측정 모형들이 통제기업 접근법에 의한 모형들에 비해 검정력이 높게 나타나고 있다. 그러나, 기준포트폴리오 접근법은 설정오류를 갖기 때문에 기준포트폴리오 접근법의 검정력은 의미가 없다.

둘째, Fama-French 3-요인 모형의 검정력 함수는 분명한 비대칭 형태를 나타내고 있다.

셋째, 12개월간 BHAR의 경우 기준포트폴리오 접근법에 의한 모형들이 통제기업 접근법에 의한 모형들에 비해 검정력이 높게 나타나고 있다. 그러나, CAR의 경우와 마찬가지로, 기준포트폴리오 접근법은 설정오류를 갖기 때문에 기준포트폴리오 접근법의 검정력은 의미가 없다.

넷째, 기준포트폴리오 접근법의 검정력 함수는 비대칭인데 반해, 통제기업 접근법의 검정력 함수는 대칭 형태를 나타내고 있다.

이러한 분석 결과를 통해, Barber and Lyon(1997)은 비록 장기성과 사건연구에서 기준포트폴리오 접근법에 의한 장기성과 측정모형이 통상적으로 가장 많이 활용되고 있는 모형이기는 하지만, 기준포트폴리오 접근법을 이용하여 장기성과를 추정할 경우 예상되는 방법론적 문제를 잘 보여 주고 있다. 또한, Barber and Lyon(1997)은 설정오류가 없고 검정력이 가장 뛰어난 장기성과 측정모형으로 기업규모와 장부가-시장가 비율 순서로 선정한 통제기업(size/book-to-market matched control firm)을 수익률 벤치마크로 사용하여 BHAR을 측정하는 모형을 추천하고 있다.

B. 한국증권시장을 대상으로 한 실증 연구

정형찬(2007)은 한국증권시장의 실제 월별 주식수익률 자료를 이용하여 장기성과 측정모형의 설정오류와 검정력을 시뮬레이션 기법을 통해 분석하고 있다. 그는 장기성과를 측정할 때 사용하는 벤치마크의 유형에 따라 다음 〈표 5.2〉에 제시한 바와 같이 전체 13개의 성과측정 모형을 시뮬레이션 실험에 사용하고 있다(p. 249).

〈표 5.2〉 정형찬(2007)의 장기성과 측정모형

아래 표는 정형찬(2007)이 한국증권시장을 대상으로 한 시뮬레이션 실험에서 사용한 장기성과 측정모형을 벤치마크의 유형에 따라 분류한 것이다. 수익률 벤치마크를 추정하는 방법에 따라 자산가격결정모형, 기준포트폴리오 접근법, 통제기업접근법, Fama-French 3-요인 모형으로 구분하였다.[1]

장기성과 연구방법	벤치마크 유형	수익률 벤치마크
사건-시점 포트폴리오 접근법	자산가격결정모형	시장조정수익률모형(시장지수: EWI)
		시장조정수익률모형(시장지수: KOSPI)
		시장모형(시장지수: EWI)

		규모 기준 포트폴리오
사건-시점 포트폴리오 접근법	기준포트폴리오	장부가-시장가 비율 기준포트폴리오
		규모/장부가-시장가 기준포트폴리오
		장부가-시장가/규모 기준포트폴리오
	통제기업	규모 대응 통제기업
		장부가-시장가 대응 통제기업
		규모/장부가-시장가 대응 통제기업
		장부가-시장가/규모 대응 통제기업
달력-시점 포트폴리오 접근법	Fama-French 3-요인 모형	가치가중 포트폴리오 수익률
		동일가중 포트폴리오 수익률

주 1) 정형찬(2007), p. 249, Table 1에서 인용.

B.1 장기성과에 대한 성과측정 모형과 유의성 검정방법의 검정력

B.1.1 검정통계량

정형찬(2007)은 한국증권시장을 대상으로 앞의 〈표 5.2〉에 제시한 장기성과 측정모형들을 사용하여 12개월, 36개월 및 60개월간의 사건기간 동안 측정한 초과수익률에 대한 통계적 유의성 검정을 수행하였다. 장기성과에 대한 유의성 검정 시에 귀무가설은 "H_0: 표본평균 CAR 혹은 표본평균 BHAR은 0이다."라고 정의한다.

장기성과에 관한 통계적 유의성을 검정하는 방법은 검정통계량을 어떻게 설정하느냐에 따라 여러 가지로 구분할 수 있으나, 정형찬(2007)의 연구에서는 우리나라 학계에서 통상적으로 많이 이용하는 전통적 $t-$검정에 의해 장기성과의 통계적 유의성을 검정하였다. 표본평균 CAR 혹은 표본평균 BHAR의 유의성을 검정할 시에 각각 다음 식 (5.4)와 식 (5.5)에서 정의한 검정통계량 t_{CAR}와 t_{BHAR}을 사용한다.

$$t_{CAR} = \frac{\overline{CAR_{jT}}}{(\frac{s_{CAR}}{\sqrt{n}})} \tag{5.4}$$

$$t_{BHAR} = \frac{\overline{BHAR_{jT}}}{(\frac{s_{BHAR}}{\sqrt{n}})}$$

(5.5)

여기서, $\overline{CAR_{jT}}$ = 사건기간 T 개월 동안의 표본평균 CAR

s_{CAR} = CAR의 횡단면 표준편차

$\overline{BHAR_{jT}}$ = 사건기간 T 개월 동안의 표본평균 BHAR

s_{BHAR} = BHAR의 횡단면 표준편차

n = 표본의 크기

그리고, 달력-시점 포트폴리오 접근법에 의한 Fama-French 3-요인 모형에서 "표본평균 월별 초과수익률은 0이다"라는 귀무가설에 대한 유의성 검정은 식 (5.3)의 절편값인 α_p의 유의성 검정을 통해 이루어진다. 만약, Fama-French 3-요인 모형이 기대수익률을 예측하는 완벽한 자산가격결정모형이라면 절편값 α_p는 정확하게 시장의 가격결정오류(mispricing)를 의미하는 것으로 해석할 수 있다. 그러나, 만약 그렇지 못할 경우, 절편값 α_p는 시장의 가격결정오류와 모형의 설정오류(misspecification)가 혼합된 결과로 볼 수 있을 것이다.

B.1.2 장기성과 측정모형의 설정오류와 검정력

시뮬레이션 실험에서 사용하는 1,000개의 표본은 각 표본별로 무작위로 추출한 200개의 개별주식으로 구성되며, 개별주식에 부여된 가상적인 사건월도 무작위로 선정되었기 때문에, 사건월을 기점으로 한 사건기간 동안 유의적인 장기성과가 발생할 확률은 매우 낮다. 따라서, 정형찬(2007)은 사건기간 동안 측정한 개별주식의 실제 초과수익률에다 일정한 수준의 초과수익률을 인위적으로 더해 준 다음 시뮬레이션 기법을 이용하여 장기성과 측정모형의 설정오류와 검정력을 비교·분석하였다.

시뮬레이션 실험에서 사건(event)은 일반적인 사건연구에서 정의하는 합병이나 유상증자 등과 같은 기업의 특정 의사결정을 의미하는 것이 아니라, 시뮬레이션 과정에서 임의로 도입한 가상적인 외부 충격(hypothetical impulse)으로 정의할 수 있다. 이러한 외부 충격을 시뮬레이션 실험에서 실현하기 위해서는 모든 표본기업의 사건기간 동안의 실제 초과수익률을 측정한 다음, 여기에다 ±10%, ±20%와 ±30% 등 일정한 수준의 초과수익률을 가산하는 방식을 사용한다.

먼저, 사건기간 동안에 측정한 개별기업의 실제 초과수익률에다 인위적으로 초과수익률을 더하지 않았을 경우, 장기성과가 존재하지 않는다는 귀무가설이 기각되는지의 여부를 검정한다. 이를 위해, 1,000개의 임의표본 각각에 대해 검정통계량의 값을 계산하고, 이것을 기초로 5% 유의수준하에서 양측 검정에 의해 귀무가설을 검정한다. 이때, 1,000개 표본 중에서 표본평균 초과수익률이 양 혹은 음의 값을 가진다는 대립가설을 채택하고 귀무가설을 기각하는 표본의 기각률을 양쪽 기각역으로 분리하여 각 기각역별로 따로 측정한다. 예를 들어, 5% 유의수준하에서 귀무가설을 검정할 경우, 1,000개 표본 가운데 표본의 t값이 이론적 누적확률밀도함수가 2.5%인 지점에서의 임계치(critical value)보다 작은 표본의 비율과, 이론적 누적확률밀도함수가 97.5%인 지점에서의 임계치보다 큰 표본의 비율을 각각 분리하여 측정한다.

표본을 구성하는 개별주식이 무작위로 선정되고 표본의 크기가 충분히 크다면 사건기간 동안 체계적인 초과수익률이 나타나지 않을 것이므로, 귀무가설은 기각될 수 없다. 따라서, 사건기간 동안 장기성과가 존재하지 않는다는 귀무가설이 진실임에도 불구하고 그것을 기각한다면, 이것을 제1종 오류로 정의한다. 장기성과 측정모형의 검정통계량이 합리적으로 설정되었다면, 1,000개의 표본 중 귀무가설을 기각하고 표본평균 초과수익률이 양(혹은 음)의 값을 가진다는 대립가설을 채택할 표본의 수는 $1,000 \times \alpha/2$에 한정될 것이다. 그러나, 만약 1,000개 표본 중에서 표본평균 초과수익률이 양(혹은 음)의 값을 가진다는 대립가설을 채택하고 귀무가설을 기각하는 표본의 기각률이 $\alpha/2$를 초과한다면, 이것은 모형의 검정통계량을 잘못 설정함으로써 발생한 설정오류로 볼 수 있다.

그런데, 앞의 제3장 〈3.4.2.5 설정오류와 검정력〉에서 설명한 바와 같이, 검정통계량의 경험적 분포가 이론적 분포와 일치하고 귀무가설이 진실일 경우라도, 이론적 기각률은 유의수준 α와 정확히 일치하는 것은 아니다. 왜냐하면, 기각률 그 자체가 이항분포를 따르는 확률변수이기 때문이다. 예를 들어, 귀무가설이 진실일 때 1,000개 표본의 가설검정 결과가 독립적이라고 가정한다면, 5% 유의수준하에서 이론적 기각률 P는 다음 식 (5.6)에서 정의한 95%의 신뢰구간인 3.7%~6.4%의 범위에 속하게 될 것이다.

$$0.05 - 1.96 \sqrt{\frac{0.05(0.95)}{1,000}} \leq p \leq 0.05 + 1.96 \sqrt{\frac{0.05(0.95)}{1,000}}$$
$$0.037 \leq p \leq 0.064 \tag{5.6}$$

따라서, 5% 유의수준하의 양측 검정에서는 1,000개 표본 가운데 양측의 각 기각역에서 귀무가설을 기각한 표본의 비율이 이론적 기각률의 상한인 3.2%(6.4%/2)를 초과할 때, 모형의 검정통계량이 설정오류를 갖는다고 평가한다.

그리고, 표본을 구성하는 개별주식별로 가상적으로 부여한 사건월을 기점으로 특정 사건기간 동안 측정한 해당 주식의 실제 초과수익률에다 일정한 수준의 초과수익률을 인위적으로 가산한 후, 각 성과측정 모형이 초과수익률의 존재를 어느 정도 정확히 파악해 내는지를 분석한다. 시뮬레이션 과정에서 인위적으로 가산하는 초과수익률의 크기는 -30%에서 +30%까지로 한정하며, 각 단계별로 초과수익률을 10%씩 증가시키는 방법으로 성과측정 모형의 검정력을 측정한다. 일정 수준의 초과수익률을 각 표본에 인위적으로 더했음에도 불구하고 초과수익률이 존재하지 않는다는 귀무가설을 기각하지 못할 경우 이것을 제2종 오류로 정의한다. 최종적으로 장기성과 측정모형의 검정력은 [1-제2종 오류를 범할 확률]로 정의한다.

지금까지 장기성과 측정모형의 설정오류와 검정력을 분석하기 위해 시뮬레이션에 사용할 표본의 선정과 모형의 유형, 가설의 설정 및 검정방법 등을 설명하였다. 다음 〈그림 5.1〉은 한국거래소에 상장된 주식을 대상으로 무작위로 추출한 임의표본을 이용한 시뮬레이션 실험 과정을 간략하게 그림으로 표시한 것이다(정형찬, 2007, p. 249의 Figure 1 참조).

〈그림 5.1〉 임의표본을 이용한 시뮬레이션 실험 절차

아래 그림은 정형찬(2007)의 연구에서 한국증권시장을 대상으로 한 시뮬레이션의 실험 절차를 그림으로 나타낸 것이다. 시뮬레이션을 통해 다양한 장기성과 측정모형의 설정오류와 검정력을 평가한다.

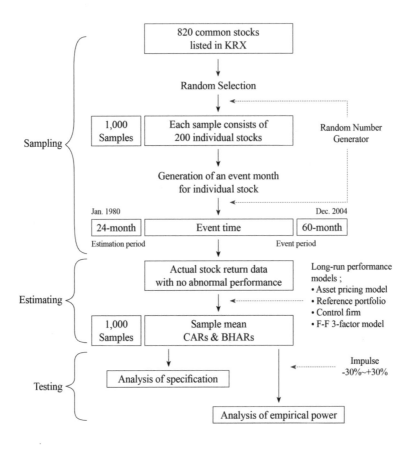

B.2 초과수익률의 횡단면 분포 특성

B.2.1 누적초과수익률(CAR)의 분포 특성

〈표 5.3〉은 초과수익률을 인위적으로 더하지 않았을 때 한국증권시장에서 추출한 200개의 주식으로 구성된 1,000개 표본을 이용하여 36개월 동안 추정한 CAR의 횡단면 분포 특성을 나타낸 것이다(정형찬(2007), p. 256, Table 2 참고). 〈표 5.3〉의 〈패널 A〉는 전체 1,000개 표본을 구성하는 200,000(=1,000×200)개 개별주식의 CAR의 횡단면 분포 특성을 나타낸 것이며, 〈패

널 B〉는 1,000개 표본의 표본평균 CAR의 분포 특성을 장기성과 측정모형별로 제시한 것이다.

〈표 5.3〉의 〈패널 A〉에서 볼 때, 200,000개의 개별주식 CAR의 횡단면 분포는 정규분포에서 크게 벗어나 있음을 알 수 있다. 개별주식 CAR의 왜도는 성과측정 모형에 따라 왼쪽 혹은 오른쪽으로 기울어진 분포 형태를 보이고 있으며, 첨도는 대부분의 모형에서 5.0 내외로 중앙이 뾰족하고 꼬리가 두꺼운 분포를 보이고 있다. 이에 따라, 모든 성과측정 모형의 Jarque-Bera 검정 통계량이 10.0을 초과해 유의수준 1%하에서 개별주식 CAR 분포의 정규성을 기각하고 있다.

또한, 개별주식 CAR의 평균값은 초과수익률이 발생하지 않았음에도 불구하고 모든 모형에서 0에서 크게 벗어나 있다. 모형에 따라 CAR의 평균값이 하향 혹은 상향 편의를 나타내고 있다. 개별주식 CAR의 평균값이 상향 편의를 나타내는 모형으로는 KOSPI를 시장지수로 사용한 시장조정수익률모형과 장부가-시장가 비율로 대응시킨 통제기업을 벤치마크로 사용한 모형 등을 들 수 있으며, 나머지 모형들은 모두 하향 편의를 보여 주고 있다.

이에 반해, 미국증권시장에서 각각 50,000개와 200,000개의 개별주식을 대상으로 한 Kothari and Warner(1997)와 Barber and Lyon(1997)의 연구에서는 개별주식 CAR의 평균값이 대체로 상향 편의를 나타내는 것으로 보고하고 있다. 이들 연구결과에 의하면, 대부분의 성과측정 모형에서 CAR 평균값의 편의는 한국증권시장을 대상으로 한 분석 결과에 비해 상대적으로 작으나, 분포의 왜도는 오히려 더 크게 나타났다.

〈표 5.3〉 한국증권시장에서의 36개월간 CAR의 횡단면 분포 특성

아래 표는 초과수익률이 발생하지 않았을 때 한국증권시장에서 무작위로 추출한 200개의 주식으로 구성된 1,000개 표본을 이용하여 36개월 동안 추정한 CAR의 횡단면 분포 특성을 나타낸 것이다. 〈패널 A〉는 전체 1,000개 표본을 구성하는 200,000(=1,000×200)개 개별주식의 CAR의 횡단면 분포 특성을 나타낸 것이며, 〈패널 B〉는 1,000개 표본의 평균 CAR의 분포 특성을 장기성과 측정모형 별로 제시한 것이다.[2]

〈패널 A〉 개별주식의 36개월 CAR의 분포 특성							
벤치마크 유형	수익률 벤치마크	평균 (%)	표준편차 (%)	t 값	왜도	첨도	J-B 통계량[1]
자산가격 결정모형	시장조정모형(EWI)	-13.6	77.9	-78.0**	0.27	5.15	〉10**

벤치마크 유형	수익률 벤치마크	평균(%)	표준편차(%)	t값	왜도	첨도	J-B 통계량
자산가격 결정모형	시장조정모형(KOSPI)	21.1	79.1	119.5**	0.54	5.52	>10**
	시장모형	-15.0	136.9	-48.3**	-0.20	5.79	>10**
기준 포트폴리오	규모	-7.6	79.1	-42.9**	0.57	5.83	>10**
	장부가-시장가	-8.6	89.5	-42.8**	0.34	4.74	>10**
	규모/장부가-시장가	-12.2	94.6	-57.5**	-0.01	5.20	>10**
	장부가-시장가/규모	-9.9	92.4	-47.8**	0.21	4.50	>10**
통제기업	규모	-1.7	101.8	-7.6**	-0.05	4.98	>10**
	장부가-시장가	2.8	95.8	13.2**	0.27	4.70	>10**
	규모/장부가-시장가	-7.8	95.0	-36.7**	-0.04	4.96	>10**
	장부가-시장가/규모	-1.2	97.8	-5.5**	-0.06	5.38	>10**
Fama-French 3-요인 모형	가치가중	Not applicable					
	동일가중						

〈패널 B〉 표본평균 36개월 CAR의 분포 특성							
벤치마크 유형	수익률 벤치마크	평균 (%)	표준편차 (%)	t값	왜도	첨도	J-B 통계량[1]
자산가격 결정모형	시장조정모형(EWI)	-13.6	5.6	-77.1**	-0.02	2.90	0.5
	시장조정모형(KOSPI)	21.1	5.6	119.7**	0.01	2.91	0.4
	시장모형	-15.0	9.8	-48.1**	0.05	3.06	0.6
기준 포트폴리오	규모	-7.6	5.5	-43.3**	-0.03	2.86	1.0
	장부가-시장가	-8.6	6.3	-43.2**	0.05	2.97	0.4
	규모/장부가-시장가	-12.2	6.6	-58.3**	0.04	2.91	0.6
	장부가-시장가/규모	-9.9	6.5	-48.1**	0.04	2.84	1.3
통제기업	규모	-1.7	7.3	-7.4**	0.01	2.75	2.6
	장부가-시장가	2.8	6.8	13.2**	-0.03	2.92	0.4
	규모/장부가-시장가	-7.8	6.7	-36.9**	0.06	3.03	0.7
	장부가-시장가/규모	-1.2	6.7	-5.6**	-0.01	2.83	1.2
Fama-French 3-요인 모형	가치가중	24.7	12.6	62.1**	-0.05	2.72	3.6
	동일가중	45.1	7.3	195.8**	0.04	2.97	0.4

Notes: *와 **는 각각 유의수준 5%와 1%의 양측 검정에서 유의함을 의미함.

주 1) J-B는 Jarque-Bera 검정통계량을 의미함. 2) 정형찬(2007), p. 256, Table 2에서 인용.

예를 들어, EWI를 시장지수로 사용한 시장조정수익률모형으로 측정한 36개월간의 개별기업 CAR의 평균값과 왜도를 서로 비교해 보면, 정형찬(2007)에서는 -13.6%와 0.27로 나타난 데 반해, Kothari and Warner(1997)는 3.9%와 -0.43으로, Barber and Lyon(1997)은 3.5%와 1.18로 각각 보고하고 있다. 개별기업 CAR의 평균값의 편의가 미국 시장에 비해 상대적으로 큰 것은 소규모 기업이 합병이나 파산 등으로 인해 표본의 추출과정에서 누락됨으로 인한 생존편의가 주요 원인이며 신규상장 편의는 상대적으로 영향력이 매우 약한 것으로 판단된다. 반면에, 개별주식 CAR 분포의 왜도가 미국 시장에 비해 한국증권시장에서 오히려 작게 나타나고 있는 것은 동일한 크기로 상한가와 하한가를 제한하는 가격제한폭 제도에 기인한 것으로 보인다.

한편, 〈표 5.3〉의 〈패널 B〉는 200개의 주식으로 구성된 1,000개 표본의 36개월간의 사건기간 동안 추정한 표본평균 CAR의 횡단면 분포를 나타낸 것이다. 달력-시점 포트폴리오 접근법으로서의 Fama-French 3-요인 모형의 경우, 표본평균 CAR는 회귀분석을 통해 추정한 모형의 절편값인 α_p에 사건기간의 개월 수인 36을 곱하여 측정하였다. 〈패널 B〉에 제시된 표본평균 CAR의 분포는 〈패널 A〉에서 제시된 개별주식 CAR의 분포와는 달리 정규분포에 매우 근접해 있음을 보여 주고 있다. 모든 성과측정 모형에서 표본평균 CAR 분포의 Jarque-Bera 검정통계량이 모두 5% 유의수준하에서 정규성을 기각하지 못하는 것으로 나타났다. 이것은 36개월간의 표본평균 CAR 분포에 있어서 중심극한정리(Central Limit Theorem)가 성립함을 의미한다.

그러나, 무작위로 추출한 1,000개 표본에 초과수익률을 인위적으로 더하지 않았음에도 불구하고, 모든 모형에서 표본평균 CAR 분포의 평균값이 하향 편의 혹은 상향 편의를 나타내고 있다. 모형들 간의 편의의 규모를 비교해 볼 때, 통제기업 접근법을 이용한 모형들이 다른 접근법을 이용한 모형들에 비해 표본평균 CAR의 편의가 현저하게 작은 것으로 나타났다. 특히, 장부가-시장가 비율과 기업규모 순으로 선정한 통제기업(book-to-market/size matched control firm)을 수익률 벤치마크로 사용한 모형으로 추정한 36개월 간 표본평균 CAR의 평균값은 약 -1.2%(t=-5.6)로 여타 모형에 비해 편의가 가장 작은 것으로 나타났다.

또한, Fama-French 3-요인 모형에서 월별 포트폴리오 수익률을 해당 월의 기업규모로 가중평균하여 계산하는 방법(value-weight)이 단순히 동일 가중하는 방법(equal-weight)에 비해 상향 편의가 거의 절반으로 감소하는 결과를 보여 주고 있다. 이것은 한국증권시장에서도 3-

요인 모형을 이용하여 장기성과를 측정할 때, Fama(1998)의 주장대로, 동일가중 방식보다는 가치가중 방식이 통계적 신뢰성을 더욱 높일 수 있음을 암시하고 있다.

그리고, 대부분의 모형에서 사건기간이 12개월에서 36개월, 혹은 60개월로 길어질수록 표본평균 CAR 분포의 평균값과 표준편차가 지속적으로 증가하는(절대값의 관점에서) 경향을 보이고 있다(〈표 5.3〉의 〈패널 B〉와 부록 〈표 A5.2〉 참조). 이것은 미국시장에서의 Kothari and Warner(1997)와 Barber and Lyon(1997)의 연구결과와도 일치한다.

B.2.2 매입보유초과수익률(BHAR)의 분포 특성

다음 〈표 5.4〉는 무작위로 추출한 200개의 주식으로 구성된 1,000개 표본을 사용하여 36개월간의 사건기간 동안 추정한 BHAR의 횡단면 분포 특성을 나타낸 것이다. 〈표 5.4〉의 〈패널 A〉는 전체 1,000개 표본을 구성하는 200,000개 개별주식의 BHAR의 횡단면 분포 특성을 나타낸 것이며, 〈패널 B〉는 1,000개 표본의 평균 BHAR의 분포 특성을 모형별로 제시한 것이다.

〈표 5.4〉의 〈패널 A〉에 의하면, 개별주식 BHAR의 분포는 정규분포에서 크게 벗어나 있다. 게다가, 개별주식 BHAR의 분포는 BHAR이 갖는 복리효과로 인해 분포의 왜도와 첨도가 정규분포의 0과 3.0에서 일탈한 정도가 CAR의 경우와 비교해 볼 때도 훨씬 높게 나타나고 있다.

〈표 5.4〉 한국증권시장에서의 36개월간 BHAR의 횡단면 분포 특성

아래 표는 초과수익률이 발생하지 않았을 때 한국증권시장에서 무작위로 추출한 200개의 주식으로 구성된 1,000개 표본을 이용하여 36개월 동안 추정한 BHAR의 횡단면 분포 특성을 나타낸 것이다. 〈패널 A〉는 전체 1,000개 표본을 구성하는 200,000(=1,000×200)개 개별주식의 BHAR의 횡단면 분포 특성을 나타낸 것이며, 〈패널 B〉는 1,000개 표본의 평균 BHAR의 분포 특성을 장기성과 측정모형별로 제시한 것이다.[2]

〈패널 A〉 개별주식의 36개월 BHAR의 분포 특성						
벤치마크 유형	수익률 벤치마크	평균 (%)	표준편차 (%)	t 값	왜도	첨도	J-B 통계량[1]
자산가격 결정모형	시장조정모형(EWI)	-45.3	132.3	-153.2**	1.47	19.73	〉10**
	시장조정모형(KOSPI)	7.6	121.8	28.0**	3.32	31.07	〉10**
	시장모형	-97.6	336.8	-126.7**	-4.82	74.36	〉10**

벤치마크 유형	수익률 벤치마크	평균(%)	표준편차(%)	t 값	왜도	첨도	J-B 통계량
기준 포트폴리오	규모	-32.7	124.8	-117.1**	2.82	29.50	>10**
	장부가-시장가	-44.7	156.0	-128.2**	1.10	15.96	>10**
	규모/장부가-시장가	-52.8	185.5	-127.3**	-1.15	27.50	>10**
	장부가-시장가/규모	-48.1	166.5	-129.2**	0.59	14.71	>10**
통제기업	규모	-4.5	168.3	-11.9**	-0.63	24.63	>10**
	장부가-시장가	8.3	142.2	26.1**	1.41	25.93	>10**
	규모/장부가-시장가	-3.3	145.0	-10.3**	0.89	21.41	>10**
	장부가-시장가/규모	1.1	147.3	3.3**	0.28	21.73	>10**

〈패널 B〉 표본평균 36개월 BHAR의 분포 특성							
벤치마크 유형	수익률 벤치마크	평균(%)	표준편차(%)	t 값	왜도	첨도	J-B 통계량[1]
자산가격 결정모형	시장조정모형(EWI)	-45.3	9.3	-153.9**	0.11	3.13	2.6
	시장조정모형(KOSPI)	7.6	8.5	28.2**	0.22	3.12	8.7*
	시장모형	-97.6	24.3	-127.2**	-0.30	3.61	30.8**
기준 포트폴리오	규모	-32.7	8.7	-119.4**	0.11	2.98	1.9
	장부가-시장가	-44.7	10.8	-130.6**	0.10	3.01	1.7
	규모/장부가-시장가	-52.8	13.2	-126.8**	-0.08	2.99	1.0
	장부가-시장가/규모	-48.1	11.7	-130.0**	0.12	2.99	2.3
통제기업	규모	-4.5	12.0	-11.8**	-0.06	2.92	1.0
	장부가-시장가	8.3	9.9	26.4**	0.15	3.13	4.6
	규모/장부가-시장가	-3.3	10.4	-10.1**	0.06	3.41	7.4*
	장부가-시장가/규모	1.1	10.4	3.3**	-0.02	3.23	2.2

Notes: *와 **는 각각 유의수준 5%와 1%의 양측 검정에서 유의함을 의미함.

주 1) J-B는 Jarque-Bera 검정통계량을 의미함. 2) 정형찬(2007), p. 260, Table 3에서 인용.

개별주식 BHAR 분포의 정규성 검정에서는 모든 성과측정 모형에서 Jarque-Bera 검정통계량이 10.0을 초과해 유의수준 1%하에서 개별주식 BHAR 분포의 정규성을 기각하고 있다. 특히, 시장모형으로 측정한 개별주식 BHAR의 분포가 정규분포로부터 일탈 정도가 가장 심한 것으로 나타났다.

다음 〈그림 5.2〉는 KOSPI를 시장지수로 사용한 시장조정수익률모형으로 측정한 200,000개 개별주식 BHAR의 분포를 그래프로 표시한 것으로, 한국증권시장에서 개별주식 BHAR의 분포가 정규분포로부터 크게 벗어나 있음을 보여 주는 좋은 예이다. 그림에서 제시된 개별주식 BHAR의 분포는 왜도가 3.32, 첨도는 31.07로 나타났으며, 정규분포에 비해 오른쪽으로 크게 치우치고 중앙이 뾰족한 분포 형태를 보이고 있다(정형찬, 2007, p. 261의 Figure 2 참조).

〈그림 5.2〉 개별주식의 36개월간 BHAR의 경험적 분포

아래 히스토그램은 KOSPI를 시장지수로 사용한 시장조정수익률모형으로 추정한 200,000개의 개별주식의 36개월간 BHAR의 경험적 분포를 그래프로 나타낸 것이다. 표본주식은 한국거래소에 상장된 주식을 대상으로 200개의 개별주식으로 구성된 1,000개의 표본을 무작위 복원추출법에 의해 선정하였다. 개별주식의 36개월간 BHAR의 평균은 약 0.076, 왜도와 첨도는 각각 3.32와 31.07로 정규분포로부터 크게 벗어나 있음을 보여 주고 있다.

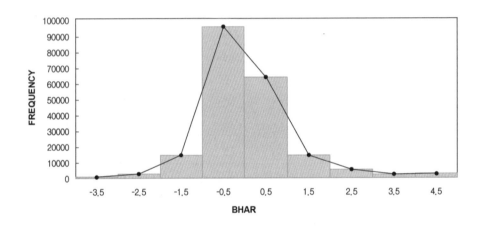

그리고, 개별주식 BHAR의 평균값은 초과수익률이 발생하지 않았음에도 불구하고 모든 성과측정 모형에서 0과 유의적인 차이를 보이고 있다. 자산가격결정모형을 이용한 접근법과 기준포트폴리오 접근법에서는 BHAR의 편의가 크게 나타나고 있는 반면, 통제기업 접근법을 이용한 모형에서는 편의가 상대적으로 작게 나타나고 있다. 이 중에서도 장부가-시장가 비율과 규모 순으로 대응시킨 통제기업을 벤치마크로 사용한 모형의 경우는 36개월간의 BHAR이 약 1.1%(t=3.3)로 전체 모형 중 편의가 가장 작은 것으로 나타났다. 물론 현실적인 투자자의 입장에서 볼 때 3년 간 매입 보유한 후 얻은 초과수익률이 1.1% 정도라고 한다면, 월별 초과수익률로 환산할 경우 불과 0.03%에 그쳐 거의 무시할 수준이지만 통계적으로는 0과 매우 유의한 차이가 있는 것으로 판명되었다. 이것은 장부가-시장가 비율과 기업규모만으로 통제기업을 선정하는 기존의 방법이 한국증권시장에서 편의가 없는 장기성과 초과수익률을 추정하는 데 충분하지 못하다는 것을 의미한다.

미국 시장에서의 분석 결과와 비교해 볼 때, 대부분의 모형에서 BHAR 평균값의 편의는 상대적으로 크나, 분포의 왜도는 오히려 작게 나타나고 있다. 예를 들어, EWI를 시장지수로 사용한 시장조정수익률모형으로 측정한 36개월간의 개별기업 BHAR의 평균값과 왜도를 두 시장 간에 비교하면, Kothari and Warner(1997)는 5.3%와 2.95로, Barber and Lyon(1997)은 -0.1%와 7.16으로 각각 추정하고 있으나, 정형찬(2007)에서는 -45.3%와 1.47로 나타났다. 이것은 개별기업 CAR의 횡단면 분포와 매우 유사한 결과이다. 특히, 자산가격결정모형을 이용한 모형과 기준포트폴리오 접근법에서 개별기업 BHAR의 평균값의 하향 편의가 미국 시장에 비해 상대적으로 크게 나타나고 있는 것은 표본추출 과정에서의 생존편의와 재구성 편의가 주요 원인이며, 신규상장 편의는 상대적으로 영향력이 매우 약한 것으로 판단된다. 반면에, BHAR의 왜도가 상대적으로 작게 나타난 것은 한국증권시장이 채택하고 있는 가격제한폭 제도 때문인 것으로 유추된다.

〈표 5.4〉의 〈패널 B〉는 1,000개 표본의 36개월간의 표본평균 BHAR의 횡단면 분포를 나타낸 것이다. 〈패널 B〉에 제시된 표본평균 BHAR의 분포는 대부분의 모형에서 정규분포에 더욱 근접해 있음을 알 수 있다. 그러나, 예외적으로 몇몇 모형에서는 이들 분포가 정규분포에서 크게 벗어나 있다. 예를 들어, KOSPI를 시장지수로 사용한 시장조정수익률모형, 시장모형 및 규모/장부가-시장가 비율을 기준으로 선정한 통제기업을 벤치마크로 사용한 모형 등에서는 표본평균 BHAR 분포의 Jarque-Bera 검정통계량이 5% 유의수준하에서 정규성을 기각하는 것으로 나타났다. 이러한 분석 결과는, 36개월간 표본평균 BHAR의 분포에 있어서 성과측정 모형에 따라 중심극한정리가 반드시 성립하지 않음을 보여 주고 있다.[12]

사건기간 별로 비교해 볼 때, 표본평균 BHAR 분포의 평균값과 표준편차는 대부분의 모형

---

12) 대표본의 표본평균 초과수익률의 분포는 중심극한정리에 의해 점근적으로 정규분포에 접근한다. 그러나, 표본기업의 초과수익률 간에 상관관계가 존재하거나, 혹은 표본기업의 초과수익률 분포가 정규분포에서 크게 벗어날 경우에는 중심극한정리가 반드시 성립하지는 않는다(Brav, 2000, p.1980). 물론, 이러한 경우에라도 정칙조건(regularity condition)을 충족하면 중심극한정리가 성립하지만, 수렴속도가 느려진다.

에서 사건기간이 12개월에서 36개월, 혹은 60개월로 길어질수록 지속적으로 커지는(절대값의 관점에서) 경향을 보이고 있다(〈표 5.4〉의 〈패널 B〉와 부록 〈표 A5.3〉 참조).

B.3 장기성과 측정모형의 설정오류와 검정력

여기서는 한국증권시장에서 장기성과 측정모형의 선택이 검정통계량의 설정오류와 검정력에 미치는 영향을 시뮬레이션 기법을 통해 분석한다. 시뮬레이션 분석 시 초과수익률이 존재하지 않는다는 귀무가설의 유의성 검정은 전통적 t-검정을 사용한다.

B.3.1 장기성과 측정모형의 설정오류

다음 〈표 5.5〉은 CAR와 BHAR을 이용한 각 성과측정 모형의 설정오류를 사건기간별로 나타낸 시뮬레이션 분석 결과이다.

〈표 5.5〉 한국증권시장에서의 장기성과 측정모형의 설정오류

아래 표에 주어진 각 수치는 사건기간 동안 초과수익률을 인위적으로 더하지 않아 체계적인 초과수익률이 존재하지 않을 때, 각 장기성과 측정모형별로 전체 1,000개 표본 중에서 귀무가설을 기각한 표본의 비율을 나타낸 것이다. 귀무가설에 대한 검정은 5% 유의수준하에서 양측 검정으로 수행한다. 전체 1,000개의 표본 중 귀무가설을 기각하고 표본평균 초과수익률이 음 혹은 양의 값을 가진다는 대립가설을 채택하는 표본의 비율을 양측의 기각역에서 각각 분리해서 측정한다. 즉, 양측의 기각역에서 1,000개의 표본 중 표본의 검정통계량 t값에 대응하는 p값이 2.5%보다 작거나 혹은 97.5%보다 큰 표본의 기각률을 각각 분리해서 측정한다. 표본주식은 한국거래소에 상장된 주식을 대상으로 200개의 개별주식으로 구성된 1,000개의 표본을 무작위 복원추출법에 의해 선정하였다.[1]

장기성과 측정모형		초과수익률 계산 방법											
		CAR						BHAR					
벤치마크 유형	수익률 벤치마크	12개월		36개월		60개월		12개월		36개월		60개월		
		2.5	97.5	2.5	97.5	2.5	97.5	2.5	97.5	2.5	97.5	2.5	97.5
자산가격 결정모형	시장조정모형(EWI)	29.3*	0.1	67.9*	0.0	85.2*	0.0	56.5*	0.0	98.7*	0.0	100*	0.0
	시장조정모형 (KOSPI)	0.0	22.2*	0.0	96.7*	0.0	99.8*	0.5	6.6*	0.3	9.8*	0.2	16.2*
	시장모형	31.3*	0.1	33.2*	0.0	39.1*	0.0	61.0*	0.0	100*	0.0	100*	0.0

기준 포트폴리오	규모	14.8*	0.2	26.9*	0.0	29.8*	0.0	33.1*	0.0	91.6*	0.0	99.3*	0.0
	장부가-시장가	21.1*	0.3	26.9*	0.0	25.2*	0.1	39.2*	0.0	96.4*	0.0	99.9*	0.0
	규모/장부가-시장가	27.9*	0.1	43.4*	0.0	44.9*	0.0	44.4*	0.0	97.7*	0.0	100*	0.0
	장부가-시장가/규모	22.5*	0.4	32.7*	0.0	32.2*	0.0	41.8*	0.0	97.0*	0.0	99.9*	0.0
통제기업	규모	5.5*	1.0	4.5*	1.7	5.5*	0.9	4.6*	1.3	5.6*	0.9	5.8*	1.0
	장부가-시장가	11.2*	0.5	0.8	6.0*	2.9	1.8	4.0*	0.7	0.4	11.5*	0.1	11.8*
	규모/장부가-시장가	14.7*	0.2	21.8*	0.0	14.8*	0.4	10.8*	0.3	6.3*	0.8	3.8*	1.2
	장부가-시장가/규모	2.1	1.4	3.3*	1.4	2.7	1.3	1.2	2.9	2.3	1.9	1.6	1.6
Fama-French 3-요인 모형	가치가중	0.0	17.2*	0.0	46.9*	0.0	60.3*			Not applicable			
	동일가중	0.0	80.9*	0.0	100*	0.0	100*						

Notes: *는 유의수준 5%의 양측 이항검정(binomial test)에서 유의함을 의미함.

주 1) 정형찬, 2007, p. 263, Table 4에서 인용.

〈표 5.5〉에서 주어진 각 수치는 시뮬레이션 과정에서 사건기간 동안 초과수익률을 인위적으로 더하지 않아 체계적인 초과수익률이 존재하지 않을 때, 각 모형별로 전체 1,000개 표본 중에서 귀무가설을 기각한 표본의 비율을 나타낸 것이다. 〈표 5.5〉에 제시된 장기성과 측정모형별 시뮬레이션 분석 결과가 의미하는 바를 정리하면 다음과 같다.

첫째, 우리나라 연구자들이 통상적으로 많이 이용하고 있는 장기성과 측정모형들의 설정 오류가 매우 심각한 수준임을 보여 주고 있다. 장부가-시장가 비율과 기업규모 순으로 대응시킨 통제기업(book-to-market/size matched control firm)을 벤치마크로 사용한 BHAR 모형을 제외한 다른 모든 모형에서 귀무가설을 기각하고 양 혹은 음의 초과수익률이 존재한다는 대립가설을 지지하는(검정통계량의 p값이 97.5%를 초과하거나, 혹은 2.5%보다 작은) 표본의 비율이 각 기각역에서 5% 유의수준하의 이론적 기각률인 3.2%를 훨씬 초과하고 있다. 예를 들어, EWI를 시장지수로 사용하여 36개월간의 CAR를 측정하는 시장조정수익률모형의 경우, 귀무가설을 기각하고 음의 초과수익률이 존재한다는 대립가설을 지지하는 표본의 비율이 67.9%로 나타나 검정통계량이 심한 하향 편의를 보이고 있다.

또한, 기준포트폴리오 접근법과 통제기업 접근법을 사용하는 대부분의 모형에서도 검정통계량이 하향 편의를 보이고 있다. 이들 모형에서의 검정통계량이 하향 편의를 보이고 있는 것은, 표본평균 CAR 분포의 평균값이 통계적으로 유의한 음의 값을 가지는 것과 관련성이 크며, 기본적으로는 표본 선정 과정에서의 생존편의에서 기인한 것으로 판단된다. 반면에, 장부가-시장가 비율만을 기준으로 선정한 통제기업을 벤치마크로 사용한 모형과 Fama-French 3-요인 모형의 경우, 귀무가설을 기각하고 양의 초과수익률이 존재한다는 대립가설을 지지하는 표본의 비율이 전체 1,000개 표본 중 각각 6.0%와 46.9%로 나타나 검정통계량이 상향 편의를 보이고 있다. Fama-French의 3-요인 모형은 가중 방식에 따라 설정오류의 정도가 달리 나타났다. 예를 들어, 사건기간이 12개월인 CAR의 경우 가치가중 방식으로 포트폴리오의 수익률을 산정하였을 때 제1종 오류가 17.2%인데 반해, 동일가중 방식의 경우는 80.9%로 나타났다. 또한, BHAR을 이용한 각 모형의 설정오류는 CAR의 경우와 매우 유사한 패턴을 보이고 있으나, BHAR이 갖는 복리효과로 인해 통제기업 접근법을 제외한 대다수의 모형에서 동일 사건기간 중의 CAR를 이용한 경우보다 상대적으로 높게 나타나고 있다.

둘째, 사건기간에 관계없이 설정오류가 존재하지 않는 모형은 장부가-시장가 비율과 기업규모 순으로 대응시킨 통제기업(book-to-market/size matched control firm)을 벤치마크로 사용한 BHAR 모형이 유일하다. 반면에, 동일한 통제기업을 벤치마크로 사용한 CAR 모형은 사건기간이 36개월의 경우 검정통계량이 하향 편의를 보이고 있다. 통제기업 접근법에서 기업규모만을 기준으로 대응시킨 통제기업과 기업규모와 장부가-시장가 비율 순으로 대응시킨 통제기업을 각각 벤치마크로 사용한 모형 등은 CAR와 BHAR 관계없이 모두 하향 편의를 나타내고 있다. 이러한 분석 결과에 의하면, 한국증권시장에서 장기성과 측정 시에 설정오류가 없어 통계적으로 가장 신뢰할 수 있는 모형은 장부가-시장가 비율과 규모 순으로 선정한 통제기업을 벤치마크로 사용한 BHAR 모형이다.

셋째, 통제기업 접근법에서 기업규모와 장부가-시장가 비율 순으로 대응시킨 통제기업(size/book-to-market matched control firm)을 벤치마크로 사용한 모형은 CAR와 BHAR 모두에서 표본의 기각률이 5% 유의수준하에서 이론적 기각률보다 높게 나타나고 있어 설정오류가 존재함을 보여 주고 있다. 특히, 이 모형은 Barber and Lyon(1997)이 미국증권시장에서 통계적 신뢰도가 가장 높은 모형으로 추천하고 있어, 최근에는 미국뿐만 아니라 우리나라 연구자들도 많이 활용하고 있는 모형이다(김병기·공명재, 2000; 김석진·변현수, 2002; 설원식·김수정, 2003; 정무권, 2003 등). 그러나, 〈표 5.5〉에 제시한 바와 같이, 한국증권시장에서 이 모형을 활용하여 장기성과에 대한 실증 연구를 수행할 시에는, 이 모형이 설정오류를 갖고 있어 통계적 신뢰도가 그리 높지 않은 모형이라는 점을 사전에 충분히 고려해야 한다.

이와 같이, 장기성과 연구에서 통계적으로 가장 신뢰할 수 있는 성과측정 모형이 한국과 미국시장에서 정반대로 나타나고 있다. 이러한 차이를 가져온 근본적인 원인은 최근 김동철 (2004, pp. 116-117)의 연구에서 찾아볼 수 있다. 그의 연구에 의하면, 미국의 경우 1980년대 이후에는 규모 효과가 거의 사라졌다고 할 만큼 미약한 반면, 장부가-시장가 비율 효과는 여전히 상당히 뚜렷하게 나타나고 있다. 한편 한국의 경우는 장부가-시장가 비율이 규모변수만큼 유의한 설명력을 보여 주지 못하고 있다. 따라서, 한국증권시장에서 주식수익률을 결정하는 가장 중요한 요인은 기업규모이므로, 장기성과 연구에서 수익률 벤치마크로서 통제기업을 결정할 때 최종적으로 고려해야 할 가장 중요한 개별기업의 특성은 미국과는 달리 장부가-시장가 비율이 아니라 기업규모이어야 한다. 즉, 김동철(2004)의 연구가 의미하는 바는, 수익률 벤치마크로서 통제기업을 결정할 때, 미국시장에서는 규모/장부가-시장가 비율 순서에 의한 대응 방법(matching scheme)이, 한국증권시장에서는 장부가-시장가 비율/규모 순서에 의한 대응 방법이 각각 설정오류를 최소화하는 데 가장 효과적이라는 것이다.

그리고, 한국증권시장에서 장기성과 연구 시에 통상적으로 사용하는 모형들의 설정오류가 심각하다는 분석 결과는, 인수합병, 증권발행 및 자사주 매입 등 기업의 특정 의사결정 이후 장기간에 걸쳐 유의적인 초과수익률이 존재한다는 선행연구(부록 〈표 A5.1〉 참조) 결과가 한국증권시장의 가격결정 오류(mispricing)에서 기인하는 것이라기보다는 장기성과 측정모형의 설정오류(misspecification)에서 비롯되었을 가능성을 제기하고 있다. 따라서, 한국증권시장에서 장기성과가 존재한다는 기존 연구의 실증분석 결과를 진실로 효율시장가설에 반하는 이상현상으로 해석할 수 있을 것인지에 대한 문제는 그러한 결과를 도출해 낸 과정에서 연구자가 통계적으로 신뢰할 수 있는 장기성과 사건연구방법을 적절히 사용하였는지에 의해 결정될 것이다.

B.3.2 장기성과 측정모형의 검정력

여기서는 36개월간의 사건기간 동안 측정한 개별주식의 실제 초과수익률에다 일정한 수준의 초과수익률을 인위적으로 더해 준 다음 시뮬레이션 기법을 이용하여 각 모형에 기초한 검정통계량의 검정력을 비교 분석한다. 시뮬레이션 분석 시에 인위적으로 더해 주는 초과수익률은 크기에 따라 -30%, -20%, -10%, 0, +10%, +20%, +30% 등 일곱 가지의 경우로 구분한다. Fama-French 3-요인 모형을 적용할 경우에는 일정한 수준의 초과수익률을 36개월로 나눈 월별 초과수익률을 각 개별기업의 실제 월별 수익률에다 더해 주는 방법으로 초과수익률을 가산한다. 예를 들어, 36개월간 +10%의 초과수익률을 인위적으로 가산한다고 할 때, 이를 동일한 월별 초과수익률로 환산한 0.28%(10%/36개월)를 각 개별기업의 실제 월별 수익률에다 더해 준다.

다음 〈표 5.6〉은 36개월간의 CAR와 BHAR에다 일정 수준의 초과수익률을 인위적으로 가산하였을 때, 각 모형별로 5% 유의수준하의 양측 검정에서 전체 1,000개 표본 중 귀무가설을 기각한 표본의 비율을 나타낸 것이다. 〈표 5.6〉에 제시된 성과측정 모형의 검정력에 관한 시뮬레이션 분석 결과를 요약하면 다음과 같다.

첫째, 사건기간이 36개월인 CAR의 경우, 자산가격결정모형을 이용한 접근법, 기준포트폴리오 접근법, 달력-시점 포트폴리오 접근법을 사용한 Fama-French 3-요인 모형 등이 통제기업 접근법에 비해 특정 방향(양 혹은 음의 초과수익률)에서 더 높은 검정력을 보여 주고 있다. 예를 들어, -10%의 초과수익률을 인위적으로 가산하였을 때, EWI를 사용한 시장조정수익률 모형은 약 99.1%의 검정력을 보이고 있으며, 규모 기준포트폴리오를 수익률 벤치마크로 사용한 모형에서는 86.5%의 검정력을 나타내고 있다. 이에 반해, 장부가-시장가 비율과 규모 순으로 대응시킨 통제기업을 벤치마크를 사용한 모형의 검정력은 36.1%에 불과해 이들의 절반에도 미치지 못하는 것으로 나타났다. 그리고, +10%의 초과수익률을 인위적으로 더해 주었을 경우에는, KOSPI를 시장지수로 사용한 시장조정수익률모형과 Fama-French 3-요인 모형(가치가중)이 각각 100.0%와 73.6%의 높은 검정력을 보여 주고 있으나, 통제기업 접근법을 사용한 모형들의 검정력은 모두 50%에도 미치지 못하고 있다.

⟨표 5.6⟩ 한국증권시장에서의 장기성과 측정모형의 검정력

아래 표는 36개월간의 CAR와 BHAR에다 -30%에서 +30%까지의 범위 내에서 일정 수준의 초과수익률을 인위적으로 가산하였을 때, 각 모형별로 5% 유의수준하의 양측 검정에서 전체 1,000개 표본 중 귀무가설을 기각한 표본의 비율을 나타낸 것이다. 표본주식은 한국거래소에 상장된 주식을 대상으로 200개의 개별주식으로 구성된 1,000개의 표본을 무작위 복원추출법에 의해 선정하였다.[1]

장기성과 측정모형		CAR							BHAR						
		초과수익률의 크기 (%)							초과수익률의 크기 (%)						
벤치마크 유형	수익률 벤치마크	-30	-20	-10	0	+10	+20	+30	-30	-20	-10	0	+10	+20	+30
자산가격 결정모형	시장조정모형(EWI)	100	100	99.1	67.9	9.8	21.2	84.7	100	100	99.8	98.7	94.0	76.4	40.5
	시장조정모형 (KOSPI)	35.4	5.3	50.4	96.7	100	100	100	72.5	35.8	8.1	10.1	53.7	93.9	99.9
	시장모형	99.3	94.1	72.6	33.2	7.4	8.3	34.5	93.6	92.9	92.2	91.1	89.5	87.7	84.4
기준 포트폴리오	규모	100	100	86.5	26.9	5.8	59.7	97.9	100	99.8	98.7	91.6	72.1	34.7	8.0
	장부가-시장가	100	99.1	82.1	26.9	4.6	43.7	92.1	100	99.9	99.5	96.4	86.4	61.4	29.1
	규모/장부가-시장가	100	99.8	91.7	43.4	5.9	20.4	75.1	100	100	99.7	97.7	91.3	71.8	42.8
	장부가-시장가/규모	100	99.7	84.8	32.7	5.0	33.5	86.1	100	100	99.3	97.0	89.2	66.0	35.8
통제기업	규모	99.3	84.1	37.1	6.2	21.3	70.1	97.1	82.8	54.3	22.6	6.5	7.7	30.2	59.1
	장부가-시장가	97.6	70.6	19.3	6.8	47.0	91.4	99.9	58.6	25.0	4.9	11.9	44.6	81.5	97.3
	규모/장부가-시장가	100	97.9	75.4	21.8	6.2	43.6	90.8	87.7	62.8	27.7	7.1	10.3	37.3	75.2
	장부가-시장가/규모	99.5	86.8	36.1	4.7	24.2	76.9	98.9	77.2	46.9	13.6	4.2	19.2	54.0	84.8
Fama-French 3-요인 모형	가치가중	5.0	6.1	22.2	46.8	73.6	91.7	98.2	Not applicable						
	동일가중	25.8	78.3	98.3	100	100	100	100							

주 1) 정형찬, 2007, p. 267, Table 5에서 인용.

　　그러나, 36개월간의 CAR의 경우, 모든 모형의 검정력은 통계적 신뢰성의 관점에서 볼 때 의미가 없다. 왜냐하면, 앞의 ⟨표 5.5⟩에서 제시한 바와 같이, 이 모형들은 초과수익률이 전혀 존재하지 않은 경우에라도 귀무가설에 대한 경험적 기각률이 이론적 기각률을 훨씬 초과하는 심각한 설정오류를 나타내고 있기 때문이다.

　　둘째, 사건기간이 36개월인 BHAR의 경우에도, CAR의 경우와 마찬가지로, 자산가격결정모형을 이용한 접근법과 기준포트폴리오 접근법이 통제기업 접근법에 비해 대체로 높은 검정력을 보여 주고 있다. 예를 들어, -10%의 초과수익률을 인위적으로 가산하였을 때, EWI를 사용한 시장조정수익률모형은 99.8%의 검정력을 보이고 있으며, 규모 기준포트폴리오(size reference portfolio)와 장부가-시장가 비율/규모 기준포트폴리오(book-to-market/size reference portfolio)를 수익률 벤치마크로 사용한 모형은 각각 98.7%와 99.3%의 높은 검정력을 나타내고 있다. 이에 반해, 통제기업 접근법을 사용한 모형들의 검정력은 모두 30.0%에도 미치지 못하고 있다. 그러나, 장부가-시장가 비율과 기업규모 순으로 대응시킨 통제기업(book-to-market/size matched control firm)을 벤치마크로 사용한 모형을 제외한 다른 모든 모형들의 검정력은 통계적 신뢰성의 관점에서 볼 때 의미가 없다. 왜냐하면, 앞의 〈표 5.5〉에서 제시한 바와 같이, BHAR을 추정하는 데 사용한 여타 모형들은 초과수익률이 전혀 존재하지 않을 경우에라도 귀무가설에 대한 경험적 기각률이 이론적 기각률을 훨씬 초과하는 심각한 설정오류를 나타내고 있기 때문이다.

셋째, 대다수 모형의 검정력 함수(power function)가 양의 초과수익률과 음의 초과수익률에서 명확한 비대칭성(asymmetry)을 보이고 있다. 예를 들어, BHAR의 경우 EWI를 시장지수로 사용한 시장조정수익률모형은 -20%의 초과수익률에서 100.0%의 검정력을 나타내고 있으나, +20%의 초과수익률에서는 모형의 검정력이 76.4%에 불과해 큰 차이를 보이고 있다. 또한, CAR의 경우에서도 기업규모와 장부가-시장가 비율순으로 대응시킨 통제기업(size/book-to-market matched control firm)을 벤치마크로 사용한 모형은 -20%의 초과수익률에서 97.9%의 높은 검정력을 보이고 있으나, +20%의 초과수익률에서는 모형의 검정력이 43.6%로 절반에도 미치지 못하는 비대칭성을 나타내고 있다. 이와 같이, 대부분의 모형에서 검정력 함수가 비대칭성을 보이고 있는 근본적인 원인은, 〈표 5.3〉와 〈표 5.4〉에서 제시한 바와 같이, 각 모형을 사용하여 추정한 표본평균 초과수익률 분포의 평균값이 대부분 하향 혹은 상향 편의를 나타내고 있기 때문이다. 이에 반해, BHAR로 장기성과를 측정하면서 장부가-시장가 비율과 기업규모 순으로 대응시킨 통제기업(book-to-market/size matched control firm)을 벤치마크로 사용한 모형은 다른 모형에 비해 검정력 함수의 비대칭도가 상대적으로 낮게 나타났다. 즉, 이 모형은 -30%의 초과수익률에서 77.2%의 검정력을, +30%의 초과수익률에서 84.8%의 검정력을 보이고 있어 여타 모형과는 달리 비교적 대칭적인 검정력 함수를 나타내고 있다.

지금까지 장기성과 측정모형의 설정오류와 검정력에 관한 시뮬레이션 분석 결과를 종합적으로 평가하면, 한국증권시장에서 장기성과를 측정하는 모형 가운데 설정오류가 없어 통계적 신뢰성을 확보할 수 있는 모형은 BHAR로 장기성과를 측정하면서 장부가-시장가 비율과 기업규모 순서로 선정한 통제기업(book-to-market/size matched control firm)을 수익률 벤치마크로 사용하는 모형이 유일하다. 특히, 이 모형은 장기성과 연구에 통상적으로 많이 사용되고 있는 여타 모형에 비해 표본평균 초과수익률의 편의와 검정력 함수의 비대칭도가 가장 작게 나타났다. 따라서, 이 모형이 한국증권시장에서의 장기성과 연구에 가장 적합한 성과측정 모형으로 판단된다.

5.4 유의성 검정방법의 선택

5.4.1 유의성 검정방법과 검정통계량

장기성과에 대한 유의성 검정 시에 통상적으로 많이 사용하고 있는 전통적 t-검정은 모집단의 BHAR 분포가 정규분포를 따르거나 혹은 근사적으로 정규분포를 따른다고 가정한다. 그러나 BHAR 분포가 정규분포에서 크게 벗어나 분포의 왜도가 매우 크거나 두꺼운 꼬리를 갖는 분포일 경우에는 전통적 t-검정의 효율성은 매우 낮다.

추리통계에서는 모집단 분포가 정규분포를 따르지 않을 경우에 전통적 t-검정을 대체할 수 있는 다양한 유의성 검정방법이 개발되어 왔다. Sutton(1993)과 Lyon et al.(1999) 등에 의하면, 모집단의 분포가 대칭이며 꼬리가 긴 분포를 따를 경우(symmetric long-tailed distribution)에는 일반적으로 비모수적 검정방법인 부호검정 혹은 Wilcoxon 부호-순위 검정과 윈저화(winsorization) 기법 등이 적합하다. 반면에 모집단의 분포가 정규분포에 비해 왜도가 매우 클 경우에는 Johnson 왜도-조정 t-검정, 붓스트랩 Johnson t-검정과 경험적 p값 검정 등이 더 효과적이다.

그러므로 여기서는 유의성 검정방법의 선택이 사건연구의 설정오류와 검정력에 미치는 효과를 관찰하기 위해, 다음에 제시한 아홉 가지 유형의 검정방법을 활용한다: (1) 전통적 t-검정, (2) 원저화 t-검정, (3) Johnson 왜도-조정 t-검정, (4) 이동기법에 의한 붓스트랩 Johnson t-검정, (5) 정규근사기법에 의한 붓스트랩 Johnson t-검정, (6) 경험적 p값 검정, (7) 부호검정, (8) Wilcoxon 부호-순위 검정, (9) 두 독립표본에 의한 비교 검정(two-groups test).

A. 전통적 t-검정

귀무가설에 대한 통계적 유의성을 검정하는 방법은 검정통계량을 어떻게 설정하느냐에 따라 여러 가지로 구분할 수 있으나, 전통적 t-검정에서 귀무가설을 검정하기 위한 검정통계량 t_{BHAR}은 다음 식 (5.7)과 같이 정의한다.

$$t_{BHAR} = \frac{\overline{BHAR_T}}{\left(\frac{\sigma_{BHAR}}{\sqrt{n}}\right)} \tag{5.7}$$

여기서, $\overline{BHAR_T}$ = 사건기간 T개월 동안의 표본평균 BHAR

σ_{BHAR} = 표본주식 BHAR의 횡단면 표준편차

n = 표본의 크기

만약 표본이 정규 모집단으로부터 추출되었다면, 식 (5.7)에서 정의한 검정통계량은 *Student t* 분포를 따르게 된다. 설령, BHAR의 분포가 정규분포를 따르지 않는다 하더라도, 중심극한정리에 의해 표본의 크기가 충분히 크면 표본평균 BHAR의 분포가 근사적으로 정규분포를 따르게 될 것이다. 전통적 t-검정은 모집단이 근사적으로 정규분포에 접근하기만 하면 검정 결과에 대한 오차가 그리 크지 않기 때문에 연구자들이 통상적으로 가장 많이 사용하는 모수검정법이다.

B. 원저화 t-검정

원저화(winsorization)는 표본 중에서 극단적인 관측치가 어느 정도까지 허용될 수 있는지에

대한 한계를 설정하는 잘 알려진 통계 기법이다. 이 기법은 표본 중에서 극단치를 갖는 관측값을 제거하지 않고, 이에 대신하여 미리 설정한 최대 허용치를 부여함으로써 결과적으로 극단적인 관측값이 분석 결과에 미치는 영향을 감소시키는 효과를 가져다준다. 윈저화 기법은 장기성과를 측정할 때 예상되는 주요 편의 중 하나인 왜도편의를 완전히 보정하지는 못하나 이를 일부 줄이는 데 활용할 수 있다. 이 책에서 윈저화 t-검정은 표본평균 BHAR에서 $\pm 3\sigma$에 해당하는 값을 최대 허용치로 설정하고, BHAR 측정치가 이 범위를 벗어날 경우 극단치로 간주하고 이를 최대 허용치로 대체한 후 전통적 t-검정에 의해 귀무가설의 유의성을 검정한다.

C. Johnson 왜도-조정 t-검정

Johnson 왜도-조정 t-검정(Johnson's skewness-adjusted t-test)은 분포의 왜도로 인해 전통적 t-검정이 갖는 설정오류를 해결하기 위해 Johnson(1978)이 개발한 검정방법이다. 그는 역 Cornish-Fisher 전개식(inverse Cornish-Fisher expansion)을 이용하여 식 (5.7)에서 정의한 t 통계량을 다음 식 (5.8)과 같이 수정하였다.

$$t_J = \sqrt{n}\left(S + \frac{1}{3}\hat{\gamma}S^2 + \frac{\hat{\gamma}}{6n}\right) \tag{5.8}$$
$$= t + \frac{\sqrt{n}}{3}\hat{\gamma}S^2 + \frac{\hat{\gamma}}{6\sqrt{n}}$$

여기서, t_J = Johnson 왜도-조정 t 통계량

(단, 식 우변의 t는 진통적 t 통계량을 의미함)

$$S = \frac{\overline{BHAR_T}}{\sigma_{BHAR}}$$

$\hat{\gamma}$ = BHAR 분포의 왜도 추정치

n = 표본의 크기

식 (5.8)에서 정의한 Johnson 왜도-조정 t 통계량 t_J는 자유도 n-1인 t 분포를 따른다. Johnson(1978)은, 몬테칼로(Monte Carlo) 시뮬레이션 실험 결과, 모집단 분포의 왜도가 크고

양측 검정이나 혹은 하단 단측 검정(lower-tailed one-sided test)을 실시할 경우 Johnson 왜도-조정 t-검정이 전통적 t-검정보다 우월하다는 실증 결과를 제시하고 있다. 따라서 Johnson 왜도-조정 t-검정은 BHAR 분포의 왜도가 클 경우에 설정오류를 줄이고 검정력을 제고하는 데 기여할 수 있다.

D. 이동기법에 의한 붓스트랩 Johnson t-검정

Sutton(1993)은 광범위한 몬테칼로 시뮬레이션 결과를 바탕으로 모집단 분포의 왜도가 극심하며 표본의 크기가 작을 때에는 Johnson 왜도-조정 t-검정은 매우 부정확한 결과를 가져다준다고 주장한다. 따라서 이 경우에는 Johnson 왜도-조정 t 통계량에 기반을 두고 컴퓨터의 빠른 계산 능력을 활용하는 붓스트랩 검정이 Johnson 왜도-조정 t-검정에 비해 제1종 오류와 제2종 오류의 확률을 현저히 줄일 수 있다는 실증 분석 결과를 제시하고 있다.

Noreen(1989, pp. 66-70)과 Sutton(1993, pp. 804-805)은 붓스트랩 검정방법으로 이동기법(shift method)과 정규근사기법(normal approximation method) 등 두 유형의 검정방법을 제시하고 있다. 이 중에서 이동기법에 의한 붓스트랩 검정(bootstrapped Johnson's t-test using shift method)은, 귀무가설하의 검정통계량의 표본 분포는 붓스트랩 표본 분포와 동일한 형태를 가지므로 귀무가설하의 검정통계량의 표본 분포는 부가성의 이동(additive shift)에 의해 붓스트랩 표본 분포로부터 도출할 수 있다는 가정을 전제로 하고 있다. Lyon et al. (1999)은 이동기법에 의한 붓스트랩 검정을 활용한 시뮬레이션 실험을 통해 Sutton(1993)과 일치하는 결과를 보여 주고 있다. 여기서는 Lyon et al. (1999)이 사용하고 있는 붓스트랩 검정을 적용하며, 구체적인 검정 절차는 다음과 같다:

1. 먼저, 각 표본의 크기가 200개인 원표본(original samples) $c_1, c_2, \cdots c_{200}$으로부터 표본의 크기가 1/4에 해당하는 50개의 개별주식 $c_1, c_2, \cdots c_{50}$으로 구성된 1,000개의 붓스트랩 표본(bootstrapped resamples)을 재추출한다.

2. 원표본으로부터 재추출한 붓스트랩 표본 $c_1, c_2, \cdots c_{50}$을 대상으로 다음 식 (5.9)에 정의한 붓스트랩 Johnson t 통계량을 계산한다. 식 (5.9)에서 아래 첨자와 위첨자에 b(=1, 2, ⋯,

1,000)가 표시된 변수는 붓스트랩 표본을 사용하여 계산한 해당 변수의 추정치를 의미한다.

$$t^b_J = \sqrt{n_b}(S^b + \frac{1}{3}\hat{\gamma}^b S^{b2} + \frac{\hat{\gamma}^b}{6n_b})$$ (5.9)

여기서, t^b_J = 붓스트랩 표본의 Johnson 왜도-조정 t 통계량

n_b = 붓스트랩 표본의 크기$(= n \times \frac{1}{4})$

$$S^b = \frac{\overline{BHAR^b_T} - \overline{BHAR_T}}{\sigma^b_{BHAR}}$$ (5.10)

（단, $\overline{BHAR_T}$는 원표본의 표본평균 BHAR을 의미함）

$\hat{\gamma}^b$ = 붓스트랩 표본의 BHAR 왜도 추정치

3. 위의 식 (5.9)에 의해 추정한 1,000개의 붓스트랩 Johnson t 통계치를 이용하여 가설 검정 시에 요구되는 양쪽 기각역의 임계치를 계산한다. 유의수준을 α로 설정하고 귀무가설에 대한 유의성 검정은 양측 검정으로 수행한다고 할 때, 양쪽 기각역에서 검정통계량의 임계치 x^*_l와 x^*_u는 각각 다음 식 (5.11)을 만족시키는 수준에서 결정된다.

$$Pr[t^b_J \le x^*_l] = Pr[t^b_J \ge x^*_u] = \frac{\alpha}{2}$$ (5.11)

4. 유의성 검정 시 원표본에서 추정한 Johnson 왜도-조정 t 통계치가 양쪽 기각역의 임계치 x^*_l와 x^*_u보다 작거나 크면, 즉 $t_J \langle x^*_l$ 혹은 $t_J \rangle x^*_u$ 이 성립하면 귀무가설을 기각한다.

E. 정규근사기법에 의한 붓스트랩 Johnson t-검정

Noreen(1989)과 Sutton(1993)은 이동기법과 함께 정규근사기법에 의한 붓스트랩 검정(bootstrapped Johnson's t-test using normal approximation method)을 소개하고 있다. Sutton(1993)은 이동기법과 정규근사기법을 이용한 시뮬레이션 실험 결과 검정력 측면에서는 이동기법이 정규근사기법보다 더 우수한 편이지만 제1종 오류를 범할 확률은 정규근사기

법이 이동기법보다 더 낮아 통계적 신뢰도는 더 높은 것으로 보고하고 있다(p. 808). 여기서는 Sutton(1993)이 제시한 정규근사기법을 적용하며, 구체적인 붓스트랩 검정 절차는 다음과 같다.

1. 붓스트랩 표본(bootstrapped resamples)의 추출 방법과 붓스트랩 표본으로부터 Johnson t 통계량을 계산하는 방법 등은 앞서 설명한 이동기법의 제1 단계와 제2 단계 검정 절차와 동일하다. 단, Johnson t 통계량을 추정하는 과정에서 S^b를 계산할 때 식 (5.10)에서와 같이 붓스트랩 표본평균을 원표본의 표본평균만큼 이동해 주는 이동기법과는 달리 정규근사기법에서는 다음 식 (5.10A)에 의해 간단히 산정한다.

$$S^b = \frac{\overline{BHAR^b_T}}{\sigma^b_{BHAR}} \tag{5.10A}$$

2. 1,000개의 붓스트랩 표본으로부터 추정한 1,000개의 Johnson t 통계치 t^b_J를 이용하여 표준편차 $\sigma^b_{t_J}$를 계산한다.

3. 원표본에서 추정한 Johnson 왜도-조정 t 통계량인 t_J에 대한 유의성 검정은 다음 식 (5.12)에서 정의한 검정통계량 Z가 표본의 크기가 충분히 클 경우 근사적으로 표준정규분포 $N(0,1)$을 따른다는 가정하에 이루어진다.

$$Z = \frac{t_J}{\sigma^b_{t_J}} \tag{5.12}$$

여기서, t_J = 원표본의 Johnson 왜도-조정 t 통계량

$\sigma^b_{t_J}$ = 붓스트랩 Johnson t 통계량의 표준편차

F. 경험적 p값 검정

경험적 p값 검정(empirical p-value approach)은 Brock et al.(1992)과 Ikenberry et al.(1995) 등이 사용했던 검정방법으로, 붓스트랩 기법을 이용하여 귀무가설이 진실일 경우 예상되는 초과수익률의 경험적 분포(empirical distribution)를 도출하여 귀무가설의 유의성을 검정하는 기법이다. 이 검정방법은 전통적 t-검정이 갖는 분포의 정규성, 안정성 및 시계열 독

립성 등에 대한 가정을 필요로 하지 않기 때문에, 이것이 중요한 문제점으로 부각되고 있는 장기성과 사건연구에서 매우 유용하게 활용될 수 있는 검정방법이다.

Lyon et al. (1999)은 장기성과 추정량의 분포가 비대칭일 경우 이 검정법을 사용하면 전통적 *t*-검정에 비해 우월한 검정 결과를 얻을 수 있다는 시뮬레이션 분석 결과를 보고하고 있다. 그래서 여기서는 Ikenberry et al. (1995)과 Lyon et al. (1999) 등이 사용했던 방법론을 다음에 제시한 검정 절차에 따라 적용하도록 한다.

1. 원표본을 구성하는 n개의 개별기업에 대해, 각 표본기업과 동일한 사건월에서 동일한 장부가-시장가 비율/규모 기준포트폴리오에 속하는 유사기업을 임의 복원추출법에 의해 차례로 선정한다. 이러한 선정 과정을 통해서 원표본을 구성하는 n개의 개별기업과 동일한 시점에서 대응될 수 있는 유사한 장부가-시장가 비율/규모 특성을 갖는 n개의 개별주식으로 이루어지는 새로운 유사포트폴리오(pseudoportfolio)를 만든다.

2. 일단 하나의 유사포트폴리오를 구성한 후에는 원표본에 적용했던 동일한 성과측정 모형을 이용하여 이 유사포트폴리오의 표본평균 BHAR을 측정한다. 이를 통해, 하나의 유사포트폴리오에서 하나의 표본평균 BHAR 관측치를 얻는다.

3. 위의 1과 2에서 설명한 과정을 반복해서 수행함으로써 1,000개의 원표본과 1:1로 대응하는 1,000개의 유사포트폴리오를 만들고, 이를 이용하여 1,000개의 표본평균 BHAR 관측치를 얻는다.

4. 귀무가설에 대한 검정은 유의수준을 α로 설정하고 양측 검정으로 수행한다고 가정할 때, 양쪽 기각역에서 표본평균 BHAR의 임계치 y_l^*와 y_u^*는 각각 다음 식 (5.13)을 만족시키는 값이 된다.

$$Pr[\overline{BHAR^p}_T \leq y_l^*] = Pr[\overline{BHAR^p}_T \geq y_u^*] = \frac{\alpha}{2} \tag{5.13}$$

여기서, $\overline{BHAR^p}_T$는 유사포트폴리오 $p(=1, 2, \cdots, 1,000)$로부터 측정한 표본평균 BHAR를 의미한다.

5. 원표본으로부터 측정한 표본평균 BHAR이 양쪽 기각역의 임계치 y_l^*와 y_u^*보다 작거나 크면, 즉 $\overline{BHAR_T} \langle y_l^*$ 혹은 $\overline{BHAR_T} \rangle y_u^*$이 성립하면 귀무가설을 기각한다.

G. 부호검정

부호검정(sign test)은 전통적 t-검정이 갖는 엄격한 가정을 충족시킬 수 없는 경우에 자주 활용되어 온 비모수검정 혹은 분포무관(distribution-free) 검정법이다. 부호검정과 같이 간단한 비모수검정법과 이보다 검정 절차가 훨씬 복잡한 붓스트랩 검정법이 함께 적용 가능한 상황에서는 간단한 비모수검정법이 오히려 붓스트랩 검정법보다 더 뛰어난 검정력을 갖는다는 사실은 통계학에서 이미 잘 알려져 있다(Ang and Zhang, 2004, p. 255). 실제로, Ang and Zhang(2004)은 다양한 표본 환경에서 설정오류가 없고 검정력이 가장 뛰어난 연구방법으로 단일 통제기업을 벤치마크로 사용하여 BHAR을 측정하고 유의성 검정은 부호검정을 이용하는 연구방법을 권고하고 있다.

부호검정은 "BHAR의 중앙값은 0이다."라는 귀무가설의 유의성을 검정하며, 귀무가설하에서 검정통계량은 다음 식 (5.14)와 같이 정의한다(Gibbons and Chakraborti, 2003, p. 171).

$$Z = \frac{K - 0.5 - 0.5n}{\sqrt{0.25n}} \tag{5.14}$$

여기서, K = 양(+)의 $BHAR$을 가진 표본주식의 수

n = 표본의 크기

H. Wilcoxon 부호-순위 검정

Wilcoxon 부호-순위 검정(Wilcoxon signed-rank test)은 부호검정과 함께 대표적인 비모수 검정법이다. 이것은 BHAR의 크기는 무시하고 부호만을 이용하는 부호검정에 비해 BHAR의 크기도 함께 고려하는 검정방법이다. 이 검정법은 대칭이며 꼬리가 긴 분포(symmetric long-tailed distribution)의 평균에 대한 유의성 검정에 널리 사용되고 있다(Sutton, 1993, p. 802). Barber and Lyon(1997)은 BHAR의 분포가 정규분포를 따르지 않을 경우에는 전통적 t-검정보다 Wilcoxon 부호-순위 검정이 오히려 검정력을 크게 향상시킬 수 있음을 실증적으로 보여

주고 있다(pp. 368-369).

이 책에서 사용하는 Wilcoxon 부호-순위 검정은 Hogg and Tanis(2006)에 따르며, "BHAR 의 중앙값은 0이다"라는 귀무가설의 유의성을 검정한다. 검정통계량은 다음 식 (5.15)와 같이 정의하며, 이것은 귀무가설하에서 표본의 크기 n이 충분히 클 경우 근사적으로 표준정규분포 를 따른다(Hogg and Tanis, 2006, p. 513).

$$Z = \frac{W}{\sqrt{n(n+1)(2n+1)/6}}$$ (5.15)

여기서, W = Wilcoxon 통계량[13]

n = 표본의 크기

I. 두 독립표본에 의한 비교 검정

지금까지 설명한 장기성과에 대한 모수적 검정방법은 모두 표본을 구성하는 개별기업의 보 유기간 복리수익률(holding-period compound return: HPR)에서 벤치마크 포트폴리오 혹은 통제기업의 HPR을 차감하여 구한 BHAR에 대한 유의성을 검정하는 일종의 대응비교(paired comparison)에 의한 짝의 차에 대한 검정방법(paired difference test)이다. 이러한 대응비교 에 의한 짝의 차에 대한 검정에서는 귀무가설은 "H_0: 표본평균 BHAR은 0이다."라고 정의한 다. 장기성과에 대한 통계적 검정에서 일반적으로 이 짝의 차에 대한 검정방법을 사용하는 것 은 표본주식의 HPR과 이에 대응하는 벤치마크의 HPR은 서로 양(+)의 상관관계가 존재한다 고 기대하기 때문이다. 만약 이들 간에 존재하는 짝의 상관관계(pairwise dependence)를 무 시한다면 표본의 표준편차가 과대평가되어 검정통계량의 검정력은 떨어지게 될 것이다. 즉, 표본주식 BHAR의 분산은 다음 식 (5.16)에서와 같이 표본주식 HPR의 분산과 벤치마크 HPR 의 분산의 합에다 이들 간의 양의 공분산에 2를 곱한 값을 차감한 값으로 주어지는데, 만약 표 본주식 HPR과 벤치마크 HPR이 서로 독립적이라 가정하고 이들 간에 존재하는 양의 공분산 을 무시한다면 표본주식 BHAR의 분산이 과대평가되어 검정력은 떨어지게 된다.

---

13) Wilcoxon 통계량(Wilcoxon statistic)의 추정에 관한 상세한 설명은 Hogg and Tanis(2006)의 pp. 510-511을 참고하기 바란다.

$$Var(BHAR_j) = Var(HPR_j - HPR_p) \tag{5.16}$$

$$= Var(HPR_j) + Var(HPR_p) - 2Cov(HPR_j, HPR_p)$$

여기서, HPR_j = 표본주식 j의 복리수익률

HPR_p = 벤치마크 p의 복리수익률

따라서, 대응비교에 의한 짝의 차에 대한 검정법은 다음에 설명할 두 독립표본에 의한 비교 검정과는 달리 암묵적으로 표본주식과 벤치마크 간에 존재하는 짝의 상관관계를 조정하고 있다.

이에 반해, 두 독립표본에 의한 비교 검정(two-groups test)은 표본기업의 HPR과 벤치마크 포트폴리오 혹은 통제기업의 HPR 간에 존재하는 짝의 상관관계를 무시하고 이들이 상호 독립이라고 가정하며, 귀무가설은 "H_o: 표본과 벤치마크의 평균 HPR은 일치한다"라고 정의한다. 이에 따라 검정통계량은 다음 식 (5.17)과 같이 설정하며, 이것은 표본의 크기가 n일 때 자유도 $2n-2$인 t 분포를 따른다.

$$t_{2G} = \frac{\overline{HPR_j} - \overline{HPR_p}}{\sqrt{\dfrac{s^2_{HPR_j}}{n} + \dfrac{s^2_{HPR_p}}{n}}} \tag{5.17}$$

여기서, t_{2G} = 두 독립표본에 의한 비교 검정법의 검정통계량

$\overline{HPR_j}$ = 표본평균 복리수익률

$\overline{HPR_p}$ = 벤치마크의 평균 복리수익률

s_{HPR_j} = 표본주식 복리수익률의 횡단면 표준편차

s_{HPR_p} = 벤치마크 복리수익률의 횡단면 표준편차

장기성과에 대한 통계적 검정에서 고려해야 할 두 유형의 상관관계는 짝의 상관관계(pairwise dependence)와 표본주식 수익률 간의 횡단면 상관관계(cross-sectional dependence)이다. 앞서 설명한 바와 같이 대응비교에 의한 짝의 차에 대한 검정은 짝의 상관관계는 암묵적으로 고려하나 표본주식 간에 사건기간의 중복(overlapping)으로 인한 횡단면 상관관계는 무

시하는 반면, 두 독립표본에 의한 비교 검정은 표본주식과 이에 대응하는 벤치마크가 상호 독립적이라고 가정함으로써 이들 두 유형의 상관관계를 모두 무시한다. 그러나, 이 두 유형의 상관관계는 표본평균 BHAR의 분산에 대해 정반대 방향으로 영향을 미치기 때문에 이들 중 짝의 상관관계만을 조정하는 짝의 차에 대한 검정보다는 이들 둘 다를 무시하는 두 독립표본에 의한 비교 검정이 두 상관관계의 상쇄효과로 오히려 검정통계량의 설정(specification)을 향상시킬 수 있다(Cowan and Sergeant, 2001, pp. 745-746). 즉, 짝의 상관관계를 무시할 경우에는 표본평균 BHAR의 표준편차가 과대평가되어 귀무가설에 대한 기각률은 떨어지게 되나, 횡단면 상관관계를 무시할 경우에는 표본평균 BHAR의 표준편차가 과소평가되어 귀무가설에 대한 기각률은 높아지게 된다. 따라서, 두 독립표본에 의한 비교 검정은 이들 두 유형의 상관관계를 모두 무시하기 때문에 이들 간의 상쇄효과로 인해 제1종 오류를 범할 확률이 감소해 검정통계량의 설정오류를 피할 수 있다.

그러므로, 표본주식 수익률 간의 횡단면 상관관계가 거의 무시될 수 있는 임의표본(random sample)에서는 짝의 차에 대한 검정이 두 독립표본에 의한 비교 검정보다 뛰어난 검정력을 나타낼 수 있으나, 이 횡단면 상관관계가 임의표본에 비해 상대적으로 높은 비임의표본(nonrandom sample)에서는 서로 반대 방향으로 작용하는 두 유형의 상관관계를 모두 무시하는 두 독립표본에 의한 비교 검정이 제1종 오류를 범할 확률을 잠재적으로 감소시킴으로써 통계적 신뢰도를 높일 수 있는 이점을 가진다.

5.4.2 검정방법의 선택과 검정력에 관한 실증 연구

A. 미국증권시장을 대상으로 한 실증 연구

앞 절에서 Barber and Lyon(1997)은 미국증권시장에서 설정오류가 없고 검정력이 가장 뛰어난 장기성과 측정모형으로서 기업규모와 장부가-시장가 비율 순서로 선정한 통제기업을 수익률 벤치마크로 사용하여 BHAR을 측정하는 모형을 제안하고 있다. 이에 반해, Lyon et al.(1999)는 설정오류가 없으면서 장기성과 사건연구의 검정력을 높일 수 있는 또 다른 성과 측정 모형과 유의성 검정방법의 최적 조합을 찾고자 하였다.

이를 위해, 장기 초과수익률의 측정에 필요한 사건 포트폴리오의 구성 시점에 따라 사건-시점 포트폴리오 접근법과 달력-시점 포트폴리오 접근법으로 크게 구분하였다.

먼저 사건-시점 포트폴리오 접근법은 벤치마크로서 재구성 규모/장부가-시장가 기준포트폴리오(rebalanced size/book-to-market portfolio), 매수보유 규모/장부가-시장가 기준포트폴리오(buy-and-hold size/book-to-market portfolio) 및 규모/장부가-시장가 통제기업(size/book-to-market control firm) 등 세 유형의 모형을 사용하고, 유의성 검정방법으로는 전통적 t-검정, Johnson 왜도-조정 t-검정, 붓스트랩 Johnson t-검정, 경험적 p값 검정 등 네 유형의 검정방법을 사용하고 있다. 다음으로 달력-시점 포트폴리오 접근법은 기대수익률 추정 모형으로 Fama-French 3-요인 모형을 사용한다. 이들은 임의표본(random sample)과 비임의표본(nonrandom sample)을 대상으로 Barber and Lyon(1997)의 시뮬레이션 환경과 유사한 실험을 통해 장기성과 측정모형과 유의성 검정방법의 조합이 갖는 설정오류와 검정력을 서로 비교하고 있다.

먼저, Lyon et al.(1999)은 임의표본을 대상으로 장기성과 측정모형과 유의성 검정방법의 조합이 갖는 설정오류에 관한 시뮬레이션 실험을 수행하였다. Lyon et al.(1999)이 제시한 설정오류에 관한 실험 결과를 요약하면 다음과 같다(p. 179, Table Ⅲ 참고).

첫째, 벤치마크로서 재구성 기준포트폴리오와 매입보유 기준포트폴리오를 사용하고 유의성 검정방법으로는 전통적 t-검정을 사용한 사건연구방법은 하향 편의를 나타내고 있다.

둘째, Johnson 왜도-조정 t-검정은 전통적 t-검정의 편의를 개선시키고 있으나, 이 검정법도 역시 하향 편의를 나타내고 있다.

셋째, Lyon et al.(1999)이 새로운 검정방법으로 제안한 붓스트랩 Johnson t-검정과 경험적 p값 검정 등은 임의표본을 대상으로 한 실험에서는 설정오류가 없는 것으로 밝혀졌다.

넷째, 기대수익률 추정 모형으로 Fama-French 3-요인 모형을 사용한 달력-시점 포트폴리오 접근법은 임의표본에서 설정오류가 없는 것으로 나타났다.

이와 같이, Lyon et al.(1999)은 임의표본을 대상으로 한 시뮬레이션 실험 결과, 설정오류가 없는 사건연구방법으로 다음 세 유형을 제시하고 있다: (1) 규모/장부가-시장가 통제기업을 벤치마크로 사용하고 전통적 *t*-검정으로 유의성을 검정하는 방법, (2) 매입보유 규모/장부가-시장가 기준포트폴리오를 벤치마크로 사용하고 붓스트랩 Johnson *t*-검정으로 유의성을 검정하는 방법, (3) 매입보유 규모/장부가-시장가 기준포트폴리오를 벤치마크로 사용하고 경험적 p값 검정으로 유의성을 검정하는 방법.

그리고, Lyon et al. (1999)은 임의표본을 대상으로 위에서 제시한 세 유형의 설정오류가 없는 사건연구방법의 검정력을 시뮬레이션 실험을 통해 상호 비교하고 있다. 검정력에 관한 실험 결과, 위에서 제시한 두 번째와 세 번째 방법인 붓스트랩 Johnson *t*-검정과 경험적 p값 검정을 유의성 검정방법을 사용하고 있는 사건연구방법이 Barber and Lyon(1997)이 권고하고 있는 첫 번째 통제기업 접근법과 전통적 *t*-검정법을 사용하고 있는 연구방법에 비해 보다 개선된 검정력을 지니고 있음을 보고하고 있다. 예를 들어, +10%(-10%)의 초과수익률을 인위적으로 가산하였을 때, 통제기업 접근법과 전통적 *t*-검정을 사용한 첫 번째 방법은 1,000개의 표본 가운데 약 43%(39%)의 기각률을 나타내고 있다. 이에 반해, 두 번째 매입보유 규모/장부가-시장가 기준포트폴리오를 벤치마크로 사용하고 붓스트랩 Johnson *t*-검정으로 유의성을 검정하는 방법과 매입보유 규모/장부가-시장가 기준포트폴리오를 벤치마크로 사용하고 경험적 p값 검정으로 유의성을 검정하는 방법 등은 각각 55%(70%), 73%(50%)의 기각률을 보여주고 있다(p. 180의 Figure 1 참조). 즉, 붓스트랩 Johnson *t*-검정과 경험적 p값 검정을 사용하는 사건연구방법이 우월한 검정력을 갖고 있음을 실증적으로 보여 주고 있다.

이러한 실증 분석 결과를 바탕으로, Lyon et al. (1999)은 장기성과 사건연구에서 BHAR을 측정하기 위한 수익률 벤치마크로서는 규모와 장부가-시장가 비율에 기초한 매입보유 기준포트폴리오를 사용하고, 유의성 검정은 붓스트랩 Johnson *t*-검정과 경험적 p값 검정 등을 적용하는 새로운 사건연구방법을 권고하고 있다.

그러나, Lyon et al. (1999)은 임의표본에서 설정오류가 없는 것으로 밝혀진 붓스트랩 Johnson *t*-검정과 경험적 p값 검정 등이 사건 이전 기간에 수익률 고성과 혹은 저성과가 존재하는 비임의표본(nonrandom samples of firms with pre-event return performance)이나 특정 산업으로만 구성된 비임의표본(nonrandom samples with industry clustering), 단일기업의 수익률이 여러 번 중복되는 비임의표본(nonrandom samples with overlapping returns) 등

에서는 설정오류가 있는 것으로 보고하고 있다. 뿐만 아니라, Fama-French 3-요인 모형을 사용한 달력-시점 포트폴리오 접근법도 임의표본에서는 설정오류가 없었으나, 특정 산업으로만 구성된 비임의표본에서는 설정오류가 여전히 발견되고 있다. 달력-시점 포트폴리오 접근법은 사건-시점 포트폴리오 접근법에 비해 수익률 중복으로 인한 횡단면 상관관계 문제를 비교적 잘 통제하는 것으로 나타났다(pp. 192-194).

그런데, Lyon et al. (1999)이 제안한 BHAR과 붓스트랩 검정 기법을 활용한 사건-시점 포트폴리오 접근법은 기본적으로 표본주식의 BHAR이 상호 독립적이라고 가정하고 있다. Mitchell and Stafford(2000)는 "인수합병이나 유상증자, 자사주 매입 등과 같은 기업의 주요 의사결정은 무작위로 발생하는 사건이 아니기 때문에 사건 표본을 구성하는 개별주식의 초과수익률이 상호 독립적일 가능성은 매우 희박하다. 특히, 주요 기업 사건들은 달력 시점에서 산업별로 집중된다. 이것은 곧 개별주식 초과수익률 간에 양(+)의 횡단면 상관관계를 갖게 하며, 횡단면 상관관계가 존재할 경우 독립성을 가정한 검정통계량은 과대평가된다."라고 주장하고 있다(pp. 290-291). 실제로, Mitchell and Stafford(2000)는 독립성을 가정했을 때 6.0이었던 t 통계량이 횡단면 상관관계를 고려한 후에는 1.5 이하로 급락하였으며, 약 15%에 이르는 3년간의 표본평균 BHAR이 통계적으로 0과 다르지 않다는 것을 발견하였다. 이처럼 초과수익률 간의 횡단면 상관관계를 고려하지 않고 독립성을 가정하는 사건-시점 포트폴리오 접근법은 검정통계량이 과대평가됨으로써 설정오류가 매우 높게 나타나는 결함을 갖게 된다. 따라서 Mitchell and Stafford(2000)는 통계적으로 신뢰할 수 있는 장기성과 연구방법은 횡단면 상관관계를 자동적으로 고려하는 달력-시점 포트폴리오 접근법임을 강조하고 있다.

Cowan and Sergeant(2001)는 선행 연구에서와 같이 장기성과 연구에서 통상적으로 많이 사용하는 대부분의 장기성과 측정모형에서 설정오류를 발견하였다. 또한, 그들은, Barber and Lyon(1997)과는 달리, 통제기업 접근법에서도 표본의 크기를 1,000개로 늘렸을 경우에는 설정오류가 존재한다는 결과를 보고하고 있다. 그들은 시뮬레이션 분석을 통해 설정오류가 없고 검정력이 상대적으로 우월한 연구방법을 다음과 같이 제시하고 있다. 먼저, BHAR을 측정하기 위한 수익률 벤치마크로서는 기업규모와 장부가-시장가 비율에 기초한 가치가중 포트폴리오를 사용하고, 이것으로 측정한 BHAR은 다시 분포의 왜도를 줄이기 위해 ±3σ(표준편차)에서 윈저화한(winsorization) 다음, 두 독립표본에 의한 비교 검정(two-groups test)에 의해 유의성을 검정하는 접근법을 권고하고 있다.

그리고 Ang and Zhang(2004)은 다양한 장기성과 측정모형과 유의성 검정방법의 선택 조합이 사건연구방법의 설정오류와 검정력에 미치는 영향을 시뮬레이션을 통해 심도 있게 분석하고 있다. 그들은 장기성과를 측정하는 모형으로, 사건-시점 포트폴리오 접근법의 기준포트폴리오와 통제기업 등을 벤치마크로 사용하는 모형과, 달력-시점 포트폴리오 접근법의 Fama and French(1993)의 3-요인 모형과 Carhart(1997)의 4-요인 모형 등을 활용하고 있다. 그들은 실증분석 결과를 통해, 다양한 표본 환경에서 설정오류가 없고 검정력이 가장 뛰어난 연구방법은 표본기업과 수익률 상관관계가 가장 높은 단일 통제기업을 수익률 벤치마크로서 사용하여 BHAR을 측정하고, 유의성 검정은 비모수 검정법인 부호검정을 사용하는 접근법임을 주장하고 있다.

이와 같이, 미국 학계에서는 최근까지 증권시장의 실제 주식수익률 자료를 이용한 시뮬레이션 실험을 통해 장기성과 연구에서 통계적 신뢰성을 확보하면서 검정력이 뛰어난 연구방법론을 개발하려는 시도가 많은 연구자들에 의해 지속적으로 이루어져 왔다. Kothari and Warner(2007)는 장기성과 연구방법론에 대한 이러한 지속적인 연구의 필요성을 이 분야의 연구자들에게 다음과 같이 역설하고 있다. 즉, 장기성과 연구방법론에 관한 실증 연구가 방대하게 이루어져 왔음에도 불구하고 이들 중 어떤 연구방법이 최적인가에 대해서는 아직까지 명확한 승자는 없으며, 이 분야의 연구자들에게 주어진 도전은 장기성과에 대한 연구방법을 지속적으로 향상시키는 것이다: *"Despite an extensive literature, there is still no clear winner in a horse race." (p. 23), "Given the various power and specification issues, a challenge that remains for the profession is to continue to refine long-horizon method." (p. 32).*

B. 한국증권시장을 대상으로 한 실증 연구

B.1 연구 설계의 개요

정형찬(2008)은 장기성과 측정모형과 유의성 검정방법의 선택 조합이 사건연구방법의 설정오류와 검정력에 미치는 효과를 한국증권시장의 실제 월별 주식수익률 자료를 이용한 시뮬레이션을 통해 살펴보았다. 또한, 사건기간이나 표본의 크기가 사건연구방법의 설정오류와 검정력에 미치는 영향도 함께 고찰하였다. 이를 위해, 한국거래소에 상장된 개별주식의 실제 월별 수익률 자료를 이용한 시뮬레이션 기법을 통해 실증적으로 분석하였다. 시뮬레이션 실험에 사용된 표본의 수는 1,000개로 하며, 각 표본은 200개의 개별주식으로 구성하였다. 표본의 크기가 사건연구방법의 검정력에 미치는 효과를 관찰하기 위해서는 각 표본이 50개와 100개의 개별기업으로 구성된 1,000개의 표본을 추가로 구성하였다. 표본을 구성하는 개별주식은 1980년 1월부터 2004년 12월까지의 기간 중에 한국거래소에 상장된 주식 가운데 무작위 복원추출법에 의해 선정하였다. 개별주식의 사건월(event month)은 균일난수함수를 이용하여 표본기간 중 어느 달을 임의로 복원 추출하였으며, 사건기간은 개별주식의 사건월을 기점으로 12개월, 36개월, 60개월 등 세 개의 기간으로 설정하였다.

이 연구에서 초과수익률로서 BHAR을 측정하기 위해 모두 다섯 가지 유형의 장기성과 측정모형을 사용하였다. 그중 세 유형은 기준포트폴리오를 벤치마크로 사용한 모형이며, 나머지 두 유형은 통제기업을 벤치마크로 사용한 모형이다. 먼저, 기준포트폴리오 접근법은 벤치마크의 유형에 따라 동일가중지수 기준포트폴리오(EWI), 기업규모와 장부가-시장가 비율에 기초한 기준포트폴리오(size/book-to-market reference portfolios: SBRP)와 장부가-시장가 비율과 기업규모에 기초한 기준포트폴리오(book-to-market/size reference portfolios: BSRP) 등 세 유형으로 구분하였다. 다음으로, 통제기업 접근법은 벤치마크의 유형에 따라 규모와 장부가-시장가 비율 순서에 의해 대응시킨 통제기업(size/book-to-market matched control firm: SBCF)과 장부가-시장가 비율과 규모 순서에 의해 대응시킨 통제기업(book-to-market/size matched control firm: BSCF) 등 두 유형으로 구분하였다. 또한, 유의성 검정방법의 선택이 사건연구방법의 설정오류와 검정력에 미치는 효과를 관찰하기 위해 다음의 아홉 가지 유형의 검정방법을 활용하였다: (1) 전통적 t-검정, (2) 원저화 t-검정, (3) Johnson 왜도-조정 t-검정, (4) 이동기법에 의한 붓스트랩 Johnson t-검정, (5) 정규근사기법에 의한 붓스트랩 Johnson t-검정, (6) 경험적 p값 검정, (7) 부호검정, (8) Wilcoxon 부호-순위 검정, (9) 두 독립표본에 의한 비교 검정.

그리고, 정형찬(2008)은 표본의 유형에 따라 두 번의 동일한 시뮬레이션 실험을 반복 수행하였다. 첫 번째 시뮬레이션 실험에서는 임의표본(random samples)을 대상으로 이들 다섯 가지 유형의 장기성과 측정모형과 아홉 가지 유형의 유의성 검정 간의 조합으로 구성된 총 마흔 다섯 가지 사건연구방법의 설정오류와 검정력을 분석하고, 이 분석 결과를 기초로 한국증권시장에서 장기성과 측정모형과 유의성 검정방법의 선택이 사건연구방법의 검정력에 미치는 효과를 살펴보았다. 또한, 임의표본에서 설정오류가 없는 것으로 밝혀진 사건연구방법이 기업규모나 혹은 장부가-시장가 비율 등과 관련된 표본편의를 가지는 비임의표본(nonrandom samples)에서도 여전히 강건성을 유지하는지를 분석하였다. 이를 위해, 정형찬(2008)은 두 유형의 비임의표본, 즉 기업규모와 관련된 비임의표본과 장부가-시장가 비율과 관련된 비임의표본을 각각 구성하여 임의표본과 동일한 시뮬레이션을 반복 수행하였다.

B.2 장기 초과수익률의 기술 통계

〈표 5.7〉은 임의표본을 대상으로 기준포트폴리오 접근법과 통제기업 접근법 등에 의한 다섯 가지 유형의 장기성과 측정모형을 사용하여 추정한 36개월 BHAR의 횡단면 분포 특성에 관한 기술통계치를 표본의 크기에 따라 정리한 것이다. 표에서 〈패널 A〉는 한국증권시장에서 무작위로 추출한 200개의 주식으로 구성된 전체 1,000개 임의표본의 200,000(=1,000×200)개 개별주식의 36개월 BHAR에 대한 기술통계치를 나타낸 것이다. 이에 반해, 〈패널 B〉는 1,000개 표본의 표본평균 BHAR의 기술통계치를 장기성과 측정모형별로 제시한 것이다. 또한, 표본의 크기가 BHAR의 분포 특성에 미치는 영향을 살펴보기 위해 표본의 크기가 각각 50개와 100개인 1,000개의 임의표본에서 측정한 BHAR의 기술통계치도 함께 제시한다. 〈표 5.7〉에서 관찰할 수 있는 36개월 BHAR 분포의 주요 특성을 정리하면 다음과 같다.

〈표 5.7〉 임의표본의 표본의 크기에 따른 BHAR의 기술통계치

아래 표는 다음 다섯 유형의 장기성과 측정모형을 이용하여 측정한 36개월간 BHAR의 횡단면 분포 특성에 관한 기술통계치를 제시한 것이다: (1) 동일가중지수를 벤치마크로 사용하는 기준포트폴리오(EWI), (2) 규모/장부가-시장가 기준포트폴리오(SBRP), (3) 장부가-시장가/규모 기준포트폴리오(BSRP), (4) 규모/장부가-시장가 통제기업(SBCF), (5) 장부가-시장가/규모 통제기업(BSCF). 〈패널 A〉는 한국증권시장에서 무작위로 추출한 200개의 주식으로 구성된 전체 1,000개 임의표본의 200,000(=1,000×200)개 개별주식의 36개월 BHAR에 대한 기술통계치를 나타낸 것이다. 〈패널 B〉는 1,000개 표본의 표본평균 BHAR의 기술통계치를 장기성과 측정모형별로 제시한 것이다. 또한, 표본의 크기가

BHAR의 분포 특성에 미치는 영향을 살펴보기 위해 표본의 크기가 각각 50개와 100개인 1,000개의 임의표본에서 측정한 BHAR의 기술통계치도 함께 제시한다.[1]

벤치마크	표본의 크기	평균	중간값	표준편차	왜도	첨도	Jarque-Bera 통계량
		〈패널 A〉 개별주식의 36개월 BHAR의 분포 특성					
EWI	50	-0.468**	-0.437**	1.311	1.286**	17.908**	4.77×10^5**
	100	-0.460**	-0.434**	1.321	1.421**	20.052**	1.25×10^6**
	200	-0.453**	-0.431**	1.323	1.465**	19.734**	2.40×10^6**
SBRP	50	-0.545**	-0.364**	1.854	-1.357**	26.040**	1.12×10^6**
	100	-0.539**	-0.360**	1.859	-1.333**	28.602**	2.76×10^6**
	200	-0.528**	-0.356**	1.855	-1.152**	27.505**	5.04×10^6**
BSRP	50	-0.492**	-0.348**	1.652	0.415**	13.312**	2.23×10^5**
	100	-0.488**	-0.351**	1.660	0.499**	14.308**	5.37×10^5**
	200	-0.481**	-0.347**	1.665	0.587**	14.707**	1.15×10^6**
SBCF	50	-0.037**	-0.069**	1.425	0.803**	20.071**	6.13×10^5**
	100	-0.029**	-0.065**	1.441	0.829**	20.928**	1.35×10^6**
	200	-0.033**	-0.065**	1.450	0.889**	21.406**	2.84×10^6**
BSCF	50	-0.006	0.000	1.463	0.133**	21.181**	6.89×10^5**
	100	-0.010*	0.003	1.471	0.236**	22.403**	1.56×10^6**
	200	0.011**	0.005*	1.473	0.279**	21.731**	2.92×10^6**
		〈패널 B〉 표본평균 36개월 BHAR의 분포 특성					
EWI	50	-0.468**	-0.478**	0.208	0.294**	3.786**	40.080**
	100	-0.460**	-0.459**	0.166	0.081	3.279	4.336
	200	-0.453**	-0.453**	0.093	0.106	3.134	2.605
SBRP	50	-0.545**	-0.526**	0.290	-0.375**	3.856**	53.940**
	100	-0.539**	-0.526**	0.236	-0.369**	3.753**	46.403**
	200	-0.528**	-0.530**	0.132	-0.076	2.990	0.963
BSRP	50	-0.492**	-0.482**	0.253	0.008	3.072	0.226
	100	-0.488**	-0.488**	0.205	-0.006	3.395*	6.510*
	200	-0.481**	-0.482**	0.117	0.117	2.986	2.283

	50	-0.037**	-0.039**	0.218	0.200**	3.415**	13.810**
SBCF	100	-0.029**	-0.025**	0.177	-0.175*	3.356*	10.367**
	200	-0.033**	-0.032**	0.104	0.057	3.406**	7.397*
	50	-0.006	-0.002	0.221	0.010	3.545**	12.410**
BSCF	100	-0.010	0.004	0.184	-0.104	4.612**	110.106**
	200	0.011**	0.009*	0.104	-0.025	3.226	2.228

Note: *와 **는 각각 5% and 1% 유의수준하의 양측 검정에서 유의함을 의미함.
주 1) 정형찬, 2008, p. 786, Table 1에서 인용.

첫째, 개별주식 BHAR의 분포는 정규분포에서 크게 벗어나 있는 반면에, 표본평균 BHAR
의 분포는 규모/장부가-시장가 비율에 의해 대응시킨 통제기업(SBCF) 모형을 제외한 대부분
의 모형에서 중심극한정리에 의해 정규분포를 따르고 있음을 알 수 있다. 그러나 표본의 크
기가 상대적으로 작은 50개와 100개인 경우에는 표본평균 BHAR의 분포도 정규분포를 따르
지 않고 있다. 이것은 대부분의 장기성과 측정모형에서 표본의 크기가 줄어들수록 표본평균
BHAR의 왜도 혹은 첨도가 증가하는 경향을 나타내기 때문이다. 개별주식의 BHAR이 분포
의 왜도와 첨도가 커 정규분포를 따르지 않는다는 분석 결과는 미국증권시장을 대상으로 한
Kothari and Warner(1997), Barber and Lyon(1997), Cowan and Sergeant(2001), Ang and
Zhang(2004) 등의 연구 결과와 일치한다.

둘째, BHAR의 평균과 중앙값 등이 모든 장기성과 측정모형에서 하향 혹은 상향 편이를 보이
고 있다. 기준포트폴리오를 벤치마크로 사용하고 있는 모형 즉 EWI, SBRP, BSRP 등에서는 다른
모형에 비해 BHAR의 편의가 상대적으로 더 크게 나타나고 있다. 이에 반해, 통제기업 접근법을
이용한 모형 즉 SBCF, BSCF 등에서는 편의가 상대적으로 작게 나타나고 있다. 이것은 통제기업
접근법을 사용할 경우 신규상장 편의, 재구성 편의와 왜도편의 등을 피할 수 있기 때문이다. 특
히, 통제기업 접근법 중에서도 장부가-시장가 비율/규모 순으로 대응시킨 통제기업을 벤치마크
로 사용한 BSCF 모형이 전체 모형 중 평균과 중앙값의 편의가 가장 작은 것으로 나타났다.

셋째, 〈패널 B〉에서 표본평균 초과수익률의 표준편차는 표본의 크기가 증가할수록 이에 반
비례하여 감소하는 경향을 보여 주고 있다. 이러한 분석 결과는 사건연구방법의 검정력이 표

본의 크기에 비례하여 증가할 것이라는 점을 시사해 주고 있다.

B.3 사건연구방법의 설정오류

사건연구방법은 사건연구의 수행 절차에 있어서 핵심적인 역할을 하는 두 요소인 성과측정 모형과 유의성 검정방법을 어떻게 선택하고 결합하느냐에 따라 사건연구방법의 설정오류와 검정력이 달라진다. 다음 〈표 5.8〉은 사건연구방법의 설정오류가 장기성과 측정모형과 유의성 검정방법의 선택 조합에 따라 어떻게 달라지는지를 임의표본을 대상으로 시뮬레이션 실험을 수행한 결과이다. 이 실험에서 장기성과 측정모형으로는 세 유형의 기준포트폴리오 모형 (EWI, SBRP, BSRP)과 두 유형의 통제기업 모형(SBCF, BSCF) 등 모두 다섯 가지 유형의 장기성과 측정모형을 사용하고 있다. 또한 유의성 검정방법으로는 전통적 t-검정을 포함한 일곱 가지 유형의 모수 검정과 Wilcoxon 부호-순위 검정을 포함한 두 유형의 비모수 검정 등 모두 아홉 가지 유형의 검정방법을 사용하고 있다. 따라서 성과측정 모형과 유의성 검정방법을 서로 어떻게 결합하느냐에 따라 선택 가능한 사건연구방법의 유형은 모두 마흔다섯 가지가 된다.

〈표 5.8〉에 제시한 각 수치는 시뮬레이션 과정에서 초과수익률을 인위적으로 가산하지 않아 체계적인 초과수익률이 존재하지 않을 때, 총 45개 사건연구방법의 유형별로 표본의 크기가 200개인 전체 1,000개의 임의표본 중에서 귀무가설을 기각한 표본의 비율을 나타낸 것이다. 귀무가설에 대한 검정은 5% 유의수준하에서 양측 검정으로 수행하며, 전체 1,000개의 표본 중 귀무가설을 기각하고 표본평균 초과수익률이 양 혹은 음의 값을 가진다는 대립가설을 채택하는 표본의 비율을 양측의 기각역에서 각각 분리해서 측정한다. 만약 1,000개 표본 중에서 표본평균 초과수익률이 양(혹은 음)의 값을 가진다는 대립가설을 채택하고 귀무가설을 기각하는 표본의 기각률이 5% 유의수준하에서 이론적 기각률의 임계치인 3.2%를 초과한다면, 이것은 검정통계량이 잘못 설정된 결과로서 발생한 설정오류로 평가한다.

〈표 5.8〉 임의표본을 대상으로 한 사건연구방법의 설정오류

아래 표는 사건연구방법의 설정오류가 장기성과 측정모형과 유의성 검정방법의 선택 조합에 따라 어떻게 달라지는지를 임의표본을 대상으로 시뮬레이션 실험을 수행한 결과이다. 아래 표에 제시한 각 수치는 시뮬레이션 과정에서 초과수익률을 인위적으로 가산하지 않아 체계적인 초과수익률이 존재하지 않을 때, 총 45개 사건연구방법의 유형별로 표본의 크기가 200개인 전체 1,000개의 임의표본 중에서 귀무가설을 기각한 표본의 비율을 나타낸 것이다. 귀무가설에 대한 검정은 5% 유의수준하에서 양측 검정으로 수행한다.

| 장기성과 사건연구방법 | | 12개월 | | 36개월 | | 60개월 | |
| | | 이론적 누적밀도함수 (%) | | | | | |
벤치마크	유의성 검정방법	2.5	97.5	2.5	97.5	2.5	97.5
동일가중지수 (EWI)	전통적 t-검정	56.5*	0.0	98.7*	0.0	100.0*	0.0
	윈저화 t-검정	73.0*	0.0	100.0*	0.0	100.0*	0.0
	Johnson 왜도-조정 t-검정	55.1*	0.0	96.6*	0.0	99.6*	0.0
	붓스트랩 Johnson t-검정(이동기법)	37.6*	0.0	79.0*	0.0	83.9*	0.0
	붓스트랩 Johnson t-검정(정규근사)	1.3	0.0	9.3*	0.0	14.2*	0.0
	경험적 p값 검정	0.7	5.4*	1.0	6.3*	1.6	5.1*
	부호검정	98.7*	0.0	100.0*	0.0	100.0*	0.0
	Wilcoxon 부호-순위 검정	97.8*	0.0	100.0*	0.0	100.0*	0.0
	두 독립표본에 의한 비교 검정	25.2*	0.0	93.3*	0.0	99.4*	0.0
규모/장부가 시장가 기준 포트폴리오 (SBRP)	전통적 t-검정	44.4*	0.0	97.7*	0.0	100.0*	0.0
	윈저화 t-검정	65.6*	0.0	99.5*	0.0	100.0*	0.0
	Johnson 왜도-조정 t-검정	40.8*	0.0	96.0*	0.0	99.9*	0.0
	붓스트랩 Johnson t-검정(이동기법)	26.5*	0.0	86.0*	0.0	99.5*	0.0
	붓스트랩 Johnson t-검정(정규근사)	0.2	0.0	23.9*	0.0	73.6*	0.0
	경험적 p값 검정	18.2*	1.3	17.5*	0.8	9.4*	0.4
	부호검정	96.1*	0.0	99.9*	0.0	100.0*	0.0
	Wilcoxon 부호-순위 검정	96.6*	0.0	100.0*	0.0	100.0*	0.0
	두 독립표본에 의한 비교 검정	21.6*	0.0	95.1*	0.0	100.0*	0.0
장부가-시장 가/규모 기준 포트폴리오 (BSRP)	전통적 t-검정	41.8*	0.0	97.0*	0.0	99.9*	0.0
	윈저화 t-검정	61.7*	0.0	99.4*	0.0	100.0*	0.0
	Johnson 왜도-조정 t-검정	37.6*	0.1	94.1*	0.0	99.7*	0.0
	붓스트랩 Johnson t-검정(이동기법)	25.3*	0.1	83.5*	0.0	98.7*	0.0
	붓스트랩 Johnson t-검정(정규근사)	0.2	0.0	14.4*	0.0	54.1*	0.0
	경험적 p값 검정	0.5	6.3*	1.1	5.0*	2.2	4.1*
	부호검정	95.4*	0.0	100.0*	0.0	100.0*	0.0
	Wilcoxon 부호-순위 검정	95.1*	0.0	100.0*	0.0	100.0*	0.0
	두 독립표본에 의한 비교 검정	20.4*	0.0	92.5*	0.0	99.7*	0.0

규모/장부가-시장가 통제기업 (SBCF)	전통적 t-검정	10.8*	0.3	6.3*	0.8	3.8*	1.2
	윈저화 t-검정	14.6*	0.2	7.6*	0.6	4.5*	1.2
	Johnson 왜도-조정 t-검정	11.6*	0.5	7.3*	1.5	4.9*	2.3
	붓스트랩 Johnson t-검정(이동기법)	8.3*	0.3	4.6*	0.8	3.0	1.3
	붓스트랩 Johnson t-검정(정규근사)	7.2*	0.4	4.0*	1.0	2.7	1.4
	경험적 p값 검정	2.2	1.8	2.0	3.9*	2.2	3.9*
	부호검정	28.7*	0.1	24.6*	0.2	25.6*	0.0
	Wilcoxon 부호-순위 검정	23.5*	0.1	15.2*	0.3	13.2*	0.2
	두 독립표본에 의한 비교 검정	2.2	0.1	0.8	0.0	3.3*	0.0
장부가-시장가/규모 통제기업 (BSCF)	전통적 t-검정	1.2	2.9	2.3	1.9	1.6	1.6
	윈저화 t-검정	1.3	2.7	2.3	2.6	1.9	1.9
	Johnson 왜도-조정 t-검정	2.4	5.4*	2.8	3.4*	2.8	3.1
	붓스트랩 Johnson t-검정(이동기법)	1.5	3.8*	1.6	2.2	1.4	1.7
	붓스트랩 Johnson t-검정(정규근사)	2.4	1.5	2.2	1.9	2.1	1.3
	경험적 p값 검정	1.0	6.4*	1.3	4.8*	1.1	4.3*
	부호검정	3.6*	1.4	2.0	2.8	2.1	2.6
	Wilcoxon 부호-순위 검정	2.9	1.5	2.1	2.9	1.9	2.5
	두 독립표본에 의한 비교 검정	0.2	0.5	0.3	0.2	0.3	0.1

Notes: *는 유의수준 5%의 양측 이항검정(binomial test)에서 유의함을 의미함.

주 1) 정형찬, 2008, pp. 788-789, Table 2에서 인용.

〈표 5.8〉에 제시된 각 사건연구방법의 설정오류에 대한 시뮬레이션 분석 결과가 의미하는 바를 정리하면 다음과 같다. 첫째, 장기성과 측정모형으로 장부가-시장가 비율/규모 순으로 대응시킨 통제기업을 벤치마크로 사용하고 있는 BSCF 모형을 제외한 나머지 모든 모형에서 검정방법의 유형에 관계없이 설정오류가 존재하는 것으로 나타났다. 특히, 이 중에서도 기준 포트폴리오 접근법을 사용하는 모형(EWI, SBRP, BSRP)은 통제기업 접근법을 사용하는 모형에 비해 설정오류가 상대적으로 더 크게 나타나고 있다.

둘째, 장기성과 측정모형으로 BSCF 모형을 선택한 사건연구방법 중에서도 설정오류가 없는 것으로 밝혀진 것은 전통적 t-검정, 윈저화 t-검정, 정규근사기법에 의한 붓스트랩 Johnson *t*-검정, Wilcoxon 부호-순위 검정과 두 독립표본에 의한 비교 검정 등을 유의성 검정방법으로 선택한 연구방법에 한정되었다.

셋째, 장기성과 측정모형으로 BSCF 모형을 선택한 사건연구방법 중에서 유의성 검정방법으로 Johnson 왜도-조정 *t*-검정, 이동기법에 의한 붓스트랩 Johnson *t*-검정과 경험적 p값 검정법 등을 선택한 경우는 검정통계량이 상향 편의를 나타내고 있다. 분포의 왜도를 조정해 제1종 오류를 줄이려는 이 검정방법들이 전통적 *t*-검정에 비해 더 좋은 결과를 얻지 못하고 있는 것은 양측 검정에 있어서 왜도가 0.6을 넘지 않는 한 왜도가 검정 결과에 미치는 부정적인 영향이 그리 크지 않다는 Pearson and Please(1975, p. 233)의 주장을 실증적으로 보여 주는 것이다.

넷째, 장기성과 측정모형으로 BSCF 모형을 선택한 사건연구방법 중에서 유의성 검정방법으로 비모수 검정인 부호검정을 선택할 경우에는 설정오류가 있으나, Wilcoxon 부호-순위 검정은 설정오류가 없어 통계적으로 신뢰할 수 있는 검정방법인 것으로 나타났다. 이것은 Wilcoxon 부호-순위 검정이 분포의 형태가 대칭이며 꼬리가 긴 분포의 모집단 평균에 대한 가설 검정에 적합하다는 것을 입증하는 것이다.

사건연구방법의 설정오류가 장기성과 측정모형과 유의성 검정방법의 선택에 따라 어떻게 달라지는지에 대한 분석 결과에서 주목할 점은, 검정 절차가 매우 복잡하며 컴퓨터의 뛰어난 연산 능력을 요구하는 이동기법에 의한 붓스트랩 Johnson *t*-검정과 경험적 p값 검정 등이 미국 시장에서는 설정오류가 없는 것으로 보고되고 있으나(Lyon et al., 1999, p. 178), 정형찬(2008)의 실증분석 결과 한국 시장에서는 이들 모두가 장기성과 측정모형의 선택에 관계없이 설정오류가 존재한다는 사실이다.

이러한 차이를 가져오게 된 근본적인 원인은, 앞의 〈표 5.8〉에서 제시한 바와 같이, 한국증권시장에서 장기성과 측정모형으로 단일 통제기업을 수익률 벤치마크로 사용할 경우 표본평균 BHAR의 왜도가 그리 크지 않고 거의 대칭에 가까운 형태를 나타내고 있기 때문에 붓스트랩 Johnson *t*-검정이나 경험적 p값 검정 등과 같이 복잡한 붓스트랩 기법을 이용하여 왜도를 조정해 줄 필요가 없기 때문이다. 반면에, 이들보다 검정 절차가 간단하며 일반적인 가설 검정에도 널리 활용되고 있는 전통적 *t*-검정과 Wilcoxon 부호-순위 검정, 두 독립표본에 의한 비교 검정 등은 BSCF 모형과 함께 사용할 경우 설정오류가 없어 통계적으로 신뢰할 수 있는 검

정방법으로 밝혀졌다.[14]

B.4 사건연구방법의 검정력

다음 〈표 5.9〉는 장기성과 측정모형과 유의성 검정방법의 선택이 사건연구방법의 검정력에 어떠한 영향을 미치는지에 관한 시뮬레이션 분석 결과를 나타낸 것이다. 〈표 5.9〉의 〈패널 A〉, 〈패널 B〉, 〈패널 C〉는 각각 사건기간이 12개월, 36개월, 60개월인 경우에 있어서 각 사건연구방법의 검정력에 관한 분석 결과를 나타낸 것이다. 또한, 〈패널 A〉, 〈패널 B〉, 〈패널 C〉는 각 표본이 50개, 100개 및 200개의 개별기업으로 구성된 1,000개의 임의표본을 대상으로 표본의 크기가 사건연구방법의 검정력에 미치는 영향을 분석한 결과도 함께 제시하고 있다.

〈표 5.9〉에서 분석 대상으로 한 사건연구방법은 앞의 〈표 5.8〉에서 검정통계량의 설정 오류가 없는 것으로 판명된 장기성과 측정모형과 유의성 검정방법의 선택 조합으로 한정한다. 왜냐하면, 설정오류가 있는 사건연구방법의 경우는 설령 검정력이 높게 나타난다고 하더라도 그것은 통계적 신뢰성을 갖지 못해 아무런 의미가 없기 때문이다.

〈표 5.9〉 임의표본을 대상으로 한 장기성과 사건연구의 검정력

아래 표는 임의표본(random samples)을 대상으로 한 장기성과 사건연구의 검정력을 나타낸 것이다. 〈패널 A〉, 〈패널 B〉, 〈패널 C〉는 각각 사건기간이 12개월, 36개월, 60개월인 경우에 있어서 각 장기성과 사건연구방법의 검정력에 관한 분석 결과를 나타낸 것이다. 아래 표는 -40%에서 +40%까지의 범위 내에서 일정 수준의 초과수익률을 인위적으로 가산하였을 때, 각 사건연구 방법별로 5% 유의수준하의 양측 검정에서 전체 1,000개 표본 중 귀무가설을 기각한 표본의 비율을 나타낸 것이다. 표본주식은 한국거래소에 상장된 주식을 대상으로 표본의 크기에 따라 50개, 100개 및 200개의 개별주식으로 구성된 1,000개의 표본을 무작위 복원추출법에 의해 선정하였다.[1]

장기성과 사건연구방법		표본의 크기	초과수익률의 크기 (%)								
벤치마크	유의성 검정방법		-40	-30	-20	-10	0	+10	+20	+30	+40
〈패널 A〉 12개월 사건기간											
전통적 t-검정		50	84.5	70.3	43.7	18.6	5.4	19.0	48.1	72.7	87.7

---

14) 〈표 5.9〉에서와 같이 임의표본을 대상으로 한 경우는 표본의 크기가 200개에서 100개와 50개로 줄어들어도 사건연구방법의 설정오류에 미치는 영향은 거의 없었다. 이에 따라, 〈표 5.9〉에서 이 표본들에 대한 분석 결과는 제시하지 않았다.

	전통적 *t*-검정	100	93.9	83.5	61.8	26.1	4.6	32.5	70.2	89.0	96.0
		200	99.0	95.3	82.0	35.6	4.1	40.5	86.9	97.8	99.9
	윈저화 *t*-검정	50	91.4	78.3	50.5	21.9	2.6	22.2	55.7	80.6	93.3
		100	97.9	92.7	72.0	32.2	3.1	37.1	78.7	95.1	98.9
		200	100.0	99.6	94.7	51.4	4.0	52.2	97.6	100.0	100.0
장부가 -시장가 /규모 통제기업 (BSCF)	정규근사기법 에 의한 붓스트 랩 Johnson *t*- 검정	50	70.1	55.8	36.3	16.2	3.4	15.9	40.7	62.5	76.5
		100	82.1	71.1	50.8	21.4	3.5	28.7	60.0	79.9	88.3
		200	88.4	85.0	71.2	29.7	3.9	36.8	78.0	89.9	92.0
	Wilcoxon 부호-순위 검정	50	98.9	94.3	73.2	32.3	2.9	30.0	71.4	95.2	99.2
		100	100.0	99.5	92.5	50.7	3.6	48.3	92.6	99.9	100.0
		200	100.0	100.0	100.0	82.5	4.4	75.1	99.9	100.0	100.0
	두 독립표본에 의한 비교 검정	50	73.5	52.6	25.0	6.3	1.0	5.4	26.4	56.7	77.3
		100	89.2	73.8	44.7	12.3	2.6	15.5	50.9	81.5	93.6
		200	98.3	93.0	70.3	17.0	0.7	20.1	76.1	96.1	99.8

| | | | | | | | 〈패널 B〉 36개월 사건기간 | | | | |

	전통적 *t*-검정	50	53.4	36.4	21.1	9.9	5.1	10.6	22.2	38.4	55.1
		100	73.6	56.2	34.8	16.1	4.0	18.5	36.6	59.1	78.7
		200	94.8	77.2	46.9	13.6	4.2	19.2	54.0	84.8	96.3
	윈저화 *t*-검정	50	60.4	40.9	24.1	11.4	3.2	11.6	25.4	43.9	61.1
		100	80.5	62.9	38.7	17.4	3.6	21.3	41.3	66.1	84.2
		200	99.2	89.4	56.8	18.2	4.9	23.5	66.4	92.5	99.1
장부가 -시장가 /규모 통제기업 (BSCF)	정규근사기법 에 의한 붓스트 랩 Johnson *t*- 검정	50	40.6	28.4	17.4	8.2	3.5	8.9	18.2	30.2	43.5
		100	62.8	46.6	27.5	14.0	3.7	15.4	29.6	48.6	66.2
		200	86.8	66.7	37.5	12.1	4.1	16.3	45.6	74.2	90.3
	Wilcoxon 부호-순위 검정	50	80.0	62.9	36.7	15.0	3.2	15.5	36.8	60.2	82.0
		100	95.8	85.2	58.4	26.3	4.3	26.9	59.6	86.4	97.7
		200	100.0	99.7	88.1	34.0	5.0	37.8	90.4	99.6	100.0
	두 독립표본에 의한 비교 검정	50	25.4	12.6	5.5	1.9	1.0	1.7	5.1	13.7	26.3
		100	51.1	29.5	12.0	3.2	2.9	5.1	14.5	31.8	55.2
		200	80.2	51.0	17.3	3.3	0.5	3.7	22.9	58.2	86.5

		〈패널 C〉 60개월 사건기간									
	전통적 *t*-검정	50	31.3	21.5	12.6	7.7	5.8	8.1	14.2	23.3	34.4
		100	46.9	31.8	20.5	12.9	3.6	13.4	22.1	35.7	49.4
		200	64.8	42.4	20.7	9.0	3.2	8.9	26.0	51.7	74.1
	윈저화 *t*-검정	50	37.2	26.0	15.3	8.7	2.8	10.1	17.3	28.0	40.6
		100	57.7	38.8	24.4	14.4	3.4	16.1	26.7	42.8	58.6
		200	82.4	58.7	31.0	10.3	3.8	12.0	36.3	65.4	87.0
장부가 -시장가 /규모 통제기업 (BSCF)	정규근사기법 에 의한 붓스 트랩 Johnson *t*- 검정	50	25.0	17.8	11.0	7.4	2.7	8.8	13.0	19.6	27.9
		100	36.4	25.8	16.7	12.1	3.3	11.8	18.2	27.8	38.9
		200	52.2	31.6	16.7	6.9	3.4	7.1	20.5	39.4	60.3
	Wilcoxon 부호-순위 검정	50	62.7	44.4	24.8	10.5	2.9	11.5	26.9	46.9	63.8
		100	86.2	68.3	42.7	19.7	3.1	22.1	45.5	69.9	87.7
		200	100.0	95.1	69.1	22.3	4.4	25.2	73.1	96.7	99.9
	두 독립표본에 의한 비교 검정	50	7.0	4.1	1.6	0.6	0.5	0.7	1.6	3.9	8.3
		100	19.3	11.0	5.7	2.3	1.3	2.0	5.6	11.1	19.5
		200	30.6	13.5	4.0	0.7	0.4	0.8	4.5	15.7	38.2

주 1) 정형찬, 2008, pp. 792-793, Table 3에서 인용.

결과적으로, 〈표 5.9〉에서 분석 대상으로 한 사건연구방법은 장부가-시장가 비율/규모 순으로 대응시킨 통제기업을 벤치마크로 사용하는 BSCF 모형을 장기성과 측정모형으로 선택하고, 전통적 *t*-검정, 윈저화 *t*-검정, 정규근사기법에 의한 붓스트랩 Johnson *t*-검정, Wilcoxon 부호-순위 검정과 두 독립표본에 의한 비교 검정 등을 유의성 검정방법으로 선택한 조합인 모두 다섯 가지 유형의 연구방법으로 제한한다.

〈표 5.9〉에 제시된 각 수치는 사건기간 동안 BSCF 모형을 벤치마크로 사용하여 측정한 BHAR에다 일정 수준의 초과수익률을 인위적으로 가산하였을 때, 5% 유의수준하의 양측 검정에서 각 사건연구 방법별로 전체 1,000개의 임의표본 중 귀무가설을 기각한 표본의 비율을 나타낸 것이다. 이때 인위적으로 부여하는 초과수익률은 최소 -40%에서 최대 +40%까지 각 단계별로 10%씩 증가시키는 방식을 적용한다.

〈표 5.9〉에 제시된 사건연구방법의 검정력에 대한 시뮬레이션 분석 결과를 요약하여 설명하면 다음과 같다.

첫째, 사건기간이 12개월에서 36개월, 60개월로 길어질수록 모든 유의성 검정방법의 검정력은 현저히 감소하고 있다. 예를 들어, 표본의 크기는 200개, 초과수익률의 크기가 -20%이며 유의성 검정방법으로 전통적 t-검정을 사용할 경우, 사건기간이 12개월이면 표본의 기각률이 약 82.0%에 이르는 데 반해 사건기간이 36개월과 60개월로 길어지게 되면 표본의 기각률은 각각 46.9%와 20.7%로 급속히 떨어진다. 이것은 Ang and Zhang(2004)의 시뮬레이션 결과와 일치한다.

둘째, 설정오류가 없는 다섯 가지 유형의 검정방법 중에서 사건기간이나 초과수익률의 크기에 관계없이 가장 강력한 검정력을 보이는 것은 Wilcoxon 부호-순위 검정이며, 반대로 가장 낮은 검정력을 보인 것은 두 독립표본에 의한 비교 검정인 것으로 나타났다. 예를 들어, 사건기간이 36개월이며 표본의 크기가 200개, 초과수익률이 +20%일 경우, Wilcoxon 부호-순위 검정을 사용하면 검정력이 90.4%인데 반해 두 독립표본에 의한 비교 검정을 사용하면 검정력이 22.9%로 거의 1/4 수준으로 떨어진다.

셋째, 윈저화 t-검정은 사건기간이나 표본의 크기, 초과수익률의 크기 등과 무관하게 전통적 t-검정보다 우월한 검정력을 보여 주고 있다. 이것은 윈저화 t-검정이 전통적 t-검정에 비해 검정통계량의 왜도편의를 줄이는 효과로 인해 검정력을 향상시킬 수 있기 때문인 것으로 보인다. 예를 들어, 사건기간이 12개월이며 표본의 크기가 200개, 초과수익률의 크기가 +20%일 경우, 전통적 t-검정을 사용하면 검정력이 약 86.9%인데 반해 윈저화 t-검정을 사용하면 97.6%로 검정력이 약 10% 이상 증가하는 현상을 관찰할 수 있다. 이것은 Cowan and Sergeant(2001)의 시뮬레이션 결과와 일치한다.

넷째, 사건기간이나 초과수익률의 크기, 유의성 검정방법의 선택 등과는 무관하게 표본의 크기가 50개에서 100개 혹은 200개로 증가할수록 사건연구방법의 검정력도 이와 비례해서 증가하는 경향을 보이고 있다. 이것은, 〈표 5.7〉의 〈패널 B〉에 제시한 바와 같이, 표본평균 초과수익률의 표준편차가 표본의 크기가 증가할수록 이와 반비례하여 감소하는 경향을 보여 주고 있기 때문이다. Cowan and Sergeant(2001)는 미국증권시장에서 표본의 크기가 증가할수록 표본평균 BHAR의 표준편차는 줄어들며, 반대로 사건연구방법의 검정력은 증가하고 있음을 실증적으로 보여 주고 있다(pp. 753-754의 Table 1과 pp. 761-762의 Table 4 참고).

위에서 제시한 사건연구방법의 검정력에 대한 시뮬레이션 분석 결과에서 특히 관심을 가져야 할 점은 유의성 검정 시에 비모수검정인 Wilcoxon 부호-순위 검정을 사용할 경우 전통적 t-검정에 비해 획기적인 검정력 제고 효과를 보여 주고 있다는 것이다. 이러한 현상이 나타나는 근본적인 원인은 한국증권시장에서의 표본평균 BHAR의 분포 특성에서 찾을 수 있다. 즉, 단일 통제기업을 벤치마크로 사용하여 측정한 표본평균 BHAR의 분포는 대칭에 가까운 형태이기는 하나 정규분포에 비해 중앙이 뾰족하고 꼬리가 두꺼운 모양을 나타내고 있어 모집단의 정규성을 가정한 전통적 t-검정보다는 비모수 검정법인 Wilcoxon 부호-순위 검정이 통계적 오류를 줄여 검정력을 높이는 데 더 적합하기 때문이다(Sutton, 1993, p. 802). 이러한 분석 결과는 Barber and Lyon(1997)의 시뮬레이션 결과와도 일치한다. Barber and Lyon(1997)에 의하면, 사건기간이 12개월이며 초과수익률이 +10%일 경우, 전통적 t-검정을 사용하면 검정력이 47%에 불과하나 비모수검정법인 Wilcoxon 부호-순위 검정을 사용하면 검정력이 70%로 크게 향상된다는 실증분석 결과를 보고하고 있다(p. 369).

다음 〈그림 5.3〉은 장기성과 측정모형으로 장부가-시장가/규모 통제기업(BSCF)을 벤치마크로 선택한 사건연구방법 중에서 5% 유의수준하에서 설정오류가 없는 것으로 밝혀진 다음 다섯 가지 유형의 유의성 검정방법의 검정력을 그래프로 서로 비교한 것이다: (1) 전통적 t-검정, (2) 윈저화 t-검정, (3) 정규근사기법에 의한 붓스트랩 Johnson t-검정, (4) Wilcoxon 부호-순위 검정, (5) 두 독립표본에 의한 비교 검정.

〈그림 5.3〉 유의성 검정방법의 검정력 비교

아래 그림은 장기성과 측정모형으로 장부가-시장가/규모 통제기업(BSCF)을 벤치마크로 사용하는 모형을 선택한 사건연구방법 중에서 5% 유의수준하에서 설정오류가 없는 것으로 밝혀진 다음 다섯 가지 유형의 유의성 검정방법의 검정력을 그래프로 서로 비교한 것이다: (1) 전통적 t-검정, (2) 윈저화 t-검정, (3) 정규근사기법에 의한 붓스트랩 Johnson t-검정, (4) Wilcoxon 부호-순위 검정, (5) 두 독립표본에 의한 비교 검정. 표본주식은 한국거래소에 상장된 주식을 대상으로 200개의 개별주식으로 구성된 1,000개의 표본을 무작위 복원추출법에 의해 선정하였다.[1]

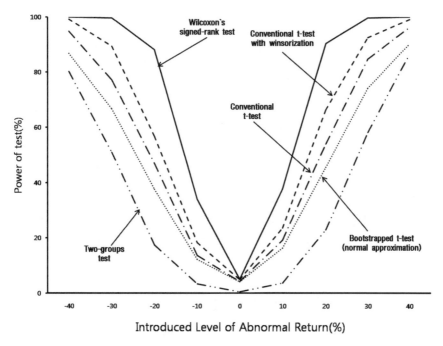

주 1) 정형찬, 2008, p. 795, Figure 1에서 인용.

앞의 〈표 5.9〉에서 제시한 바와 같이, 〈그림 5.3〉은 초과수익률의 크기에 관계없이 비모수 검정법인 Wilcoxon 부호-순위 검정이 다른 네 가지 유형의 검정방법에 비해 우월한 검정력을 가지고 있음을 잘 보여 주고 있다. 특히, Wilcoxon 부호-순위 검정은 우리나라 연구자들이 장기성과 연구에 통상적으로 많이 사용하는 전통적 t-검정과 비교해 볼 때 검정력을 크게 향상시킬 수 있음을 〈그림 5.3〉을 통해서도 쉽게 관찰할 수 있다. Wilcoxon 부호-순위 검정 다음으로는 윈저화 t-검정, 전통적 t-검정, 정규근사기법에 의한 붓스트랩 Johnson t-검정, 두 독립표본에 의한 비교 검정 등의 순으로 검정력이 높은 것으로 나타났다. 특히, 표본주식과 벤치마크 간에 존재하는 짝의 상관관계(pairwise dependence)를 무시하고 이들을 독립적이라고 가정하는 두 독립표본에 의한 비교 검정은 표본평균 BHAR의 표준편차를 과대평가하여 귀무가설의 기각률을 감소시키는 특성으로 인해 이들 가운데 가장 낮은 검정력을 보이고 있다. 이와 같이 두 독립표본에 의한 비교 검정은 검정력도 낮을 뿐만 아니라 제1종 오류를 범할 확률도 가장 낮은 매우 보수적인 검정방법임을 〈그림 5.3〉이 시각적으로 잘 보여 주고 있다.

그리고, 유의성 검정방법의 선택에 따른 검정력 함수의 대칭도(symmetry)는 모든 유형의 검정법에서 대체로 양호한 편으로 나타났다. 그리고, 이 중에서도 Wilcoxon 부호-순위 검정과 윈저화 t-검정 등의 검정력 함수(power function)가 나머지 세 유형의 검정에 비해 상대적으로 안정된 대칭도를 보여 주고 있다.

B.5 비임의표본을 이용한 시뮬레이션 결과

임의표본을 이용한 시뮬레이션 실험에서 장부가-시장가 비율/규모 통제기업을 벤치마크로 사용하는 BSCF 모형을 장기성과 측정모형으로 선택할 경우 전통적 t-검정, 윈저화 t-검정, 정규근사기법에 의한 붓스트랩 Johnson t-검정, Wilcoxon 부호-순위 검정 및 두 독립표본에 의한 비교 검정 등이 설정오류가 없는 유의성 검정방법으로 밝혀졌다. 여기서는 이 다섯 가지 유형의 검정방법이 임의표본이 아닌 다양한 표본편의(sampling biases)를 갖는 비임의표본에서도 여전히 신뢰할 수 있는 수준으로 통계적 오류를 통제할 수 있는지의 여부를 앞에서 임의표본을 사용하여 수행한 시뮬레이션과 동일한 실험을 통해 살펴본다.

이를 위해, 먼저 기업규모와 관련된 표본편의를 가지는 두 개의 표본, 즉 소기업 표본과 대기업 표본을 구성하고, 또 다른 한편으로는 장부가-시장가 비율과 관련된 표본편의를 가지는 두 개의 표본, 즉 고(高)장부가-시장가 비율 표본과 저(低)장부가-시장가 비율 표본 등을 각각 구성한다.

B.5.1 기업규모 특성의 비임의표본

다음 〈표 5.10〉은 기업규모와 관련된 표본편의(size-based sampling biases)가 사건연구방법의 설정오류에 어떠한 영향을 미치는지를 분석하기 위해 표본의 크기가 각각 50개, 100개 및 200개인 1,000개의 비임의표본을 대상으로 수행한 시뮬레이션 결과를 나타낸 것이다. 〈패널 A〉는 소기업 표본에 대한 분석 결과를, 〈패널 B〉는 대기업 표본에 대한 분석 결과를 각각 나타낸 것이다. 여기서 장기성과 측정모형으로는 설정오류가 없는 것으로 나타난 장부가-시장가 비율/규모 통제기업을 벤치마크로 사용하는 BSCF 모형을 선택한다. 사건기간은 12개월, 36개월, 60개월로 구분한다.

사건연구방법의 설정오류를 각각 기업규모 특성과 관련된 비임의표본과 임의표본을 대상으로 분석한 다음 〈표 5.10〉과 앞서 제시한 〈표 5.8〉을 비교해 볼 때, 임의표본에서 설정오류가 없는 것으로 관찰된 다섯 가지 유형의 유의성 검정방법이 규모 특성을 가진 비임의표본에서는 두 독립표본에 의한 비교 검정을 제외하고는 나머지 모두 설정오류가 있는 것으로 나타났다. 임의표본을 대상으로 한 실험에서 설정오류가 없으며 상대적으로 검정력이 우수한 Wilcoxon 부호-순위 검정, 윈저화 t-검정 및 전통적 t-검정 등이 비임의표본인 소기업 표본과 대기업 표본에서는 사건기간이나 표본의 크기에 관계없이 검정통계량이 모두 상향 혹은 하향 편의를 보이고 있다. 특히, 표본의 크기가 200개 미만인 표본에서 설정오류가 더 심각한 것으로 나타났다.

〈표 5.10〉 기업규모와 관련된 표본편의와 설정오류

아래 표는 기업규모와 관련된 표본편의(size-based sampling biases)가 사건연구방법의 설정오류에 어떠한 영향을 미치는지를 분석하기 위해 표본의 크기가 각각 50개, 100개 및 200개인 1,000개의 비임의표본(nonrandom samples)을 대상으로 수행한 시뮬레이션 결과를 나타낸 것이다. 장기성과 측정모형으로는 설정오류가 없는 것으로 나타난 장부가-시장가 비율/규모 통제기업을 벤치마크로 사용하는 BSCF 모형을 선택한다. 사건기간은 12개월, 36개월, 60개월로 구분한다. 아래 표에 제시한 각 수치는 시뮬레이션 과정에서 초과수익률을 인위적으로 가산하지 않아 체계적인 초과수익률이 존재하지 않을 때 사건연구방법의 유형별로 표본의 크기가 200개인 전체 1,000개의 비임의표본 중에서 귀무가설을 기각한 표본의 비율을 나타낸 것이다. 귀무가설에 대한 검정은 5% 유의수준하에서 양측 검정으로 수행한다.[1]

장기성과 사건연구방법		표본의 크기	12개월		36개월		60개월	
벤치마크	유의성 검정방법		이론적 누적밀도함수 (%)					
			2.5	97.5	2.5	97.5	2.5	97.5
〈패널 A〉 소기업 표본								
장부가 -시장가 /규모 통제기업 (BSCF)	전통적 t-검정	50	2.9	5.0*	2.3	5.0*	3.9*	4.2*
		100	3.0	8.2*	2.9	7.8*	5.0*	6.1*
		200	0.7	6.3*	0.8	6.2*	1.7	4.0*
	윈저화 t-검정	50	3.3*	5.5*	2.2	5.0*	4.2*	4.3*
		100	3.1	9.7*	3.2	8.4*	6.0*	6.0*
		200	0.7	7.9*	0.8	5.5*	2.2	4.5*
	정규근사기법에 의한 붓스트랩 Johnson t-검정	50	2.9	5.3*	1.2	4.8*	3.6*	3.7*
		100	3.0	8.4*	2.0	6.8*	4.3*	5.4*
		200	3.1	2.6	1.9	2.1	2.2	2.2

장부가 -시장가 /규모 통제기업 (BSCF)	Wilcoxon 부호-순위 검정	50	3.4*	4.7*	3.1	4.0*	3.2	3.6*
		100	3.6*	8.6*	4.1*	7.6*	5.5*	7.0*
		200	1.1	6.5*	1.3	5.6*	2.0	3.9*
	두 독립표본에 의한 비교 검정	50	0.3	1.2	0.4	0.9	0.2	0.5
		100	0.6	2.1	0.8	2.2	0.8	0.7
		200	0.2	1.6	0.1	1.3	0.1	0.3
〈패널 B〉 대기업 표본								
장부가 -시장가 /규모 통제기업 (BSCF)	전통적 t-검정	50	2.2	4.7*	2.1	3.6*	1.8	5.9*
		100	3.3*	8.4*	4.1*	6.3*	3.0	10.1*
		200	1.4	3.8*	0.9	4.9*	0.6	7.3*
	윈저화 t-검정	50	2.2	4.8*	2.4	3.7*	2.1	6.7*
		100	3.6*	8.1*	4.2*	7.3*	3.1	9.8*
		200	2.0	4.1*	1.4	5.4*	1.0	8.8*
	정규근사기법에 의한 붓스트랩 Johnson t- 검정	50	2.2	3.8*	2.0	3.1	2.1	6.2*
		100	2.7	7.2*	3.2	5.0*	3.0	9.0*
		200	1.9	2.1	2.1	1.4	2.8	1.8
	Wilcoxon 부호-순위검정	50	1.9	4.4*	2.4	4.0*	2.4	6.5*
		100	3.9*	6.9*	4.1*	7.0*	3.2	7.3*
		200	1.6	4.2*	1.2	4.3*	0.7	6.3*
	두 독립표본에 의한 비교 검정	50	0.4	0.7	0.4	1.0	0.2	0.9
		100	0.6	1.3	0.8	1.5	0.5	1.8
		200	0.2	0.5	0.0	0.7	0.0	1.1

Notes: *는 유의수준 5%의 양측 이항검정(binomial test)에서 유의함을 의미함.

주 1) 정형찬, 2008, p. 798, Table 4에서 인용.

그리고, 정규근사기법에 의한 붓스트랩 Johnson t-검정은 표본의 크기가 200개인 경우에는 설정오류가 발견되지 않았으나, 표본의 크기가 100개와 50개로 줄어들 경우에는 설정오류가 있는 것으로 나타났다. 이것은 정규근사기법에 의한 붓스트랩 Johnson t-검정이 기업규모 특성과 관련된 비임의표본을 대상으로 한 통계적 검정에서 제1종 오류를 범할 확률이 임의표본에서와는 달리 표본의 크기에 매우 민감한 반응을 보인다는 것을 의미한다.

그러나, 임의표본을 대상으로 한 시뮬레이션 실험에서 위의 네 검정법에 비해 검정력이 가장 낮아 상대적으로 보수적인 검정방법으로 밝혀진 두 독립표본에 의한 비교 검정은 소기업 표본이나 대기업 표본과 같이 기업규모와 관련된 비임의표본에서도 설정오류가 없는 것으로 밝혀졌다. 또한, 두 독립표본에 의한 비교 검정은 정규근사기법에 의한 붓스트랩 Johnson *t*-검정과는 달리 표본의 크기가 100개와 50개인 비임의표본에서도 설정오류가 없는 것으로 나타났다. 따라서, 두 독립표본에 의한 비교 검정은 규모 특성을 가진 비임의표본에서 사건기간이나 표본의 크기에 관계없이 통계적 신뢰도가 매우 높은 검정 방법임을 알 수 있다.

B.5.2 장부가-시장가 비율 특성의 비임의표본

다음 〈표 5.11〉은 장부가-시장가 비율과 관련된 표본편의가 사건연구방법의 설정오류에 어떠한 영향을 미치는지를 분석하기 위해 각각 50개, 100개 및 200개의 개별기업으로 구성된 1,000개의 또 다른 비임의표본인 고(高)장부가-시장가 비율 표본과 저(低)장부가-시장가 비율 표본을 대상으로 수행한 시뮬레이션 결과를 나타낸 것이다. 여기서도 장기성과 측정모형으로는 설정오류가 없는 것으로 나타난 성과측정 모형인 BSCF 모형을 선택한다. 사건기간은 12개월, 36개월, 60개월로 구분한다.

〈표 5.11〉 장부가-시장가 비율과 관련된 표본편의와 설정오류

아래 표는 장부가-시장가 비율과 관련된 표본편의가 사건연구방법의 설정오류에 어떠한 영향을 미치는지를 분석하기 위해 표본의 크기가 각각 50개, 100개 및 200개인 1,000개의 비임의표본(nonrandom samples)을 대상으로 수행한 시뮬레이션 결과를 나타낸 것이다. 〈패널 A〉는 고(高)장부가-시장가 비율 표본에 대한 분석 결과를, 〈패널 B〉는 저(低)장부가-시장가 비율 표본에 대한 분석 결과를 각각 나타낸 것이다. 아래 표에 제시한 각 수치는 시뮬레이션 과정에서 초과수익률을 인위적으로 가산하지 않아 체계적인 초과수익률이 존재하지 않을 때 사건연구방법의 유형별로 표본의 크기가 200개인 전체 1,000개의 비임의표본 중에서 귀무가설을 기각한 표본의 비율을 나타낸 것이다. 귀무가설에 대한 검정은 5% 유의수준하에서 양측 검정으로 수행한다.[1]

장기성과 사건연구방법		표본의 크기	12개월		36개월		60개월	
벤치마크	유의성 검정방법		이론적 누적밀도함수 (%)					
			2.5	97.5	2.5	97.5	2.5	97.5
〈패널 A〉 고(高)장부가-시장가 비율 표본								

장부가-시장가/규모 통제기업(BSCF)	전통적 *t*-검정	50	2.9	5.1*	2.1	6.2*	2.1	4.8*
		100	3.8*	7.1*	3.3*	8.6*	3.6*	8.3*
		200	0.7	4.7*	0.8	5.0*	1.0	5.3*
	윈저화 *t*-검정	50	3.4*	5.8*	2.2	6.5*	2.5	5.5*
		100	3.8*	8.0*	3.4*	8.9*	3.8*	8.4*
		200	0.8	5.2*	1.0	5.7*	1.2	6.1*
	정규근사기법에 의한 붓스트랩 Johnson *t*-검정	50	2.7	5.7*	2.1	5.5*	2.3	4.7*
		100	4.0*	7.4*	3.0	6.8*	2.8	6.7*
		200	3.0	2.4	1.9	1.9	1.7	1.6
	Wilcoxon 부호-순위 검정	50	2.6	4.8*	2.0	6.6*	2.1	5.4*
		100	3.8*	7.8*	3.0	8.7*	3.6*	9.1*
		200	0.6	5.5*	0.8	7.4*	0.7	6.1*
	두 독립표본에 의한 비교 검정	50	0.5	0.9	0.1	0.8	0.4	0.3
		100	0.7	1.8	0.4	1.4	0.3	1.8
		200	0.0	0.8	0.0	0.4	0.1	0.2
〈패널 B〉 저(低)장부가-시장가 비율 표본								
장부가-시장가/규모 통제기업(BSCF)	전통적 *t*-검정	50	4.0*	3.5*	5.4*	2.7	3.3*	3.6*
		100	6.6*	4.8*	6.5*	4.3*	4.9*	5.5*
		200	3.2	1.6	4.1*	1.5	3.0	1.8
	윈저화 *t*-검정	50	4.3*	3.6*	5.7*	2.8	3.8*	3.8*
		100	6.5*	4.8*	7.4*	4.4*	5.4*	6.6*
		200	3.2	2.1	4.6*	1.7	2.3	2.5
	정규근사기법에 의한 붓스트랩 Johnson *t*-검정	50	3.4*	2.5	4.1*	2.1	3.6*	3.7*
		100	5.8*	4.7*	5.8*	3.8*	5.3*	4.8*
		200	3.0	3.0	1.9	2.2	1.9	2.7
	Wilcoxon 부호-순위 검정	50	3.3*	3.4*	5.8*	2.7	4.5*	5.1*
		100	5.4*	4.6*	7.0*	3.6*	4.5*	5.7*
		200	2.7	1.5	5.8*	0.7	3.1	2.8
	두 독립표본에 의한 비교 검정	50	1.4	0.9	0.7	0.2	0.0	0.1
		100	2.3	1.8	1.5	1.0	0.5	0.3
		200	1.3	0.1	0.5	0.1	0.2	0.0

Notes: *는 유의수준 5%의 양측 이항검정(binomial test)에서 유의함을 의미함.

주 1) 정형찬, 2008, p. 800, Table 5에서 인용.

〈표 5.11〉에 의하면, 기업규모와 관련된 비임의표본을 대상으로 한 실험에서와 마찬가지로, 장부가-시장가 비율 특성을 가지는 비임의표본에서도 임의표본에서 설정오류가 없는 것으로 관찰된 다섯 가지 유형의 유의성 검정방법 중 두 독립표본에 의한 비교 검정을 제외하고는 나머지 모두 설정오류가 존재하는 것으로 나타났다. 특히, 임의표본을 대상으로 한 실험에서 검정력이 가장 낮아 보수적인 검정방법으로 밝혀진 두 독립표본에 의한 비교 검정은 사건기간이나 표본의 크기에 관계없이 장부가-시장가 비율과 관련된 비임의표본에서도 설정오류가 없는 것으로 나타났다.

이와 같이 비임의표본을 대상으로 한 시뮬레이션은 임의표본에서 설정오류가 없는 것으로 밝혀진 통계적 검정이 기업규모나 장부가-시장가 비율 등과 같은 특정한 표본편의를 가지는 비임의표본에서도 여전히 통계적 신뢰성을 유지하는지의 여부를 임의표본의 경우와 동일한 시뮬레이션 실험을 통해 살펴본 것이다. 〈표 5.10〉과 〈표 5.11〉에 제시된 분석 결과에 의하면, 임의표본에서 설정오류가 없는 것으로 밝혀졌던 검정방법인 Wilcoxon 부호-순위 검정, 윈저화 t-검정, 전통적 t-검정 및 정규근사기법에 의한 붓스트랩 Johnson t-검정 등이 규모 혹은 장부가-시장가 비율 등과 같은 표본편의를 가지는 비임의표본에서는 설정오류가 있는 것으로 나타났다.

이러한 현상은 기본적으로 비임의표본의 BHAR 분포의 특성에 기인한다. 부록 〈표 A5.4〉에 제시한 비임의표본의 BHAR 분포에 관한 기술적 통계에 의하면, 비임의표본은 표본편의의 유형에 관계없이 표본평균 BHAR의 편의가 임의표본보다 대체로 큰 것으로 나타났다. 예를 들어, 표본의 크기가 200개인 소기업 비임의표본을 대상으로 BSCF 모형을 사용하여 추정한 36개월간의 BHAR 분포의 표본평균은 6.7%이며, 이것은 〈표 5.7〉에서 제시한 동일한 표본의 크기를 가진 임의표본의 표본평균 1.1%보다 약 6배가량 크다. 비임의표본의 이러한 과대한 표본평균 편의가 제1종 오류를 범할 확률을 증대시킴으로써 임의표본에서 설정오류가 발견되지 않았던 Wilcoxon 부호-순위 검정, 윈저화 t-검정, 전통적 t-검정 및 정규근사기법에 의한 붓스트랩 Johnson t-검정 등도 비임의표본에서는 설정오류를 갖게 되는 것이다.

이에 반해, 두 독립표본에 의한 비교 검정은 비임의표본에서도 여전히 사건기간이나 표본의 크기에 관계없이 설정오류가 없는 것으로 판명되었다. 이것은 비임의표본의 과대한 표본평균 편의에도 불구하고 두 독립표본에 의한 비교 검정은 표본주식의 수익률과 벤치마크 수익률이 상호 독립적이라고 가정함으로써 표본평균 BHAR의 표준편차를 과대평가하게 되어 제1종 오류를 범할 확률을 감소시키기 때문이다.

지금까지 설명한 비임의표본을 대상으로 한 시뮬레이션 분석 결과는, 한국증권시장에서 연구대상 표본이 특정한 표본편의를 갖지 않은 임의표본인지 아니면 기업규모나 장부가-시장가 비율 등과 관련된 표본편의를 내포한 비임의표본인지의 여부에 따라 사건연구의 설계가 달라져야 함을 시사해 주고 있다. 즉, 연구대상 표본이 특정한 표본편의를 갖지 않은 임의표본일 경우에는 장기성과 측정모형으로 장부가-시장가 비율/규모 통제기업을 벤치마크로 사용하는 BSCF 모형을 선택하고, 유의성 검정방법으로는 상대적으로 검정력이 뛰어난 Wilcoxon 부호-순위 검정과 윈저화 t-검정 등을 활용하는 사건연구방법이 유리하다. 그러나 한국증권시장에서 연구대상 표본의 성격상 기업규모나 장부가-시장가 비율 등과 관련된 특정한 표본편의를 가질 가능성이 매우 높다고 판단될 경우에는 두 독립표본에 의한 비교 검정(two-groups test)을 선택하는 것이 검정력은 낮지만 통계적 신뢰성을 확보할 수 있는 연구방법이다. 그러므로, 두 독립표본에 의한 비교 검정은 한국증권시장을 대상으로 한 장기성과 연구에서 비임의표본을 포함한 다양한 유형의 표본을 이용하여 도출한 장기성과의 존재에 대한 실증분석 결과의 강건성을 확인할 수 있는 유용한 검정 도구로도 활용될 수 있다는 점에서 주목할 만하다.

5.5 장기성과 사건연구에 관한 특별 이슈

5.5.1 초과수익률의 왜도

장기 초과수익률을 측정할 때 시장조정수익률모형과 같이 벤치마크로서 시장지수를 사용할 경우 개별기업의 초과수익률 분포는 정규분포에 비해 극심한 양의 왜도(positive skewness)를 나타낼 가능성이 높다. 왜냐하면, 시장지수의 수익률은 개별기업의 주식수익률만큼 극단치를 실현할 가능성이 매우 낮기 때문이다. 특히, BHAR은 복리효과로 인해 CAR보다 양의 왜도가 더 높게 나타난다. 이처럼, 장기성과 측정치의 분포가 비대칭성을 나타내게 됨으로써 이로 인해 장기 초과수익률에 대한 검정통계량에 왜도편의를 가져다주게 된다. 만약, 표본평균 초과수익률이 양의 값을 가질 경우, 초과수익률의 양의 왜도는 표본의 횡단면 표준편차를 본래의 값보다는 과대하게 측정되게 함으로써 결과적으로 검정통계량에 하향 편의를 가져다준다. 이와 반대로, 표본평균 초과수익률이 음의 값을 가지면, 초과수익률의 양의 왜도는 표준편차를 본래의 값보다는 과소하게 측정되게 함으로써 결과적으로 검정통계량에 상향 편의(절대값의 관점에서)를 가져다준다.

개별주식의 장기 초과수익률이 오른쪽으로 기울어진 분포 형태를 보이는 것은 의심할 여지 없는 사실이지만, 특정 사건을 경험한 기업들로 구성된 포트폴리오의 표본평균 초과수익률이 0이라는 가설에 대한 검정통계량의 왜도는 표본의 크기가 커질수록 감소할 것으로 기대된다. 다행히 장기성과 사건연구에서 표본은 대개 수백 개의 관찰치로 구성된다(예를 들어, Teoh, Welch, and Wong, 1998; Byun and Rozeff, 2003). 그러므로, 전통적 t-검정법이 가정하고 있는 바와 같이, 만약 표본을 구성하는 개별기업의 BHAR 관찰치가 진정으로 독립적이라면, "많은 수의 독립적인 확률변수의 합은 근사적으로 정규분포를 따른다"라는 중심극한정리가 성립하여야 한다. 그럼에도 불구하고, 예를 들어 Brav(2000)와 Mitchell and Stafford(2000) 등이 보고하고 있는 것처럼, 사건 포트폴리오의 장기 초과수익률의 분포가 우측 왜도를 나타내고 있는 것은 사건 포트폴리오를 구성하는 개별주식의 장기 초과수익률을 계산하는 과정에서 추정기간이 서로 중복됨으로써 발생하는 횡단면 상관관계에서 주로 기인한 것으로 보인다. 즉, 포트폴리오의 장기 초과수익률 분포의 왜도는 개별주식 차원에서의 BHAR(혹은 단순수익률) 분포의 왜도에서 직접적으로 발생한 결과라기보다 일부는 개별주식의 초과수익률을 추정하는 기간이 상호 중복됨으로 인한 횡단면 종속성의 부산물이다(Kothari and Warner, 2007, p. 27).

5.5.2 초과수익률의 횡단면 상관관계

A. 문제점
개별주식의 장기 초과수익률 간의 횡단면 상관관계로 인해 발생하는 설정편의(specification

bias)는 장기성과 사건연구의 유의성 검정에 심각한 문제이다. Brav(2000)는 설정오류가 발생하는 원인을 장기성과 사건연구를 수행하는 연구자들이 일반적으로 초과수익률은 상호 독립적이며 정규분포를 따른다라는 표준적인 가정이 근사적으로도 성립하지 않음에도 불구하고 이 가정을 유지하는 데에 있다고 설명하고 있다. 경제 전반에 영향을 미칠 수 있는 요인이나 혹은 특정 산업에만 한정된 영향을 줄 수 있는 요인 등이 발생할 경우 주식수익률에 있어서 동시적으로 동일 방향의 움직임을 가져오게 된다는 개념은 포트폴리오 이론의 기초이며, 경제 이론적 측면에서 직관적이며 실증적으로도 매우 설득력을 갖는 것이다. 흥미로운 것은 횡단면 종속성은 약간 강도가 약하긴 하지만 위험조정 초과수익률에서도 관찰할 수 있다. 위험-조정 접근법(risk-adjustment approach)의 효율성이 증가할수록 횡단면 종속성은 감소하게 되며, 반면에 표본기업들이 하나의 산업에 집중되어 동질성이 높아질수록 횡단면 종속성은 증가하게 된다. 단기성과 사건연구에서는 사건일 집중 현상이 발생하지 않는 한 초과수익률 간의 횡단면 상관관계는 귀무가설의 유의성 검정에 별다른 영향을 미치지 않는다.

그러나, 장기성과 사건연구에서는 사건일 집중 현상이 발생하지 않는다 하더라도 초과수익률 간에 존재하는 횡단면 상관관계는 결코 무시될 수 없다. 장기 초과수익률은 서로 횡단면 상관관계를 가지는 경향이 높다. 왜냐하면, (1) 장기성과 연구에서 사건기간은 대개 12개월, 36개월, 60개월 등으로 길기 때문에 표본기업 중 일부는 실제 달력기간이 중복되는 사건기간을 공유할 가능성이 크며, (2) 합병이나 자사주 취득 등과 같은 사건은 주주 혹은 경영자의 기회주의적 행동과 합리적인 경제적 사유 등으로 인해 일정 시기에 발생 빈도가 급격히 늘어나는 일종의 파도 현상을 보여 주며, (3) 어떤 산업은 사건 표본에서 과대한 비중을 나타내기도 한다(예를 들어, 기술주의 인수합병 활동).

만약 사건연구에서 초과수익률 간의 횡단면 종속성을 무시하고 검정통계량을 계산한다면, 초과수익률의 횡단면 상관관계가 그리 크지 않더라도 유의성 검정에 있어서 설정오류를 가져다준다. 특히, 초과수익률이 존재하지 않는다는 귀무가설을 기각하는 비율이 이론적 기각률을 훨씬 초과하게 될 것이다(Collins and Dent, 1984; Bernard, 1987; Mitchell and Stafford, 2000). 이러한 과도한 기각률은 사건표본의 개별주식 초과수익률 간에 존재하는 횡단면 종속성을 무시함으로써 장기 초과수익률 분포의 표준편차가 과소평가됨으로 인해 발생하게 된다

(Kothari and Warner, 2007, pp. 27-28).

B. 편의의 크기(magnitude of bias)

n개의 개별주식으로 구성된 사건표본의 경우, 사건월 t에서의 표본평균 초과수익률은 다음 식 (5.18)과 같이 정의한다.

$$AAR_t = \frac{1}{n}\sum_{j=1}^{n} AR_{jt} \qquad \text{for } t = 1, \cdots, T \qquad (5.18)$$

여기서, AR_{jt} = 사건월 t시점에서의 개별기업 j의 초과수익률

AAR_t = 사건월 t시점에서의 표본평균 초과수익률

그리고, 표본평균 초과수익률의 분산은 다음 식 (5.19)와 같이 계산된다.

$$Var(AAR_t) = \frac{1}{T-1}\sum_{t=1}^{T}(AAR_t - \overline{AAR_t}) \qquad (5.19)$$

여기서, $\overline{AAR_t} = \frac{1}{T}\sum_{t=1}^{T} AAR_t$

위의 식 (5.18)을 식 (5.19)에 대입하게 되면 표본평균 초과수익률의 분산은 다음과 같은 식 (5.20)과 같이 나타낼 수 있다.[15]

$$Var(AAR_t) = \frac{1}{n^2}(\sum_{i=1}^{n}\sigma_i^2 + \sum_{i=1}^{n}\sum_{j=1}^{n}\rho_{ij}\sigma_i\sigma_j) \qquad \text{for } i \neq j \qquad (5.20)$$

$$= \frac{1}{n}\sum_{i=1}^{n}\frac{\sigma_i^2}{n} + \frac{n-1}{n}\sum_{i=1}^{n}\sum_{j=1}^{n}\frac{\rho_{ij}\sigma_i\sigma_j}{n(n-1)} \qquad \text{for } i \neq j$$

여기서, σ_i = 개별기업 i의 초과수익률 표준편차

ρ_{ij} = 개별기업 i와 개별기업 j 초과수익률 간의 상관계수

논의를 간단히 하기 위해, 모든 개별기업 초과수익률의 분산은 동일하며, 두 개별기업 간의

---

15) 참고로 식 (5.20)은 제4장에서 설명하고 있는 식 (4.7a)와 동일한 식이다.

공분산과 상관계수도 동일하다고 가정할 경우 식 (5.20)은 다음 식 (5.21)과 같이 나타낼 수 있다.

$$Var(AAR_t) = \frac{\sigma^2}{n} + \frac{n-1}{n} \rho_{ij}\sigma^2 \qquad (5.21)$$

그러므로, 표본평균 초과수익률의 횡단면 표준편차는 다음과 같은 식 (5.22)와 같이 나타낼 수 있다.

$$\sigma_{AAR} = \sqrt{\frac{\sigma^2}{n} + \frac{n-1}{n} \rho_{ij}\sigma^2} \qquad (5.22)$$

위의 식 (5.22)에서 제곱근 속의 두 번째 항은 개별기업 초과수익률 간의 상관관계로 인해 발생하는 부분이며, 만약 개별기업 초과수익률 간의 독립성을 가정하여 표준편차를 계산한다면 무시되는 항목이다. 독립성을 가정하여 표준편차를 계산할 경우 예상되는 편의는 다음 식 (5.23)에서와 같이 종속성을 고려한 진정한 표준편차를 독립성을 가정한 표준편차로 나눈 비율로서 나타낼 수 있다.

$$\frac{\sigma_{AAR}(\text{종속성 고려})}{\sigma_{AAR}(\text{독립성 가정})} = \sqrt{1 + (n-1)\rho_{ij}} \qquad (5.23)$$

식 (5.23)이 제시하고 있는 비율은 초과수익률의 유의성 검정에서 표준편차가 과소평가되고 이로 인해 검정통계량인 t값이 과대평가되는 정도를 나타내는 인수(factor)이다. 이 비율은 두 개별기업의 초과수익률 간의 상관계수 ρ_{ij}와 비례하여 증가한다.

Mitchell and Stafford(2000)는 두 사건 기업의 BHAR 간의 종속성을 가정한 표준편차와 독립성을 가정한 표준편차와의 비율을 표시한 위의 식 (5.23)을 이용하여 횡단면 상관관계가 유의성 검정에 미치는 효과를 실제 사건의 유형과 사건기간에 따라 구분하여 측정하였다. 그들의 측정 결과에 의하면, 유상증자의 경우 두 사건 기업의 1개월 BHAR과 12개월 BHAR 간의 평균 상관계수가 각각 0.0177과 0.0258로 나타났다. 또한, 인수합병의 경우에는 두 사건 기업의 1개월 BHAR과 12개월 BHAR 간의 평균 상관계수가 각각 0.0020과 0.0175로 나타났다. 이처럼 사건 표본에 있어서 두 기업의 초과수익률 간의 평균 상관계수는 사건기간이 길어질수록 증가하는 경향을 뚜렷이 보여 주고 있으며, 이것은 선행 연구의 결과와도 일치한다. 예를 들어, Bernard(1987)는 동일 산업 내에 속하는 두 개별기업의 초과수익률 간의 평균 상관계수는 사건 기간이 길어질수록 증가하며, 사건기간이 1개월에서 1년으로 늘어남에 따라 상관계수는 0.18에서 0.30으로 거의 두 배가량 증가한다는 사실을 보고하고 있다.

이러한 분석 결과를 바탕으로, Mitchell and Stafford(2000)는 다음과 같이 제안하고 있다: "BHAR을 이용한 전통적인 사건-시점 포트폴리오 접근법은 장기성과 유의성 검정에 사용되어서는 안 된다. 어떤 형태로든 표본을 구성하는 개별기업 BHAR 간의 횡단면 상관관계를 고려하는 검정방법을 적용해야 한다. 마지막으로, 인수합병, 유상증자, 자사주 매입 등 우리의 연구에서 사용한 세 유형의 주요 사건에 있어서 개별 사건기업의 BHAR 간의 양의 횡단면 상관관계를 고려한 후에는 장기 초과수익률이 존재한다는 통계적 증거가 사라져 버렸다는 사실은 주목할 가치가 있다(pp. 307-308)."

그러므로, 개별기업 초과수익률 간의 횡단면 상관관계는 장기성과 사건연구의 유의성 검정에서 정확한 결론을 도출하는 데 핵심적인 고려 사항이다. 자연히, 이것은 연구자들 사이에 지대한 관심을 이끌어내는 주제가 되고 있다(Kothari and Warner, 2007, p. 29).

C. 잠재적 해결 방안(potential solutions)

초과수익률 간의 횡단면 상관관계로 인해 발생하는 잠재적 편의를 해결할 수 있는 간단한 방법은 달력-시점 포트폴리오 접근법(혹은 "Jensen의 α 접근법"이라고도 부름)을 사용하는 것이다. 이 접근법은 사건월(event month)을 기준으로 사건 포트폴리오를 구성하는 것이 아니라 실제 달력월(calendar month)을 기준으로 포트폴리오를 구성하기 때문에 개별기업 수익률 혹은 초과수익률 간의 횡단면 상관관계로 인해 초래되는 잠재적 편의를 피할 수 있다. 포트폴리오를 구성하는 개별기업 간의 상관관계가 어떤 것이든 관계없이, 실제 달력 시점을 기준으로 한 사건 포트폴리오의 수익률 시계열은 이러한 상관관계를 고려하게 된다. 즉, 포트폴리오 초과수익률의 변동성은 초과수익률 간의 상관관계에 의해 영향을 받게 된다. 일반적으로 달력-시점 포트폴리오 접근법에서 사건 포트폴리오의 월평균 초과수익률이 존재하지 않는다는 귀무가설에 대한 검정은 Jensen의 α(Jensen-alpha)에 대한 유의성 검정을 통해 이루어지며, Jensen의 α에 대한 통계적 유의성은 사건 포트폴리오의 초과수익률의 시계열 변동성을 기초로 평가된다. 무거래(nontrading)가 존재하지 않는 효율시장에서의 주식수익률은 시계열 상관관계가 없기 때문에, 이를 근거로 유의성 검정에서 Jensen의 α의 표준오차와 t 통계량을 추정하는 데 독립성 가정은 매우 적절한 것으로 여겨진다.

그러나, 미국증권시장을 대상으로 한 Lyon et al. (1999)의 실증분석 결과에 의하면, 이 접근법은 임의표본을 대상으로 한 실험에서는 설정오류가 없는 것으로 나타났으나, 표본을 구성하는 개별기업들이 어떤 재무적 특성을 지니는 비임의표본에서는 설정오류가 있는 것으로 나타났다. 예를 들어, 동일가중 포트폴리오에서는 저(低)장부가-시장가 표본, 고(高)장부가-시장가 표본, 사건 이전 저성과 수익률 표본, 사건 이전 고성과 수익률 표본, 산업 집중 표본, 사건월 집중 표본 등에서 설정오류가 발견되었다. 또한 가치가중 포트폴리오에서는 소기업 표본, 저(低)장부가-시장가 표본, 고(高)장부가-시장가 표본, 사건 이전 저성과 수익률 표본, 사건 이전 고성과 수익률 표본, 산업 집중 표본, 중복 수익률 표본 등에서 설정오류가 있는 것으로 밝혀졌다.

이 접근법이 간단하면서 직접적이라는 측면에서 볼 때, Lyon et al. (1999)의 이러한 실증 결과는 불행한 것이다. 임의표본에서 발견되지 않았던 설정오류가 왜 비임의표본에서 발생하는지에 대한 이유는 아직 불분명하다. 달력-시점 포트폴리오 접근법을 적절히 보정하기 위해서는 아마도 지속적인 연구가 더 필요할 것이다.

사건-시점 포트폴리오 접근법을 사용하는 BHAR 접근법에서 장기 초과수익률의 상관관계를 고려한 표준오차를 추정하는 것은 그리 간단하지 않다. 사건 포트폴리오를 구성하는 개별주식 장기수익률 간의 상관계수를 정확히 추정하기 위해 필요한 장기수익률의 시계열 자료가 충분하지 않기 때문에 두 개별기업 간의 상관계수를 정확히 추정하는 것은 어렵다 (Bernard, 1987). 더욱이 장기성과 사건연구에서 특정 사건 이후의 기간 중 단지 일부의 기간만이 다른 기업과 중복될 뿐이라는 사실은 이러한 어려움을 더욱 가중시키고 있다. 그럼에도 불구하고 이 문제에 관해 많은 논의가 있었으며 약간의 흥미를 끄는 진전도 있었다. 예를 들어, 연구자들은 사건-시점 포트폴리오 접근법에서 개별기업 간의 횡단면 상관관계를 고려하여 보다 정확한 유의성 검정을 이끌어낼 수 있게 하는 붓스트랩 검정과 유사포트폴리오(pseudoportfolio)에 기초한 경험적 p값 검정 등을 개발하였다(Kothari and Warner, 2007, pp. 29-30).

D. 횡단면 상관관계와 왜도

Lyon et al.(1999)은 횡단면 상관관계와 왜도 편의를 해결하기 위한 방법으로 붓스트랩 왜도-조정 t 검정(bootstrapped skewness-adjusted t test)을 개발하였다. 붓스트랩 왜도-조정 t 검정의 첫 번째 단계는 Johnson 왜도-조정 t 통계량을 추정하는 것이다(붓스트랩 왜도-조정 t 검정에 대한 자세한 사항은 〈5.4 유의성 검정방법의 선택〉 참고). 이 통계량은 다음 식 (5.24)에서 제시한 바와 같이 초과수익률 분포의 왜도의 함수인 오른쪽 두 항을 이용하여 전통적 t 통계량을 조정한다.

$$t_J = t + \frac{\sqrt{n}}{3}\hat{\gamma}S^2 + \frac{\hat{\gamma}}{6\sqrt{n}} \tag{5.24}$$

여기서, t_J = Johnson 왜도-조정 t 통계량

（단, 식 우변의 t는 전통적 t 통계량을 의미)

$S = \dfrac{\overline{BHAR_T}}{\sigma_{BHAR}}$

$\hat{\gamma}$ = BHAR 분포의 왜도 추정치

n = 표본의 크기

이러한 왜도 조정에도 불구하고, Johnson 왜도-조정 t 통계량은 귀무가설을 너무 자주 기각하는 설정오류를 가지며, 이에 따라 이 검정통계량은 추가적인 세밀한 보완이 요구된다. 그래서 두 번째 단계는 Johnson 왜도-조정 t 통계량의 붓스트랩 분포를 도출하는 것이다(Sutton, 1993; Lyon et al., 1999; 정형찬, 2008). 붓스트랩 기법을 이용하여 왜도-조정 t 통계량의 붓스

트랩 분포를 도출하기 위해서는 원표본(original sample)로부터 많은 수(예를 들어, 1,000개)의 붓스트랩 표본을 추출해야 하며, 각 붓스트랩 표본을 이용하여 Johnson 왜도-조정 t 통계량을 계산한다. 이처럼 붓스트랩 표본을 이용하여 추정한 Johnson 왜도-조정 t 통계량의 경험적 분포는 초과수익률이 존재하지 않는다는 귀무가설을 검정하기 위해 원표본의 Johnson 왜도-조정 t 통계치가 검정통계량 분포의 α% 기각역에 속하는지의 여부를 확인하는 데 활용된다.

경험적 p값 검정(empirical p-value approach)은 무작위 복원추출 방식에 의해 반복적으로 구성한 다수의 유사포트폴리오(pseudoportfolio)를 이용하여 도출한 초과수익률의 경험적 분포에 사건 표본의 초과수익률을 대응시키는 방법으로 사건 표본의 초과수익률의 유의성을 검정한다. 유사포트폴리오를 대상으로 추정한 표본평균 초과수익률의 경험적 분포는 초과수익률이 존재하지 않는다는 귀무가설이 성립한다는 가정하에서 도출된 것이다. 이 경험적 분포는 원래의 사건 표본과 대응될 수 있는 통제기업을 무작위 복원추출 방식에 의해 반복적으로 구성함으로써 도출된다. 대응 방식은 기대수익률을 설명할 수 있을 것으로 생각되는 기업 특성을 바탕으로 이루어진다. Fama and French 3-요인 모형에 따라, 기대수익률 결정요인으로서 기업규모와 장부가-시장가 비율 등과 같은 기업 특성에 기초하여 통제기업을 선정하는 것이 일반적이다(예를 들어, Lyon et al., 1999; Byun and Rozeff, 2003; Gompers and Lerner, 2003; 정형찬, 2008). 이러한 대응 방식으로 선정한 각 유사포트폴리오를 대상으로 표본평균 BHAR을 측정한다. 원래의 사건 표본과 대응하는 유사포트폴리오의 표본평균 초과수익률의 경험적 분포를 도출하기 위해 대개 1,000개에서 5,000개에 이르는 유사포트폴리오를 이용한다. 이 경험적 분포는 사건 표본의 표본평균 BHAR이 통계적으로 유의한지의 여부를 검정하기 위해 필요한 표본평균 BHAR 분포의 2.5%와 97.5%에 해당하는 양쪽 임계치를 결정하는 데 사용된다(Lyon et al., 1999, p. 176 참고).

불행히도, 개별주식 간의 횡단면 상관관계로 인한 표준오차의 편의를 수정하기 위한 목적으로 개발된 위의 두 접근법인 붓스트랩 검정과 경험적 p값 검정 등은 그들의 개발 목적에 비추어 볼 때 크게 성공적이라고 평가할 수 없다. Lyon et al. (1999)은 비임의표본을 대상으로 한 시뮬레이션 실험에서 광범위한 설정오류를 발견하였다. 어떤 특정 사건을 경험한 표본기업은 연구자가 무작위적으로 선정할 수 없기 때문에 사건표본 선정의 비임의성(non-randomness)

으로 인해 발생하는 표준오차의 편의를 수정하는 것은 결코 용이한 작업은 아니다.

Mitchell and Stafford(2000, p. 307)는, 붓스트랩 검정과 경험적 p값 검정방법을 사용하는 것에 대해 강하게 비판하면서, 다음과 같은 결론을 내리고 있다. 즉 "장기성과 사건연구에서 붓스트랩 기법이 횡단면 종속성 문제를 모두 해결할 수 있다고 자주 주장하고 있다. 그러나, 그 주장은 타당하지 않다. 사건 표본은 분명히 임의표본과는 다르다. 사건 기업(event firms)은 어떤 주요한 기업 의사결정에 참여하기로 선택한 반면에, 비사건 기업(nonevent firms)은 그러한 의사결정에 참여하지 않기로 선택한 기업이다. 사건 기업과 유사한 규모/장부가-시장가 비율 특성을 지닌 비사건 기업을 무작위로 선정함으로써 도출한 경험적 분포는 원래의 사건 표본에 기초한 공분산 구조를 결코 복제하지 못한다. 사실, 일반적인 붓스트랩 접근법은 산업 효과(industry effect)와 관련된 횡단면 상관관계 구조조차 포착하지 못한다(pp. 307-308)." Jegadeesh and Karceski(2009)도 역시 Lyon et al. (1999)이 사용하고 있는 접근법은 "사건 표본을 구성하는 개별기업들이 횡단면적으로 상호 관련성이 없다고 가정하고 있기 때문에 설정오류를 갖는다고 언급하고 있다. 이러한 가정은 사건 기업의 임의표본에서는 성립하지만 비임의표본에서는 성립하지 않는다. 사건 기업의 수익률이 양(+)의 상관관계를 가지는 비임의표본에서 검정통계량의 변동성은 임의표본에서 보다 더 크다. 그래서, 만약 실증연구를 수행하는 연구자가 임의표본을 활용하여 검정통계량의 분포를 도출하고 이것을 바탕으로 비임의표본에 대한 경험적 임계치를 측정하여 통계적 검정에 이용한다면, 이 검정은 초과 수익률이 존재하지 않는다는 귀무가설을 이론적 기각률에 비해 너무 자주 기각하게 될 것이다"(Kothari and Warner, 2007, pp. 30-31).

E. 자기상관(autocorrelation)

장기성과 사건연구에서 사용하고 있는 기존의 검정방법이 갖는 약점을 극복하기 위해, Jegadeesh and Karceski(2009)는 상관관계와 이분산성-일치 검정방법(correlation and heteroskedasticity-consistent test)을 제안하고 있다. 그들이 제안한 접근법에서 가장 주요한 혁신은 사건 포트폴리오의 장기 수익률의 월별 시계열 자료를 이용하여 횡단면 상관관계를 추정하는 것이다(자세한 사항은 Jegadeesh and Karceski, 2009 참고). 수익률 시계열이 월별 자료이기는 하나 이들 월별 관찰치가 장기 수익률을 측정한 것이기 때문에, 수익률의 시계열 자료는 장기 수익률 측정 기간의 중복으로 인해 자기상관을 나타낸다. 물론 이 자기상관은 수익률 자료에 내포된 횡단면 상관관계로 인해 발생한 것이다. 자기상관은 H-1 지연에 있어서 양(+)의 값을 나타낼 것으로 기대된다(여기서, H는 사건기간의 월 수를 의미함). 월별 관찰치의 시계열 길이는 연구대상인 기업 사건이 발생한 표본기간에 따라 달라진다. 장기 초과수익률의 월별 관찰치에는 자기상관이 존재하기 때문에, 표본평균 초과수익률을 월별 관찰치 시계열의 표준편차로 나눈 비율로 측정하는 전통적 t 통계량은 과소평가될 수 있다.

따라서, 편의가 없는 t 통계량을 얻기 위해서는 공분산(즉 분산-공분산 메트릭스)을 반드시 고려해야 한다. Jegadeesh and Karceski(2009)는 동분산(homoskedasticity)을 가정한 Hansen and Hodrick(1980)의 분산-공분산 메트릭스 추정량을 사용하였다. 그들은 또한 White(1980)의 이분산-일치 추정량을 일반화하여 0이 아닌 시계열 공분산(serial covariance)을 허용하는 이분산-일치 추정량을 사용하고 있다(p. 8). Jegadeesh and Karceski(2009)가 제안한 이 두 검정법은 임의표본뿐만 아니라 산업 집중(industry clustering)과 중복 수익률(overlapping returns) 특성을 지닌 비임의표본에서도 설정오류가 없이 잘 작동하고 있어, Kothari and Warner(2007)는 이들 검정방법이 장기성과 사건연구의 통계적 검정에서 설정오류를 줄이는 가장 적합한 방법이라고 설명하고 있다(p. 31).

5.6   한국증권시장에 적합한 장기성과 사건연구의 설계

5.6.1 장기성과 사건연구 설계 시 고려 사항

장기성과 사건연구는 기업의 특정 사건이 발생한 이후 그것이 장기간에 걸쳐 주가에 미치는 영향을 평가하는 것이기 때문에 자연히 어떤 연구방법을 사용하느냐에 따라 평가 결과가 확연히 달라질 가능성이 매우 높다. 즉 장기성과에 대한 사건연구는 본질적으로 연구자가 사용하는 연구방법에 민감한 특성을 지닐 수밖에 없다. 이러한 특성으로 인해, Kothari and

Warner(2007)가 지적하고 있는 바와 같이, 어떤 연구방법이 최적인지에 대해서는 아직까지 명확한 승자를 가리지 못하고 있다.

현재까지 미국 학계에서 증권시장의 실제 주식수익률 자료를 이용한 시뮬레이션을 통해 통계적 신뢰성을 확보하면서 검정력이 뛰어난 연구방법으로 제시되고 있는 대표적인 장기성과 연구방법을 정리하면 다음과 같다. 먼저, Barber and Lyon(1997)은 기업규모와 장부가-시장가 비율 순서로 선정한 통제기업(size/book-to-market matched control firm)을 수익률 벤치마크로 사용하여 BHAR을 측정하는 모형을 제안하고 있다. 반면에, Lyon et al.(1999)은 BHAR을 측정하기 위한 수익률 벤치마크로서는 규모와 장부가-시장가 비율에 기초한 기준포트폴리오를 사용하고, 유의성 검정은 분포의 왜도를 감안한 붓스트랩 Johnson t-검정과 경험적 p값 검정 등을 적용하는 연구방법을 권고하고 있다. 그러나, 이 두 검정방법은 무작위로 추출한 임의표본에서는 효과적이나, 개별기업 초과수익률 간의 횡단면 상관관계가 존재하는 비임의표본에서는 설정오류가 있으므로 이 경우에는 Fama-French 3-요인 모형을 이용하는 달력-시점 포트폴리오 접근법을 활용하는 것이 더 유리하다고 주장하고 있다(p. 198).

이에 반해, Mitchell and Stafford(2000)는 Lyon et al.(1999)이 제안한 BHAR과 붓스트랩 검정 기법을 활용한 사건-시점 포트폴리오 접근법은 표본주식의 BHAR이 상호 독립적이라고 가정하고 있기 때문에 이들 간에 존재하는 횡단면 상관관계를 조정했을 경우보다 검정통계량이 거의 4배가량 과대평가됨으로써 설정오류가 매우 높게 나타나는 결함을 갖고 있다고 주장한다. 따라서 이들은 통계적으로 신뢰할 수 있는 장기성과 연구방법은 횡단면 상관관계를 자동적으로 고려하는 달력-시점 포트폴리오 접근법임을 강조하고 있다.

그리고, Cowan and Sergeant(2001)는 BHAR을 측정하기 위한 수익률 벤치마크로서는 기업규모와 장부가-시장가 비율에 기초한 가치가중 포트폴리오를 사용하고, 이것으로 측정한 BHAR은 다시 분포의 왜도를 줄이기 위해 $\pm 3\sigma$(표준편차)에서 윈저화한(winsorization) 다음, 두 독립표본에 의한 비교 검정(two-groups test)에 의해 유의성을 검정하는 접근법을 권고하고 있다. 또한, Ang and Zhang(2004)은 표본기업과 수익률 상관관계가 가장 높은 단일 통제기업을 수익률 벤치마크로서 사용하여 BHAR을 측정하고, 유의성 검정은 비모수 검정법인 부호검정을 사용하는 접근법이 가장 효과적인 연구방법임을 주장하고 있다.

이와 같이, 미국 학계에서는 최근까지 증권시장의 실제 주식수익률 자료를 이용한 시뮬레이션 실험을 통해 장기성과 연구에서 통계적 신뢰성을 확보하면서 검정력이 뛰어난 연구방법론을 개발하려는 시도가 지속적으로 이루어져 왔다. 그러나, 우리나라 학계에서는 증권발행, 인수합병, 자사주 취득 등과 같은 개별기업의 주요 사건 이후의 장기성과에 대한 연구는 활발히 수행되어 왔으나, 한국증권시장의 특징적인 제도적 측면과 투자자들의 투자 행태 등에 적합한 연구방법론에 대한 연구는 상대적으로 매우 빈약한 실정이다. 최근까지 한국증권시장의 실제 주식수익률 자료에 기초한 시뮬레이션을 통해 효과적인 장기성과 연구방법론을 연구한 학술 논문으로는 정형찬(2007, 2008)에 한정되어 있다. 이처럼, 우리나라 학계의 연구 성과의 한계를 인식할 수밖에 없는 상황에서 이 책에서는 정형찬(2007, 2008)의 연구 결과를 바탕으로 한국증권시장에 가장 적합한 장기성과 연구방법을 다음과 같이 제안하고자 한다.

첫째, 한국증권시장에서 장기성과를 측정하는 모형 가운데 설정오류가 없어 통계적 신뢰성을 확보할 수 있는 모형은 장부가-시장가 비율과 기업규모 순서로 대응시킨 통제기업(book-to-market/size matched control firm)을 수익률 벤치마크로 사용하여 BHAR을 측정하는 모형이 유일하다.

둘째, 장부가-시장가 비율/규모 순으로 대응시킨 통제기업을 벤치마크로 설정한 장기성과 측정모형과 함께 사용하여 설정오류가 없는 것으로 밝혀진 유의성 검정방법 중에서 가장 뛰어난 검정력을 가지는 것은 Wilcoxon 부호-순위 검정으로 나타났다.

셋째, 사건기간이 12개월에서 36개월, 60개월로 길어질수록 사건연구방법의 검정력은 현저히 감소하였으나, 반면에 표본의 크기가 50개에서 100개, 200개로 증가할수록 검정력은 이와 비례하여 증가하였다.

넷째, 기업규모와 장부가-시장가 비율 등과 관련된 표본편의를 가지는 비임의표본에서는 두 독립표본에 의한 비교 검정(two-groups test)만이 유일하게 설정오류가 없는 것으로 밝혀졌다.

결론적으로, 지금까지 설명한 한국과 미국 증권시장의 실제 주식수익률 자료를 이용한 장기성과 사건연구방법에 대한 선행 연구를 바탕으로 한국증권시장에 적합한 장기성과 사건연구방법을 다음과 같이 제시하고자 한다.

- 수익률 자료 - Canina et al. (1998)의 실증분석 결과가 증명한 바와 같이 일별 주식수익률을 복리로 계산하여 월별 주식수익률을 추정할 경우 매우 유의한 통계적 편의를 가져올 수 있다. 따라서, 단기성과 사건연구에서와는 달리 일별 수익률 자료보다는 월별 수익률 자료를 이용하는 것이 통계적 편의를 줄일 수 있다.

- 사건월의 확정과 사건기간의 설정 - 사건연구에 있어서 사건일을 정확히 찾아내는 것은 다른 어떤 과정보다 중요하다. 그러나, 장기성과 사건연구에서는 단기성과 사건연구에서와는 달리 사건일이 아닌 사건월을 기점으로 사건기간을 설정하기 때문에 달력일과 시간까지 정확히 밝혀낼 필요는 없다. 며칠 정도의 오차는 있더라도 사건일이 포함된 사건월을 정확히 찾아내면 그것으로 충분하다. 따라서, 증권거래소와 정부 감독기관의 전자공시, 증권시장지 및 경제신문 등 다양한 정보원을 활용하여 사건일을 밝혀낸 다음 사건월을 확정하도록 한다. 그리고, 대부분의 연구자들은 관습적으로 사건월을 기점으로 12개월(1년), 36개월(3년) 및 60개월(5년) 동안의 기간을 사건기간으로 설정하고 있다. Cowan and Sergeant(2001)와 정형찬(2008) 등의 선행연구에 의하면, 사건기간이 12개월에서 36개월, 60개월로 길어질수록 사건연구방법의 검정력은 현저히 감소하기 때문에 60개월 이상의 사건기간은 바람직하지 못하며 36개월이 가장 적합한 것으로 판단된다.

- 추정기간의 지정 - 장기성과 사건연구에서 어떤 사건은 비정상적인 사전 성과 이후에 발생하거나(예를 들어, 주식분할은 좋은 성과를 기록한 다음에 행해진다.) 혹은 비정상적인 사전 성과를 기초로 정의되기도 한다(예를 들어, DeBondt and Thaler(1985)와 Lakonishok et al. (1994) 등에서 반대의견에 의한 투자전략). 이러한 상황하에서, 개별기업의 위험을 정확히 추정하는 것은 매우 어려운 과제이다. 왜냐하면 사건이 발생하기 이전의 경제적 성과는 개별기업의 위험에 반대 방향으로 영향을 미치므로 역사적 위험 추정치는 편의가 매우 클 수밖에 없기 때문이다. 위험 조정의 잠재적 오류는 성과를 측정하는 기간이 길수록 크기 때문에 위험 조정의 오류에서 발생하는 문제는 장기성과에 관한 사건연구에서 더욱 악화된다. 따라서 장기성과에 관한 연구에서는 초과수익률이 역사적

위험 추정치가 아닌 사후 위험 추정치(post-event risk estimates)를 바탕으로 추정되어야 한다. 한편, 장기성과에 관한 사건연구에서 시장모형이나 CAPM 등 자산가격결정모형 등을 성과측정 모형으로 이용하는 경우를 제외하고는 역사적 위험 추정치를 계산하기 위한 추정기간은 설정할 필요가 없으며, 사건기간만 설정하면 충분하다.

• 표본의 크기 - 장기성과 사건연구에서는 단기성과 사건연구에서와는 달리 사건기간이 훨씬 길기 때문에 통계적 오류를 범할 확률이 더 크다. 따라서, 표본의 크기가 클수록 통계적 오류를 범할 확률을 줄일 수 있으므로(Cowan and Sergeant, 2001; Ang and Zhang, 2004: 정형찬, 2008), 표본의 크기가 최소 200개 이상이 되도록 사건 포트폴리오를 구성하는 것이 바람직하다.

• 장기성과 측정모형의 선택 - 한국증권시장을 대상으로 한 장기성과 사건연구에서 자산가격결정모형 접근법이나 기준포트폴리오 접근법을 사용하여 장기성과를 측정할 경우 통계적 편의가 매우 크기 때문에, 이들보다는 통제기업 접근법을 활용하는 것이 설정오류를 피할 수 있는 방법이다. 정형찬(2007, 2008)은 통제기업 접근법을 활용한 다양한 성과측정 모형 중에서도 장부가-시장가 비율/규모 순으로 대응시킨 통제기업을 벤치마크로 사용하여 표본기업의 BHAR을 측정하는 모형을 한국증권시장을 대상으로 한 장기성과 연구에 가장 적합한 모형으로 추천하고 있다. 참고로, 우리나라 연구자들이 자료 수집이 용이하며 모형이 간단하다는 이유로 가장 많이 사용하고 있는 시장조정수익률모형이나 혹은 시장지수에 기초한 기준포트폴리오 접근법은 최종 연구 결과를 뒤바꿀 수 있을 정도로 설정오류가 심각한 수준이다. 따라서, 연구결과의 신뢰도를 높이기 위해서는 무엇보다 연구설계 시에 이러한 모형들을 완전히 배제하는 것이 바람직하다.

• 유의성 검정방법의 선택 - 장기성과가 존재하지 않는다는 귀무가설에 대한 유의성 검정에는 비모수 검정법인 Wilcoxon 부호-순위 검정이나 모수 검정법인 원저화 t 검정 등을 적용할 것을 권고한다. 그러나 기업규모나 장부가-시장가 비율 등과 같은 특정 표본편의

가 명확히 존재한다고 판단될 경우에는 두 독립표본에 의한 비교 검정을 선택하는 것이 설정오류를 피할 수 있다.

5.6.2 장기성과 사건연구의 적용 사례

정형찬·박경희(1999)는 한국증권시장에서 1980년부터 1994년까지의 15년 동안에 이루어진 합병과 관련된 모든 합병기업을 대상으로 이들 합병기업 주식가격의 장기성과를 실증 분석하는 연구에서 사건연구를 활용하였다. 이 연구에서 정형찬·박경희(1999)는 1980년 이후의 합병사례와 관련된 120개 합병기업을 표본기업으로 선정하고, 합병이 실질적으로 법적 효력을 발생하는 합병일을 기준으로 그 이후 36개월(3년)간의 합병기업의 장기성과를 사건연구방법을 사용하여 추정하고 있다. 여기서는 정형찬·박경희(1999)가 합병기업 주가의 장기성과를 측정하기 위해 선택한 사건연구의 설계 내용을 선택 영역별로 구체적으로 살펴보도록 한다.

- 수익률 자료 - Canina et al. (1998)의 권고에 따라 일별 주식수익률 자료를 사용하는 데서 기인하는 통계적 편의를 줄이기 위해 한국신용평가(주)의 KIS-SMAT이 제공하는 합병기업의 월별 수익률 자료를 사용하였다.

- 사건월의 확정과 사건기간의 설정 - 이 연구에서 사건일은 합병 당사기업의 이사회에서 합병기일로 공시한 날로 합병의 법적 효력이 실질적으로 나타나기 시작하는 시점인 합병일(completion date)로 정의하고 있다. 합병공시일과 합병일에 관한 정보는 증권시장지나 한국경제와 매일경제 등 경제신문으로부터 입수하였다. 그리고, 사건기간은 합병일이 속한 사건월을 기점으로 36개월 동안의 기간을 사건기간으로 설정하고 있다.

- 표본의 크기 - 한국증권시장에서 1980년에서 1994년 말에 이르는 기간 중에 합병에 성공

한 합병사례에서 전체적으로 122개 합병기업을 추출하였으며, 이 중에서 연구자들이 사전에 설정한 표본 선정기준을 적용시켜 최종 표본은 120개의 합병기업으로 구성하였다. 전체 표본인 120개 합병 사례에서 92개(76.7%)의 합병대상기업은 비상장기업이며, 28개(23.3%) 기업은 상장기업이다. 그리고, 합병기업과 계열관계를 가지고 있었던 합병대상기업이 105개 기업으로 전체의 87.5%를 차지하며, 그렇지 않은 합병대상기업은 15개(12.5%) 기업에 불과하다. 연구대상인 성공적인 합병 사례의 모집단 자체의 규모가 크지 않아 장기성과 연구에서 통계적 오류를 최소화할 수 있는 최소 200개 이상의 표본을 확보하는 것이 원천적으로 불가능하였다.

- 장기성과 측정모형의 선택 - 이 연구에서 정형찬·박경희(1999)는 사건이 실제로 발생한 달력 시점이 아닌 사건 시점을 중심으로 포트폴리오를 구성하고 적정한 수익률 벤치마크와 비교하여 초과수익률을 측정하는 방법인 전통적인 사건-시점 포트폴리오 접근법을 이용하고 있다. 그리고, 벤치마크 수익률과 초과수익률을 측정하기 위해서는 Barber and Lyon(1997)의 통제기업 접근법에 의한 BHAR을 측정하는 모형을 사용하고 있다. 정상수익률을 추정하기 위해 필요한 벤치마크로서는 각 표본 합병기업에 대해 업종, 기업규모 및 장부가/시장가 비율 등을 기준으로 표본기업에 가장 유사한 통제기업을 선정하였다. 구체적으로 각 표본기업에 대응하는 통제기업을 선정할 때, 먼저 표본기업과 동일한 산업군에 속하는 상장기업 중에서 보통주의 시장가격이 합병일 전년도의 12월말 종가를 기준으로 표본기업의 70%~130%에 속하는 기업들을 1차적으로 선정하였다. 그리고, 업종과 보통주의 시장가치 요인에 의해 1차적으로 선정된 통제기업 그룹 중에서 표본기업의 장부가/시장가 비율과 가장 유사한 값을 갖는 기업을 해당 표본기업의 통제기업으로 최종 선택하였다. 또한, 통제기업 접근법에 의한 BHAR 측정법 이외에 보조적 성과측정 모형으로 시장모형에 의한 CAR의 측정법도 함께 사용하고 있다.

- 유의성 검정방법의 선택 - 장기성과가 존재하지 않는다는 귀무가설, 즉 "표본기업의 매입-보유 평균초과수익률(the mean buy-and-hold abnormal returns)은 0이다"라는 귀무

가설에 대한 유의성 검정에는 전통적 t 검정법을 사용하고 있다.

한편, 고봉찬 외(2018)는 한국증권시장에서 무액면주식제도의 활성화를 가로막는 제약 요인이 무엇이고, 이를 해결하기 위해 어떠한 제도 개선안이 존재하며, 이들의 장단점은 무엇인지 그리고 실현가능한 바람직한 개선안은 무엇인지를 제시하고자 하였다. 고봉찬 외(2018)는 이 연구에서 2000년 1월부터 2015년 5월까지 총 185개월 동안 유가증권시장과 코스닥시장에 상장된 모든 보통주식의 액면분할 표본을 대상으로 액면분할 공시의 장단기 주가 반응을 분석하기 위해 사건연구를 활용하였다. 특히, 액면분할의 장기 정보효과가 국내 액면분할 표본에서도 관찰할 수 있는지를 검정하기 위하여 장기성과 사건연구방법을 적용하여 분석하고 있다. 여기서는 고봉찬 외(2018)가 액면분할을 시행한 기업 주가의 장기성과를 측정하기 위해 선택한 사건연구의 설계 내용을 선택 영역별로 구체적으로 살펴보도록 한다.

- 수익률 자료 - FnGuide database가 제공하는 액면분할 기업의 월별 주식수익률 자료를 사용하고 있다.

- 사건월의 확정과 사건기간의 설정 - 이 연구에서 사건일은 액면분할을 최초로 공시한 공시일로 정의하고 있다. 따라서, 장기성과 연구에는 최초 공시일이 속한 월을 사건월로 정의하고, 사건월의 이전 3개월부터 이후 36개월, 즉 (-3: +36)을 사건기간으로 설정하고 있다.

- 표본의 크기 - 고봉찬 외(2018)는 한국거래소에서 2000년 1월부터 2015년 5월까지 총 185개월 동안 유가증권시장과 코스닥시장에 상장된 모든 보통주식의 액면분할 공시자료를 상장공시시스템(kind.krx.co.kr)에서 수집하였다. 해당 기업의 재무제표 자료와 시장정보 등은 FnGuide database와 제로인 DB에서 추출하였는데, 재무제표 정보나 주식시장 정보가 없는 기업들은 제외하고, 적어도 1년 이상의 주식시장 정보가 존재하는 총 635개 기업의 698건의 액면분할 표본을 구축하였다. 그런데, 장기성과를 측정하는 사건연구에서는 전체 698개 표본 중에서 특정 기업에 대한 사건기간이 겹치지 않는 651개 표

본을 최종 분석 대상으로 선정하였다. 이로써 장기성과 연구에 통계적 오류를 최소화할 수 있는 최소 200개 이상의 표본을 확보하였다.

- 장기성과 측정모형의 선택 - 이 연구에서 고봉찬 외(2018)는 정형찬·박경희(1999)와 마찬가지로 사건이 실제로 발생한 달력 시점이 아닌 사건 시점을 중심으로 포트폴리오를 구성하고 적정한 수익률 벤치마크와 비교하여 초과수익률을 측정하는 사건-시점 포트폴리오 접근법을 활용하고 있다. 그리고, 정상수익률을 추정하기 위한 벤치마크로서는 CAPM과 Fama-French 3요인 모형 등의 자산가격결정모형과 시장지수 혹은 표본기업과 기업 특성, 즉 기업규모, 장부가-시장가 비율, 및 과거 보유수익률 등이 유사한 기업들을 다수 선정하여 구성한 기준포트폴리오(reference portfolios) 등 크게 두 유형의 벤치마크를 사용하고 있다. 그리고, 각 벤치마크 유형별로 구체적으로 어떤 자산가격결정모형과 어떤 기준포트폴리오를 사용하느냐에 따라 다음 네 가지 서로 다른 방법을 적용하여 초과수익률을 계산하고 있다. 즉 시장지수 수익률을 차감한 시장조정수익률 초과수익률, 27개 벤치마크 포트폴리오 수익률을 차감한 벤치마크조정 초과수익률, 사건일 이전 -39개월부터 -4개월까지의 월별 수익률 자료로 추정한 CAPM과 Fama-French 3-요인 모형의 기대수익률을 차감한 위험조정 초과수익률(risk-adjusted abnormal return)을 측정하였다. 기준포트폴리오로 사용하고 있는 시장지수로는 유가증권시장에 상장된 주식에 대해서는 KOSPI지수 수익률을, 코스닥시장 주식에 대해서는 KOSDAQ지수 수익률을 각각 사용하고 있다. 그런데, 초과수익률 측정에서는 BHAR이 아닌 CAR를 사용하고 있다. 고봉찬 외(2018)는 이에 대해 "장기성과 측정에서 CAR는 과대평가 가능성이 있어서 BHAR을 사용하는 것이 보다 적절하겠지만, 단기 사건연구 분석결과와의 일관성과 비교가능성을 위해서 CAR를 사용한 점은 본 연구의 한계"라고 언급하고 있다(p. 219).

- 유의성 검정방법의 선택 - 장기성과가 존재하지 않는다는 귀무가설, 즉 "표본평균 누적초과수익률은 0이다"라는 귀무가설에 대한 유의성 검정에는 전통적 t 검정법을 사용하고 있다.

〈표 A5.1〉 한국증권시장에서의 장기성과에 관한 기존 연구의 요약

아래 표는 한국증권시장에서 합병, 증권발행, 자사주 취득 등 기업의 주요 의사결정 이후의 장기성과를 분석한 최근 연구를 요약한 것이다.[1]

저 자	사건 유형	장기성과 측정모형		초과수익률(%)	
		계산방법	수익률 벤치마크	12개월	36개월
윤평식(1999)	유상증자	CAR	토빈의 q/규모 기준포트폴리오	-5.92*	14.71**
		BHAR	시장지수: EWI	4.96	-31.86**
			시장지수: KOSPI	-0.94	2.26
			토빈의 q/규모 기준포트폴리오	-8.48**	-39.81**
정형찬·박경희 (1999)	합병	CAR	시장지수: EWI	-4.16	-1.47
		BHAR	업종/규모/장부가-시장가 통제기업	-6.04	-4.04
고병찬·박래수 (2000)	유상증자	CAR	시장지수: KOSPI		15.28**
			규모 기준포트폴리오		-11.51**
			규모/장부가-시장가 기준포트폴리오		-9.98**
		BHAR	시장지수: KOSPI		5.37**
			규모 기준포트폴리오		-20.31**
			규모/장부가-시장가 기준포트폴리오		-17.34**
김병기·공명재 (2000)	유상증자	CAR	시장지수: EWI	-8.54**	-4.26
			시장지수: KOSPI	-1.38	20.15**
		BHAR	시장지수: EWI	-14.07**	-25.18**
			시장지수: KOSPI	-5.66**	8.04
			규모/장부가-시장가 통제기업	-8.86**	-27.66**
김영규·김영혜 (2000)	최초공모	CAR	시장지수: KOSPI	8.39	20.13*
		BHAR	업종/규모/장부가-시장가 통제기업	1.03	-3.76

연구	사건	측정치	벤치마크			
최문수 · 허형주 (2000)	최초공모	CAR	시장지수: KOSPI		18.99**	57.58**
			규모/장부가-시장가 기준포트폴리오		2.31	-8.69
			Fama-French 3-요인 모형		-3.72	-19.44
		BHAR	시장지수: KOSPI		16.99**	35.99**
			규모/장부가-시장가 기준포트폴리오		0.65	-7.17
김석진 · 변현수 (2002)	분리공모	CAR	시장지수: KOSPI		2.36	6.27
			규모/장부가-시장가 통제기업		3.09	-9.85
		BHAR	시장지수: KOSPI		0.34	1.47
			규모/장부가-시장가 통제기업		2.15	-7.08
설원식 · 김수정 (2003)	경영자 주식옵션	CAR	시장지수: KOSPI		12.58	31.06
			장부가-시장가 통제기업		36.16*	25.26
			규모/장부가-시장가 통제기업		11.85	-16.06
		BHAR	시장지수: KOSPI		58.00	-6.10
			장부가-시장가 통제기업		77.60	24.6
			규모/장부가-시장가 통제기업		61.60	-29.40
정무권(2003)	전환사채 발행	CAR	규모/장부가-시장가 통제기업			-18.88
			Fama-French 3-요인 모형	EW		-31.76*
				VV		-4.32
정성창·이용교 (2003)	자사주 취득	CAR	시장지수: EWI		18.01**	23.19**
			시장지수: KOSPI		6.25*	9.64*
			Fama-French 3-요인 모형	EW		-41.76
		BHAR	시장지수: EWI		11.19**	-13.25**
			시장지수: KOSPI		-4.21	-15.74**
김지수 · 조정일 (2005)	분리설립	CAR	시장지수: KOSPI		24.36	57.64*
			업종/규모/장부가-시장가 통제기업		15.90	40.06
		BHAR	시장지수: KOSPI		22.40	41.63*
			업종/규모/장부가-시장가 통제기업		12.46	32.35

Notes: *와 **는 각각 유의수준 5%와 1%의 양측 검정에서 유의함을 의미함.

주 1) 정형찬, 2007, pp. 277-278, Table A1에서 인용.

〈표 A5.2〉 한국증권시장에서의 12개월과 60개월간 CAR의 횡단면 분포 특성

아래 표는 초과수익률이 발생하지 않았을 때 한국증권시장에서 무작위로 추출한 200개의 주식으로 구성된 1,000개 표본을 이용하여 추정한 CAR의 횡단면 분포 특성을 나타낸 것이다. 〈패널 A〉는 1,000개 표본의 12개월간 표본평균 CAR의 횡단면 분포 특성을 나타낸 것이며, 〈패널 B〉는 1,000개 표본의 60개월간 표본평균 CAR의 분포 특성을 장기 성과 측정모형 별로 제시한 것이다.[2]

벤치마크 유형	수익률 벤치마크	평균 (%)	표준편차 (%)	t값	왜도	첨도	J-B 통계량[1]
	〈패널 A〉 12개월 표본평균 CAR의 분포 특성						
자산가격 결정모형	시장조정모형(EWI)	-5.0	3.5	-44.4**	0.19	3.25	8.8*
	시장조정모형(KOSPI)	4.7	3.7	40.0**	0.13	3.14	3.5
	시장모형	-7.0	4.8	-45.9**	0.17	3.09	5.0
기준 포트폴리오	규모	-3.2	3.5	-28.9**	0.20	3.29	10.2**
	장부가-시장가	-4.0	3.7	-34.0**	0.19	3.21	7.8*
	규모/장부가-시장가	-5.1	3.8	-41.9**	0.16	3.18	5.6
	장부가-시장가/규모	-4.2	3.8	-35.5**	0.15	3.10	4.1
통제기업	규모	-1.5	4.7	-10.0**	-0.01	3.13	0.7
	장부가-시장가	-3.1	4.6	-21.5**	-0.05	3.11	0.9
	규모/장부가-시장가	-4.3	4.3	-31.6**	0.09	2.94	1.5
	장부가-시장가/규모	-0.2	4.5	-1.3	0.07	2.72	4.1
Fama-French 3-요인 모형	가치가중(VW)	6.6	5.1	41.1**	0.03	2.87	0.8
	동일가중(EW)	13.2	4.2	99.5**	0.13	2.80	4.3
	〈패널 B〉 60개월 표본평균 CAR의 분포 특성						
자산가격 결정모형	시장조정모형(EWI)	-21.7	7.0	-97.5**	0.02	3.16	1.1
	시장조정모형(KOSPI)	33.8	7.2	148.5**	0.03	3.16	1.2
	시장모형	-24.8	14.4	-54.5**	-0.01	3.03	0.1
기준 포트폴리오	규모	-10.9	7.3	-46.9**	0.07	3.13	1.5
	장부가-시장가	-11.9	8.7	-43.3**	-0.04	3.13	1.0
	규모/장부가-시장가	-17.5	9.3	-59.2**	-0.01	3.07	0.2
	장부가-시장가/규모	-14.0	9.1	-48.7**	-0.01	3.09	0.4
통제기업	규모	-3.1	9.3	-10.6**	-0.04	2.82	1.5
	장부가-시장가	0.1	9.0	0.2	-0.08	2.96	1.1
	규모/장부가-시장가	-7.9	8.6	-29.2**	0.01	3.09	0.4
	장부가-시장가/규모	-0.8	8.7	-3.0**	-0.02	3.07	0.2
Fama-French 3-요인 모형	가치가중(VW)	43.9	20.0	69.4**	-0.05	2.37	16.8**
	동일가중(EW)	77.2	9.5	256.9**	0.05	2.99	0.5

Notes: *와 **는 각각 유의수준 5%와 1%의 양측 검정에서 유의함을 의미함.

주 1) J-B는 Jarque-Bera 검정통계량을 의미함. 2) 정형찬, 2007, p. 279, Table A2에서 인용.

⟨표 A5.3⟩ 한국증권시장에서의 12개월과 60개월간 BHAR의 횡단면 분포 특성

아래 표는 초과수익률이 발생하지 않았을 때 한국증권시장에서 무작위로 추출한 200개의 주식으로 구성된 1,000개 표본을 이용하여 추정한 BHAR의 횡단면 분포 특성을 나타낸 것이다. ⟨패널 A⟩는 1,000개 표본의 12개월간 표본평균 BHAR의 횡단면 분포 특성을 나타낸 것이며, ⟨패널 B⟩는 1,000개 표본의 60개월간 표본평균 BHAR의 분포 특성을 장기성과 측정모형별로 제시한 것이다.[2]

벤치마크 유형	수익률 벤치마크	평균 (%)	표준편차 (%)	t값	왜도	첨도	J-B 통계량[1]
⟨패널 A⟩ 12개월 표본평균 BHAR의 분포 특성							
자산가격 결정모형	시장조정모형(EWI)	-10.6	5.6	-59.5**	0.50	3.93	＞10.0**
	시장조정모형(KOSPI)	4.2	5.5	24.3**	0.64	3.99	＞10.0**
	시장모형	-11.3	7.2	-49.6**	0.29	3.36	＞10.0**
기준 포트폴리오	규모	-6.0	5.3	-35.8**	0.68	4.07	＞10.0**
	장부가-시장가	-7.4	5.5	-42.2**	0.64	3.94	＞10.0**
	규모/장부가-시장가	-8.4	5.7	-46.8**	0.58	3.70	＞10.0**
	장부가-시장가/규모	-8.1	5.7	-44.9**	0.59	3.73	＞10.0**
통제기업	규모	-1.5	7.1	-6.6**	0.12	3.30	6.4*
	장부가-시장가	-0.2	6.2	-0.8	0.40	3.57	＞10.0**
	규모/장부가-시장가	-3.3	5.7	-18.0**	0.36	3.68	＞10.0**
	장부가-시장가/규모	0.7	6.8	3.3**	0.32	3.57	＞10.0**
⟨패널 B⟩ 60개월 표본평균 BHAR의 분포 특성							
자산가격 결정모형	시장조정모형(EWI)	-90.5	14.1	-203.6**	-0.01	3.04	0.1
	시장조정모형(KOSPI)	15.2	12.6	38.2**	0.12	2.80	4.0
	시장모형	-394.1	82.1	-151.7**	-0.23	2.90	9.6**
기준 포트폴리오	규모	-71.2	13.5	-166.6**	0.01	2.91	0.3
	장부가-시장가	-111.9	20.7	-170.5**	-0.16	3.04	4.2
	규모/장부가-시장가	-145.9	33.6	-137.1**	-0.41	3.38	34.2**
	장부가-시장가/규모	-120.2	22.9	-165.7**	-0.15	3.00	4.0
통제기업	규모	-7.0	17.4	-12.8**	-0.02	2.98	0.1
	장부가-시장가	13.1	15.1	27.6**	-0.01	3.04	0.1
	규모/장부가-시장가	-1.0	15.7	-2.0*	-0.09	3.26	4.2
	장부가-시장가/규모	1.3	15.3	2.7**	-0.18	3.16	6.3*

Notes: *와 **는 각각 유의수준 5%와 1%의 양측 검정에서 유의함을 의미함.

주 1) J-B는 Jarque-Bera 검정통계량을 의미함. 2) 정형찬, 2007, p. 280, Table A3에서 인용.

〈표 A5.4〉 비임의표본의 표본의 크기에 따른 BHAR의 기술 통계치

아래 표는 비임의표본(nonrandom samples)을 대상으로 추정한 36개월간 BHAR의 횡단면 분포 특성에 관한 기술통계치를 제시한 것이다. 비임의표본으로는 기업규모와 관련된 비임의표본(소기업 표본과 대기업 표본)과 장부가-시장가 비율과 관련된 비임의표본(고(高)장부가-시장가 비율 표본과 저(低)장부가-시장가 비율 표본)을 각각 사용한다. 〈패널 A〉는 200개의 주식으로 구성된 전체 1,000개 임의표본의 200,000(=1,000×200)개 개별주식의 36개월 BHAR에 대한 기술통계치를 나타낸 것이며, 〈패널 B〉는 1,000개 표본의 표본평균 BHAR의 기술통계치를 장기성과 측정모형별로 제시한 것이다. 또한, 표본의 크기가 BHAR의 분포 특성에 미치는 영향을 살펴보기 위해 표본의 크기가 각각 50개와 100개인 1,000개의 비임의표본에서 추정한 BHAR의 기술통계치도 함께 제시한다. 장기성과 측정을 위한 벤치마크로는 장부가-시장가/규모 통제기업(BSCF) 모형을 사용한다.[1]

벤치마크	표본의 유형	표본의 크기	평균	중간값	표준편차	왜도	첨도	Jarque-Bera 통계량
〈패널 A〉 개별주식의 36개월 BHAR의 분포 특성								
장부가-시장가/규모 통제기업	소기업 표본	50	0.068**	0.005	2.022	0.848**	17.264**	4.29×10^5**
		100	0.060**	0.011**	2.035	0.706**	16.423**	7.59×10^5**
		200	0.067**	0.014**	2.026	0.746**	16.665**	1.57×10^5**
	대기업 표본	50	0.025**	0.006	1.381	0.173**	15.517**	3.26×10^5**
		100	0.030**	0.008**	1.377	0.081**	14.939**	5.94×10^5**
		200	0.023**	0.005**	1.357	0.146**	15.165**	1.23×10^6**
	高장부가-시장가 표본	50	0.054**	0.033**	1.954	0.167**	16.929**	4.04×10^5**
		100	0.052**	0.033**	2.001	0.135**	16.535**	7.63×10^5**
		200	0.050**	0.033**	1.994	0.034**	16.730**	1.57×10^6**
	低장부가-시장가 표본	50	-0.012	-0.012**	1.388	0.362**	20.180**	6.15×10^5**
		100	-0.015**	-0.010**	1.370	-0.079**	21.380**	1.40×10^6**
		200	-0.020**	-0.010**	1.363	-0.092**	20.601**	2.58×10^6**
〈패널 B〉 표본평균 36개월 BHAR의 분포 특성								
장부가-시장가/규모 통제기업	소기업 표본	50	0.068**	0.056**	0.319	0.204**	3.261	9.789**
		100	0.060**	0.048**	0.250	0.171*	3.349*	9.934**
		200	0.067**	0.071**	0.144	0.003	3.040	0.069
	대기업 표본	50	0.025**	0.028**	0.215	-0.196*	3.610**	21.907**
		100	0.030**	0.033**	0.167	-0.129	3.779**	28.054**
		200	0.023**	0.026**	0.096	0.034	2.944	0.324

장부가-시장가/규모 통제기업	高장부가-시장가 표본	50	0.054**	0.048**	0.302	0.055	3.298	4.216
		100	0.052**	0.051**	0.238	-0.024	3.344*	5.037
		200	0.050**	0.051**	0.138	-0.060	2.858	1.432
	低장부가-시장가 표본	50	-0.012	-0.006	0.221	0.153*	3.619**	19.901**
		100	-0.015**	-0.014*	0.167	-0.036	3.455**	8.850*
		200	-0.020**	-0.019**	0.097	-0.042	2.886	0.830

Note: *와 **는 각각 5% and 1% 유의수준하의 양측 검정에서 유의함을 의미함.

주 1) 정형찬, 2008, p. 811, Table A.1을 인용.

6
사건연구의 응용 분야

    FFJR(1969)이 뉴욕증권거래소에서 주식분할 공시의 정보효과에 대한 분석을 통해 효율시 장가설을 증명하는 데 사건연구를 사용한 이래로, 사건연구는 현재 재무학과 회계학 분야의 실증연구에서 가장 많이 사용되고 있는 연구방법 중 하나로 자리 잡게 되었다. 사건연구는 최 근까지 재무학과 회계학 분야에서 그 이용 빈도가 감소하지 않고 있을 뿐만 아니라, 오히려 경 제학, 법학 및 환경정책 분야에 이르기까지 그 적용 영역을 확장해 나가고 있다.

    사건연구에 관한 법학 분야에 있어서의 변화는 미국 연방대법원이 내부자 거래 소송에서 정보의 중대성(materiality)을 결정하거나, 증권 거래와 관련된 사기(fraud) 사건에서 부당이 득의 적정 반환액을 결정하는 데 사건연구방법를 암묵적으로 받아들이고 있다는 사실이다. 그리고, 기업과 정부 규제 기관, 의회와 같은 정책입안자, 일반 대중 등이 환경 위험과 오염지 역의 복원 비용 등에 대해 지대한 관심을 보임에 따라 주요한 환경 관련 법안들이 미국을 비 롯한 선진국에서 1980년 이후 지속적으로 제정되고 있다. 이에 따라, 학계에서는 환경 법안의 제정이 관련 기업의 주가에 어떠한 영향을 미치는지에 대한 연구가 수행되기 시작했으며, 이 러한 연구에서도 사건연구를 활용하고 있다. 이 장에서는 사건연구가 증권거래와 관련된 손 해배상 소송이나 환경정책 분야에서 실제로 어떻게 활용되고 있는지를 미국의 사례를 중심으 로 간략하게 소개하도록 한다.

6.1 증권거래와 관련된 손해배상 소송

미국증권시장에서 증권거래를 규제하는 주요 법률로는 1933년의 증권거래법(the Securites Acts of 1933), 1934년의 증권거래소법(the Securities Exchange Act of 1934)과 1995년의 증권민사소송 개혁법(the Private Securities Litigation Reform Act of 1995) 등을 들 수 있다. 이러한 미국의 연방증권법은 기본적으로 투자자들이 충분한 정보를 가지고 증권 매매에 참여할 수 있도록 함으로써 투자자를 보호하며 또 다른 한편으로는 소송의 남용으로부터 증권발행자를 보호하는 역할을 하고 있다. 연방증권법의 투자자 보호 조항에 의해 투자자들이 증권의 매매에서 상대방의 위법 행위로부터 부당한 손실을 입게 되었을 때 이에 대한 손해배상 청구를 할 수 있다.

만약 투자자들이 어떤 특정 기업의 부실 공시로부터 큰 경제적 손실을 입었다고 생각하여 해당 기업을 상대로 손해배상 청구소송을 제기한다면, 이 소송에서 경제 전문가는 다음 두 가지 의문에 대한 해답을 제공하기 위해 사건연구방법을 활용해야 한다.

1. 해당 기업의 정보 공시가 증권 가치의 변화를 가져오게 한 직접적인 원인이 될 수 있는가? (사건의 중대성)
2. 만약 새로운 정보의 공시가 증권 가치를 변화시킨 직접적인 요인이라고 한다면, 다른 요인들의 영향을 배제한 후 그 정보의 공시가 순수하게 영향을 미친 가격 변화의 방향과 크기는 얼마인가? (사건의 규모)

6.1.1 사건의 중대성과 손실 규모의 확인을 위한 사건연구

실제로 미국 법원에서는 소송 내용과 부합되는 사건연구에 기초를 둔 증언은 받아들이고 있으나, 논거가 약한 사건연구에 기초를 둔 증언은 받아들이지 않고 있다. 사건연구는 손해배상 소송의 원인이 되고 있는 어떤 사건의 중대성을 규명하는 데 유용한 증거를 제공할 수 있다. 주요 사건은 증권 가치에 영향을 줄 수 있을 만큼 중요하다는 것은 모든 사람이 동의할 수 있지만, 이것은 그 사건의 중대성을 어떤 방법으로 측정할 것인지에 대한 의문을 제기한다. 불명확한 기준은 사건마다 달라지는 주관적 결정 요인을 요구한다. 예를 들면, 어떤 사실 심사관(trier of fact)이 합리적인 투자자라면 무엇을 중요하다고 생각하는지를 어떻게 확인할 수 있을 것인가? 사건의 중대성을 판단할 수 있는 전문가로서 장기투자자를 활용할 수도 있으나, 이것 또한 사건마다 달라질 수 있는 어느 정도의 주관적 판단이 개입하게 만든다. 대신에, 사건연구와 같은 재무학의 기법은 주가 움직임이 어떤 특정한 사건에 대한 정보로부터 발생한 것이 아니라 우연히 발생할 확률로서 사건의 중대성을 측정하는 과학적이며 객관적인 방법을 제공해 준다. 경제 전문가는 사건연구를 활용하여 다양한 소송이나 사건에 공통적으로 적용할 수 있는 방법으로 사건의 중대성을 측정할 수 있다.

사건의 중대성을 확인하는 데 있어서, 통계적 검정은 주가 움직임이 단지 우연에 의해서 발생하였을 가능성에 대한 정보를 제공해 줄 수 있다. 공식적으로, 사건연구에 기초한 중대성 검정은 다음과 같은 의문에 대한 통계적 해답을 제공해 준다: "특정 사건기간 중에 주가에 영향을 미칠 만한 어떠한 사건도 발생하지 않았을 때 관찰된 주가 움직임이 해당 사건기간 중에 실제로 발생할 가능성은 얼마나 되는가?" 예를 들어, 어떤 사건이 유의수준 5%하에서 주가에 유의한 영향을 미칠 만큼 중요한 것으로 판정되었다면, 이것은 해당 주식의 정상적인 임의의 주가 변동(random price fluctuation)이 그러한 초과수익률을 발생시킬 수 있는 확률은 단지 5%에 지나지 않는다는 것을 의미한다. 달리 설명하면, 만약 주가 움직임이 충분히 크다면 (과학적이고 통계학적인 정의를 사용하여 정의된) 사건기간 중에 관찰된 실제 초과수익률의 크기는 해당 주식의 정상적인 임의의 주가 변동을 근거로 할 때 예상할 수 있는 초과수익률을 능가하는 것임을 우리는 95% 신뢰수준에서 확신한다고 말할 수 있다.

미국 법원은 아직까지 중대성의 법적 정의에 해당하는 통계적 유의수준이 얼마가 되어야 하는지에 대해서는 명확히 규정하지 않고 있다. 많은 학술 연구에서와 마찬가지로, 법원은 통계적 유의성에 대한 기준으로서 통상적으로 5%의 유의수준, 즉 95%의 신뢰수준을 사용하고 있으나, 때로는 10%, 1%의 유의수준도 인정하고 있다. 민사(혹은 형사) 소송에서 통계적 신뢰수준이 입증 책임과 어떻게 연관되어 있는지에 대한 명확한 판례법이 존재하지 않지만, 법원은 중대성의 정도를 계량화하고, 그것을 다른 사례와 비교하고, 경제학 문헌으로부터 도입한 전문적 기준을 사용하여 이를 평가하는 데 사건연구를 사용할 수 있다.

한편, 경제 전문가들은 손해배상액을 계산하기 위한 기초 자료로서 어떤 주식의 가격 움직임의 크기를 측정하는 데에도 사건연구를 사용할 수 있다. 예를 들어, 앞에서 논의한 바와 같이, 주당 가격 변동을 측정하기 위해 전체 시장의 영향, 산업의 영향 및 다른 기업 고유의 영향 등을 고려한 후 어떤 정보의 공시 시점에서의 주가 움직임을 측정한다. 결과적으로, 경제 전문가들은 증권과 관련된 사기 사건에서 손해배상액을 산정하기 위해 사건연구를 자주 사용하고 있다(Crew et al., 2007, pp. 10-12).

6.1.2 사건의 규모를 측정하기 위한 사건연구

기존의 전통적인 사건연구는 인수합병, 증권 발행, 자사주 취득 등과 같은 특정 사건을 경험한 다수의 기업들로 구성된 대표본(large sample)을 이용하여 표본평균 초과수익률을 측정하고, 이것의 통계적 유의성을 검정하는 방법으로 해당 사건의 중대성을 판단한다. 이에 반해, 법원이 손해배상 소송 등에서 사용하고 있는 사건연구는 대규모 표본을 이용하는 기존의 전통적인 사건연구와는 방법론에서 약간의 차이가 있다. 왜냐하면, 손해배상 소송에서의 사건연구는 대개의 경우 당해 소송과 관련된 하나의 특정 기업을 대상으로 수행하기 때문이다. 따라서, 여기서는 손해배상 소송에서와 같이 개별기업을 대상으로 한 사건연구에서 초과수익률의 측정과 통계적 유의성 검정방법 등에 대해 간략하게 설명한다.

개별기업을 대상으로 한 사건연구에서 주로 사용하는 성과측정 모형은 식 (6.1)에서 정의하고 있는 시장모형이다. 〈4. 단기성과 측정을 위한 사건연구〉에서 이미 설명한 바와 같이, 시장모형은 특정 기업 j의 주식수익률 R_{jt}와 시장지수 수익률 와의 관계를 선형으로 표시한 통계적 모형이다.

$$R_{jt} = \alpha_j + \beta_j R_{mt} + \epsilon_{jt} \tag{6.1}$$

$$E[\epsilon_{jt}] = 0 \qquad\qquad Var[\epsilon_{jt}] = \sigma^2_j$$

식 (6.1)에서 $\alpha_j, \beta_j, \sigma_j$는 각각 개별주식 j의 시장모형의 절편과 기울기의 회귀계수, 오차항의 표준편차 등을 의미한다. 연구자에 따라서는, 다음 식 (6.2)에 제시한 바와 같이, 벤치마크로서 시장지수 수익률 이외에 산업지수 수익률 R_{It}를 추가로 포함시키는 방식으로 단일-요인 모형(single-factor model)을 확장하여 기대수익률을 측정하기도 한다.

$$R_{jt} = \alpha_j + \beta_{mj} R_{mt} + \beta_{Ij} R_{It} + \epsilon_{jt} \qquad (6.2)$$

여기서, β_{mj}, β_{Ij}는 각각 개별주식 j의 시장지수와 산업지수의 회귀계수를 의미한다.

당해 소송과 관련된 특정 정보가 공시된 사건일에서의 초과수익률은, 다음 식 (6.3)에서 정의한 바와 같이, OLS 기법에 의해 추정한 회귀계수를 이용하여 개별기업 j의 기대수익률을 측정하고, 개별기업 j의 실제 주식수익률에서 이를 차감하는 방법으로 측정한다. 즉, 식 (6.3)은 초과수익률을 예측 오차(prediction error)로서 측정한 것으로 볼 수 있다.

$$AR_{j0} = R_{j0} - [\hat{\alpha}_j + \hat{\beta}_j R_{m0}] \qquad (6.3)$$

여기서, $\hat{\alpha}_j, \hat{\beta}_j$는 추정기간 중 OLS 기법에 의해 추정한 회귀계수를 의미한다.

시장모형을 사용하여 사건연구의 검정력을 높일 수 있는 효과는 OLS 회귀분석의 결정계수인 R^2에 달려 있다. 결정계수인 R^2가 높을 경우 초과수익률 분산의 감소분이 커지고 표본기업의 기대수익률을 더욱 정교하게 예측할 수 있게 됨으로써 초과수익률을 보다 정확하게 측정할 수 있게 된다(Campbell et al., 1997, p. 155).

그리고, 사건의 중대성을 확인하기 위해서는 사건일 '0'에서의 초과수익률이 통계적으로 유의한지를 검정해야 한다. 앞의 제4장에서 설명한 바와 같이 대규모 표본을 사용하는 전통적 사건연구에서의 통계적 검정은 일반적으로 개별기업이 아닌 표본의 평균 초과수익률이 통계적으로 0과 다른지의 여부를 통계적 유의성 검정을 통해 밝히게 된다. 이에 반해, 증권의 매매와 관련된 손해배상 소송에서는 당해 소송과 관련된 증권을 발행한 특정 기업의 초과수익률이 통계적으로 0과 다른지의 여부를 검정함으로써 사건의 중대성(materiality)을 확인할 수 있다. 따라서, 여기서는 개별주식 초과수익률의 유의성을 검정하기 위한 통계적 검정방법으로 Ruback(1983)이 "The Cities Service Takeover"에 대한 사례연구에서 사용한 검정방법을 활용한다(p. 323).

특정 정보가 공시된 사건일에서 개별기업 j의 초과수익률 AR_{j0}에 대한 통계적 유의성 검정을 위한 t 통계량은 다음 식 (6.4)에서와 같이 정의한다.

$$t = \frac{AR_{j0}}{\sqrt{Var(AR_{j0})}} \qquad (6.4)$$

여기서, AR_{j0} = 개별기업 j의 사건일 0에서의 초과수익률

$Var(AR_{j0})$ = 초과수익률 AR_{j0}의 분산

예측 오차로서의 초과수익률 AR_{j0}의 분산 $Var(AR_{j0})$는 OLS 계수 추정기간 중의 오차항의 분산인 σ^2_j을 다음 식 (6.5)와 같이 조정하여 구한다.

$$Var(AR_{j0}) = \sigma^2_j \left[1 + \frac{1}{T} + \frac{(R_{m0} - \overline{R}_m)^2}{(T-1)Var(R_m)} \right] \qquad (6.5)$$

여기서, σ^2_j = 계수 추정기간 중의 오차항의 분산

T = 개별주식 j의 추정기간 일수

$\overline{R}_m$ = 추정기간에서의 시장수익률의 평균

$Var(R_m)$ = 추정기간에서의 시장수익률의 분산

6.2 환경정책의 변화와 관련 기업의 경영성과

환경 이슈는 이제 선진국과 후진국 모두에게 중요한 정책 분야로서 부상하고 있으며, 특히 환경에 민감한 제품, 예를 들어 화학제품을 생산 판매하는 기업에게는 환경은 경영전략에 있

어서 핵심적인 고려 요인이 되고 있다. 환경 위험과 오염지역의 복원 비용은 기업뿐만 아니라 정부의 환경관련 규제 기관, 입법부의 정책입안자, 일반 대중 등도 지대한 관심을 보임에 따라 미국을 비롯한 선진국에서는 기업에게 엄청난 비용을 부담하게 하는 환경 법안들이 1980년 이후 지속적으로 제정되고 있다. 각국의 환경 정책이 획기적으로 변화함에 따라, 학계에서는 환경 법안의 제정이 관련 기업의 경영성과에 어떠한 영향을 미치는지에 대한 연구가 수행되기 시작했다.

이러한 연구에서 주로 사용한 연구방법으로 초기에는 Barth and McNichols(1994)의 대차대조표 가치모형(balance sheet valuation model)을 주로 사용하였으나, 이 모형은 잠재적인 설정오류가 존재한다는 Holthausen(1994)의 주장에 따라 대체적인 연구방법으로 사건연구가 활용되고 있다. 여기서는 환경정책의 변화가 기업 경영에 미치는 영향을 다루는 연구 분야에서 사건연구가 어떻게 활용되고 있는지를 Blacconiere and Northcut(1997)의 연구를 통해 살펴보도록 한다.

6.2.1 환경 법안의 제정이 관련 기업 주가에 미치는 영향

Blacconiere and Northcut(1997)은 미국에서 1980년대 이후 제정된 주요 환경 관련 법안의 제정이 화학제품을 주로 생산하는 기업의 주가에 미치는 영향을 분석하고 있다. 미국의 대표적인 환경 법안으로는 "Superfund"로 불리는 "Comprehensive Environmental Response, Compensation and Liability Act of 1980"와 이를 1986년에 개정한 "Superfund Amendment and Reauthorization Act"(이후 "SARA"라 칭함) 등을 들 수 있다. 개정된 SARA는 Superfund의 기금 규모를 확대하고, 화학제품을 생산하는 기업에 대한 세금을 증액하였다. 또한, 환경에 유해한 물질을 배출하는 기업에 대해서는 강제적인 정보공시 의무를 확대하고 있다. 결과적으로, SARA는 화학제품을 생산하는 기업의 규제 비용을 증가시키고 해당 기업의 주가에 부정적인 영향을 가져올 것으로 예상되었다. Blacconiere and Northcut(1997)은 이를 실증적으로 밝히기 위해, SARA가 제정되기까지의 과정에서 발생한 주요 입법 사건들이 미국의 72개의 화학기업의 주가에 미치는 영향을 사건연구방법을 활용하여 측정하고자 하였다.

Blacconiere and Northcut(1997)은 사건연구에서 일별 초과수익률을 측정하기 위해 다음 식 (6.6)과 같은 시장모형을 사용하고 있다.

$$R_{pt} = \alpha_p + \beta_p R_{mt} + \sum_{t=1}^{n} \gamma_{pt} D_t + \epsilon_{pt} \tag{6.6}$$

여기서, R_{pt} = 사건일 t에서의 화학기업 포트폴리오의 실제 수익률

R_{mt} = 사건일 t에서의 시장지수 수익률

α_p, β_p = 화학기업 포트폴리오의 절편과 기울기의 회귀계수

D_t = 사건일이면 1, 그렇지 않은 경우에는 0인 더미변수

γ_{pt} = 사건일 t에서의 초과수익률

n = 사건기간의 일수

ϵ_{pt} = 오차항

72개 표본기업은 모두 화학산업이라는 동일한 산업에 속하고 있으며, 표본을 구성하는 개별기업의 사건일도 모두 동일한 달력일 집중 현상이 발생하기 때문에 개별주식별로 추정한 초과수익률 간에는 횡단면 상관관계가 존재할 가능성이 매우 크다. 따라서, 위의 식 (6.6)에서는 시장모형의 종속변수로서 개별주식의 실제 수익률 대신에 포트폴리오 수익률을 사용하고 있다. Blacconiere and Northcut(1997)은 사건연구 결과, SARA가 의회 입법 절차를 통과하여 법안으로 확정될 경우 화학제품을 주로 생산하는 기업들의 환경관련 비용을 증가시킬 것이라는 예상 때문에 SARA가 제정되기까지의 주요 입법 사건들이 72개의 화학기업의 주가에 미치는 영향은 부정적인 것으로 나타났다.

6.2.2 주가 반응의 결정 요인에 대한 횡단면 회귀분석

Blacconiere and Northcut(1997)은 SARA가 제정되기까지의 주요 입법 사건들에 대한 화학

기업의 주가 반응과 이들 기업이 공시한 환경 정보와의 관계에 대한 가설을 검정하기 위해 횡단면 회귀분석을 사용하고 있다. Blacconiere and Northcut(1997)이 사용한 회귀분석 모형을 제시하면 다음 식 (6.7)과 같다.

$$CAR_j = \delta_0 + \delta_1 EXTENT_j + \delta_2 COSTS_j + \delta_3 INDBETA_j$$
$$+ \delta_4 RATIO_j + \delta_5 LNSALES_j + \epsilon_j \qquad (6.7)$$

여기서, CAR_j = 기업 j의 누적초과수익률

$EXTENT_j$ = 기업 j의 환경 정보 등급

$COSTS_j$ = 기업 j의 미래 Superfund 비용에 대한 노출 수준

$INDBETA_j$ = 기업 j의 화학산업지수에 대한 베타

$RATIO_j$ = 기업 j의 전체 수익 중 화학제품 수익의 비율

$LNSALES_j$ = 기업 j의 매출액의 자연대수

ϵ_j = 오차항

주요 입법 사건들에 대한 화학기업의 주가 반응과 환경 정보와의 관계에 대한 다중 회귀분석 결과, 독립변수 중 $EXTENT_j$, $COSTS_j$, $INDBETA_j$ 등은 유의한 것으로 나타났으나, $RATIO_j$와 $LNSALES_j$ 등은 유의하지 않은 것으로 나타났다. 또한 $EXTENT_j$ 회귀계수의 부호는 양(+), $COSTS_j$, $INDBETA_j$의 부호는 음(-)으로 나타났다. 이러한 분석 결과는 미래 Superfund 비용에 대한 노출 수준이 높을수록, 화학산업지수에 대한 베타가 커 산업 전반의 움직임에 매우 민감하게 반응하는 기업일수록 주가의 부정적인 효과는 더 커진다는 것을 의미한다. 그리고, SARA와 같은 주요 환경법안이 제정되기 이전에 재무제표나 환경보호청(EPA) 등을 통해 기업의 환경 정보가 많이 공개될수록 주가의 부정적인 효과가 감소한다는 것을 뜻한다(Blacconiere and Northcut, 1997, pp. 169-172).

7

회계정보를 활용한 사건연구

7.1 회계정보를 활용한 사건연구의 정의와 필요성

    지금까지 설명한 바와 같이 전통적인 사건연구란 재무학이나 회계학 분야에서 배당, 유상증자, 기업합병 및 이익 공시 등의 개별기업의 주요 의사결정이 해당 기업의 주식가격에 미치는 영향을 주식 초과수익률의 추정과 검정을 통해 밝히려고 하는 실증연구 방법이다. 그런데, 주식수익률을 경영성과의 척도로 사용하고 있는 전통적인 사건연구와는 달리 재무상태표와 손익계산서 등의 회계 정보를 기반으로 측정한 총자산영업이익률(return on assets: ROA)이나 자기자본순이익률(return on equity: ROE) 등과 같은 회계 척도를 활용하여 증권발행이나 합병 등 특정 재무적 의사결정이 기업의 영업성과(operating performance)에 미치는 영향을 실증적으로 분석하려는 접근 방법도 Healy and Palepu(1988) 이후 다수의 연구자들에 의해 시도되고 있다(Healy et al., 1992; Loughran and Ritter, 1997; Ghosh, 2001; Powell and Stark, 2005; Jain and Kini, 2007; Lee and Johnson, 2009; Williams and Tang, 2009). 예를 들어, Williams and Tang(2009)은 초과 ROA의 추정과 검정을 통해 전환우선주와 전환사채의 사모 발행이 기업의 영업성과에 미치는 영향을 분석하고 있다. 이들의 분석 결과에 의하면, 전환우선주와 전환사채의 사모 발행전의 초과 ROA는 비유의적으로 나타난 반면에, 전환우선주 발행 기업의 경우 발행 연도에는 초과 ROA가 -2.17%, 발행 후 1년이 지난 기간에는 -2.09%

로 모두 5% 유의수준하에서 유의한 것으로 나타났다. 반면에, 전환사채의 경우는 발행 연도와 발행 이후 기간의 초과 ROA 모두 비유의적인 것으로 나타났다. Williams and Tang(2009)은 이러한 분석 결과가 Loughran and Ritter(1995, 1997)이 제안한 "기회의 창" 가설(windows-of-opportunity hypothesis)과 Myers and Majluf(1984)의 자본조달순위이론을 지지하는 것으로 해석하고 있다. 이와 같이, 주식의 초과수익률을 추정하는 전통적인 사건연구와는 달리 ROA나 ROE와 같은 회계 척도를 사용하여 초과영업성과를 측정하는 방식으로 특정 재무 의사결정이 기업의 경영성과에 미치는 영향을 판단하는 사건연구를 회계정보 기반 사건연구(accounting-based event study)로 정의한다.

미국 학계에서는 ROA나 ROE와 같은 회계적 척도를 활용한 사건연구에서 초과 ROA와 초과 ROE 등을 측정하는 모형의 설정오류와 검정력에 관한 방법론적 문제를 다루는 연구도 최근에 점차 늘어나고 있다(Healy et al., 1992; Barber and Lyon, 1996; Ghosh, 2001; Powell and Stark, 2005). 특히, 이 중에서 Barber and Lyon(1996)은 기대영업성과(expected operating performance)의 추정과 초과영업성과(abnormal operating performance)의 측정 및 유의성 검정에 관련된 방법론적 문제를 심도 있게 다루고 있다. 그들은 다양한 영업성과의 척도, 기대영업성과 추정모형 및 초과영업성과의 유의성 검정 방법 중에서 각기 어떤 것을 선택하고 또한 이들을 하나의 사건연구 절차로서 어떻게 결합하는 것이 설정오류를 최소화 하면서 검정력을 최대로 높일 수 있을 것인지를 분석하고 있다. Barber and Lyon(1996)은 Brown and Warner(1985)의 전통적인 시뮬레이션 기법을 활용하여, 개별기업의 특정 의사결정과 관련된 초과영업성과를 측정하고 검정하는 실증 연구를 설계하고자 하는 연구자들에게 선택 가능한 다양한 영업성과 측정 모형과 검정 방법 중에서 어떤 것을 선택하는 것이 가장 적합할지에 대해 유용한 지침을 제공하고 있다. 즉 Barber and Lyon(1996)은 1977년에서 1992년에 이르는 기간 중 미국 NYSE와 AMEX에 상장된 기업 중에서 Compustat 데이터베이스에서 회계 자료를 수집할 수 있는 30,000개의 기업-연도(firm-year) 표본을 사용하여 시뮬레이션을 수행하였으며, 시뮬레이션 분석 결과는 다음과 요약할 수 있다.

(a) 연구자들이 일반적으로 많이 사용하고 있는 연구방법들이 표본기업의 영업성과가 다른

기업들에 비해 월등히 뛰어나거나 혹은 극심하게 저조할 경우에 설정오류, 즉 초과영업
성과가 실제로 존재하지 않음에도 불구하고 "초과영업성과가 0이다"라는 귀무가설을 기
각하는 제1종 오류가 이론적 기각률보다 높게 나타났다.

(b) 이러한 표본 환경에서도 설정오류가 없는 연구방법은 사전(pre-event) 영업성과가 유사
한 통제기업(pre-event performance matched control firm)을 벤치마크로 사용하는 방
법이 유일한 것으로 나타났다.

(c) 초과영업성과에 대한 유의성 검정 방법으로는 Wilcoxon 부호-순위 검정법이 전통적 t-
검정법보다 뛰어난 검정력을 보이고 있다.

이와 같이, 미국 학계에서는 최근까지 주식수익률을 이용한 사건연구뿐만 아니라 ROA나
ROE와 같은 회계 척도를 기반으로 초과영업성과를 측정하는 사건연구를 활용한 실증 연구
와 연구방법론에 대한 논문이 꾸준히 발표되고 있다. 이에 반해, 우리나라에서는 회계 정보를
기반으로 한 사건연구를 실증 분석 기법으로 활용한 연구로는 윤평식(1999), 김병기, 공명재
(2000) 등에 국한되어 있다. 특히 한국증권시장을 대상으로 회계 척도를 사용하여 초과영업
성과를 측정하는 사건연구방법의 통계적 오류와 이를 최소화하는 기대영업성과 측정모형과
검정 방법 등에 대한 이론적 연구는 거의 찾아보기 힘들다.

주주 부의 극대화를 기업 목표로 추구하는 주주 중심의 지배구조하에서 경영성과를 주식수
익률에 의해 측정하는 것에 대해서는 이론의 여지가 없다. 그러나, 개별기업의 주식수익률은
9/11 테러에 의한 세계무역센터 폭발, 일본 후쿠시마 쓰나미, 북한 핵실험, 글로벌 금융위기나
최근의 COVID-19 바이러스에 의한 팬데믹 위기 등 경영자가 통제할 수 없는 비경제적 외부
요인들에 의해서도 크게 변동하는 특성을 가진다. 따라서, 주식수익률만으로 경영성과를 측
정하는 것은 연구방법론상의 한계를 극복하기가 쉽지 않다. 이러한 주식수익률의 단점을 보
완할 수 있는 영업성과 측정방법으로는 회계 정보를 이용하는 것이다. 실제로 우리나라 경영
자나 투자자들이 기업 현장이나 증권시장에서 주요한 의사결정을 수행할 때 이를 광범위하게
활용하고 있다. 그럼에도 불구하고, 증권발행, 배당정책, 합병 등 기업의 주요 의사결정이 경
영성과에 미치는 영향을 분석하는 데 주식수익률 정보에만 의존하고 회계 정보에 기반을 둔

사건연구방법을 활용하지 않는 것은 경영성과의 또 다른 주요한 측면을 놓치게 될 가능성을 배제할 수 없다. 따라서, 개별기업의 주요 재무적 의사결정이 경영성과에 미치는 영향을 효과적으로 측정하기 위해서는 주식수익률을 활용한 사건연구에만 그치지 말고, 그것이 갖는 결함을 보완할 수 있는 회계 척도를 이용한 사건연구도 병행해서 사용할 필요가 있다.

이러한 필요성에도 불구하고, 앞서 설명한 바와 같이, 한국증권시장에 상장된 상장기업의 회계 정보를 이용하여 초과영업성과를 측정하고 검정하는 사건연구방법의 통계적 오류와 검정력에 대한 이론적 연구는 거의 이루어지지 않고 있다. 따라서, 이 장에서는 먼저 기대영업성과를 추정하는 모형과 초과영업성과의 측정 및 통계적 유의성을 검정하는 방법 등을 살펴본다. 그리고, 연구자가 이들 중 특정 기대영업성과 추정 모형과 유의성 검정 방법을 선택했을 때 해당 사건연구방법이 갖는 통계적 오류와 실증적 검정력을 실제 한국 상장기업의 재무제표를 이용하여 Brown and Warner(1985)와 Barber and Lyon(1996) 형태의 시뮬레이션을 통해 분석하고자 한다. 최종적으로, 이 시뮬레이션 분석 결과를 바탕으로 한국증권시장에서 통계적으로 가장 신뢰할 수 있고 실증적 검정력이 뛰어난 기대영업성과 추정모형과 초과영업성과의 유의성 검정 방법 등을 제시한다.

7.2 기대영업성과의 추정

7.2.1 영업성과의 척도

일반적으로 연구자들이 실증연구에서 기업의 영업성과를 측정하는 척도(performance measure)로서 사용하는 것에는 주당순이익(EPS; earnings per share), ROA, ROE, ROS(return on sales) 등 다양하다. 영업성과를 측정하는 초기 연구에서는 EPS가 많이 사용되었지만, 최근에는 거의 대부분의 연구자들이 ROA를 활용하고 있다(Mikkelson and Partch, 1994; Barber and Lyon, 1996; Hertzel et al., 2002; Williams and Tang, 2009). 일반적으로, 연구자들이 EPS보다 ROA를 선호하는 것은 크게 다음과 같은 두 가지 이유 때문이다(Barber and Lyon, 1996, pp. 361-364).

첫째, EPS는 기업의 영업 활동의 성과뿐만 아니라 재무적 활동 결과인 이자수익, 이자비용, 배당금 수익 등과 특별손실과 특별이익, 법인세 등을 포함하는 기업의 최종 이익으로 비용과 수익의 범위가 너무 넓기 때문에 영업활동의 성과와 효율성을 측정하기에는 적합하지 않다. 이에 반해, 영업이익은 매출총이익에서 매출 활동을 수행하기 위해 지출된 판매비와 일반관리비를 차감하여 계산하기 때문에 기업의 핵심 관리 활동인 생산과 마케팅 관리의 성과를 측정하는 데에는 당기순이익이나 EPS보다 더 분명한 회계적 척도라고 할 수 있다.

둘째, 기업의 자본구조를 변화시키는 어떤 사건이 영업성과에 미치는 효과를 분석할 경우, 이 사건은 이자비용에 영향을 주게 되어 결국에는 당기순이익을 변하게 한다. 하지만 영업이익에는 영향을 미치지 않기 때문에 해당 사건이 영업성과에 미치는 효과를 측정하는 데에는 당기순이익을 활용하는 EPS나 ROE보다는 ROA가 더 적합하다. 따라서, 이러한 이론적 근거를 바탕으로 실증연구에서 영업성과의 척도로서 EPS보다 ROA를 선택하는 것이 보다 합리적이다. [16]

7.2.2 기대영업성과 추정모형

사건연구방법을 활용하는 실증연구에서 연구자가 연구방법론에서 부딪치는 가장 중요한 문제는 표본기업의 실제 성과를 비교할 수 있는 벤치마크를 선택하는 것이다. 어떤 표본기업이 비정상적으로 뛰어난 혹은 저조한 성과를 올렸는지를 평가하기 위해서는 사건이 발생하지 않았을 경우 예상되는 정상적 영업성과, 즉 기대영업성과를 추정해서 그것을 실제 영업성과와 비교하는 벤치마크로 이용해야 한다. 여기서는 표본기업의 기대영업성과를 추정하는

---

16) Barber and Lyon (1996)은 영업성과의 척도로서 ROA를 포함하여 ROS, 현금조정자산영업이익률(return on cash-adjusted assets), 시장가치자산영업이익률(return on market value of assets), 총자산현금흐름비율(cash-flow return on assets) 등 다양한 회계 척도를 사용하여 영업성과를 측정하였으나, 통계적 관점에서 볼 때 성과 척도의 선택이 초과영업성과를 측정하고 검정하는 데에 있어서 유의적인 차이점을 발견할 수 없었다. 단, 예외적으로 총자산현금흐름비율과 같이 영업 현금흐름에 기반을 둔 검정통계량은 그렇지 않은 다른 척도에 비해 일관되게 초과영업성과를 찾아내는 검정력이 떨어지는 것으로 나타났다.

모형을 그 유형에 따라 크게 수준모형(level model), 변동모형(change model) 및 절편모형(intercept model) 등으로 구분한다.

A. 수준모형(level model)

수준모형은 먼저 특정 연도에 개별 표본기업을 산업이나 규모 특성 등을 기준으로 나머지 전체 기업과 대응시켜서, 이들 중 표본기업과 기업 특성이 가장 유사한 포트폴리오나 기업을 기준포트폴리오(reference portfolio) 혹은 통제기업(control firm)으로 선정한다. 그런 다음 이 기준포트폴리오나 통제기업의 해당 연도의 영업성과 수준, 즉 ROA를 표본기업의 기대영업성과로 측정하고, 이것을 다음 식 (7.1)과 같이 표본기업의 실제 영업성과에서 차감해서 초과영업성과를 추정하는 모형이다.

$$AOP_{jt} = OP_{jt} - E(OP_{jt}) \tag{7.1}$$
$$= OP_{jt} - OP_{mt}$$

여기서, AOP_{jt} = 표본기업 j의 t년도의 초과영업성과

$\quad OP_{jt}$ = 표본기업 j의 t년도의 실제 영업성과

$\quad E(OP_{jt})$ = 표본기업 j의 t년도의 기대영업성과

$\quad OP_{mt}$ = 벤치마크 m의 t년도의 실제 영업성과

위의 식 (7.1)에서 제시한 수준모형에서 특정 사건이 발생하지 않았을 경우 예상되는 정상적인 영업성과를 계산하기 위한 벤치마크로서의 기준포트폴리오 혹은 통제기업을 어떠한 기업 특성을 사용하여 선정하느냐에 따라 기대영업성과 모형을 다시 다음 네 가지 모형으로 세분한다.

(1) 대분류 산업코드가 동일한 기준포트폴리오 수준모형(M1)

(2) 대분류 산업코드와 규모를 기준으로 선정한 기준포트폴리오 수준모형(M2)

(3) 대분류 산업코드와 사전성과를 기준으로 선정한 기준포트폴리오 수준모형(M3)

⑷ 대분류 산업코드와 규모 및 사전성과를 기준으로 선정한 통제기업 수준모형(M4)

첫 번째 모형인 대분류 산업코드가 동일한 기준포트폴리오 수준모형(M1)은 사건 연도에 표본기업과 대분류 산업코드가 동일한 기업 중에서 해당 기업만을 제외한 나머지 모든 기업으로 구성된 포트폴리오를 벤치마크로서 선정하고, 이 포트폴리오의 평균 ROA를 기대영업성과로서 추정하는 모형이다. 여기서는 편의상 "모형 1" 혹은 "M1"으로 표시한다. 한국표준산업분류(KSIC) 기준에 의하면 우리나라의 산업분류 구조는 대분류(one-digit KSIC code), 중분류(two-digit KSIC code), 소분류(three-digit KSIC code), 세분류(four-digit KSIC code), 세세분류(five-digit KSIC code)의 5단계로 구성된다. 부록 〈표 A7.1〉에서 제시한 바와 같이, 한국표준산업분류(KSIC) 기준에 의한 분류 단계별 항목 수는 각각 대분류 21개, 중분류 76개, 소분류 228, 세분류 487개, 세세분류 1,145개 등이다. 기준포트폴리오를 선정하기 위해 사용하는 산업 분류는 대분류에서 세세분류에 이르는 다섯 가지 분류 기준 중 어느 하나를 선택해야 하는데, 여기서 각 분류 기준은 나름대로의 장단점을 가진다. 예를 들어 대분류를 선택하게 되면 각 산업별 기준포트폴리오를 구성하는 상장기업의 수가 늘어나는 반면에, 표본기업과 기준포트폴리오를 구성하는 기업들 간에 산업의 유사성은 떨어지게 된다. 이와 반대로 세세분류를 선택하게 되면 각 산업별 기준포트폴리오를 구성하는 상장기업의 수는 대폭 줄어드는 대신에 산업의 유사성은 더욱 커지는 장점을 갖게 된다. 여기서는 전체 표본을 구성하는 개별기업의 수가 798개로 많은 편이 아니기 때문에, 대분류와 세세분류 간에 존재하는 이러한 상반관계(tradeoff)를 고려하여 기준포트폴리오를 구성하는 기업의 수를 가능한 한 늘릴 수 있는 대분류 대응 방법을 선택한다.

두 번째 모형인 대분류 산업코드와 기업규모를 기준으로 선정한 기준포트폴리오 수준모형(M2)은 사건 연도에 표본기업과 대분류 산업코드가 동일하며 동시에 기업규모가 유사한 모든 기업을 벤치마크 포트폴리오로 선정하고, 이 포트폴리오의 평균 ROA를 기대영업성과로서 추정하는 모형이다. 여기서는 이 모형을 편의상 "모형 2" 혹은 "M2"로 표시한다. 이 모형은 기본적으로 영업성과는 기업의 종사 업종과 기업규모에 따라 달라진다는 가정을 기초로 하고 있다. 여기서, 기업규모는 총자산의 장부가치로서 측정한다. 구체적으로 대분류 산업코드와 기업규모를 기준으로 한 기준포트폴리오를 구성하기 위해 우선 사건 연도에 표본기업과 대분류 산업코드가 동일한 기업을 선정한 다음 이 중에서 기업규모, 즉 총자산의 장부가치가 표본기업 규모의 약 70%~130%에 해당하는 모든 기업을 기준포트폴리오로 선정한다. 단, 대분류 산업코드가 동일한 기업 중에서 기업규모의 대응 기준인 70%~130%를 충족하는 기업이 없을 경우에는 Barber and Lyon(1996)과 같이 표본기업과 총자산의 장부가치가 가장 가까운 기업을 통제기업으로 선정한다.

세 번째 모형인 대분류 산업코드와 사전성과를 기준으로 선정한 기준포트폴리오 수준모형 (M3)은 사건 연도(t)에 표본기업과 대분류 산업코드가 동일하며 동시에 사전성과, 즉 직전 연도(t-1)의 영업성과가 유사한 모든 기업을 벤치마크 포트폴리오로 선정하고, 이 포트폴리오의 평균 ROA를 기대영업성과로서 추정하는 모형이다. 여기서는 이 모형을 편의상 "모형 3" 혹은 "M3"로 표시한다. 구체적으로 대분류 산업코드와 사전성과를 기준으로 한 기준포트폴리오를 구성하기 위해 우선 특정 연도(t)에 표본기업과 대분류 산업코드가 동일한 기업을 선정한 다음 이 중에서 직전 연도(t-1)의 영업성과인 ROA가 표본기업의 약 90%~110%에 해당하는 모든 기업을 기준포트폴리오로 선정한다. 단, 이때, 대분류 산업코드가 동일한 기업 중에서 사전성과의 대응 기준인 90%~110%를 충족하는 기업이 없을 경우에는 모형 2에서와 같이 표본기업과 직전 연도(t-1)의 ROA가 가장 가까운 기업을 통제기업으로 선정한다.

네 번째 모형인 대분류 산업코드와 기업규모 및 사전성과를 기준으로 선정한 통제기업 수준모형(M4)은 대분류 산업코드가 동일한 기업 중에서 기업규모와 사전성과 순서로 대응시켜 표본기업과 가장 유사한 기업을 통제기업(size/pre-performance matched control firm)으로 선정하고, 이 통제기업의 사건 연도 ROA를 기대영업성과로서 추정하는 모형이다. 여기서는 이 모형을 편의상 "모형 4" 혹은 "M4"로 표시한다. 이 모형은 Barber and Lyon(1996), Loughran and Ritter(1997)과 Ghosh(2001) 등이 사용했던 모형이기도 하다. 따라서, 여기서도 Barber and Lyon(1996)과 Loughran and Ritter(1997) 등이 사용했던 접근 방법을 활용하여 통제기업을 선정한다. 즉, 먼저 표본기업과 대분류 산업코드가 동일한 기업 중에서 사건일 직전 연도(t-1)의 총자산 장부가치가 표본기업의 25%~200% 범위에 속하는 모든 기업을 1단계로 선정한 다음, 이 기업들의 집합에서 표본기업과 사전성과 즉 직전 연도(t-1)의 ROA가 가장 근접한 기업을 통제기업으로 최종 선정한다. 만약, 동일한 산업 내에서 기업규모 요건을 충족하는 기업이 없으면, 산업코드를 무시하고 기업규모와 사전성과 기준만으로 통제기업을 선정한다. 즉 사건일 직전 연도에 총자산 규모가 표본기업의 90%~110% 수준을 만족시키는 기업 중에서 사전성과가 표본기업에 가장 근접하면서 이보다는 높은 기업을 통제기업으로 선정한다.

B. 변동모형(change model)

앞서 설명한 바와 같이, 수준모형은 먼저 사건 연도에 표본기업과 산업이나 규모 혹은 사전성과 특성 등이 가장 유사한 포트폴리오나 개별기업을 기준포트폴리오 혹은 통제기업으로 선정한 다음, 이 기준포트폴리오나 통제기업의 해당 연도의 영업성과인 ROA를 표본기업의 기대영업성과로서 추정하는 모형이다. Barber and Lyon(1996, p. 366)에 의하면, 표본기업의 산업 등의 특성과 유사한 비교 그룹의 영업성과 수준을 기대영업성과로서 추정하는 수준모형은 사전성과를 기준으로 벤치마크를 선정하는 경우를 제외하고는 기본적으로 벤치마크와 관련한 표본기업의 역사, 즉 과거 영업성과에 대한 정보를 무시하는 결함을 가진다. 예를 들어, 어떤 기업이 특정 사건 이전에 매우 수익성이 뛰어난 투자 프로젝트를 수행한 결과로 인해 벤치마크로 선정한 비교 그룹에 비해 월등한 ROA를 실현하고 있다고 가정해 보자. 만약 이 투자 프로젝트가 어떤 사건 이후에도 계속해서 평균 이상의 이익을 실현한다면, 해당 사건이 영업성과에 직접적인 영향을 미치지 않는다 하더라도 이 기업은 수준모형에서 채택한 벤치마크에 의해 추정되는 기대영업성과를 초과하는 영업성과를 얻게 될 것이다.

이러한 문제점을 완화시키는 방법으로는 비교 그룹, 즉 벤치마크의 영업성과와 관련하여 표본기업 영업성과의 역사를 고려하는 변동모형을 활용하는 접근법이다. 변동모형은 수준모형과는 달리 어떤 사건이 발생하기 이전의 표본기업의 영업성과를 벤치마크와 대응시킨 ($OP_{j,t-1} - OP_{m,t-1}$) 값을 사건 이후의 동일한 성과 측정치인 ($OP_{j,t} - OP_{m,t}$)와 비교하여 초과영업성과를 측정한다. 즉, 변동모형은, 다음 식 (7.2)에서 정의한 바와 같이, 어떤 사건 전후에 발생한 표본기업의 영업성과의 변동을 벤치마크의 변동과 비교하여 초과영업성과를 측정하는 것이다.

$$AOP_{j,t} = (OP_{j,t} - OP_{j,t-1}) - (OP_{m,t} - OP_{m,t-1}) \qquad (7.2)$$

$$= OP_{j,t} - (OP_{j,t-1} + \Delta OP_{m,t})$$

여기서, $AOP_{j,t}$ = 표본기업 j의 t년도의 초과영업성과

$\quad OP_{j,t}$ = 표본기업 j의 t년도의 실제 영업성과

$\quad OP_{j,t-1}$ = 표본기업 j의 $t-1$년도의 실제 영업성과

$\quad OP_{m,t}$ = 벤치마크 m의 t년도의 실제 영업성과

$\quad OP_{m,t-1}$ = 벤치마크 m의 $t-1$년도의 실제 영업성과

$\quad \Delta OP_{m,t}$ = 벤치마크 m의 t년도의 영업성과 변동분

이와 같이, 사건 전후의 표본기업의 영업성과의 변동과 벤치마크의 변동을 비교함으로써 초과영업성과를 측정하는 변동모형에서는 표본기업의 기대영업성과 $E(OP_{jt})$는 식 (7.2)에서 제시한 바와 같이 $OP_{j,t-1} + \Delta OP_{m,t}$, 즉 사건 이전의 표본기업의 영업성과에다 벤치마크의 영업성과의 변동분을 더한 값으로 측정한다. 여기서는 앞에서 제시한 네 가지 유형의 벤치마크에 기반을 둔 수준모형과 이에 대응하는 다음 네 가지 유형의 변동모형을 추가로 활용하여 표본기업의 기대영업성과를 추정한다.

(5) 대분류 산업코드가 동일한 기준포트폴리오 변동모형(M5)

(6) 대분류 산업코드와 규모를 기준으로 선정한 기준포트폴리오 변동모형(M6)

(7) 대분류 산업코드와 사전성과를 기준으로 선정한 기준포트폴리오 변동모형(M7)

(8) 대분류 산업코드와 규모 및 사전성과를 기준으로 선정한 통제기업 변동모형(M8)

C. 절편모형(intercept model)

절편모형은 앞서 설명한 수준모형이나 변동모형과는 달리 횡단면 회귀분석의 틀 속에서 회귀모형의 절편을 초과영업성과로서 측정하는 통계적 모형이다. 여기서는 Healy et al. (1992) 과 Ghosh(2001) 등이 사용한 절편모형을 활용하여 초과영업성과를 측정한다. 이들의 연구에 따르면, 절편모형은 기본적으로 다음 식 (7.3)에서 제시한 횡단면 회귀분석 모형에서 표본기

업의 사후 산업조정 영업성과(post-event industry-adjusted performance)를 종속변수로, 사전 산업조정 영업성과(pre-event industry-adjusted performance)를 독립변수로 각각 설정한 다음, 회귀모형의 절편인 α를 초과영업성과로서 측정하는 모형이다.

$$IAOP_{jt} = \alpha + \beta\, IAOP_{j,t-1} + \epsilon_j \tag{7.3}$$

여기서, $IAOP_{jt}$ = 기업 j의 사후 t년도의 산업조정 영업성과

$\qquad$ $IAOP_{j,t-1}$ = 기업 j의 사전 $t-1$년도의 산업조정 영업성과

$\qquad$ α = 횡단면 회귀모형의 절편

$\qquad$ β = 횡단면 회귀모형의 회귀계수

$\qquad$ ϵ_j = 오차항

표본기업 j의 t년도의 산업조정 영업성과($IAOP_{jt}$)는 표본기업 j의 t년도의 ROA에서 산업 중앙값(industry median) ROA를 차감한 값으로 측정한다. 여기서는, Healy et al. (1992)에서와 같이, 회귀모형식 (7.3)에서 절편인 α를 초과영업성과로서 측정한다. 또한, 식 (7.3)의 회귀계수 β는 사건 이전의 영업성과와 사건 이후의 영업성과 간의 상관관계를 포착해서 사전 영업성과가 사후 영업성과에 미치는 효과를 측정한다고 볼 수 있다. 따라서, 절편 α는 사전 영업성과와 무관하게 된다.

다음 〈표 7.1〉은 시뮬레이션 실험에 사용될 네 가지 유형의 수준모형과 이에 1:1로 대응하는 네 가지 유형의 변동모형 및 단일 유형의 절편모형 등 모두 9개의 기대영업성과 추정모형을 정리한 것이다.

〈표 7.1〉 시뮬레이션 실험에 사용될 기대영업성과 추정모형

기대영업성과를 추정하는 모형으로 크게 다음 세 가지 서로 다른 형태의 추정모형을 사용한다: (1) 수준모형(level model), (2) 변동모형(change model), (3) 절편모형(intercept model) 등이다. 아래 표는 시뮬레이션 실험에 사용될 네 가지 유형의 수준모형과, 이에 1:1로 대응하는 네 가지 유형의 변동모형 및 단일 유형의 절편모형 등 모두 9개의 기대영업성과 측정모형을 유형별로 정리한 것이다.[1]

기대영업성과 추정모형의 유형		기대영업성과 추정모형의 벤치마크
유형	초과영업성과(AOP) 측정식	
수준모형 (level model)	$AOP_{jt} = OP_{jt} - OP_{mt}$ 여기서, AOP_{jt}는 표본기업 j의 t년도의 초과영업성과, OP_{jt}는 표본기업 j의 t년도의 실제 영업성과, OP_{mt}는 벤치마크 m의 t년도의 실제 영업성과를 각각 의미한다.	대분류 산업코드가 동일한 기준포트폴리오(M1) 대분류 산업코드와 규모를 기준으로 선정한 기준포트폴리오(M2) 대분류 산업코드와 사전성과를 기준으로 선정한 기준포트폴리오(M3) 대분류 산업코드와 규모 및 사전성과를 기준으로 선정한 통제기업(M4)
변동모형 (change model)	$AOP_{jt} = OP_{j,t} - (OP_{j,t-1} + \Delta OP_{mt})$ 여기서, OP_{jt}는 표본기업 j의 t년도의 실제 영업성과, $OP_{j,t-1}$ 표본기업 j의 $t-1$년도의 실제 영업성과, ΔOP_{mt}는 벤치마크 m의 t년도의 영업성과 변동분을 각각 의미한다.	대분류 산업코드가 동일한 기준포트폴리오(M5) 대분류 산업코드와 규모를 기준으로 선정한 기준포트폴리오(M6) 대분류 산업코드와 사전성과를 기준으로 선정한 기준포트폴리오(M7) 대분류 산업코드와 규모 및 사전성과를 기준으로 선정한 통제기업(M8)
절편모형 (intercept model)	$IAOP_{jt} = \alpha + \beta\, IAOP_{j,t-1} + \epsilon_j$ $\overline{AOP_{jt}} = \alpha$(절편) 여기서, $IAOP_{jt}$는 기업 j의 사후 t년도의 산업조정 영업성과, $IAOP_{j,t-1}$는 기업 j의 사전 $t-1$년도의 산업조정 영업성과, α는 횡단면 회귀모형의 절편, β는 횡단면 회귀모형의 회귀계수, ϵ_j는 오차항을 각각 의미한다.	Healy et al.(1992)의 회귀모형(M9)

주 1) 정형찬(2014), p. 823의 〈표 1〉에서 인용.

7.3 초과영업성과에 대한 유의성 검정

7.3.1 검정통계량

〈표 7.1〉에 제시한 9개 기대영업성과 추정모형들을 사용하여 측정한 초과영업성과에 대한 통계적 유의성 검정은 각 표본별로 이루어진다. 크기가 n인 표본의 초과영업성과에 대한 유의성 검정은 "H_0: 표본평균 초과영업성과는 0이다."라는 귀무가설에 대한 통계적 검정을 통해 이루어진다. 초과영업성과의 통계적 유의성을 검정하는 방법은 검정통계량을 어떻게 설정하느냐에 따라 여러 가지로 구분할 수 있으나, 여기서는 학계에서 통상적으로 많이 이용하는 모수검정법인 전통적 t-검정과 비모수검정법인 Wilcoxon 부호-순위 검정에 의해 초과영업성과의 통계적 유의성을 각각 검정하도록 한다.

먼저, 모수검정법인 전통적 t-검정에 의해 표본평균 초과영업성과의 유의성을 검정한다. 이때, 다음 식 (7.4)에서 정의한 검정통계량 t_{AOP}를 사용한다.

$$t_{AOP} = \frac{\overline{AOP_{jt}}}{\left(\dfrac{s_{AOP}}{\sqrt{n}}\right)} \tag{7.4}$$

여기서, $\overline{AOP_{jt}}$ = 표본평균 초과영업성과

　　　　s_{AOP} = 표본 초과영업성과의 횡단면 표준편차

　　　　n = 표본의 크기

그리고, 절편모형에 의해 초과영업성과를 측정할 경우에는 Healy et al. (1992)의 회귀모형에서 추정한 절편인 α의 유의성 검정을 통해 이루어지며, 여기서도 전통적 t-검정을 사용한다.

Barber and Lyon(1996, p. 395)은 비모수검정법인 Wilcoxon 부호-순위 검정이 대체로 모수검정법인 전통적 t-검정보다 초과영업성과의 존재를 찾아내는 검정력에 있어서 우월하다고 보고하고 있다. 이에 따라, 그들은 회계정보를 기반으로 하는 사건연구에서는 Wilcoxon 부호-순위 검정이 갖는 이러한 검정력의 우위를 고려하여 전통적 t-검정보다 Wilcoxon 부호-순

위 검정을 사용하도록 권고하고 있다.[17] Barber and Lyon(1996)의 권고에 따라 여기서도 앞에서 설명한 전통적 t-검정과 함께 Wilcoxon 부호-순위 검정을 사용하여 한국증권시장에서 초과영업성과의 유의성을 검정하는 데에 어떤 검정 방법이 더 효과적인가를 비교한다.

일반적으로 Wilcoxon 부호-순위 검정은 대칭이며 꼬리가 긴 분포(symmetric long-tailed distribution)의 평균에 대한 유의성 검정에 널리 사용되고 있다(Sutton, 1993, p. 802). Wilcoxon 부호-순위 검정은 Hogg and Tanis(2006)에 따르며, "H_0: 표본 초과영업성과의 중앙값은 0이다."라는 귀무가설의 유의성을 검정한다. 검정통계량은 다음 식 (7.5)와 같이 정의하며, 이것은 귀무가설 하에서 표본의 크기 n이 충분히 클 경우 근사적으로 표준 정규분포를 따른다(Hogg and Tanis, 2006, p. 513). 만약 표본기업 중에서 동일한 순위를 갖는 관찰치들이 존재할 경우에는 순위의 평균값을 부여한다.

$$Z = \frac{W}{\sqrt{n(n+1)(2n+1)/6}} \tag{7.5}$$

여기서, W = Wilcoxon 통계량

n = 표본의 크기

7.3.2 기대영업성과 추정모형의 설정오류와 검정력

기대영업성과 추정모형의 설정오류와 검정력을 파악하기 위한 시뮬레이션 시험에서 1,000개의 표본을 사용한다. 이때 각 표본은 표본의 크기에 따라 각 표본별로 무작위로 추출한 50개, 100개 및 200개의 기업-연도(firm-year) 관찰치로 구성한다. 각 표본을 구성하는 개별 관찰치는 전체 표본 14,686개의 기업-연도 중에서 무작위 복원추출법에 의해 선정한다. 각 표본을 구성하는 개별 기업-연도는 무작위로 선정되었기 때문에, 표본기업의 사건 연도에 유의적

---

17) Barber and Lyon(1997)은 주식수익률을 이용한 사건연구에서 주식 장기성과의 척도인 매입보유초과수익률(BHAR)의 분포가 정규분포를 따르지 않을 경우에는 전통적 t-검정보다 Wilcoxon 부호-순위 검정이 오히려 검정력을 크게 향상시킬 수 있음을 보여 주고 있다(pp. 368-369).

인 초과영업성과가 발생할 확률은 이론적으로 매우 낮다. 따라서, 여기서는 사건 연도에 측정한 개별기업의 실제 영업성과에다 일정한 수준의 초과영업성과를 인위적으로 더해준 다음 시뮬레이션 기법을 이용하여 각 기대영업성과 추정모형의 설정오류와 검정력을 비교 분석한다.

먼저, 앞의 〈표 7.1〉에서 제시한 9개의 기대영업성과 추정모형을 사용하여 측정한 초과영업성과의 검정통계량, 즉 전통적 t-검정통계량과 Wilcoxon 부호-순위 검정통계량의 설정오류가 존재하는지를 분석한다. 이를 위해, 사건 연도 중에 측정한 개별기업의 실제 영업성과인 ROA에다 인위적으로 초과영업성과를 더하지 않았을 경우, 초과영업성과가 존재하지 않는다는 귀무가설이 기각되는지의 여부를 검정한다. 다시 말하면, 1,000개의 표본 각각에 대해 검정통계량의 값을 계산하고, 이것을 기초로 5% 유의수준하에서 양측 검정에 의해 귀무가설을 검정한다. 표본을 구성하는 개별 기업-연도가 무작위로 선정되고 표본의 크기가 충분히 크다면 사건 연도에 체계적인 초과영업성과가 나타나지 않을 것이므로, 귀무가설은 기각될 수 없다. 따라서, 사건 연도에 초과영업성과가 존재하지 않는다는 귀무가설이 진실임에도 불구하고 그것을 기각한다면, 이것을 제1종 오류로 정의한다. 검정통계량이 합리적으로 설정되었다면, 1,000개의 표본 중 귀무가설을 기각하고 초과영업성과가 양 혹은 음의 값을 가진다는 대립가설을 채택할 표본의 수는 1,000×α개에 한정될 것이다. 그러나 만약 1,000개 표본 중에서 초과영업성과가 양 혹은 음의 값을 가진다는 대립가설을 채택하고 귀무가설을 기각하는 표본의 기각률이 α를 초과한다면, 이것은 검정통계량을 잘못 설정함으로써 발생한 설정오류로 볼 수 있다. [18] 여기서는 귀무가설을 기각하는 표본의 비율이 이론적 기각률의 상한인 6.4%를 초과할 때 해당 검정통계량은 설정오류가 있다고 평가한다.

다음은, 각 기대영업성과 추정모형에 기초한 두 검정통계량, 즉 전통적 t-검정과 Wilcoxon 부호-순위 검정통계량이 표본별로 초과영업성과의 존재를 어느 정도 정확히 파악해 내는지를

---

18) 그러나, 제3장과 제5장에서 이미 설명한 바와 같이, 검정통계량의 경험적 분포가 이론적 분포와 일치하고 귀무가설이 진실일 경우라도, 기각률 자체가 이항분포를 따르는 확률변수이기 때문에 이론적 기각률은 유의수준 α와 정확히 일치하는 것은 아니다. 예를 들어, 귀무가설이 진실일 때 1,000개 표본의 검정 결과가 독립적이라고 가정한다면, 5% 유의수준하에서 이론적 기각률은 다음과 같이 95%의 신뢰구간인 0.037~0.064의 범위에 속하게 될 것이다: $0.05 \pm 1.96 \sqrt{0.05(1-0.05)/1000}$. 따라서 5% 유의수준하의 양측 검정에서는 1,000개 표본 가운데 귀무가설을 기각하는 표본의 비율이 이론적 기각률의 상한인 6.4%를 초과할 때 해당 검정통계량은 설정오류가 있다고 판정한다.

분석한다. 개별기업의 특정 의사결정이 영업성과에 미치는 충격을 시뮬레이션 과정에서 가상적으로 창출하기 위해, 개별기업의 실제 영업성과인 ROA에 인위적으로 가산하는 초과영업성과의 크기를 -3%에서 +3%까지 각 단계별로 초과영업성과를 1%씩 더해 주는 방식을 사용한다. 일정 수준의 초과영업성과를 각 표본에 인위적으로 더해 주었음에도 불구하고 초과영업성과가 존재하지 않는다는 귀무가설을 기각하지 못할 경우 이것을 제2종 오류로 정의한다. 최종적으로 각 기대영업성과 추정모형에 기초한 두 검정통계량의 검정력은 [1-제2종 오류를 범할 확률]로 추정한다.

7.3.3 표본 선정

전체 표본은 1980년 1월부터 2009년 12월까지 약 30년간의 기간 중에 한국거래소 유가증권시장에 상장된 기업 중 다음 조건을 충족시키는 개별기업 798개와 기업-연도(firm-year) 14,686개로 구성한다.

(1) 한국신용평가(주)의 KIS-Value DB와 한국상장회사협의회의 KOCO 정보 DB에서 재무상태표, 포괄손익계산서 등의 재무제표에 대한 정보를 구할 수 있어야 한다.
(2) 기대영업성과 추정모형의 유형이 변동모형(change model)일 경우 사건 연도(event year)와 이전 연도의 성과 변동을 벤치마크로 사용해야 하므로 최소 연속 2년간의 재무제표 자료가 있어야 한다.
(3) 한국신용평가(주)의 KIS-Value DB와 한국상장회사협의회의 KOCO 정보 DB에서 기업이 영위하는 산업에 대한 한국표준산업분류(KSIC) 코드를 구할 수 있어야 한다. 즉, 한국표준산업분류에서 대분류 코드와 중분류 코드를 구할 수 없는 기업은 표본에서 제외시킨다.

기본 시뮬레이션 실험에는 1,000개의 임의표본(random sample)을 추출하여 사용한다. 표본의 크기가 사건연구방법의 설정오류와 검정력에 미치는 영향도 함께 고찰하기 위해, 각 표본은 표본의 크기에 따라 각각 50개, 100개 및 200개의 기업-연도 관찰치로 구성한다. 각 표본을 구성하는 개별 관찰치는 위의 조건을 충족시키는 전체 표본 14,686개 기업-연도 가운데 무작위 복원추출법에 의해 선정한다.

그리고, 임의표본을 사용한 시뮬레이션에서 설정오류가 없는 것으로 밝혀진 기대영업성과 추정모형과 검정법이 기업규모나 혹은 영업성과와 관련된 표본편의를 가지는 비임의표본(nonrandom sample)에서도 여전히 강건성을 유지하는지를 살펴보기 위해 비임의표본을 사용한다. 실제로 기존 실증연구에서 다수의 연구자들이 대체로 규모가 큰 대기업이나 혹은 소기업만으로 구성된 표본 기업을 연구 대상으로 하거나, 그렇지 않으면 역사적으로 영업성과가 특별히 우수한 기업이나 혹은 매우 저조한 기업만으로 구성된 연구 표본을 사용하여 특정 사건이 영업성과에 미치는 영향을 평가하기도 한다. 예를 들어, 배당을 처음 실시하거나, IPO와 유상증자를 시행하는 기업, 주식공개매수를 통해 자사주매입을 수행하는 기업들은 종종 사전에 현저히 뛰어난 영업이익을 보여 주고 있다(Healy and Palepu, 1988; Dann et al., 1991; Loughran and Ritter, 1995). 이에 따라, 표본이 기업규모나 혹은 영업성과와 같은 특정한 형태의 표본편의가 존재할 경우에 기대영업성과 추정모형의 설정오류가 나타나는지를 평가하기 위해, 여기서는 두 유형의 비임의표본을 구성한다. 첫째는 규모와 관련된 비임의표본(size-based nonrandom sample)으로 소기업 표본과 대기업 표본을, 그리고 둘째는 영업성과와 관련된 비임의표본(performance-based nonrandom sample)으로 영업성과가 상대적으로 매우 우수한 표본과 매우 저조한 표본을 각각 구성하여 임의표본과 동일한 시뮬레이션을 반복 수행한다.

먼저, 기업규모와 관련된 표본편의를 가지는 비임의표본을 선정하기 위해 매년도의 기말 총자산의 장부가치를 기준으로 전체 표본기업의 순위를 매긴다. 이 순위에 따라 전체 표본기업을 대, 중, 소 3개의 포트폴리오로 구분하고 이 중 규모가 가장 큰 첫 번째 포트폴리오와 가장 작은 마지막 포트폴리오에서 표본의 크기가 각각 50개, 100개 및 200개인 1,000개의 대기업 표본과 소기업 표본을 무작위 복원추출 방식으로 선정한다. 한편, 영업성과와 관련된 표본편의를 가지는 비임의표본을 선정하기 위해 매년도의 기말 ROA를 기준으로 전체 표본기업의 순위를 매기고, 이 순위에 따라 표본기업을 3개의 포트폴리오로 구분한다. 이 중 ROA가 가장 높은 첫 번째 포트폴리오와 가장 낮은 세 번째 포트폴리오에서 표본의 크기가 각각 50개, 100개 및 200개인 1,000개의 영업성과가 양호한 ROA 표본과 반대로 영업성과가 저조한 ROA 표본을 무작위 복원추출 방식으로 선정한다.

7.4 **임의표본을 사용한 시뮬레이션 결과**

7.4.1 초과영업성과의 횡단면 분포 특성

다음 〈표 7.2〉는, 초과영업성과를 인위적으로 가산하지 않았을 때, 한국거래소 유가증권시장에서 무작위로 추출한 200개의 주식으로 구성된 1,000개 표본을 이용하여 〈표 7.1〉에서 제시한 9개의 기대영업성과 추정모형에 의해 각각 측정한 초과영업성과의 횡단면 분포 특성을 나타낸 것이다. 영업성과의 척도로는 ROA를 사용한다.

〈표 7.2〉 기대영업성과 추정모형별 초과영업성과의 횡단면 분포 특성

아래 표는 초과영업성과를 인위적으로 가산하지 않았을 때 한국거래소 유가증권시장에서 무작위로 추출한 200개의 주식으로 구성된 1,000개 표본을 이용하여 앞의 〈표 7.1〉에서 제시한 9개의 기대영업성과 추정모형에 의해 측정한 초과영업성과의 횡단면 분포 특성을 나타낸 것이다. 영업성과의 척도로는 ROA를 사용한다. 아래 표의 〈패널 A〉는 전체 1,000개 표본을 구성하는 200,000(=1,000×200)개 개별기업의 초과영업석과의 횡단면 분포 특선을 니디낸 깃이며, 〈패널 B〉는 1,000개 표본의 표본평균 초과영업성과의 분포 특성을 기대영업성과 추정모형별로 나타낸 것이다.[1]

〈패널 A〉 개별기업 초과영업성과의 횡단면 분포 특성							
벤치마크 유형	기대영업성과 추정모형	평균 (%)	중앙값 (%)	표준편차 (%)	왜도	첨도	J-B 통계량
수준모형 (level model)	대분류 산업코드(M1)	-0.44**	-0.01**	6.96	-1.26	7.74	>10**
	대분류 산업코드와 규모(M2)	0.02	0.03**	9.11	-0.04	5.61	>10**
	대분류 산업코드와 사전성과 (M3)	-0.02	0.00	7.19	-0.08	7.68	>10**
	대분류 산업코드, 규모 및 사전성과(M4)	0.08**	0.06**	7.16	0.01	8.10	>10**

벤치마크 유형	기대영업성과 추정모형						
	대분류 산업코드(M5)	-0.22**	-0.06**	5.67	-0.35	11.53	>10**
변동모형 (change model)	대분류 산업코드와 규모(M6)	0.29**	0.25**	9.48	0.02	5.65	>10**
	대분류 산업코드와 사전성과 (M7)	0.18**	0.21**	7.25	-0.00	7.70	>10**
	대분류 산업코드, 규모 및 사전성과(M8)	0.28**	0.30**	7.25	-0.00	7.85	>10**
절편모형 (intercept model)	Healy et al.(1992)의 회귀모형(M9)			Not Applicable			

〈패널 B〉 표본평균 초과영업성과의 횡단면 분포 특성							
벤치마크 유형	기대영업성과 추정모형	평균 (%)	중앙값 (%)	표준편차 (%)	왜도	첨도	J-B 통계량
	대분류 산업코드(M1)	-0.44**	-0.43**	0.48	-0.02	3.15	1.13
수준모형 (level model)	대분류 산업코드와 규모(M2)	0.02	0.04	0.64	-0.07	2.92	1.17
	대분류 산업코드와 사전성과 (M3)	-0.02	-0.01	0.51	-0.04	2.82	1.57
	대분류 산업코드, 규모 및 사전성과(M4)	0.08**	0.07**	0.59	0.00	2.97	0.03
	대분류 산업코드(M5)	-0.22**	-0.21**	0.40	-0.08	2.75	3.78
변동모형 (change model)	대분류 산업코드와 규모(M6)	0.29**	0.28**	0.67	0.00	3.18	1.47
	대분류 산업코드와 사전성과 (M7)	0.18**	0.17**	0.50	0.03	3.03	0.28
	대분류 산업코드, 규모 및 사전성과(M8)	0.28**	0.29**	0.50	-0.00	2.95	0.07
절편모형 (intercept model)	Healy et al.(1992)의 회귀모형(M9)	-0.28**	-0.15**	0.35	-0.17	3.54	>10**

Note: *, **는 각각 5%와 1% 유의수준하에서 유의함을 의미함.

주 1) 정형찬(2014), p. 827의 〈표 2〉에서 인용.

〈표 7.2〉의 〈패널 A〉는 전체 1,000개 표본을 구성하는 200,000 (=1,000×200)개 개별기업의 초과영업성과의 횡단면 분포 특성을 나타낸 것이며, 〈패널 B〉는 1,000개 표본의 표본평균 초

과영업성과의 분포 특성을 모형별로 제시한 것이다.

A. 개별기업 초과영업성과의 분포 특성

〈표 7.2〉의 〈패널 A〉에서 볼 때, 200,000개의 개별기업 초과영업성과의 횡단면 분포는 기대영업성과 추정모형에 관계없이 모두 정규 분포에서 크게 벗어나 있음을 알 수 있다. 개별기업 초과영업성과의 왜도는 정규 분포의 종 모양이 아닌 모형에 따라 왼쪽 혹은 오른쪽으로 기울어진 분포 형태를 보이고 있다. 첨도는 대부분의 모형에서 5.0~12.0 범위에서 중앙이 뾰족하고 꼬리가 두꺼운 분포(leptokurtic distribution)를 나타내고 있는데, 이것은 극단치의 확률이 정규분포에 비해 크다는 것을 의미한다. 개별기업 초과영업성과의 왜도와 첨도의 이러한 특성으로 인해 모든 기대영업성과 추정모형의 Jarque-Bera 검정통계량이 10.0을 초과해 유의수준 1%하에서 개별기업 초과영업성과 분포의 정규성을 기각하고 있다.

또한, 개별기업 초과영업성과의 평균값은 초과영업성과가 발생하지 않았음에도 불구하고 대분류 산업코드와 규모 기준포트폴리오(M2)와 대분류 산업코드와 사전성과 기준포트폴리오를 벤치마크로 한 수준모형(M3) 등을 제외한 대부분의 모형에서 0에서 크게 벗어나 있다. 모형에 따라 개별기업 초과영업성과의 평균값이 하향 편의(negatively biased) 혹은 상향 편의(positively biased)를 나타내고 있다. 개별기업 초과영업성과의 평균값이 하향 편의를 나타내는 모형으로는 대분류 산업코드 기준포트폴리오를 벤치마크로 한 수준모형(M1)과 변동모형(M5)을 들 수 있으며, 나머지 모형들은 모두 상향 편의를 보이고 있다. 이에 반해, 개별기업 초과영업성과의 중앙값은 대분류 산업코드와 사전성과 기준포트폴리오를 벤치마크로 한 수준모형(M3) 이외에는 모든 모형에서 하향 혹은 상향 편의를 보이고 있다.

B. 표본평균 초과영업성과의 분포 특성

〈표 7.2〉의 〈패널 B〉는 200개의 주식으로 구성된 1,000개 표본의 표본평균 초과영업성과의 횡단면 분포를 나타낸 것이다. 회귀분석을 이용한 접근법으로서의 Healy et al. (1992)의 절편모형(M9)의 경우, 표본평균 초과영업성과는 회귀분석을 통해 추정한 모형의 절편인 α값으로 측정하였다. 〈패널 B〉에 제시된 표본평균 초과영업성과의 분포는 〈패널 A〉에서 제시된 개별

기업 초과영업성과의 분포와는 달리 절편모형(M9)을 제외한 대부분의 모형에서 정규 분포에 매우 근접해 있음을 보여 주고 있다. 즉, 절편모형(M9)을 제외한 대부분의 기대영업성과 추정 모형에서 표본평균 초과영업성과 분포의 Jarque-Bera 검정통계량이 모두 5% 유의수준하에서 정규성을 기각하지 못하는 것으로 나타났다. 이러한 분석 결과는, 표본평균 초과영업성과의 분포에 있어서도 중심극한정리가 성립함을 의미한다.

그러나, 무작위로 추출한 1,000개 표본에 초과영업성과를 인위적으로 더하지 않았음에도 불구하고, 표본평균 초과영업성과 분포의 평균값이 대분류 산업코드와 규모 기준포트폴리오(M2)와 대분류 산업코드와 사전성과 기준포트폴리오를 벤치마크로 한 수준모형(M3) 등 두 모형을 제외한 모든 모형에서 하향 혹은 상향 편의를 나타내고 있다. 이러한 결과는 개별기업의 초과영업성과 분포의 평균값과 동일한 결과이다. 표본평균 초과영업성과 분포의 중앙값은 사전성과 기준포트폴리오의 수준모형(M3)만이 편의가 없는 것으로 나타났다. 이에 반해, 변동모형에 속하는 모든 모형의 표본평균 초과영업성과 분포의 평균값과 중앙값은 예외 없이 하향 혹은 상향 편의를 보이고 있다.

7.4.2 기대영업성과 추정모형의 설정오류와 검정력

이 절에서는 기대영업성과 추정모형과 초과영업성과의 유의성 검정 방법의 선택이 검정통계량의 설정오류와 검정력에 미치는 영향을 시뮬레이션 기법을 통해 분석한다. 시뮬레이션 분석 시 초과영업성과를 추정하는 데에는 앞의 〈표 7.1〉에서 제시한 각각 4가지 유형의 수준모형과 변동모형, 그리고 단일 절편모형을 포함한 총 9가지 유형의 기대영업성과 추정모형을 사용한다. 초과영업성과가 존재하지 않는다는 귀무가설에 대한 유의성 검정은 전통적 t-검정과 Wilcoxon 부호-순위 검정 방법을 사용한다.

A. 기대영업성과 추정모형의 설정오류

다음 〈표 7.3〉은 ROA를 영업성과의 척도로서 사용한 각 기대영업성과 추정모형의 설정오류를 유의성 검정 방법과 표본의 크기별로 나타낸 시뮬레이션 분석 결과이다. 〈표 7.3〉에서 주어진 각 수치는 시뮬레이션 과정에서 표본기업의 사건 연도에 초과영업성과를 인위적으로 더하지 않아 체계적인 초과영업성과가 존재하지 않을 때, 각 기대영업성과 추정모형과 유의성 검정 방법 및 표본의 크기별로 전체 1,000개의 임의표본 중에서 초과영업성과가 존재하지 않는다는 귀무가설을 기각한 표본의 비율을 나타낸 것이다.

귀무가설에 대한 유의성 검정은 5% 유의수준하에서 양측 검정으로 수행한다. 전체 1,000개의 표본 중 귀무가설을 기각하고 표본평균 초과영업성과가 음 혹은 양의 값을 가진다는 대립가설을 채택하는 표본의 비율을 측정한다. 만약 1,000개 표본 중에서 표본평균 초과영업성과가 양 혹은 음의 값을 가진다는 대립가설을 채택하고 귀무가설을 기각하는 표본의 기각률이 이론적 기각률인 6.4%를 초과한다면, 이것은 영업성과를 기반으로 한 사건연구방법의 검정통계량을 잘못 설정한 결과로서 발생한 설정오류로 평가한다.

〈표 7.3〉은 1,000개의 임의표본을 사용하여 각 표본의 크기별로 기대영업성과 추정모형과 유의성 검정 방법의 조합을 이용한 시뮬레이션 결과이다. 이러한 시뮬레이션 분석 결과가 의미하는 바를 정리하면 다음과 같다.

〈표 7.3〉 임의표본을 사용한 기대영업성과 추정모형의 설정오류

아래 표는 ROA를 영업성과의 척도로서 사용한 각 기대영업성과 추정모형의 설정오류를 초과영업성과의 유의성 검정 방법과 표본의 크기(n=50, 100, 200) 별로 나타낸 시뮬레이션 분석 결과이다. 표에서 주어진 각 수치는 시뮬레이션 과정에서 표본기업의 사건 연도에 초과영업성과를 인위적으로 더하지 않아 체계적인 초과영업성과가 존재하지 않을 때, 각 영업성과 추정모형과 유의성 검정 방법 및 표본의 크기별로 전체 1,000개의 임의표본 중에서 초과영업성과가 존재하지 않는다는 귀무가설을 기각한 표본의 비율을 나타낸 것이다. 귀무가설에 대한 유의성 검정은 5% 유의수준하에서 양측 검정으로 수행하며, 검정 방법으로는 전통적 t-검정과 Wilcoxon 부호-순위 검정을 사용한다. 표본기업은 한국거래소 유가증권시장에 상장된 기업 중에서 무작위로 추출한 것이다.[1]

벤치마크 유형	기대영업성과 추정모형	검정 방법	기각률 표본의 크기		
			50	100	200
수준모형 (level model)	대분류 산업코드(M1)	Conventional *t*-test	6.5*	7.8*	11.9*
		Wilcoxon signed-rank test	4.7	4.0	4.6

수준모형 (level model)	대분류 산업코드와 규모(M2)	Conventional *t*-test	5.1	4.8	4.8
		Wilcoxon signed-rank test	3.9	4.0	4.7
	대분류 산업코드와 사전성과(M3)	Conventional *t*-test	4.9	5.6	5.0
		Wilcoxon signed-rank test	4.7	4.4	4.8
	대분류 산업코드, 규모 및 사전성과(M4)	Conventional *t*-test	5.5	5.6	4.7
		Wilcoxon signed-rank test	4.1	6.0	4.7
변동모형 (change model)	대분류 산업코드(M5)	Conventional *t*-test	5.6	6.7*	9.6*
		Wilcoxon signed-rank test	6.0	6.2	10.2*
	대분류 산업코드와 규모(M6)	Conventional *t*-test	6.0	11.8*	19.3*
		Wilcoxon signed-rank test	5.5	5.9	8.0*
	대분류 산업코드와 사전성과(M7)	Conventional *t*-test	5.7	4.6	6.4*
		Wilcoxon signed-rank test	5.4	6.9*	7.8*
	대분류 산업코드, 규모 및 사전성과(M8)	Conventional *t*-test	5.6	8.0*	9.2*
		Wilcoxon signed-rank test	5.9	8.9*	11.2*
절편모형 (intercept model)	Healy et al.(1992)의 회귀모형 (M9)	Conventional *t*-test	5.3	6.6*	9.5*

Note: *는 5% 유의수준하에서 유의함을 의미함.
주 1) 정형찬(2014), p. 829의 〈표 3〉에서 인용.

첫째, 수준모형에 비해 변동모형과 절편모형의 설정오류가 더 크게 나타나고 있다. 수준모형의 경우 대분류 산업코드 기준포트폴리오를 벤치마크로 한 모형(M1)과 전통적 *t*-검정법을 사용한 경우를 제외한 다른 모형에서는 설정오류가 발견되지 않았다. 이에 반해, 변동모형과 절편모형에서는 검정 방법에 관계없이 모든 기대영업성과 추정모형에서 설정오류가 존재하는 것으로 나타났다. 즉, 변동모형과 절편모형은 초과영업성과가 전혀 존재하지 않을 경우에라도 귀무가설에 대한 경험적 기각률이 이론적 기각률을 초과하는 설정오류를 나타내고 있다. 이론적인 측면에서 볼 때, 변동모형과 절편모형이 수준모형에 비해 기대영업성과를 추정하는 데 있어서 상대적으로 더 정교하고 논리적임에도 불구하고 설정오류가 더 심각하다는

것은 사건연구에서 흔히 볼 수 있는 역설적인 현상이기도 하다.[19]

둘째, 수준모형 중에서 규모 기준포트폴리오(M2), 사전성과 기준포트폴리오(M3), 규모 및 사전성과를 기준으로 선정한 통제기업(M4) 등을 벤치마크로 한 기대영업성과 추정모형에서는 검정 방법이나 표본의 크기에 관계없이 설정오류가 존재하지 않는 것으로 밝혀졌다. 반면에, 대분류 산업코드 기준포트폴리오를 벤치마크로 한 수준모형(M1)에서는 전통적 t-검정법을 사용할 경우에 설정오류가 발견되었다.

셋째, 한국증권시장에서 변동모형과 절편모형을 사용할 경우 검정 방법에 관계없이 모든 기대영업성과 추정모형에서 설정오류가 존재한다는 분석 결과는 임의표본을 사용할 경우 기대영업성과 추정모형과 검정 방법의 선택이 검정통계량의 설정오류에 유의적인 영향을 미치지 않는다는 Barber and Lyon(1996, p. 375)의 연구 결과와는 상당히 다른 결과이다. 한국증권시장을 대상으로 한 본 연구와 미국시장을 대상으로 한 Barber and Lyon(1996)의 연구 결과가 다른 것은 시장 환경의 차이에서 기인한 것으로 추론해 볼 수 있다. 특히 본 연구의 경우 변동모형의 모든 모형에서 설정오류가 발견된 것은 전체 표본기업의 수가 미국시장에 상장된 기업 수에 비해 현저히 적어 산업 특성을 반영할 때 대분류 산업코드를 적용할 수밖에 없었던 사실에서 그 원인을 찾을 수 있다. 즉 식 (7.2)에서 정의한 바와 같이 변동모형에서는 표본기업의 기대영업성과를 추정할 때 산업 특성을 기준으로 선정한 벤치마크의 영업성과 변동분이 중요한 요인임에도 불구하고 전체 표본의 수가 적어 본 연구에서는 대분류 산업코드를 적용할 수밖에 없었다. 이것이 결과적으로 표본기업과 벤치마크의 산업적 유사성을 떨어뜨려 설정오류가 발생했을 가능성이 크다.

넷째, 수준모형에서는 검정 방법의 선택이 설정오류에 영향을 미치나, 나머지 변동모형과 절편모형에서는 검정방법의 선택이 설정오류에 영향을 미치지 않는 것으로 나타났다. 예를 들어, 대분류 산업코드 기준포트폴리오를 벤치마크로 한 수준모형(M1)에서는 전통적 t-검정을 사용할 경우에는 설정오류가 발견되었지만, Wilcoxon 부호-순위 검정을 사용할 경우에는

---

19) Brown and Warner(1985)는 일별 주식수익률을 이용한 사건연구에서 비동시거래(non-synchronous trading)가 존재할 경우 시장모형의 계수를 추정할 때 단순한 OLS를 사용한 검정결과와 Scholes and Williams(1977)와 Dimson(1979)의 추정법에 의한 검정결과를 비교한 결과, 시장모형의 계수추정 모형으로서 Scholes and Williams(1977)와 Dimson(1979)의 추정법이 이론적으로 OLS에 비해 더 정교함에도 불구하고 검정력에는 OLS와 별다른 차이가 없음을 실증적으로 보여 주고 있다.

설정오류가 관찰되지 않았다. 반면에, 변동모형과 절편모형에서는 검정 방법의 선택에 관계 없이 설정오류가 존재하는 것으로 나타났다.

B. 기대영업성과 추정모형의 검정력

기대영업성과 추정모형의 검정력을 파악하기 위해 사건기간 동안 측정한 표본기업의 실제 초과영업성과에다 일정한 수준의 초과영업성과를 인위적으로 더해 준 다음 시뮬레이션 기법을 이용하여 각 모형과 검정 방법에 기초한 검정통계량의 검정력을 비교 분석한다. 시뮬레이션 분석 시에 인위적으로 추가하는 초과영업성과는 크기에 따라 각각 -3%, -2%, -1%, 0, +1%, +2%, +3% 등 일곱 가지의 경우로 구분한다.

〈표 7.4〉는 각 사건 연도에서 측정한 표본기업의 실제 초과영업성과에다 일정 수준의 초과영업성과를 인위적으로 가산하였을 때, 각 기대영업성과 추정모형과 검정 방법 및 표본의 크기별로 5% 유의수준하의 양측 검정에서 전체 1,000개의 임의표본 중 귀무가설을 기각한 표본의 비율을 제시한 것이다. 〈표 7.4〉에서 제시된 기대영업성과 추정모형은 앞의 〈표 7.3〉에서 설정오류가 없다고 판명된 수준모형의 세 모형인 규모 기준포트폴리오(M2), 사전성과 기준포트폴리오(M3)와 규모 및 사전성과를 기준으로 선정한 통제기업(M4) 등을 벤치마크로 한 모형만을 대상으로 한다. 귀무가설에 대한 유의성 검정은 〈표 7.3〉에서와 같이 전통적 t-검정과 Wilcoxon 부호-순위 검정을 사용하며, 표본은 임의표본을 대상으로 한다. 〈표 7.4〉에서 제시된 각 기대영업성과 추정모형과 검정 방법의 조합으로 구성된 사건연구방법의 검정력을 측정한 시뮬레이션 분석 결과를 요약하면 다음과 같다.

첫째, 사전성과 기준포트폴리오(M3)와 규모 및 사전성과를 기준으로 선정한 통제기업(M4) 등을 벤치마크로 한 모형의 검정력이 검정 방법이나 표본의 크기에 관계없이 규모 기준포트폴리오(M2)를 벤치마크로 한 모형에 비해 검정력이 우월한 것으로 나타났다.

둘째, 사전성과 기준포트폴리오(M3)와 규모 및 사전성과를 기준으로 선정한 통제기업(M4) 모형 등에서 유의성 검정 방법으로 Wilcoxon 부호-순위 검정법이 전통적 t-검정법보다 검정력이 더 뛰어난 것으로 관찰되었다. 이것은 영업성과를 측정하는 ROA의 분포에 있어서 극단치가 존재하기 때문인 것으로 생각된다. Barber and Lyon(1996)도 이와 매우 유사한 분석 결과를 보고하고 있으며, 그들은 이를 바탕으로 회계 정보를 활용한 사건연구에서는 전통적 t-검정보다는 Wilcoxon 부호-순위 검정을 사용하도록 권고하고 있다.

셋째, 기대영업성과 추정모형의 검정력은 검정 방법에 관계없이 표본의 크기에 비례하여 증가한다. 예를 들어, 사전성과 기준포트폴리오(M3)를 벤치마크로 한 기대영업성과 추정모형에서 Wilcoxon 부호-순위 검정법을 사용할 경우 표본의 크기가 50개일 때의 기각률이 59.8%인데 반해, 표본의 크기가 100개, 200개일 때의 기각률은 각각 87.2%와 99.3%로 대폭 증가하는 것으로 나타났다.

넷째, 사전성과 기준포트폴리오 모형(M3)과 규모 및 사전성과를 기준으로 선정한 통제기업 모형(M4)은 검정력에 있어서는 크게 차이를 보이고 있지는 않으나, 사전성과 기준포트폴리오 모형(M3)의 검정력 함수(power function)가 양의 초과영업성과와 음의 초과영업성과에서 명확한 대칭성을 보이고 있는데 반해 규모 및 사전성과를 기준으로 선정한 통제기업 모형(M4)은 약간의 비대칭성을 보이고 있다.

〈표 7.4〉 임의표본을 이용한 기대영업성과 추정모형의 검정력

아래 표는 각 사건 연도에서 측정한 표본기업의 실제 초과영업성과에다 일정 수준의 초과영업성과를 인위적으로 가산하였을 때, 각 기대영업성과 추정모형과 검정 방법 및 표본의 크기(n=50, 100, 200)별로 5% 유의수준하의 양측 검정에서 전체 1,000개의 임의표본 중 귀무가설을 기각한 표본의 비율을 제시한 것이다. 시뮬레이션 분석 시에 인위적으로 추가하는 초과영업성과는 크기에 따라 각각 -3%, -2%, -1%, 0, +1%, +2%, +3% 등 일곱 가지의 경우로 구분한다. 귀무가설에 대한 유의성 검정 방법으로는 전통적 t-검정과 Wilcoxon 부호-순위 검정을 사용한다. 표본기업은 한국거래소 유가증권시장에 상장된 기업 중에서 무작위로 추출한 것이다.[1]

기대영업성과 추정모형	검정 방법	표본크기 (n)	초과영업성과의 수준 (%)						
			-3	-2	-1	0	+1	+2	+3
대분류 산업코드와 규모(M2)	Conventional t-test	50	61.8	32.4	10.2	4.3	12.0	33.8	67.2
		100	89.6	57.2	18.1	4.7	19.1	60.1	91.6
		200	99.7	85.3	34.3	4.8	37.0	88.7	99.5
	Wilcoxon signed-rank test	50	58.5	30.6	10.1	4.7	13.9	35.3	61.4
		100	87.6	56.0	17.7	3.6	21.8	63.4	90.4
		200	99.8	85.9	32.1	4.2	35.6	89.7	99.8

		50	83.2	52.3	18.2	4.4	15.7	48.9	82.4
대분류 산업코드와 사전성과 (M3)	Conventional t-test	100	98.6	79.3	29.3	5.3	28.4	78.0	97.6
		200	100.0	97.6	53.6	5.0	50.1	96.6	100.0
	Wilcoxon signed-rank test	50	87.6	60.4	20.9	4.2	20.4	59.8	88.4
		100	99.5	89.8	35.9	4.7	36.3	87.2	98.9
		200	100.0	99.4	63.1	4.8	64.8	99.3	100.0
대분류 산업코드, 규모 및 사전성과(M4)	Conventional t-test	50	82.1	49.8	14.3	4.1	21.2	54.5	83.8
		100	97.2	76.6	25.7	5.4	31.8	81.5	98.2
		200	100.0	96.7	45.8	4.7	56.6	98.5	100.0
	Wilcoxon signed-rank test	50	86.9	54.3	17.8	5.6	23.3	59.3	88.3
		100	99.1	84.3	31.2	5.3	38.7	88.7	99.1
		200	100.0	99.1	56.7	5.2	66.8	99.3	100.0

주 1) 정형찬(2014), p. 832의 〈표 4〉에서 인용.

예를 들어, 표본의 크기가 200개일 때 규모 및 사전성과를 기준으로 선정한 통제기업 모형 (M4)에서 Wilcoxon 부호-순위 검정법을 사용할 경우 -1%의 초과영업성과에서는 56.7%의 기각률을 나타내고 있으나, +1%의 초과영업성과에서는 기각률이 66.8%로 양의 초과영업성과에서 검정력이 더 크게 나타나는 비대칭성을 보이고 있다. 이에 반해, 사전성과 기준포트폴리오 모형(M3)의 경우는 -1%의 초과영업성과에서 63.1%의 기각률을, +1%의 초과영업성과에서는 64.8%의 기각률을 각각 보이고 있어 대체로 양과 음의 초과영업성과에 대해 대칭성을 보이고 있다. 즉, 〈그림 7.1〉이 보여 주고 있는 바와 같이, 사전성과 기준포트폴리오 모형(M3)은 규모 및 사전성과를 기준으로 선정한 통제기업 모형(M4)에 비해 상대적으로 대칭적인 검정력 함수를 나타내고 있다. 이와 같이, 규모 및 사전성과를 기준으로 선정한 통제기업 모형(M4)에서 검정력 함수가 비대칭성을 보이고 있는 근본적인 원인은, 〈표 7.2〉의 〈패널 B〉에서 제시한 바와 같이, 이 모형을 사용하여 추정한 표본평균 초과영업성과 분포의 평균값과 중앙값이 각각 0.08%와 0.07%로 상향 편의를 나타내고 있기 때문이다. 이에 반해, 사전성과 기준포트폴리오 모형(M3)의 경우는 표본평균 초과영업성과 분포의 평균값과 중앙값이 통계적으로 유의한 편의가 없어 비교적 대칭적인 검정력 함수를 나타내고 있다.

〈그림 7.1〉 기대영업성과 측정모형의 검정력 비교

아래 그림은 임의표본을 이용한 실험에서 설정오류가 없는 것으로 밝혀진 세 유형의 기대영업성과 추정모형인 (1) 규모 기준포트폴리오(M2), (2) 사전성과 기준포트폴리오(M3), (3) 규모 및 사전성과를 기준으로 선정한 통제기업(M4) 등을 벤치마크로 한 수준모형(level model) 간의 검정력을 비교 도시한 것이다. 각 모형의 검정력은 표본기업의 실제 초과영업성과에다 일정 수준의 초과영업성과를 인위적으로 가산하였을 때, 5% 유의수준하의 양측 검정에서 전체 1,000개의 임의표본 중 귀무가설을 기각한 표본의 비율로서 측정한다. 시뮬레이션 분석 시에 인위적으로 추가하는 초과영업성과는 크기에 따라 각각 -3%, -2%, -1%, 0, +1%, +2%, +3% 등 일곱 가지의 경우로 구분한다. 귀무가설에 대한 유의성 검정 방법으로는 Wilcoxon 부호-순위 검정을 사용하며, 표본의 크기는 200개로 한정한다. 표본기업은 한국거래소 유가증권시장에 상장된 기업 중에서 무작위로 추출한 것이다.[1]

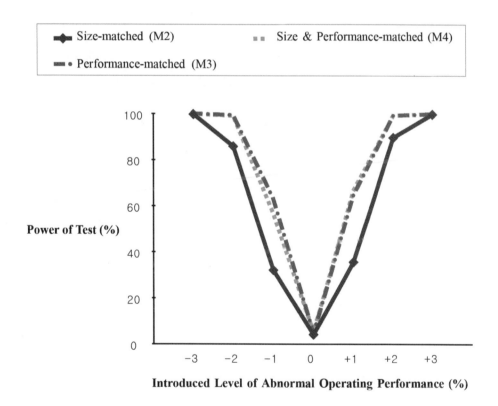

주 1) 정형찬(2014), p. 833의 〈그림 1〉에서 인용.

7.5 비임의표본을 사용한 시뮬레이션 결과

앞 절에서 임의표본을 이용한 시뮬레이션 분석을 통해 수준모형의 세 모형인 규모 기준포트폴리오(M2), 사전성과 기준포트폴리오(M3)와 규모 및 사전성과를 기준으로 선정한 통제기업(M4) 등을 벤치마크로 한 모형 등이 설정오류가 없는 기대영업성과 추정모형으로 밝혀졌다. 이 절에서는 이 세 가지 유형의 기대영업성과 추정모형이 임의표본이 아닌 다양한 표본편의(sampling biases)를 갖는 비임의표본(nonrandom sample)에서도 여전히 신뢰할 수 있는 수준으로 통계적 오류를 통제할 수 있는지의 여부를 앞 절에서 임의표본을 사용하여 수행한 시뮬레이션과 동일한 실험을 통해 살펴본다. 이러한 실험 결과를 통해, 표본편의가 존재할 때 발생하는 설정오류의 원인이 무엇이며, 그 크기와 정도가 얼마나 되는지를 확인하고, 최종적으로 어떤 성과측정모형이 특정 표본 환경에 적합한지를 제시하도록 한다. 이를 위해 여기서는, 먼저 기업규모와 관련된 표본편의를 가지는 두 개의 표본(size-based samples), 즉 소기업 표본과 대기업 표본을 구성하고, 또 다른 한편으로는 영업성과와 관련된 표본편의를 가지는 두 개의 표본(performance-based samples), 즉 양호한 성과 표본과 저조한 성과 표본 등을 각각 구성한다.

7.5.1 기업규모 특성의 비임의표본

표본 선정에서 이미 설명한 바와 같이, 기업규모와 관련된 표본편의를 가지는 비임의표본을 선정하기 위해 매년도의 기말 총자산의 장부가치를 기준으로 전체 표본기업의 순위를 매긴다. 이 자산규모 순위에 따라 전체 표본기업을 대, 중, 소 3개의 포트폴리오로 구분하고 이 중 규모가 가장 큰 첫 번째 포트폴리오와 가장 작은 마지막 포트폴리오에서 각각 대기업 표본과 소기업 표본을 무작위 복원추출 방식으로 선정한다.

〈표 7.5〉는 기업규모와 관련된 표본편의가 기대영업성과 추정모형의 설정오류에 어떠한 영향을 미치는지를 분석하기 위해 표본의 크기가 각각 50개, 100개 및 200개인 1,000개의 비

임의표본, 즉 소기업 표본과 대기업 표본을 대상으로 수행한 시뮬레이션 결과를 나타낸 것이다. 여기서 기대영업성과 추정모형으로는 임의표본을 사용한 실험에서 설정오류가 없는 것으로 밝혀진 수준모형의 세 모형인 (1) 규모 기준포트폴리오(M2), (2) 사전성과 기준포트폴리오(M3), (3) 규모 및 사전성과를 기준으로 선정한 통제기업(M4) 등을 벤치마크로 한 모형 등을 선택한다. 귀무가설에 대한 유의성 검정은 앞 절에서와 같이 전통적 t-검정과 Wilcoxon 부호-순위 검정을 사용한다.

〈표 7.5〉 규모특성에 따른 비임의표본에서의 기대영업성과 추정모형의 설정오류

아래 표는 기업규모와 관련된 표본편의(size-based sampling biases)가 기대영업성과 추정모형의 설정오류에 어떠한 영향을 미치는지를 분석하기 위해 표본의 크기가 각각 50개, 100개 및 200개인 1,000개의 비임의표본(nonrandom samples), 즉 소기업 표본과 대기업 표본을 대상으로 수행한 시뮬레이션 결과를 제시한 것이다. 시뮬레이션 실험에 사용된 기대영업성과 추정모형은 임의표본을 이용한 실험에서 설정오류가 없는 것으로 밝혀진 세 모형인 (1) 규모 기준포트폴리오(M2), (2) 사전성과 기준포트폴리오(M3), (3) 규모 및 사전성과를 기준으로 선정한 통제기업(M4) 등을 벤치마크로 한 수준모형 등을 선택한다. 귀무가설에 대한 유의성 검정은 5% 유의수준하에서 양측 검정으로 수행하며, 검정 방법으로는 전통적 t-검정과 Wilcoxon 부호-순위 검정을 사용한다. 표본기업은 한국거래소 유가증권시장에 상장된 기업 중에서 무작위로 추출한 것이다.[1]

기대영업성과 추정모형	검정 방법	기각률		
		표본의 크기		
		50	100	200
〈패널 A〉 소기업 표본				
대분류 산업지수와 규모(M2)	Conventional t-test	7.0*	5.3	5.8
	Wilcoxon signed-rank test	5.5	5.7	4.6
대분류 산업지수와 사전성과(M3)	Conventional t-test	6.0	7.3*	10.7*
	Wilcoxon signed-rank test	4.6	5.5	5.8
대분류 산업지수, 규모 및 사전성과 (M4)	Conventional t-test	8.6*	14.5*	25.0*
	Wilcoxon signed-rank test	7.4*	10.2*	15.1*
〈패널 B〉 대기업 표본				
대분류 산업지수와 규모(M2)	Conventional t-test	4.4	5.5	4.3
	Wilcoxon signed-rank test	4.9	4.8	4.4

대분류 산업지수와 사전성과(M3)	Conventional *t*-test	6.5*	8.2*	10.0*
	Wilcoxon signed-rank test	5.2	5.9	6.7*
대분류 산업지수, 규모 및 사전성과 (M4)	Conventional *t*-test	6.3*	6.1	6.9*
	Wilcoxon signed-rank test	4.3	5.9	6.2

Note: *는 5% 유의수준하에서 유의함을 의미함.

주 1) 정형찬(2014), p. 835의 〈표 5〉에서 인용.

사건연구방법의 설정오류를 각각 기업규모 특성과 관련된 비임의표본과 임의표본을 대상으로 분석한 〈표 7.5〉와 〈표 7.3〉을 비교해 볼 때, 임의표본에서 설정오류가 없는 것으로 관찰된 세 가지 유형의 기대영업성과 추정모형이 규모 특성을 가진 비임의표본에서는 규모 기준포트폴리오(M2)를 벤치마크로 한 모형을 제외하고는 나머지 두 모형은 모두 설정오류가 있는 것으로 나타났다. 특히, 기대영업성과를 규모 기준포트폴리오 모형(M2)으로 추정하였더라도 유의성 검정에 있어서 Wilcoxon 부호-순위 검정을 사용한 경우에는 설정오류가 발견되지 않았으나, 전통적 *t*-검정을 사용했을 때는 표본의 크기가 상대적으로 작은 경우(n=50)에는 설정오류가 발견되었다. 임의표본을 대상으로 한 실험에서 설정오류가 없으며 상대적으로 검정력이 우수한 모형으로 판명된 사전성과 기준포트폴리오(M3)의 경우도 소기업 표본과 대기업 표본 모두에서 설정오류가 존재하는 것으로 관찰되었다.

이처럼, 기업규모와 관련된 표본편의가 기대영업성과 추정모형의 설정오류에 미치는 영향을 분석한 실험 결과를 요약하면 다음과 같다.

첫째, 연구 주제가 주로 대기업 혹은 소기업만을 대상으로 한 연구에서와 같이 연구의 특성상 표본 자체가 어쩔 수 없이 규모와 관련된 표본편의를 가질 수밖에 없을 경우에, 기대영업성과 추정모형으로는 규모 기준포트폴리오(M2)를 벤치마크로 한 수준모형을 사용하고, 유의성 검정 방법으로는 Wilcoxon 부호-순위 검정을 사용하는 사건연구방법만이 유일하게 설정오류를 피할 수 있다.

둘째, 임의표본을 사용한 실험에서 가장 우수한 성과모형으로 밝혀진 사전성과 기준포트폴리오(M3)를 벤치마크로 한 수준모형도 소기업 표본이나 대기업 표본과 같은 규모특성에 따른 비임의표본을 대상으로 한 연구에서는 설정오류를 피할 수 없기 때문에 사용하지 않는 것이 바람직하다.

7.5.2 성과 특성의 비임의표본

영업성과와 관련된 표본편의를 가지는 비임의표본을 선정하기 위해 매년도의 기말 ROA를 기준으로 전체 표본기업의 순위를 매기고, 이 순위에 따라 표본기업을 3개의 포트폴리오로 구분한다. 이 중 ROA가 가장 높은 첫 번째 포트폴리오와 가장 낮은 세 번째 포트폴리오에서 각각 양호한 성과를 가진 기업 표본과 저조한 성과를 가진 기업 표본을 무작위 복원추출 방식으로 선정한다.

〈표 7.6〉은 영업성과와 관련된 표본편의가 사건연구방법의 설정오류에 어떠한 영향을 미치는지를 분석하기 위해 각각 50개, 100개 및 200개의 개별기업으로 구성된 1,000개의 비임의표본인 양호한 영업성과 표본과 저조한 영업성과 표본을 대상으로 수행한 시뮬레이션 결과를 나타낸 것이다. 여기서 기대영업성과 추정모형으로는 앞서와 같이 임의표본을 사용한 실험에서 설정오류가 없는 것으로 밝혀진 수준모형의 세 모형인 (1) 규모 기준포트폴리오(M2), (2) 사전성과 기준포트폴리오(M3), (3) 규모 및 사전성과를 기준으로 선정한 통제기업(M4) 등을 벤치마크로 한 모형 등을 사용한다. 귀무가설에 대한 유의성 검정은 전통적 t-검정과 Wilcoxon 부호-순위 검정을 사용한다.

〈표 7.6〉에서 제시된 바와 같이, 성과특성을 가지는 비임의표본을 연구 대상으로 할 경우, 임의표본에서 설정오류가 없는 것으로 관찰된 수준모형의 세 유형의 성과측정 모형 중에서 사전성과 기준포트폴리오(M3)를 벤치마크로 하는 모형을 제외하고는 나머지 모형들은 모두 설정오류가 존재하는 것으로 나타났다. 특히, 사전성과 기준포트폴리오(M3)를 벤치마크로 하는 모형을 사용하더라도 유의성 검정 시에 Wilcoxon 부호-순위 검정을 활용할 경우에는 설정오류가 나타나지 않았으나, 전통적 t-검정을 사용할 경우에는 영업성과가 양호한 기업 표본에서 표본의 크기가 200개일 경우에는 설정오류가 존재하는 것으로 나타났다.

지금까지, 규모나 영업성과와 같은 특정한 표본편의를 가지는 비임의표본을 대상으로 한 시뮬레이션 실험을 수행하였다. 이 실험 결과들이 의미하는 바를 간략하게 요약하면 다음과 같다.

〈표 7.6〉 성과특성에 따른 비임의표본에서의 기대영업성과 추정모형의 설정오류

아래 표는 성과와 관련된 표본편의(performance-based sampling biases)가 기대영업성과 측정모형의 설정오류에 어떠한 영향을 미치는지를 분석하기 위해 표본의 크기가 각각 50개, 100개 및 200개인 1,000개의 비임의표본(nonrandom samples), 즉 성과가 양호한 기업 표본과 저조한 기업 표본을 대상으로 수행한 시뮬레이션 결과를 제시한 것이다. 시뮬레이션 실험에 사용된 기대영업성과 측정모형은 임의표본을 이용한 실험에서 설정오류가 없는 것으로 밝혀진 세 모형인 (1) 규모 기준포트폴리오(M2), (2) 사전성과 기준포트폴리오(M3), (3) 규모 및 사전성과를 기준으로 선정한 통제기업(M4) 등을 벤치마크로 한 수준모형 등을 선택한다. 귀무가설에 대한 유의성 검정은 5% 유의수준하에서 양측 검정으로 수행하며, 검정 방법으로는 전통적 t-검정과 Wilcoxon 부호-순위 검정을 사용한다. 표본기업은 한국거래소 유가증권시장에 상장된 기업 중에서 무작위로 추출한 것이다.[1]

기대영업성과 추정모형	검정 방법	기각률		
		표본의 크기		
		50	100	200
〈패널 A〉 영업성과가 저조한 기업 표본				
대분류 산업지수와 규모(M2)	Conventional t-test	81.2*	97.6*	100.0*
	Wilcoxon signed-rank test	89.2*	99.2*	100.0*
대분류 산업지수와 사전성과(M3)	Conventional t-test	5.4	4.9	5.9
	Wilcoxon signed-rank test	4.0	5.3	4.8
대분류 산업지수, 규모 및 사전성과 (M4)	Conventional t-test	64.0*	89.9*	99.7*
	Wilcoxon signed-rank test	66.1*	93.3*	99.9*
〈패널 B〉 영업성과가 양호한 기업 표본				
대분류 산업지수와 규모(M2)	Conventional t-test	94.9*	99.9*	100.0*
	Wilcoxon signed-rank test	95.2*	99.8*	100.0*
대분류 산업지수와 사전성과(M3)	Conventional t-test	5.4	5.7	6.6*
	Wilcoxon signed-rank test	4.0	5.5	5.6
대분류 산업지수, 규모 및 사전성과 (M4)	Conventional t-test	61.4*	87.0*	98.8*
	Wilcoxon signed-rank test	62.7*	92.6*	99.7*

Note: *는 5% 유의수준하에서 유의함을 의미함.

주 1) 정형찬(2014), p. 837의 〈표 6〉에서 인용.

첫째, 특정 표본편의와 직접 관련이 있는 특성을 지닌 기업으로 구성된 기준포트폴리오를 벤치마크로 하는 성과측정 모형을 사용해야 설정오류를 피할 수 있다. 즉, 기업규모와 관련된 표본편의를 가진 비임의표본을 대상으로 한 연구에서는 규모 기준포트폴리오(M2)를, 영업성과와 관련된 표본편의를 지닌 비임의표본을 대상으로 한 연구에서는 사전성과 기준포트폴리오(M3)를 벤치마크로 하는 수준모형을 각각의 기대영업성과 추정모형으로 활용해야만 설정오류를 피할 수 있다. 이러한 분석 결과는 사전성과 기준포트폴리오를 벤치마크로 하는 수준 혹은 변동모형은 비임의표본이 지니는 어떠한 재무적 특성과 관계없이 설정오류를 피할 수 있다는 Barber and Lyon(1996)의 실험 결과와는 일치하지 않는다.

둘째, 비임의표본의 표본편의에 적합한 기준포트폴리오를 벤치마크로 하는 수준모형을 기대영업성과 추정모형으로 활용하더라도 유의성 검정 시에 Wilcoxon 부호-순위 검정을 활용할 경우에는 설정오류가 나타나지 않았으나, 전통적 t-검정을 사용할 경우에는 표본의 크기에 따라 설정오류가 나타나는 경우도 있다. 따라서, 특정한 표본편의를 지닌 비임의표본을 대상으로 한 연구에서는 표본편의와 직접 관련된 특성을 가진 기준포트폴리오를 벤치마크로 한 수준모형을 기대영업성과 추정모형으로 선택하고, 유의성 검정 방법으로는 Wilcoxon 부호-순위 검정을 사용하는 것이 설정오류를 피할 수 있는 적합한 사건연구방법이다.

7.6 소결

임의표본을 대상으로 시행한 시뮬레이션 분석 결과를 종합적으로 평가해 볼 때, 한국증권시장에서 기대영업성과를 추정하는 모형 가운데 설정오류가 없어 통계적 신뢰성을 확보할 수 있는 모형은 수준모형 중에서 규모 기준포트폴리오(M2), 사전성과 기준포트폴리오(M3)와 규모 및 사전성과를 기준으로 선정한 통제기업(M4) 등을 벤치마크로 한 기대영업성과 모형으로 밝혀졌다. 그리고, 이들 모형 중에서도 사전성과 기준포트폴리오를 벤치마크로 한 수준모형(M3)이 검정력과 검정력 함수의 대칭도(symmetry) 측면에서 가장 우수한 것으로 나타났다. 한편, 유의성 검정 방법으로 Wilcoxon 부호-순위 검정법이 전통적 t-검정법보다 대부분의 표본 환경에서 검정력이 보다 우월한 것으로 판명되었다. 따라서, 회계 정보를 기반으로 하는 사건연구에서는 기대영업성과를 측정하는 모형으로는 사전성과 기준포트폴리오를 벤치마크로 한 수준모형(M3)을 활용하고, 유의성 검정 방법으로는 Wilcoxon 부호-순위 검정법을 사용하는 것이 한국증권시장에서의 영업성과 연구에 가장 적합한 것으로 판단된다.

그러나, 특정한 재무 특성을 지닌 표본, 예를 들어 대기업 혹은 소기업만으로 구성된 표본이나, 영업성과가 양호한 혹은 저조한 기업만으로 구성된 표본 등과 같은 비임의표본을 대상으로 한 시뮬레이션 실험에서는 임의표본과는 상이한 결과를 얻었다. 실험 결과에 의하면, 특정한 표본편의를 지닌 비임의표본을 대상으로 한 연구에서는 표본편의와 직접 관련된 재무적 특성을 가진 기준포트폴리오를 벤치마크로 한 수준모형을 성과측정 모형으로 하고, 유의성 검정 방법으로는 Wilcoxon 부호-순위 검정을 활용하는 것이 설정오류를 피할 수 있는 적합한 연구방법으로 나타났다. 즉, 기업규모와 관련된 표본편의를 가진 비임의표본을 대상으로 한 연구에서는 규모 기준포트폴리오(M2)를, 영업성과와 관련된 표본편의를 지닌 비임의표본을 대상으로 한 연구에서는 사전성과 기준포트폴리오(M3)를 벤치마크로 하는 수준모형을 각각의 기대영업성과 추정모형으로 사용해야만 설정오류를 피할 수 있다.

최근 영업성과에 기초한 사건연구에서 대부분의 연구자들이 기업의 영업성과를 측정하는 척도(measure)로서 ROA를 이용하고 있다. 물론 영업성과를 측정하기 위해 사용 가능한 척도로는 ROA 이외에도 EPS, ROE, ROS, 현금흐름 ROA(cash-flow return on assets) 등 다양하다. 이 책에서는 최근의 이러한 추세를 반영하여 성과측정 도구로서 ROA만을 사용하였지만, 연구의 특성에 따라서는 ROA보다는 다른 성과 척도가 더 적합할 수도 있다. 예를 들어, 최근에 새로운 증권을 발행하여 투자 자금을 조달한 기업의 경우, 새로 조달한 자금으로 자산을 구입함으로써 총자산의 장부가치는 크게 증가하였으나 이에 상응하는 영업이익은 증가하지 않을 수도 있다. 왜냐하면, 일반적으로 새로 구입한 자산이 추가적인 영업이익을 창출하는 데는 몇 년에 걸친 시간이 필요하기 때문이다. 이러한 경우 연구자는 표본기업의 영업성과를 해당 사건 이후 여러 해에 걸쳐 추정하거나 혹은 ROS와 같이 새로운 투자로 인한 자산의 변동에 영향을 받지 않는 성과 척도를 활용할 수도 있다(Barber and Lyon, 1996). 하지만, 이 책에서는 ROS, ROE, 현금흐름 ROA 등과 같은 다양한 영업성과 척도를 사용했을 때, 이것이 영업성과를 기반으로 한 사건연구방법의 설정오류와 검정력에 어떠한 영향을 미치는지에 대한 실증 연구는 다루지 못했다. 따라서, 이에 대한 추가적인 실증 연구는 미래의 연구과제로 계속 수행되어야 할 것으로 생각한다.

부록

〈표 A7.1〉 한국표준산업분류(KSIC) 기준에 의한 분류 단계별 항목 수

대분류	중분류	소분류	세분류	세세분류
A 농업, 임업 및 어업	3	8	21	34
B 광업	4	7	12	17
C 제조업	24	83	180	461
D 전기, 가스, 수도	2	4	6	9
E 폐기물, 환경복원	3	5	11	15
F 건설업	2	7	14	42
G 도매 및 소매	3	20	58	164
H 운수업	4	11	20	46
I 숙박 및 음식점업	2	4	8	24
J 출판, 영상, 정보 등	6	11	25	42
K 금융, 보험	3	8	15	33
L 부동산, 임대	2	6	13	21
M 전문, 과학, 기술	4	13	19	50
N 사업시설, 사업지원	2	7	13	21
O 행정, 국방, 사회보장	1	5	8	25
P 교육서비스	1	7	16	29
Q 보건 및 사회복지	2	6	9	21
R 예술, 스포츠, 여가	2	4	17	43
S 협회, 수리, 개인	3	8	18	43
T 자가소비 생산 활동	2	3	3	3
U 국제 및 외국기관	1	1	1	2
21	76	228	487	1,145

참고문헌

강호상·성용모, 1994, "한국기업의 해외기업 인수가 주주 부에 미치는 영향", 경영학연구, 제23권, pp. 23-55.

고봉찬·김명직·김진우, 2018, "국내 무액면주식제도의 재무적 기대효과와 활성화 방안", 한국증권학회지, 제47권, pp. 199-233.

고봉찬·박래수, 2000, "증권발행기업의 장단기 성과에 관한 연구", 증권학회지, 제27집, pp. 439-476.

김건우, 1987, "기업부실 정보가 주가에 미치는 영향", 증권학회지, 제9집, pp. 117-154.

김권중·황선웅·김진선, 1994, "지수수익률의 선택과 초과수익률 추정치의 편의", 증권학회지, 제16집, pp. 467-511.

김동철, 2004, "시장위험의 구조적 변화와 주가수익률의 결정요인에 대한 재고찰", 증권학회지, 제33집, pp. 95-134.

김병기, 2000, "무상증자 실시기업의 장기성과", 재무관리논총, 제6권, pp. 23-45.

김병기·공명재, 2000, "유상증자 후의 장기 주가수익률 및 영업성과", 재무관리연구, 제17권, pp. 13-44.

김상환, 2004, "안정분포를 이용한 주식수익률 분포에 관한 연구", 금융학회지, 제9권, pp. 41-70.

김석진·변현수, 2002, "분리공모를 통한 구조조정의 성과", 재무관리연구, 제19권, pp. 253-270.

김석진·김지영, 2000, "기업규모와 장부가/시가 비율과 주식수익률의 관계", 재무연구, 제13권, pp. 21-47.

김영규·김영혜, 2000, "최초공모주의 장기성과와 이익관리", 재무관리연구, 제17권, pp. 71-98.

김지수·최정호, 1995, "기업의 부동산 취득 및 처분이 주식수익률에 미치는 영향", 증권학회지, 제18집, pp. 283-332.

김지수·조정일, 2005, "분리설립의 기업성과와 성과요인", 재무연구, 제18권, pp. 139-183.

김찬웅·김경원, 1997, "사건연구에서의 주식성과 측정", 증권학회지, 제20집, pp. 301-326.

김철교, 1992, "무상주 발행이 주식시장에 미치는 영향에 대한 실증적 연구", 재무관리연구, 제9권, pp. 210-242.

김태규·신정순, 2014, "내부자 거래 초과수익의 결정 요인", 증권학회지, 제43권, pp. 359-383.

남명수·안창모, 1995, "상하한가제도와 주가변동성", 증권학회지, 제18집, pp. 419-439.

박준우, 2005, "해외기업인수의 장기성과에 관한 연구", 재무관련 5개 학회 춘계공동학술연구발표회 및 특별 심포지엄 발표논문집, pp. 1501-1539.

방승욱, 1997, "주가수익률의 안정 파레토 분포 적용과 무한분산 탐색에 관한 연구", 경영학연구, 제26권, pp. 155-172.

변종국 · 조정일, 2007, "주식분할의 장기성과", 재무관리연구, 제24권, pp. 1-27.

변진호 · 안소림, 2007, "합병인수기업의 규모 효과에 관한 연구", 재무연구, 제20권, pp. 37-68.

설원식 · 김수정, 2003, "스톡옵션 부여 기업의 장기성과에 관한 연구", 증권학회지, 제32집, pp. 173-217.

심병구 · 안임 · 유득준 · 윤계섭, 1980, "효율적 증권시장 가설 이론과 한국증권시장에 있어서의 검증", 증권학회지, 제1집, pp. 93-130.

양희진 · 주강진 · 정준영 · 류두진, 2017, "주식분할과 무상증자: 결정요인과 공시효과에 대한 실증분석", 한국증권학회지, 제46권, pp. 879-900.

윤순석, 1990, "시가발행 할인율 변동과 주가", 증권학회지, 제12집, pp. 117-146.

윤평식, 1999, "유상증자의 장단기 효과", 증권학회지, 제25집, pp. 71-105.

이원흠, 2007, "내재가치를 이용한 사건연구방법론의 개발에 관한 연구: 기업합병의 장기효과 측정을 중심으로", 재무연구, 제20권, pp. 143-183.

이일균, 1989, "증권의 일별 수익률과 월별 수익률의 특성에 관한 연구", 증권학회지, 제11집, pp. 199-229.

정무권, 2003, "전환사채 발행회사의 장기성과", 재무연구, 제16권, pp. 95-127.

정균화, 2013, "주식 병합에 대한 시장의 반응", 증권학회지, 제42권, pp. 639-665.

정성창 · 이용교, 1996, "자사주 매입과 자사주 펀드 제도의 유효성 분석", 재무연구, 제11권, pp. 241-271.

정성창 · Yong-Gyo Lee, 2003, "자사주 취득 기업의 장기성과에 관한 연구", 재무연구, 제16권, pp. 129-162.

정진호 · 하종배, 2004, "공개매수가 기업가치에 미치는 영향에 관한 연구", 한국재무관리학회 2004년도 추계학술발표대회 발표논문집, pp. 265-304.

정태영 · 박지훈, 2006, "한국기업의 해외기업 인수는 주주 부를 감소시키는 사건인가? 생존가설, 역내 부화가설 및 다국적 네트워크 가설을 중심으로", 경영학연구, 제35권, pp. 1075-1104.

정형찬, 1992, "해외인수기업의 전략적 의의 및 주가에 미치는 영향", 재무관리연구, 제9권, pp. 271-293.

정형찬, 1997, "한국주식시장에 적합한 사건연구방법론의 고안", 재무관리연구, 제14권, pp. 273-312.

정형찬, 2006, "사건연구방법론에서 소규모 표본의 문제와 모형의 검정력", 증권학회지, 제35권, pp.

107-140.

정형찬, 2007, "한국증권시장에서의 장기성과 측정모형의 검정력과 통계적 오류", 증권학회지, 제36권, pp. 237-280.

정형찬, 2008, "장기성과 사건연구의 검정력 제고를 위한 통계적 검정방법", 증권학회지, 제37권, pp. 765-811.

정형찬, 2014, "회계정보를 활용한 사건연구에서의 초과영업성과의 추정과 검정", 증권학회지, 제43권, pp. 811-846.

정형찬 · 박경희, 1999, "합병일 이후의 합병기업 주가의 장기성과", 재무관리연구, 제16권, pp. 83-114.

최문수 · 허형주, 2000, "신규공모주의 장기성과에 대한 재고찰", 재무연구, 제13권, pp. 99-127.

최우석 · 이상빈, 2003, "가격제한폭의 사전적 효과인 자석효과와 비대칭성에 관한 실증연구", 경영학연구, 제32권, pp. 1223-1234.

Aguilera, R., K. Desender, M. Bednar, and J. Lee, 2015, Connecting the dots: Bringing external corporate governance into the corporate governance puzzle, *The Academy of Management Annals* 9, pp. 483-573.

Agrawal, A., J. Jaffe, and G. Mandelker, 1992, The post-merger performance of acquiring firms: A reexamination of an anomaly, *Journal of Finance* 47, pp. 1605-1621.

Ahrony, J. and I. Swary, 1980, Quarterly dividend and earnings announcements and stockholders' returns: An empirical analysis, *Journal of Finance* 35, pp. 1-12.

Ang, J. and S. Zhang, 2004, An evaluation of testing procedures for long horizon event studies, *Review of Quantitative Finance and Accounting* 23, pp. 251-274.

Armitage, S., 1995, Event study methods and evidence on their performance, *Journal of Economic Surveys* 8, pp. 25-52.

Ashley, J., 1962, Stock prices and changes in earnings and dividends: Some empirical results, *Journal of Political Economy*, pp. 82-85.

Asquith, P. and D. Mullins, 1983, The impact of initiating dividend payments on shareholders' wealth, *Journal of Business* 56, pp. 77-96.

Asquith, P. and D. Mullins, 1986, Equity issues and offering dilution, *Journal of Financial Economics* 15, pp. 61-89.

Ball, R. and P. Brown, 1968, An empirical evaluation of accounting income numbers, *Journal of Accounting Research* 6, pp. 159-178.

Barber, B. and J. Lyon, 1996, Detecting abnormal operating performance: The empirical power and specification of test statistics, *Journal of Financial Economics* 41, pp. 359-399.

Barber, B. and J. Lyon, 1997, Detecting long-run abnormal stock returns: The empirical power and specification of test statistics, *Journal of Financial Economics* 43, pp. 341-372.

Barker, C., 1956, Effective stock splits, *Harvard Business Review* 34, pp. 101-106.

Barker, C., 1957, Stock splits in bull market, *Harvard Business Review* 35, pp. 72-79.

Barker, C., 1958, Evaluation of stock dividends, *Harvard Business Review* 36, pp. 99-114.

Barth, M. and M. McNichols, 1994, Estimation and market valuation of environmental liabilities relating to Superfund sites, *Journal of Accounting Research* 32, pp. 177-209.

Bera, K. and C. Jarque, 1982, Model specification tests: A simultaneous approach, *Journal of Econometrics* 20, pp. 59-82.

Bernard, V., 1987, Cross-sectional dependence and problems in inference in market-based accounting research, *Journal of Accounting Research* 25, pp. 1-48.

Bharadwaj, A. and A. Shivdasani, 2003, Valuation effects of bank financing in acquisitions, *Journal of Financial Economics* 67, pp. 113-148.

Binder, J., 1998, The event study methodology since 1969, *Review of Quantitative Finance and Accounting* 11, pp. 111-137.

Blacconiere, W. and W. Northcutt, 1997, Environmental information and market reactions to environmental legislation, *Journal of Accounting, Auditing and Finance* 12, pp. 149-178.

Boehme, R. and S. Sorescu, 2002, The long-run performance following dividend initiations and resumptions: Underreaction or product of chance? *Journal of Finance* 57, pp. 871-900.

Boehmer, E., J. Musumeci, and A. Poulsen, 1991, Event-study methodology under conditions of event-induced variance, *Journal of Financial Economics* 30, pp. 253-272.

Brav, A., 2000, Inference in long-horizon event studies: A bayesian approach with application to initial public offerings, *Journal of Finance* 55, pp. 1791-1821.

Brick, I., M. Statman, and D. Weaver, 1989, Event studies and model misspecification: Another look at the benefits to outsiders from public information about insider trading, *Journal of Business Finance and Accounting* 16, pp. 399-424.

Brock, W., J. Lakonishok, and B. LeBaron, 1992, Simple technical trading rules and the stochastic properties of stock returns, *Journal of Finance* 47, pp. 1731-1764.

Brown, S., W. Goetzmann, and S. Ross, 1995, Survival, *Journal of Fiance* 50, pp. 853-873.

Brown, S. and J. Warner, 1980, Measuring security price performance, *Journal of Financial Economics* 8, pp. 205-258.

Brown, S. and J. Warner, 1985, Using daily stock returns: The case of event studies, *Journal of*

Financial Economics 14, pp. 3-31.

Byun, J. and M. Rozeff, 2003, Long-run performance after stock splits: 1927 to 1996, *Journal of Finance* 58, pp. 1063-1085.

Campbell, J., A. Lo and A. MacKinlay, 1997, The econometrics of financial markets, Princeton University Press.

Canina, L., R. Michaely, R. Thaler and K. Womack, 1998, Caveat compounder: A warning about using the daily CRSP equal-weighted index to compute long-run excess returns, *Journal of Finance* 53, pp. 403-416.

Carhart, M., 1997, On persistence in mutual fund performance, *Journal of Finance* 52, pp. 57-82.

Chandra, R., S. Moriarity, and G. Willinger, 1990, A reexamination of the power of alternative return-generating models and the effect of accounting for cross-sectional dependencies in event studies, *Journal of Accounting Research* 28, pp. 398-408.

Chang, S., 1998, Takeovers of privately held targets, methods of payment, and bidder returns, *Journal of Finance* 53, pp. 773-784.

Charest, G., 1978, Dividend information, stock returns, and market efficiency-II, *Journal of Financial Economics* 6, 297-330.

Chen, K., L. Cheng, T. Wu, Y. Zhao, 2019, Stock performance and insider trading in completed and canceled private placements, *Asia-Pacific Journal of Financial Studies* 48, pp. 123-146.

Cicero, D., 2009, The manipulation of executive stock option exercise strategies: Information timing and backdating, *Journal of Finance* 64, pp. 2627-2663.

Collins, W. and W. Dent, 1984, A comparison of alternative testing models used in capital market research, *Journal of Accounting Research* 22, pp. 48-84.

Conrad, J. and G. Kaul, 1993, Long-term market overreaction or biases in computed returns? *Journal of Finance* 48, pp. 39-64.

Corrado, C., 1989, A nonparametric test for abnormal security-price performance in event studies, *Journal of Financial Economics* 23, pp. 385-395.

Corrado, C. and T. Zivney, 1992, The specification and power of the sign test in event study hypothesis tests using daily stock returns, *Journal of Financial and Quantitative Analysis* 27, pp. 465-478.

Cowan, A. and A. Sergeant, 2001, Interacting biases, non-normal return distributions and the performance of tests for long-horizon event studies, *Journal of Banking and Finance* 25, pp.

741-765.

Crew, N., K. Gold and M. Moore, 2006, Federal securities acts and areas of expert analysis, in R. Weil, P. Frank, C. Hughes and M. Wagner, ed.: *Litigation Services Handbook: The Role of the Financial Expert*, Wiley, pp. 18.1-18.26.

Daniel, K., D. Hirshleifer and A. Subrahmanyam, 1998, Investor psychology and security market under- and overreactions, *Journal of Finance* 53, pp. 1035-1058.

Dann, L., 1981, Common stock repurchases: An analysis of returns to bondholders and stockholders, *Journal of Financial Economics* 9, pp. 113-138.

Dann, L., R. Masulis, and D. Mayers, 1991, Repurchase tender offers and earnings information, *Journal of Accounting and Economics* 14, pp. 217-251.

Davision, A. and D. Hinkley, 2006, *Bootstrap Methods and their Application*, 8th ed., Cambridge University Press, New York.

De Long, J., A. Shleifer, R. Vishny and R. Waldman, 1990, Noise trader risk in financial markets, *Journal of Political Economy* 98, pp. 703-738.

DeAngelo, H., L. DeAngelo, and E. Rice, 1984, Going private: Minority freezeouts and stockholder wealth, *Journal of Law and Economics* 27, pp. 367-401.

DeBondt, W. and R. Thaler, 1985, Does the stock market overreact? *Journal of Finance* 40, pp. 793-805.

DeBondt, W. and R. Thaler, 1987, Further evidence of investor overreaction and stock market seasonality, *Journal of Finance* 42, pp. 557-581.

Dennis, D. and J. McConnell, 1986, Corporate mergers and security returns, *Journal of Financial Economics* 16, pp. 143-187.

Dichev, I. and J. Piotroski, 2001, The long stock returns following bond ratings changes, *Journal of Finance* 56, pp. 173-203.

Dimson, E., 1979, Risk measurement when shares are subject to infrequent trading, *Journal of Financial Economics* 7, pp. 197-226.

Dimson, E. and P. Marsh, 1984, An analysis of brokers' and analysts' unpublished forecasts of UK stock returns, *Journal of Finance* 39, pp. 1257-1292.

Dodd, P., 1980, Merger proposals, management discretion, and stockholder wealth, *Journal of Financial Economics* 8, pp. 105-137.

Dodd, P. and J. Warner, 1983, On corporate governance: A study of proxy contests, *Journal of Financial Economics* 11, pp. 401-438.

Dolley, J., 1933, Characteristics and procedure of common stock split-ups, *Harvard Business*

Review, pp. 316-326.

Dutta, S. and V. Jog, 2009, Long-term performance of acquiring firms: A re-examination of an anomaly, *Journal of Banking and Finance* 33, pp. 1400-1412.

Dyckman, T., D. Philbrick, and J. Stephan, 1984, A comparison of event study methodologies using daily stock returns: A simulation approach, *Journal of Accounting Research* 22, pp. 1-33.

Easterbrook, F., 1984, Two agency-cost explanations of dividends, *American Economic Review* 74, pp. 650-659.

Eberhart, A., W. Maxwell, and A. Siddique, 2004, An examination of long-term abnormal stock returns and operating performance following R&D increases, *Journal of Finance* 59, pp. 623-650.

Fama, E., 1977, *Foundations of Finance*, Basil Blackwell, Oxford.

Fama, E., 1991, Efficient capital markets: II , *Journal of Finance* 46, pp. 1575-1618.

Fama, E., 1998, Market efficiency, long-term returns and behavioral finance, *Journal of Financial Economics* 49, pp. 283-306.

Fama, E., L. Fisher, M. Jensen and R. Roll, 1969, The adjustment of stock price of new information, *International Economic Review* 10, pp. 1-21.

Fama, E. and K. French, 1993, Common risk factors in the returns on stocks and bonds, *Journal of Financial Economics* 33, pp. 3-56.

Fama, E. and J. MacBeth, 1973, Risk, return and equilibrium: Empirical tests, *Journal of Political Economy* 71, pp. 607-636.

Fee, E. and S. Thomas, 2004, Sources of gains in horizontal mergers: Evidence from customer, supplier, and rival firms, *Journal of Financial Economics* 74, pp. 423-460.

Friedman, M., 1970, The social responsibility of business is to increase its profits, *The New York Times Magazine*, September 13, p. 32.

Ghosh, A., 2001, Does operating performance really improve following corporate acquisitions? *Journal of Corporate Finance* 7, pp. 151-178.

Gibbons, J. and S. Chakraborti, 2003, *Nonparametric Statistical Inference*, 4th ed., Marcel Dekker, Inc., New York · Basel.

Gompers, P. and J. Lerner, 2003, The really long-run performance of initial public offerings: The pre-Nasdaq evidence, *Journal of Finance* 58, pp. 1355-1392.

Guo, S., R. Barth, and C. Gibbons, 2004, Introduction to propensity score matching: A new device for program evaluation, Workshop Presented at the Annual Conference of the Society for Social Work Research, New Orleans.

Hansen, L. and R. Hodrick, 1980, Forward rates as optimal predictors of future spot rates: An econometric analysis, *Journal of Political Economy* 88, pp. 829-853.

Healy, P. and K. Palepu, 1988, Earnings information conveyed by dividend initiations and omissions, *Journal of Financial Economics* 21, pp. 149-176.

Healy, P., K. Palepu, and R. Ruback, 1992, Does corporate performance improve after mergers? *Journal of Financial Economics* 31, pp. 135-175.

Hertzel, M., M. Lemmon, J. Linck, and L. Rees, 2002, Long-run performance following private placements of equity, *Journal of Finance* 57, pp. 2595-2617.

Hogg, R. and E. Tanis, 2006, *Probability and Statistical Inference*, 7th ed., Pearson Education International, New Jersey.

Holthausen, R., 1994, Discussion of estimation and market valuation of environmental liabilities relating to Superfund sites, *Journal of Accounting Research* 32, pp. 211-219.

lkenberry, D., J. Lakonishok, and T. Vermaelen, 1995, Market underreaction to open market share repurchases, *Journal of Financial Economics* 39, pp. 181-208.

lmhoff, E. and G. Lobo, 1984, Information content of analysts' composite forecast revisions, *Journal of Accounting Research* 22, pp. 541-554.

Jaffe, F., 1974, Special information and insider trading, *Journal of Business* 47, pp. 410-428.

Jain, P., 1982, Cross sectional association between abnormal returns and firm-specific variables, *Journal of Accounting and Economics* 4, pp. 205-228.

Jain, B. and O. Kini, 2007, The impact of strategic investment choices on post-issue operating performance and survival of US IPO firms, *Journal of Business Finance and Accounting* 35, pp. 459-490.

Jegadeesh, N. and J. Karceski, 2009, Long-run performance evaluation: Correlation and heteroskedasticity-consistent tests, *Journal of Empirical Finance* 16, pp. 101-111.

Jensen, M., 1968, The performance of mutual funds in the period 1945-64, *Journal of Finance* 23, pp. 389-416.

Jensen, M., 1986, The agency costs of free cash flows, corporate finance and takeovers, *American Economic Review* 76, pp. 323-329.

Johnson, N., 1978, Modified t tests and confidence intervals for asymmetrical populations, *Journal of the American Statistical Association* 73, pp. 536-544.

Jung, H. C., 2010, Valuation effect of private and public target mergers in Korea, *Asia-Pacific Journal of Financial Studies* 39, pp. 752-776.

Kalay, A. and U. Loewenstein, 1985, Predictable events and excess returns, *Journal of Financial Economics* 14, pp. 423-450.

Kolari, J. and S. Pynnonen, 2010, Event study testing with cross-sectional correlation of abnormal returns, *Review of Financial Studies* 23, pp. 3996-4025.

Kothari, S. and J. Warner, 1997, Measuring long-horizon security price performance, *Journal of Financial Economics* 43, pp. 301-340.

Kothari, S. and J. Warner, 2007, Econometrics of event studies, in B. Eckbo, ed.: *Handbook of Corporate Finance: Empirical Corporate Finance Volume* 1, North-Holland, pp. 3-36.

Krueger, M. and K. Johnson, 1991, Parameter specifications that make little difference in anomaly studies, *Journal of Business Finance and Accounting* 18, pp. 567-582.

Lakonishok, J., A. Shleifer and R. Vishney, 1994, Contrarian investment, extrapolation, and risk, *Journal of Finance* 49, pp. 1541-1578.

Lakonishok, J. and T. Vermaelen, 1990, Anomalous price behaviour around repurchase tender offers, *Journal of Finance* 45, pp. 455-477.

Lang, L., R. Stulz and R. Walkling, 1991, A test of the free cash flow hypothesis, *Journal of Financial Economics* 29, pp. 315-335.

Lee, H. and D. Johnson, 2009, The operating performance of preferred stock issuers, *Applied Financial Economics* 19, pp. 397-407.

Loughran, T. and J. Ritter, 1995, The new issues puzzle, *Journal of Finance* 50, pp. 23-51.

Loughran, T. and J. Ritter, 1997, The operating performance of firms conducting seasoned equity offerings, *Journal of Finance* 52, pp. 1823-1850.

Loughan, T., and J. Ritter, 2000, Uniformly least powerful tests of market efficiency, *Journal of Financial Economics* 55, pp. 361-389.

Loughan, T. and A. Vijh, 1997, Do long-term shareholders benefit from corporate acquisitions? *Journal of Finance* 52, pp. 1765-1790.

Lyon, J., B. Barber, and C. Tsai, 1999, Improved methods for tests of long-run abnormal stock returns, *Journal of Finance* 54, pp. 165-201.

Mackinlay, A., 1997, Event studies in economics and finance, *Journal of economic literature* 35, pp. 13-39.

Malatesta, P., 1986, Measuring abnormal performance: The event parameter approach using joint generalized least squares, *Journal of Financial and Quantitative Analysis* 21, pp. 27-38.

Malatesta, P. and R. Thompson, 1985, Partially anticipated events: A model of stock price reaction with an application to corporate acquisitions, *Journal of Financial Economics* 14, pp. 237-250.

Mandelker, G., 1974, Risk and return: The case of merging firms, *Journal of Financial Economics* 1, pp. 303-335.

Masulis, R., 1980, The effects of capital structure change on security prices: A study of exchange offers, *Journal of Financial Economics* 8, pp. 139-177.

Masulis, R. and A. Korwar, 1986, Seasoned equity offerings: An empirical investigation, *Journal of Financial Economics* 15, pp. 145-161.

Maynes, E. and J. Rumsey, 1993, Conducting event studies with thinly traded stocks, *Journal of Banking and Finance* 17, pp. 145-157.

Michaelides, A., A. Milidonis, G. Nishiotis, P. Papakyriakou, 2015, The adverse effects of systematic leakage ahead of official sovereign debt rating announcements, *Journal of Financial Economics* 116, pp. 526-547.

Mikkelson, W. and M. Partch, 1986, Valuation effects of security offerings and the issuance process, *Journal of Financial Economics* 15, pp. 31-60.

Mikkelson, W. and M. Partch, 1994, Consequences of unbundling managers' voting rights and equity claims, *Journal of Corporate Finance* 1, pp. 175-200.

Miller, M. and F. Modigliani, 1961, Dividend policy, growth, and the valuation of shares, *Journal of Business* 34, pp. 411-433.

Miller, M. and K. Rock, 1985, Dividend policy under asymmetric information, *Journal of Finance* 40, pp. 1031-1052.

Miller, M. and M. Scholes, 1978, Dividends and taxes, *Journal of Financial Economics* 6, pp. 333-364.

Mitchell, M. and E. Stafford, 2000, Managerial decisions and long-term stock price performance, *Journal of Business* 73, pp. 287-329.

Modigliani, F. and M. Miller, 1958, The cost of capital, corporation finance, and the theory of investment, *American Economic Review* 48, pp. 261-297.

Modigliani, F. and M. Miller, 1963, Corporate income taxes and the cost of capital: A correction, *American Economic Review* 53, pp. 433-443.

Myers, J. and A. Bakay, 1948, Influence of stock split-ups on market price, *Harvard Business Review*, pp. 251-265.

Myers, S. and M. Majluf, 1984, Corporate financing and investment decisions when firms have information that investors do not have, *Journal of Financial Economics* 13, pp. 187-221.

Noreen, E., 1989, *Computer-Intensive Methods for Testing Hypothesis: An Introduction*, John Wiley, New York.

Patell, J., 1976, Corporate forecasts of earnings per share and stock price behavior: Empirical tests, *Journal of Accounting Research* 14, pp. 246-276.

Pearson, E. and N. Please, 1975, Relation between the shape of population distribution and the robustness of four simple test statistics, *Biometrika* 62, pp. 223-241.

Peterson, P., 1989, Event studies: A review of issues and methodology, *Quarterly Journal of Business and Economics* 28, pp. 36-65.

Phan, H. and S. Hegde, 2013, Pension contributions and firm performance: Evidence from frozen defined benefit plans, *Financial Management* 42, pp. 373-411.

Pilotte E. and T. Manucl, 1996, The market's response to recurring events: The case of stock splits, *Journal of Financial Economics* 41, pp. 111-127.

Powell, R. and A. Stark, 2005, Does operating performance increase post-takeover for UK takeovers? A comparison of performance measures and benchmarks, *Journal of Corporate Finance* 11, pp. 293-317.

Ritter, J. R., 1991, The long-run performance of initial public offerings, *Journal of Finance* 46, pp. 3-27.

Ruback, R., 1983, The cities service takeover: A case study, *Journal of Finance* 38, pp. 319-330.

Schipper, K. and R. Thompson, 1983, The impact of merger-related regulations on the shareholders of acquiring firms, *Journal of Accounting Research* 21, pp. 184-221.

Scholes, M. and J. Williams, 1977, Estimating betas from nonsynchronous data, *Journal of Financial Economics* 5, pp. 309-328.

Sefcik, S. and R. Thompson, 1986, An approach to statistical inference in cross-sectional models with security abnormal returns as dependent variables, *Journal of Accounting Research* 24, pp. 316-334.

Seyhun, N., 1986, Insider's profits, costs of trading, and market efficiency, *Journal of Financial Economics* 16, pp. 189-212.

Shleifer, A. and R. Vishny, 1997, The limit of arbitrage, *Journal of Finance* 52, pp. 35-55.

Smith, C., 1977, Alternative methods for raising capital, *Journal of Financial Economics* 5, pp. 372-397.

Spiess, D. and J. Affleck-Graves, 1999, The long-run performance of stock returns following debt offerings, *Journal of Financial Economics* 54, pp. 45-73.

Sundaram, A., T. John, and K. John, 1996, An empirical analysis of strategic competition and firm values: The case of R&D competition, *Journal of Financial Economics* 40, pp. 459-486.

Sutton, C., 1993, Computer-intensive methods for tests about the mean of an asymmetrical distribution, *Journal of the American Statistical Association* 88, pp. 802-808.

Teoh, S., I. Welch, and T. Wong, 1998, Earnings management and the long-run performance of initial public offerings, *Journal of Finance* 53, pp. 1935-1974.

Thompson, J., 1988, More methods that make little difference in event studies, *Journal of Business Finance and Accounting* 15, pp. 77-86.

Travlos, N., 1987, Corporate takeover bids, method of payment and bidding firm's returns, *Journal of Finance* 42, pp. 943-963.

Vermaelen, T., 1981, Common stock repurchases and market signalling: An empirical study, *Journal of Financial Economics* 9, pp. 139-183.

White, H., 1980, A heteroskedasticity-consistent covariance matrix estimator and a direct test for heteroskedasticity, *Econometrica* 48, pp. 817-838.

Williams, J. and A. Tang, 2009, Private placements of convertible securities: Stock returns, operating performance and abnormal accruals, *Accounting and Finance* 49, pp. 873-899.

Yook, K. C., 2010, Long-run stock performance following stock repurchases, *The Quarterly Review of Economics and Finance* 50, pp. 323-331.

Zellner, A., 1962, An efficient method of estimating seemingly unrelated regressions and tests for aggregation bias, *Journal of the American Statistical Association* 57, pp. 348-368.

국문색인

영문색인

Fortran   142

French, K.   23, 169, 171, 210, 245

Friedman, M.   14

G

generalized least squares   59, 103

Ghosh, A.   268, 277

GLS   59, 103, 133

goodness-of-fit test   67

H

Healy, P.   268, 277, 284

heteroscedasticity   33, 77, 96

heteroscedasticity-consistent   97

Hogg, R.   207, 281

holding-period compound return   207

homoscedasticity   95

HPR   207

I

Ikenberry, D.   17, 160, 204

independence of errors   95

independent and identically distributed   44

index model   63

industry clustering   211, 244

industry median   278

information efficiency   15

initial public offering   160

intercept model   277

J

Jaffe, F.   21, 171

Jain, B.   39, 95, 268

Jarque-Bera   66, 185, 287

Jegadeesh, N.   24, 161, 243

Jensen, M.   16, 239

Jensen's performance index   140

Jensen-alpha approach   172

Johnson, N.   201

Johnson's skewness-adjusted t-test   201

joint generalized least squares   103

joint hypothesis   48

joint hypothesis test   24, 161

Jung, H. C.   78, 121, 142

K

Karceski, J.   24, 161, 243

KIND   119, 251

KisValue   64, 124, 134

Kolari, J.   75

Korwar, A.   16

KOSPI   28, 64, 89, 129, 169

Kothari, S.   23, 53, 160, 191, 244

KSIC   274, 283, 304

L

Lakonishok, J.   165, 247

Lang, L.   96

large sample   72, 262

leptokurtic distribution   287

level model   273

long-term return anomaly   24, 161

Loughran, T.   166, 268

Lyon, J.   23, 160, 199, 226, 241, 269

한국증권시장에서의
사건연구방법론

ⓒ 정형찬, 2021

초판 1쇄 발행 2021년 9월 24일

지은이   정형찬
펴낸이   이기봉
편집   좋은땅 편집팀
펴낸곳   도서출판 좋은땅
주소   서울 마포구 성지길 25 보광빌딩 2층
전화   02)374-8616~7
팩스   02)374-8614
이메일   gworldbook@naver.com
홈페이지   www.g-world.co.kr

ISBN   979-11-388-0199-7 (03320)